Kausalität und Motivation

PHAENOMENOLOGICA

COLLECTION PUBLIÉE SOUS LE PATRONAGE DES CENTRES
D'ARCHIVES-HUSSERL

53

BERNHARD RANG

Kausalität und Motivation

BERNHARD RANG

Kausalität und Motivation

UNTERSUCHUNGEN ZUM VERHÄLTNIS VON
PERSPEKTIVITÄT UND OBJEKTIVITÄT
IN DER PHÄNOMENOLOGIE EDMUND HUSSERLS

MARTINUS NIJHOFF / HAAG / 1973

© *1973 by Martinus Nijhoff, The Hague, Netherlands*
All rights reserved, including the right to translate or to
reproduce this book or parts thereof in any form

ISBN 90 247 1353 6

PRINTED IN THE NETHERLANDS

INHALT

EUPHRANOR: Sage mir, Alciphron, kannst du die Türen, Fenster und Zinnen jenes Schlosses unterscheiden?

ALCIPHRON: Ich kann es nicht. Auf diese Entfernung scheint es nur ein kleiner Turm zu sein.

EUPHRANOR: Aber ich, der ich dort gewesen bin, weiß, daß es kein kleiner runder Turm ist, sondern ein großes viereckiges Gebäude mit Zinnen und Zitadellen, die du nicht zu sehen scheinst.

ALCIPHRON: Was willst du daraus schließen?

EUPHRANOR: Ich will daraus schließen, daß der Gegenstand, den du genau und richtig mit deinen Augen siehst, nicht der gleiche ist, der einige Meilen entfernt ist.

ALCIPHRON: Warum das?

EUPHRANOR: Weil ein kleiner runder Gegenstand *ein* Ding ist und ein großer viereckiger ein anderes.

BERKELEY

Ich setze den Fall, jemand wolle mir einbilden, daß alle Gegenstände nichts seien als Bilder auf der Netzhaut meines Auges. Nun gut! ich antworte noch nichts. Nun behauptet er aber weiter, der Thurm sei grösser als das Fenster, durch das ich ihn zu sehen meine. Da würde ich denn doch sagen: entweder sind nicht beide, der Thurm und das Fenster, Netzhautbilder in meinem Auge, dann mag der Thurm grösser sein als das Fenster; oder der Thurm und das Fenster sind, wie du sagst, Bilder auf meiner Netzhaut; dann ist der Thurm nicht grösser sondern kleiner als das Fenster. Nun sucht er sich mit dem „als solches" aus der Verlegenheit zu ziehen und sagt: das Netzhautbild des Thurmes als solches ist allerdings nicht grösser als das des Fensters. Da möchte ich denn doch aus der Haut fahren und rufe ihm zu: nun dann ist das Netzhautbild des Thurmes überhaupt nicht grösser, als das des Fensters, und wenn der Thurm das Netzhautbild des Thurmes und das Fenster das Netzhautbild des Fensters wäre, so wäre eben der Thurm nicht grösser als das Fenster, und wenn deine Logik dich anders lehrt, so taugt sie nichts.

FREGE

Die vorliegende Arbeit wurde im Dezember 1970 von der Universität Freiburg i. Br. als Dissertation angenommen. Für die Drucklegung ist das fünfte Kapitel stellenweise verbessert worden; außerdem wurden die Literaturhinweise in verschiedenen Kapiteln vervollständigt.

Zu besonderem Dank bin ich Herrn Prof. Werner Marx verpflichtet. Ohne seine Anregung wäre die Arbeit nicht zustande gekommen, wie auch er es war, der mein Interesse für die Phänomenologie Husserls geweckt und wachgehalten hat.

Danken möchte ich an dieser Stelle auch Herrn Prof. H. L. Van Breda O.F.M. für seine freundliche Vermittlung bei der Aufnahme dieser Arbeit in die Reihe PHAENOMENOLOGICA sowie dem Nijhoff-Verlag für sein bereitwilliges Entgegenkommen in allen technischen Fragen der Drucklegung.

Freiburg i. Br., Januar 1972.

B.R.

EINLEITUNG

Die vorliegende Arbeit versteht sich als Beitrag zur Interpretation der Phänomenologie Edmund Husserls. Ihr Interesse gilt einem besonderen Aspekt jenes allgemeinen Problems, vor das sich Husserl durch die Erweiterung der deskriptiven zur transzendentalen Phänomenologie schon sehr bald gestellt sah, und das später zur thematischen Mitte seines ganzen Denkens geworden ist: des Problems, in den genetischen Ursprung der wissenschaftlichen Welterfahrung zurückzufragen, und als diesen Ursprung die Lebenswelt aufzuweisen. Während Husserl jedoch in seiner Spätphilosophie, namentlich in seinem letzten Werk *Die Krisis der europäischen Wissenschaften und die transzendentale Phänomenologie,* die damit gestellte Aufgabe zu einer systematischen und doch zugleich historischen Reflexion des Zusammenhanges von Wissenschaft und Lebenswelt ausgebildet hat, handelte es sich für Husserl anfänglich nur darum, durch transzendentale Reflexion auf den Sinn perspektivischer Erfahrung in einer raumzeitlich, obzwar ungeschichtlich ausgebreiteten „Wahrnehmungswelt" das Motivationsfundament des kausal-analytischen Denkens von Naturwissenschaft und der sich an sie anlehnenden Wissenschaftstheorie freizulegen und von da aus dem Versuch entgegenzutreten, dualistisch zwei Welten, eine vorwissenschaftliche und eine wissenschaftliche, zu konstruieren. Einmal sind die Grenzen nach Husserls Zeugnis durchaus fließend, da sich sowohl die schlichte Wahrnehmung wie auch das theoretische Denken als Näherbestimmung eines unbestimmt-bestimmbaren Horizontes erweist; zum anderen versucht Husserl in immer erneuten Anläufen darzutun, daß sich hier nicht zwei Welten, sondern zwei Gegebenheitsweisen einer und derselben Welt gegenüberstehen, nur daß in der Naturwissenschaft objektiv bestimmt wird, was die schlichte Wahrnehmung noch unbestimmt und vage läßt. Die Untersuchung beabsichtigt, dieser

Problemstellung Husserls in den Schriften seiner mittleren Periode, die etwa von den *Ideen* (1913) bis zum *Encyklopaedia-Britannica-Artikel* (1927) reicht, nachzugehen und dabei aufzuzeigen, daß Husserls Theorie der Horizontintentionalität und die sie ergänzende einer perspektivenlosen „Wahrheit an sich" gleichermaßen den Schlüssel zu ihrem Verständnis bieten. Seit den *Ideen zu einer reinen Phänomenologie und phänomenologischen Philosophie* ist sich Husserl darüber im klaren gewesen, daß die Kritik der positiven Wissenschaft und ihrer erkenntnistheoretischen Ausläufer im zeitgenössischen Sensualismus und Positivismus als unphänomenologisch nicht genügt. Die *Logischen Untersuchungen* können teilweise als eine solche Kritik gelesen werden. Noch in der programmatischen Abhandlung *Philosophie als strenge Wissenschaft* aus dem Jahre 1911 ist die einfache Ablehnung der positiven Wissenschaft und der mit ihr gekoppelten Wissenschaftstheorie seitens der Phänomenologie der dominierende Aspekt. Dann aber, mit dem Ersten Buch der *Ideen,* wird dieser Aspekt durch die Aufgabe ergänzt, den Sinn, das Recht und die Tragweite der kritisierten Theorien gegen deren eigenes Selbstverständnis phänomenologisch neu zu begründen. Husserl sieht nun, daß die positive Wissenschaft selber ein Phänomen ist, das nach phänomenologischer Aufklärung verlangt.

Die beiden Begriffe Kausalität und Motivation zeigen die neue Problemstellung an. Husserl hat sie erstmals in einer Fußnote zu § 47 des Ersten Buches der *Ideen* einander gegenübergestellt. Obwohl es nach dem Zweiten Buch der *Ideen,* das im Anschluß an Dilthey Elemente einer konstitutiven Phänomenologie von Natur und Geist enthält, den Anschein haben kann, als bezeichne das Begriffspaar Kausalität und Motivation sich einander ergänzende Momente in der konstitutiven Schichtung von Natur und Welt, wird nachzuweisen sein, daß es für den Ansatz der transzendentalen Phänomenologie selber von Bedeutung ist. Vom § 47 des Ersten Buches der *Ideen* aus läßt sich zeigen, daß sich die transzendentale epoché als Rückgang vom Kausalzusammenhang des Objektiven auf den Motivationszusammenhang der Horizontintentionalität interpretieren läßt. Horizontintentionalität ist das transzendentale Feld, das nach der Reduktion verbleibt: die Korrelation ego – cogito – cogitatum im Horizont der perspektivischen Erfahrung. Umgekehrt erweist sich der Motivationszusammenhang der horizontintentionalen Erfahrung als der genetische Ursprung der Idee kausaler Vorausbestimmtheit des Seienden an sich. Ebensowenig wie konstitutive Schichten im Aufbau von Natur und Welt bezeichnen Kausalität und Motivation Sonderthemen einer regionalen Ontologie. Wäre das der Fall, dann bliebe unverständlich, warum nach Husserl der „phänomenologische Grundbegriff der Motivation" als Reduktionsgestalt der Naturkausalität die „rein phänomenologische Sphäre" im Unterscheid zur „transzendentalen Realitätssphäre", innerhalb deren allein regionale Ontologie möglich ist, bezeichnen soll (Id I 112 Anm.). Dies muß im Auge behalten werden, um die Aufgabe einer recht verstandenen phänomenologischen Wissenschaftstheorie: den Kausalzusammenhang der transzendentalen Realität auf den Motivationszusammenhang der Horizontintentionalität zurückzuführen, als eine ausschließlich der transzendentalen Phänomenologie verstehen zu können.

Aber auch abgesehen von der Aufgabe einer phänomenologischen Kritik und Begründung des kausalanalytischen Denkens der Naturwissenschaft, die sich am Kontrast von Kausalität und Motivation anzeigt, spielt das Problem der Motivation in der Phänomenologie Husserls eine bedeutende Rolle. Es ist der Begriff der „motivierten Möglichkeit", den unsere Interpretation als Schlüsselbegriff der Theorie der Horizontintentionalität herausstellen möchte. Es wird hier die These vertreten, daß der „Zusammenhang der rein immanenten 'Motivation' " (Id I 112) rein noematisch verstanden werden muß als Verweisungszusammenhang der Horizontintentionalität, doch so, daß dieser Verweisungszusammenhang eines kinaisthetischen Subjekts bedarf, das sich von Perspektive zu Perspektive verweisen läßt, zuletzt aber auf die Sache selbst, in der der Verweisungzusammenhang ideell terminieren soll. Um dies zu erweisen, muß der Begriff der motivierten Möglichkeit von einer Zweideutigkeit befreit werden, die ihm in der Terminologie Husserls von Anfang an anhaftet: er bezeichnet einerseits eine Seinsmodalität, nämlich das bloß Wahrscheinliche oder Zweifelhafte zwischen der Gewißheit des Seins und der des ihr entgegengestzten Nichtseins, andererseits aber die Potentialität der erfahrenden Subjektivität, das „Können", weshalb Husserl das Ich der Horizontintentionalität als ein subjektiv-freies System des „Ich kann" denken kann. Es wird Aufgabe der Interpretation sein, diesen ursprünglichen Sinn von motivierter Möglichkeit in Husserls Theorie der Kinaisthesenmotivation aufzuzeigen.

Die Arbeit verfolgt aber nicht nur das Ziel, das Problem von Kausalität und Motivation lediglich dort aufzusuchen, wo es in den

Schriften Husserls offen zutage liegt. Es ist vielmehr auch ihre Absicht, die Genese dieses Problems interpretierend nachzuzeichnen und dabei zu zeigen, daß und wie es sich vom Ansatz Husserls aus zwangsläufig stellen mußte. Deshalb wurde es für notwendig erachtet, dem zweiten, speziellen Teil einen ersten vorausgehen zu lassen, in dem allgemeine Grundzüge der Phänomenologie Husserls erläutert werden, wenn auch schon im Hinblick auf die spezielle Problemstellung des zweiten Teiles. Nur von Husserls ursprünglicher Konzeption der Intentionalität her, für die die *Logischen Untersuchungen* repräsentativ sind, wird die Umbildung des Intentionalitätbegriffes zum Begriff des zielgerichteten Strebens nach Wahrheit verständlich, die Husserls Theorie der motivational geregelten Horizontintentionalität und der von dort aus argumentierenden phänomenologischen Wissenschaftskritik der mittleren Periode erst die nötige Weite gesichert hat.

Andererseits bezeichnen die Grenzen von Husserls Problemstellung auch die Grenzen der vorliegenden Untersuchung. Aus diesem Grunde wurde davon abgesehen, die im Kausalbegriff der klassischen Naturwissenschaft implizierte Zeitlichkeit von antecedens und procedens und die Art von deren Verknüpfung unter den Voraussetzungen der Husserlschen Phänomenologie zu diskutieren. Husserl hat nicht mehr, wie noch Kant, die Frage nach den transzendentalen Bedingungen der Möglichkeit kausaler Sukzession erörtert. An den Versuchen des Neukantianismus, die Diskussion darüber wieder in Gang zu bringen, hat Husserl keinen Anteil genommen. Ebensowenig hat er der logischen Analyse des Kausalbegriffs, deren Anfänge im deutschen Sprachraum bis auf Ernst Mach und Victor Kraft, den Vorläufern des logischen Empirismus des Wiener Kreises, zurückreichen, einen Einfluß auf die Fragestellung der Phänomenologie zur Thematik von Kausalität und Motivation eingeräumt. Der Kausalbegriff Husserls zielt nicht auf den logischen Zusammenhang von Gesetzeshypothese, Randbedingung und bedingter Prognose, sondern ganz allgemein auf den objektiven Zusammenhang der Sachen selbst im Unterschied zum kinaisthetischen Motivationszusammenhang ihrer Perspektiven.

In der Husserlliteratur ist die Thematik der vorliegenden Untersuchung bisher nur am Rande behandelt worden. Untersuchungen zum Husserlschen Horizontbegriff und den sich aus ihm ergebenden Konsequenzen für die phänomenologische Wissenschaftskritik fehlen ganz. Seinen Grund mag dies darin haben, daß die Husserlforschung sich in zunehmendem Maße der Lebensweltproblematik der Spätphilosophie zugewandt hat. Auch die Arbeiten von E. Tugendhat [1] und L. Eley [2], die mit Recht auf die Bedeutung der *Logischen Untersuchungen* für die Problematik der Spätphilosophie aufmerksam gemacht haben, bilden hier keine Ausnahme. Soweit sie auf die gekennzeichnete Problemstellung eingehen, orientieren auch sie sich an der Spätphilosophie, die nun gleichsam als letzte Konsequenz aus dem Ansatz der *Logischen Untersuchungen* erscheint, ohne daß die vermittelnde Stellung der Schriften von Husserls mittlerer Periode genügend berücksichtigt worden wäre. Es soll hier nicht bestritten werden, daß Husserl das Problem von Wissenschaft und natürlicher Welterfahrung in der *Krisis* umfassender angesetzt hat als es vom ungeschichtlichen Standpunkt der *Ideen* aus möglich gewesen ist. Obgleich darum die Problemstellung der früheren Schriften vom Standpunkt der Spätphilosophie aus als überholt erscheinen kann, sind diese für den Zusammenhang und den Gegensatz von natürlicher und wissenschaftlicher Welterfahrung in manchen Punkten aufschlußreicher als die Werke der Spätzeit; ganz abgesehen davon, daß sie als Dokumente für die Entwicklung von Husserls Denken von Interesse und schon deshalb ein legitimer Gegenstand der Interpretation sind. Insbesondere sind es die Antithetik von Kausalität und Motivation, der Begriff der motivierten Möglichkeit und seine Zweideutigkeit, die phänomenologische Wissenschaftskritik des § 52 des Ersten Buches der *Ideen* und schließlich die in den *Analysen zur passiven Synthesis* vollzogene Umbildung des Intentionalitätsbegriffes zum Begriff des motivierten Strebens nach Wahrheit im Horizont kinaisthetischer Freiheit, die bisher noch nicht im einzeln untersucht und in ihrer Bedeutung für die Ausbildung der Phänomenologie Husserls gewürdigt worden sind.

Als ein wesentliches Moment der transzendentalen epoché erweist sich die Reduktion des Kausalzusammenhangs der objektiven Natur auf den Motivationszusammenhang der horizontintentionalen Erfahrung der kinaisthetischen Subjektivität. Im Horizont kinaisthetischer Freiheit erscheint die Erfahrbarkeit von Seiendem als motivierte Möglichkeit. Was der bei Husserl zweideutig eingeführte Begriff der

[1] E. Tugendhat, *Der Wahrheitsbegriff bei Husserl und Heidegger,* Berlin 1967.
[2] L. Eley, *Metakritik der formalen Logik,* Den Haag 1969.

motivierten Möglichkeit in erster Linie anzeigen soll, ist die Potentialität des kinaisthetischen Ich. Potentialität heißt hier so viel wie Vermöglichkeit der Horizontenthüllung in einem subjektiv-freien System des „Ich kann". Nimmt man hinzu, daß im Denken Husserls „Horizont" nur der Name für das Unbestimmte und Bestimmbare der Erfahrung ist, dann kann vom Begriff der motivierten Möglichkeit aus der zunächst reduktiv ausgeschaltete Kausalzusammenhang der objektiven Natur in seinem Verhältnis zur horizontintentionalen Erfahrung neu verständlich gemacht werden. Aus dem spezifischen Horizontbegriff Husserls folgt zunächst, daß die Enthüllung von Horizonten im kinaisthetisch geregelten Fortgang der Erfahrung sich als Näherbestimmung von Unbestimmtem vollzieht. Aus ihm folgt sodann, daß das Unbestimmte der Erfahrung an sich durchgängig bestimmt und darum auch bestimmbar ist. Was ohne Rücksicht auf diesen Horizontbegriff als Erfahrbarkeit schlechthin sich darstellt, erscheint nun als Bestimmbarkeit. Diese ist es, die für Husserl letztlich das ausmacht, was der Begriff der motivierten Möglichkeit treffen will: die Potentialität der kinaisthetischen Subjektivität als deren Vermögen, das anschaulich Erscheinenende erfahrungslogisch zu bestimmen. Beides, der Horizontbegriff und der Begriff der motivierten Möglichkeit, legt das Verhältnis von Kausalität und Motivation fest. Wenn nämlich Kausalität, Husserl zufolge, letztlich die Vernunftidee durchgängiger Bestimmbarkeit des Seienden selbst ist, dann vollzieht die kausale Auslegung der erscheinenden Natur nur, wozu deren Horizont bestimmbarer Unbestimmtheit von sich aus auffordert. Die von Husserl konstatierte Nötigung der erfahrungslogischen Vernunft, über das perspektivisch Erscheinende hinauszugehen, um ihm einen unanschaulichen Kausalzusammenhang zu unterlegen, gründet demnach im Wesen des Perspektivischen selbst. Daß die wissenschaftlich vermittelte Natur und die Natur aus unmittelbarer Erfahrung nicht zwei Naturen, sondern zwei Gegebenheitsweisen ein und derselben Natur sind, hat nun den Sinn, daß der Kausalzusammenhang der Natur nichts anderes ist als der Motivationszusammenhang der Horizontintentionalität im Modus durchgängiger Bestimmtheit. Vorausgesetzt ist dabei, daß der Motivationszusammenhang der perspektivischen Erfahrung tatsächlich unter der Vernunftidee durchgängiger Bestimmtheit steht, die Husserl über die Grenzen naturwissenschaftlicher Erfahrung hinaus als Idee einer endgültigen Wahrheit an sich der Horizontintentionalität entgegengestellt und zugleich in ihr begründet hat.

Die gekennzeichnete Problemstellung bestimmt den Gang der Untersuchung. Sie beginnt mit einer Interpretation des deskriptiven Intentionalitätsbegriffs der *Logischen Untersuchungen*, wobei sich zeigt, daß das Problem der Motivation sich schon vom Apperzeptionsmodell der Intentionalität her hätte stellen müssen, obgleich Husserl es hier nicht aufgenommen hat (Erstes Kapitel). In der Absicht, das Verständnis der Antithetik von Kausalität und Motivation vorzubereiten, wird die Theorie der transzendental-phänomenologischen epoché in ihren Grundzügen dargelegt, und zwar vom Problem der Paradoxie der Subjektivität aus (Zweites Kapitel). Der dadurch gewonnene Durchblick durch die Reduktionsproblematik gestattet es, die Naturalismuskritik Husserls in der Abhandlung *Philosophie als strenge Wissenschaft* als notwendige Konzequenz der transzendentalen Phänomenologie zu verstehen und umgekehrt die transzendentale epoché als Reduktion des Kausalzusammenhanges des Objektiven auf den Motivationszusammenhang der reinen Subjektivität (Drittes Kapitel). Was unter Motivationszusammenhang zu verstehen ist, zeigt sich in der Theorie der Horizontintentionalität, die in ihre einzelnen Momente: motivierte Möglichkeit, kinaisthetische Freiheit, Streben nach Wahrheit, Vernunftmotivation und Idee einer „Wahrheit an sich" auseinandergelegt und einheitlich interpretiert wird (Viertes Kapitel). Im Anschluß an dieses Kapitel, das den thematischen Mittelpunkt der vorliegenden Arbeit bildet, wird die Vermittlung der wissenschaftlichen Gesetzeserkenntnis (Kausalität) durch die sinnliche Wahrnehmung (Motivation) erörtert, und zwar in einer Untersuchung, die der phänomenologischen Wissenschaftstheorie Husserls an einem zentralen Text der *Ideen I* nachgeht und sie durch Berücksichtigung der zeitgenössischen Wissenschaftstheorien, auf die Husserl sich dort indirekt bezieht, im einzelnen erläutert (Fünftes Kapitel).

ERSTER TEIL

GRUNDZÜGE DER PHÄNOMENOLOGIE HUSSERLS
UND DIE VORZEICHNUNG DES
PHÄNOMENOLOGISCHEN PROBLEMS
VON KAUSALITÄT UND MOTIVATION

ERSTES KAPITEL

DESKRIPTIVE GRUNDBESTIMMUNGEN DER INTENTIONALITÄT (DAS INTENTIONALE ERLEBNIS UND SEINE MOMENTE)

Der bestimmende Gedanke der deskriptiven Phänomenologie Husserls, in dem deren Entfaltung zu einer phänomenologischen Transzendentalphilosophie der konstituierenden Subjektivität schon angelegt ist, ist die Intentionalität des Gegenständlichen. Erstmals ausgearbeitet wurde er im Zweiten Band der *Logischen Untersuchungen.* Wenn auch eine explizit philosophische Fragestellung erst in den *Ideen zu einer reinen Phänomenologie und phänomenologischen Philosophie* erreicht ist, so haben doch diese frühen Untersuchungen Husserls den Vorzug, den Sinn phänomenologisch-deskriptiven Fragens besonders klar hervorgetreten zu lassen. Für unsere Interpretation der deskriptiven Grundzüge von Intentionalität überhaupt, die wir in diesem Kapitel beabsichtigen, halten wir uns daher vorwiegend an die *Logischen Untersuchungen,* besonders an das zweite Kapitel der V. Untersuchung, und ziehen spätere Texte nur heran, um die Ergänzung und Entfaltung der Theorie der Intentionalität durch spätere Problemstellungen deutlich werden zu lassen.

In unserer Interpretation legen wir das Intentionalverhältnis von Bewußtsein und Gegenstand in drei gesonderte Bezüge auseinander. Wir glauben dadurch, die verschiedenen Gesichtspunkte, die sich in der Analyse Husserls miteinander verflechten, deutlicher voneinander abheben zu können als durch eine fortlaufende Interpretation des zweiten Kapitels der fünften der *Logischen Untersuchungen.* Das hierzu notwendig Einteilungsprinzip entnehmen wir zeitgenössischen philosophischen Fragestellungen, die das Problem des Bewußtseins durch die Unterscheidung von Akt, Gegenstand und Inhalt des Bewußtseins zu bewältigen suchten.[1] Diese dreifache Bezüglichkeit im

---

[1] Diese Theorie geht auf K. Twardowsky zurück (*Zur Lehre von Inhalt und Gegenstand der Vorstellungen,* Wien 1894) und wird später besonders von Th. Lipps vetreten; vgl. die diesbezügliche Bemerkung Husserls in Id I, 316.

Begriff des Bewußtseins, ansatzweise im § 2 der V. Untersuchung nebeneinander gestellt, bildet das Prinzip, das Husserls deskriptive Analyse des Bewußtseins trägt, und das modifiziert in der transzendentalen Theorie von Hyle, Noesis und Noema wiederkehrt.

1. Akt und Gegenstand (Transzendenz als Intentionalität)

Husserl stellt sich in der V. Untersuchung die Aufgabe, das Thema der ersten vier, vorwiegend bedeutungsanalytisch orientierten Untersuchungen dadurch weiterzuführen, daß die Bedeutungen konstituierende *Intentionalität des Erlebens* ausdrücklich zum phänomenologischen Problem gemacht wird. Wenn die Idealität der Bedeutungskategorien ihrem eigenen Sinn nach auf das phänomenologische Wesen realer psychischer Akte zurückweist, die als bedeutungsverleihende durch das Merkmal der Intentionalität charakterisiert sind, dann verlangt, wie Husserl einleitend hervorhebt, eine vollständig durchgeführte Analytik der Bedeutungen eine phänomenologische Untersuchung der deskriptiven Erlebnisklasse „Akt" oder „intentionales Erlebnis" (LU II/1, 344). Dabei geht Husserl davon aus, daß in der Wahrnehmung erscheinende äußere Dinge „sich bewußtseinsmäßig durch Empfindungskomplexe darstellen, aber keineswegs selbst als solche erscheinen" (LU II/1, 365).[2]

Die Ausführung dieses am Phänomen raumdinglicher Wahrnehmung festgemachten Leitgedankens ist die deskriptive Theorie der Intentionalität. Um sie zu entwickeln, bezieht sich Husserl auf Brentanos *Psychologie vom empirischen Standpunkt* kritisch zurück. Bevor wir Husserls Kritik an Brentano darlegen, sei dessen theoretische Position in seiner *Psychologie* in ihren Grundzügen kurz erläutert.

Brentanos Lehre von der Intentionalität psychischer Akte hat wissenschaftstheoretische Funktion. Die Klassifikation der Phänomene in „psychische" und „physische", d.h. in solche, denen eine intentionale Beziehung auf ein Objekt eigentümlich ist, und solche, bei denen dies nicht der Fall ist, dient der Abgrenzung der Psychologie von der Naturwissenschaft, von Physik in einem damals gebräuchlichen realistischen Sinn. Demgemäß bestimmt Brentano Psychologie als Wissenschaft von den psychischen Phänomenen (*Psychologie vom empirischen Standpunkt I*, 2. Aufl. Leipzig 1924, S. 13

---

[2] Das die äuseren Dinge Empfindungskomplexe *sind*, ist zur Zeit der LU von Mach und Avenarius behauptet worden. s.u.S. 104 Anm.

ff.), und Naturwissenschaft als Wissenschaft von den physischen, genauer: von denjenigen der physischen Phänomene, „welche in der Empfindung auftreten" (a.a.O., 138). Die Einschränkung auf das, was in „Empfindungen" erscheint, ist für Brentano notwendig, da ihm auch Phänomene der Phantasie in einem hier nicht näher zu erörternden Sinn als „physische" gelten.

Der Zusatz im Titel seiner Psychologie: „... vom empirischen Standpunkt", gibt einen Hinweis darauf, daß Brentano ausdrücklich von der seiner Auffassung nach auf Aristoteles zurückgehenden Bestimmung der Psychologie als einer Wissenschaft von der *Seele* durch eine positivistische Neufassung des Phänomenbegriffs abrücken möchte. Zwar knüpft Brentano mit der Rede von „Phänomenen" oder „Erscheinungen" an die Begrifflichkeit der philosophischen Tradition, zumal an Kant und den Neukantianismus an und erklärt, daß die „gesamte Welt unserer Erscheinungen" in die beiden großen Klassen der physischen und psychischen „zerfalle" (a.a.O., 110). Doch soll nun der Ausdruck Phänomen (qua Erscheinung) nicht mehr aus dem Gegensatz zum „wahrhaft und wirklich Seienden" verstanden werden, das heißt: aus dem ὄντως ὄν oder dem νοούμενον der metaphysischen Tradition (a.a.O., 13). Phänomene in *diesem* Sinn haben keinen Bezug mehr zu einer ontologisch faßbaren Substanz, deren Bekundungen sie wären; Phänomen, dies meint nun einfach „psychischer Zustand", „Ereignis" oder „Vorgang" (a.a.O. 15), also schlechthin die Tatsache als solche. Dies kommt der Bedeutung nahe, die das Wort phénomène bei Comte hat. Konsequent wird in diesem Ansatz der Begriff der Psychologie zum positiven Ausdruck einer als eine Wissenschaft von den psychischen Phänomenen – mit einer von Brentano rezipierten Formel Albert Langes – antimetaphysisch konzipierten „Psychologie ohne Seele" (a.a.O., 16).

Aus dieser wissenschaftstheoretischen Absicht Brentanos bestimmt sich der systematische Stellenwert seiner Theorie der Intentionalität. Psychische Phänomene sind im Gegensatz zu den physischen durch ihren *Gegenstandsbezug* definiert, weshalb gesagt werden kann, „sie seien solche Phänomene, welche intentional einen Gegenstand in sich enthalten" (a.a.O., 125). Brentano erläutert das durch einen Rückgriff auf einen Begriff der Scholastik: „Jedes psychische Phänomen ist durch das charakterisiert, was die Scholastiker des Mittelalters die intentionale (auch wohl mentale) . . . Inexistenz eines Gegenstandes genannt haben, und was wir, obwohl mit nicht ganz unzweideutigen Ausdrücken, die Beziehung auf einen Inhalt, die Richtung auf ein Objekt (worunter nicht eine Realität zu verstehen ist), oder die immanente Gegenständlichkeit nennen würden. Jedes enthält etwas als Objekt in sich, obwohl nicht jedes in gleicher Weise. In der Vorstellung ist etwas vorgestellt, in dem Urteile ist etwas anerkannt oder verworfen, in der Liebe geliebt, in dem Hasse gehaßt, in dem Begehren begehrt usw." (a.a.O., 124 f.). Was hier intentionales Objekt des *psychischen* Phänomens heißt, ist das *physische* Phänomen, das physisch nur darum heißt, weil es das „etwas" ist, worauf psychische Phänomene primär bezogen sind. Als physische Phänomene im Bereich der Vorstellungen gelten Brentano vorwiegend, wenn auch nicht ausschließlich die sinnlichen Qualitäten, wie etwa Wärme, Licht, Farbe und Ton. Primär sind Vorstellungen auf sinnliche Qualitäten bezogen: wir hören nicht unser Hören sondern einen Ton, sehen nicht unses Sehen sondern etwas Farbiges, ohne doch den Ton oder das Farbige anders zu haben als „im" Akt des Hörens oder Sehens.

Die *Reflexivität* psychischer Akte nötigt Brentano allerdings zu einer weiteren Differenzierung der Objektbezogenheit intentionaler Akte. Jeder Akt des Vorstellens, Urteilens oder des Begehrens ist „primär" auf ein äuseres Objekt bezogen, „sekundär" dagegen auf sich selbst. „Jeder psychische Akt", so sagt Brentano, „ist bewußt; eine Bewußtsein von ihm ist in ihm selbst gegeben. Jeder auch noch so einfache psychische Akt hat darum ein doppeltes Objekt, ein primäres und ein sekundäres" (a.a.O., 202). Aus dem Gedanken der sekundären Selbstobjektivierung des psychischen Aktes erklärt sich auch, warum Brentano von den psychischen Akten als von psychischen „Phänomenen" spricht; Phänomen ist für Brentano, trotz seiner Bedeutung der puren Tatsächlichkeit, in zweiter Bedeutung so viel wie φαινόμενον, d.h. etwas, das dem Bewußtsein erscheint.

Diese hier nur angedeutete Theorie der Intentionalität wird nun aber von Brentano in einer Weise ausgedeutet, die die Kritik Husserls herausfordern mußte. Der von Husserl aufgenommene und schon von Brentano am Beispiel der Phantasieerscheinung begründete Gedanke von der Irrelevanz der Existenz des intendierten Objekts für das Wesen der Intention selbst führt Brentano zu der Behauptung, das Zeugnis der Erfahrung verbiete es geradezu, von einer Existenz der intentionalen Objekte äußerer Wahrnehmung zu sprechen. Wirklichkeit (qua Existenz) eignet in der Sicht Brentanos allein und ausschließlich den psychischen Phänomenen; sie seien „diejenigen Phänomene, welchen allein außer der intentionalen auch eine wirkliche Existenz zukomme. Erkenntnis, Freude, Begierde bestehen wirklich; Farbe, Ton, Wärme nur phänomenal und intentional" (a.a.O., 129).

Bemerkenswert hieran ist, daß Brentano der „intentionalen" Existenz die „wirkliche" Existenz aufgrund eines Begriffsnominalismus bestreitet, der sich empiristisch begründet. Zwar räumt Brentano gelegentlich einer Kritik Bains ein, daß die intentionale Existenz sich als wirkliche Existenz *denken* lasse, weil das Zusammenbestehen beider keinen logischen Widerspruche einschließe. Aber dies besagt hier nur, daß die begründende Instanz für die These von der ausschließlich phänomenalen Existenz des sinnlich Wahrgenommenen, dem keine wirkliche Existenz entspricht, vom Denken auf die *Erfahrung* übergegangen ist. Wenn auch die Wirklichkeit der physischen Phänomene *denkbar* ist, so zeigt doch die Erfahrung „Konflikte, welche deutlich beweisen, daß der intentionalen hier keine wirkliche Existenz entspricht" (a.a.O., 132). Intentionale Inexistenz des Objekts im Akt bedeutet durch diese Berufung auf erfahrungswissenschaftliche Empirie nun: *Intramentalität* des intendierten Objekts, verstanden als erfahrungsgemäße Unwahrscheinlichkeit oder gar Unmöglichkeit seiner extramentalen Existenz. Zugleich aber, das wird später im Zusammenhang mit Husserls phänomenologischer Kritik der Kausalität noch näher auszuführen sein (vgl. Drittes Kapitel), hält Brentano im Gegensatz zu seinem ursprünglichen Ansatz einer entsubstantialisierten Psychologie an der Idee einer „unbekannten" *transzendenten Ursache* des phänomenal Seienden fest, deutet also das Verhältnis von Transzendenz und Phänomenalität kausal.

Husserl knüpft in den *Logischen Untersuchungen* lediglich an Brentanos Begriff der Intentionalität an, nicht an dessen Wissenschaftstheorie (vgl. LU II/1, 364). Von den sechs Grundbestimmungen der psychischen Phänomene, die Brentano in seiner *Psychologie vom empirischen Standpunks* gibt (Zweites Buch, erstes Kapitel, §§ 3-8), interessieren Husserl im Hinblick auf die Aufgabe der V. Untersuchung nur zwei: die Intentionalität der psychischen Phänomene und die These, daß psychische Phänomene entweder Vorstellungen sind oder solche zur Grundlage haben (LU II/1, 366). Husserls Auseinandersetzung mit dieser für seinen Fundierungsbegriff bedeutsamen These Brentanos erfolgt im dritten Kapitel; das zweite Kapitel, das in der Orientierung am Phänomen raumdinglicher Wahrnehmung vom Bewußtsein als intentionalem Erlebnis handelt,[3] bringt die Kritik an Brentanos Theorie von der Intramentalität des intentionalen Objekts. Der Grundgedanke dieser Kritik soll nun zusammen mit Husserls positiver Bestimmung der Intentionalität des Erlebens, die sich im selben Kapitel befindet, erläutert werden.

Dabei ist sogleich zu betonen, daß Husserl von einem anderen Begriff raumdinglicher Wahrnehmung ausgeht als Brentano.[4] Strenggenommen kann man, Brentano zufolge, keine *Dinge* wahrnehmen sondern lediglich das, was in der Tradition des philosophischen Empirismus seit Locke „sekundäre Qualitäten" heißt. Dies belegt einmal der Katalog von physischen Phänomenen, den Brentano vor der Begriffsbestimmung einleitend gegeben hat, zum anderen seine Auffassung von der „bloßen" Phänomenalität des sinnlich Wahrgenommenen im Unterschied zu „Dingen, die wahrhaft und wirklich bestehen" (a.a.O., 28). Ganz im Gegensatz zu dieser Auffassung geht Husserl davon aus, daß die physischen Phänomene, von denen Brentano spricht, gerade *nicht* wahrgenommen werden, es sei denn durch eine objektivierende Reflexion auf den Akt des Wahrnehmens selbst.[5]

[3] Husserl unterscheidet im ersten Kapitel drei Bewußtseinsbegriffe: Bewußtsein als reelle Einheit des Erlebnisstromes, als innere Wahrnehmung und als intentionales Erlebnis (LU II/1, 346). Am Ende des zweiten Kapitels, das nur den dritten Begriff von Bewußtsein erörtert, sagt Husserl, daß dem ersten in den folgenden Analysen der Vorzug zu geben sei (LU II/1, 375). Dies erklärt sich aus der einseitig noetischen Orientierung der *Logischen Untersuchungen*, zum anderen aber wohl daraus, daß Husserl hier schon sieht, daß Bewußtsein mehr umfaßt als nur die aktiven Vollzüge der intendierenden Akte. Ein Begriff für die passiven Synthesen und die Inaktualitäten des Bewußtseinsstromes fehlt hier aber noch.

[4] Vgl. dazu die Einleitung des Herausgebers (O. Kraus) in der Ausgabe von 1924, S. LXIII ff. Den Folgerungen allerdings, die O. Kraus daraus ziehen zu müssen glaubt, können wir nicht zustimmen.

[5] Husserl verficht also hier, von der späteren Kontroverse zwischen Physikalisten und Phänomenalisten innerhalb des logischen Empirismus her gesehen, gegen Brentano einen *physikalistischen* Standpunkt. Diese Kontroverse entzündete sich an der Frage, ob eine auf Empfundenes beschränkte Sinnesdatensprache oder eine reine Dingsprache, in der auch empirische Begriffe der Physik definiert werden können, geeigneter sei, das Erfahrene ohne jede theoretische Zutat *so* zu beschreiben *wie* es erfahren wird. Die Überzeugung, daß dies methodische Postulat realisierbar sei, verbindet den phänomenalistischen wie den physikalistischen Reduktionismus mit der deskriptiven Phänomenologie Husserls. Strittig war nur die Frage, beispielsweise, um an eine Darstellung Stegmüllers anzuknüpfen, „zu entscheiden, ob die Aussage ‚soeben sah ich einen grauen Fleck sich langsam auf einer blauen Fläche bewegen', mehr die ‚nackte', uninterpretierte Erfahrung beschreibt, oder der Satz ‚soeben sah ich eine Wolke an Himmel dahinziehen' " (W. Stegmüller, *Me-*

Dem physischen Phänomen, das Brentano als intentionales *Objekt* von psychischen Phänomenen (etwa dem Wahrnehmen) begreift, entspricht daher von vornherein nicht das, was für Husserl intentionales Objekt heißt, sondern allein dessen hyletischen Moment, die „Empfindung" (von Licht, Wärme oder Schall beispielsweise), die in einem Akt „beseelender" Intention zu den äußeren phänomenalen Dingen erst objektiviert wird. Was wahrgenommen wird, ist nicht die sinnliche Qualität, sondern vielmehr das sinnlich qualifizierte Ding selber, das als solches dem Bewußtsein von ihm nicht immanent sondern *transzendent* ist.

Den Transzendenzbegriff, den Husserl der Assoziationspsychologie und dem Immanenzpositivismus gleichermaßen entgegensetzt, stützt Husserl nicht etwa auf bloß grammatikalische Erwägungen von der Art, daß schon der grammatische Unterschied des Verbalsubstantivs vom Infinitiv des zugehörigen Verbs den deskriptiven von „Wahrnehmung" und ihrem „Wahrgenommenen" hinreichend begründe. Das wird klar, wenn man Husserls Begriff der Empfindung, bzw. den des intentionalen Erlebnisses zum Vergleich heranzieht. Ihm zufolge entspricht nämlich der grammatikalischen Unterscheidung zwischen „Empfindung" (bzw. „Erlebnis") und „Empfundenem" (bzw. „Erlebtem") keine phänomenologische: „In diesem Sinne ist das, *was* das Ich . . . erlebt, eben sein Erlebnis. Zwischen dem erlebten oder bewußten Inhalt und dem Erlebnis selbst ist kein Unterschied. Das Empfundene z.B. ist nichts anderes als die Empfindung. 'Bezieht sich' aber ein Erlebnis auf einen von ihm selbst zu unterscheidenden Gegenstand, wie z.B. die äußere Wahrnehmung auf den wahrgenommenen, die nominale Vorstellung auf den genannten Gegenstand, u. dgl., so ist dieser Gegenstand in dem hier festzulegenden Sinne nicht erlebt oder bewußt, sondern eben wahrgenommen, genannt usf." (LU II/1, 352). Die Zweckmäßigkeit dieser

taphysik, Skepsis, Wissenschaft, Berlin - Heidelberg - New York 1969², S. 130; vgl. ferner: „Der Phänomenalismus und seine Schwierigkeiten", *Archiv. für Philosophie* 8, S. 36-100). Husserl müßte, nicht nur den *Logischen Untersuchungen* sondern auch seinen späteren Schriften nach zu urteilen, das letztere, Brentano das erstere behaupten. Man darf allerdings vermuten, daß eine Entscheidung der Frage wohl letztlich nur durch semantische Konventionen möglich ist. Was eine Dingsprache (nicht: „Sprache der Dinge") ist, illustrieren gut die folgenden Sätze Heideggers: „ ‚Zunächst' hören wir nie und nimmer Geräusche und Lautkomplexe, sondern den knarrenden Wagen, das Motorrad. Man hört die Kolonne auf dem Marsch, den Nordwind, den klopfenden Specht, das knisternde Feuer." (*Sein und Zeit,* Tübingen 1967¹¹, S. 163).

terminologischen Festlegungen läßt sich wenigstens für den Unterschied von „Empfindung" und „Wahrnehmung" plausibel machen. Für eine Wahrnehmung steht der Satz: Ich sehe ein Haus. Für eine Empfindung steht der Satz: Ich empfinde Freude. Die transitive Konstruktion beider Verben verdeckt den phänomenologischen Unterschied. Das Haus bleibt, auch wenn ich es nicht sehe. Die Freude aber verschwindet, wenn ich sie nicht mehr empfinde. Das Sein des Empfundenen reicht nicht weiter als das Empfinden selbst. Im Unterschied hierzu *meint* man im schlichten, unreflektierten und alltäglichen Vollzug von Wehrnehmungsakten, daß das Wahrgenommene unabhängig davon ist, ob man es wahrnimmt oder nicht. Die so prätendierte Erlebnisunabhängigkeit des wahrgenommenen Gegenstandes widerspricht natürlich nicht seiner Erlebnisrelativität, also z.B. nicht der Tatsache, daß ich das Haus von einem Standort so, von einem anderen anders sehe. Wenn Husserl von der Transzendenz des intentionalen Gegenstandes spricht, meint er demnach nicht nur, wie Brentano, daß Wahrnehmen immer Wahrnehmen *von etwas* ist, sondern auch, daß Wahrgenommenes – im Unterschied zu Empfundenem – als *transzendent,* das heißt: als *erlebnisunabhängig* intendiert ist.

Husserl stellt sich daher im § 11 die doppelte Aufgabe zu zeigen, daß intentionale Objekte nicht bewußtseinsimmanent sind und umgekehrt die „wahrhaft immanenten Inhalte" des Bewußtseins nicht intentional (LU II/1, 374). Wenn, um den Leitgedanken Husserls noch einmal zu zitieren, Objekte der äußeren Wahrnehmung „sich bewußtseinsmäßig durch Empfindungskomplexe" – durch physische Phänomene im Sinne Brentanos, wie wir nun auch sagen können – zwar „darstellen, aber keineswegs selbst als solche erscheinen" (LU II/1, 365), dann geht die Auffassung, „daß es sich um ein Verhältnis zwischen zwei gleicherweise im Bewußtsein reell zu finden Sachen, Akt und intentionales Objekt, handle" (LU II/1, 371) am phänomenologischen Sinn der Intentionalität vorbei. Das Objekt selbst, das intendiert ist, kann *als* intendiertes nicht in der Intention und ebensowenig in dem stofflichen Moment, das ihr zur Grundlage dient, „reell" beschlossen sein.

Das Beispiel, das Husserl im § 11 gibt, muß in diesem Zusammenhang gesehen werden. Um zu demonstrieren, daß die Rede von der Intramentalität des intentionalen Objekts phänomenologisch selbst dann nicht statthaft ist, wenn es sich um ein anerkannt fiktives Objekt handelt, greift Husserl auf das Phänomen der Phantasie zurück. Phantasiere ich mich in die Vorstellung „Jupiter" hinein, welchen Sinn sollte es dann haben zu sagen, die römische Gottheit Jupiter existiere nur „in" meiner Phantasie, nicht aber in Wirklichkeit? Folgt man dem Sinn der Intention selbst, dann ist evident, daß Jupiter selbst nie *intra mentem* sein kann, selbst wenn, wie in diesem Fall, von einer Existenz *extra mentem* ebensowenig gesprochen werden kann. Der Jupiter selbst ist weder das eine noch das andere, er „ist", wie Husserl hinzufügt, „überhaupt nicht" (LU II/1, 373).[6] Natürlich kann jemand mit Recht behaupten, „er stelle sich jenen mythischen Götterkönig vor, von dem dies oder jenes gefabelt werde" (ebd.). Daß er überhaupt nicht „ist", berührt nicht das phänomenologische Wesen des intendierenden Aktes, ihn als *extra mentem* zu *vermeinen*. „Für das Bewußtsein ist das Gegebene ein wesentlich Gleiches, ob der vorgestellte Gegenstand existiert, oder ob er fingiert und vielleicht gar widersinnig ist" (ebd.). Was selbst in dem Fall gilt – so kann das Beispiel in den Gedankengang des § 11 eingefügt werden –, wo das intentionale Objekt nicht existiert, das gilt für doxische Akte,

[6] Diese Behauptung rührt an ein Problem, das seit Russels Abhandlung *On Denoting* von 1905 in der sprachanalytischen Philosophie häufig diskutiert worden ist. Nach Russels Ansicht ist nicht alles, was wie ein Name aussieht, wirklich ein Name. In einem Satz wie dem von Husserl gebildeten „Jupiter existiert nicht" ist „Jupiter" nur scheinbar ein Name, und zwar einfach deshalb, weil Namen genaugenommen die Existenz des von ihnen Benannten voraussetzen. Wäre „Jupiter" hier wirklich ein Name, so ergäbe sich mit der Behauptung „Jupiter existiert nicht" der Widerspruch, daß Jupiter existiere und nicht existiere. Falls der Satz „Jupiter existiert nicht" wahr ist, so kann, Russel zufolge, das Wort „Jupiter" hier nur eine Abkürzung für einen Begriff („description", meistens mit „Kennzeichnung" oder „Beschreibung" übersetzt) sein, etwa für „mythischer Götterkönig der Römer." Unter dieser Annahme ist die Widerspruchsfreiheit des Satzes, und damit die Bedingung für seine Wahrheit oder Falschheit erfüllt, weil es ohne Widerspruch denkbar ist, daß ein Begriff die Nullklasse definiert. Für den Begriffsnominalismus und die extensionale Sprachkonzeption Russels bedeutet „Existenz" eben nur, daß eine durch einen Begriff definierte Klasse nicht die Nullklasse ist. Vgl. auch P. Weingartner, „Der Begriff der Existenz in Russels Theorie der Deskription," in: *Deskription, Analytizität und Existenz,* hrsg. v. P. Weingartner, Salzburg - München 1966, S. 69-86; zu Quines Fortbildung der Russelschen Theorie: Quine, *Grundzüge der Logik,* übers. v. D. Siefkes, Frankfurt 1969, S. 253; zur Kritik am absoluten Gebrauch des Existenzbegriffs, den auch Husserl an der oben zitierten Stelle als fraglos voraussetzt, vgl. I. R. Searle, *Sprechakte,* übers. v. R. u. R. Wiggershaus, Frankfurt 1971, S. 123, sowie R. Marten, *Existieren, Wahrsein und Verstehen,* Berlin - New York 1972; zu Husserls operationaler Definition raum-zeitlicher Existenz s.u.S. 165 ff.

deren Objekt existiert, erst recht. Auch hier ist das intentionale Objekt kein reelles, deskriptiv aufweisbares Bestandstück des intendierenden Aktes. „Es sind", wie Husserl zusammenfassend sagt, „nicht zwei Sachen erlebnismäßig präsent, es ist nicht der Gegenstand erlebt und daneben das intentionale Erlebnis, das sich auf ihn richtet; es sind auch nicht zwei Sachen in dem Sinne, wie Teil und umfassenderes Ganzes, sondern nur Eines ist präsent, das intentionale Erlebnis, dessen wesentlich deskriptiver Charakter eben die bezügliche Intention ist" (LU II/1, 372).

Umgekehrt, das ist das andere Moment von Husserls Brentanokritik, sind die wahrhaft immanenten Inhalte des Bewußtseins, die Empfindungskomplexionen und deren reelle Einheit, der volle Akt, nicht intentional. Sinnliche Qualitäten sind „hyletische" „Bausteine" des Aktes und als „notwendige Anhaltspunkte" für die wahrnehmende Intention deren phänomenologische Ermöglichung und schon darum nicht selbst Gegenstand der Intention. „Ich sehe nicht Farbenempfindungen sondern gefärbte Dinge, ich höre nicht Tonempfindungen, sondern das Lied der Sängerin usw." (LU II/1, 374). Das Zeugnis der Erfahrung selbst gegen die Konstruktionen Brentanos zu seinen Recht kommen zu lassen, ist der Sinn dieser Ausführungen Husserls. Folgt man Brentano, so könnte man eine transzendente intentionale Gegenständlichkeit wie das „Lied der Sängerin" überhaupt nicht hören, sondern lediglich ein bestimmt strukturiertes Tonphänomen, und jenes Lied wäre nur dessen transzendente Ursache.[7]

Die Transzendenz des intentionalen Gegenstandes ist also für Husserl ein deskriptives, den intendierenden Akt selbst charakterisierendes Merkmal und bezeichnet daher weder eine bewußtseinstranszendente Ursache, deren Wirkung der intendierende Akt wäre, noch auch ein Außerbewußtes, das von ihm „abgebildet" würde.[8]

[7] Man sieht, daß phänomenologische Analyse gelegentlich versteckte Sprachanalyse ist. Husserls Argument gegen Brentanos Phänomenalismus verdankt seine Plausibilität allein dem Umstand, daß Sätze wie: „Ich höre das Lied der Sängerin" (LU II/1, 374), „Ich höre das Zwitschern der Vögel" (LU II/1, 381), „Ich höre das Adagio des Geigers" (ebd.), den natürlichen Sprachgebrauch der alltäglichen Rede wiedergeben. Husserl handhabt hier gegen Brentano die Methode der später in England aufgekommenen „ordinary language philosophy", nur eben ohne jede Reflexion auf die methodische Eigenart von Argumenten dieser Art.

[8] In einer Anmerkung zu dem eben zitierten Satz verweist Husserl auf die Beilage zum zweiten Kapitel, die jene „scheinbar selbstverständlich Unter-

Husserl betont, „daß diesem Gegenstand nicht unterschoben werden darf irgendeine naturwissenschaftliche oder metaphysische Transzendenz, sondern daß der Gegenstand als derjenige gemeint ist, als welcher er in *dieser* Anschauung *erscheint*, als welcher er ihr sozusagen *gilt*" (LU II/1, 197). Transzendent heißt der Gegenstand nur darum, weil er als der, als welcher er dem meinenden Akt „gilt", in diesem Akt nicht „reell" vorfindlich ist. „Reell" aber ist, im Unterschied zu „real" (vgl. LU II/1, 399 Anm.), das Erlebte als solches. Was aber erlebt ist, das ist das intentionale Erlebnis selbst. Es fungiert als das, was den intentionalen Gegenstand *erscheinen* läßt. Das Verhältnis von Gegenständlichem und Erlebtem, von Transzendenz und Immanenz, bestimmt Husserl als intentionale Korrelation von „Erlebnisstrom" und „phänomenaler Welt". „Die Dingerscheinung (das Erlebnis) ist nicht das erscheinende Ding ... Als dem Bewußtseinszusammenhang zugehörig, erleben wir die Erscheinungen, als der phänomenalen Welt zugehörig, erscheinen uns die Dinge. Die Erschei-

scheidung zwischen immanenten und transzendenten Gegenständen, die sich nach dem altüberlieferten Schema: innerlich bewußtes Bild – außerbewußtes An-sich-sein orientiert" (LU II/1, 374 Anm.), phänomenologisch destruiert. Seine neuzeitliche Wurzel hat dies Schema, das zur Zeit der *Logischen Untersuchungen* die Diskussion des Bewußtseinsproblems beherrschte (Bergson, Th. Lipps u.a.), in der Philosophie Descartes. Descartes deutet das Verhältnis von cogitatum und cogitatio als ein Verhältnis der Abbildung, die ideae als „tanquam rerum imagines" (Opp., ed. Adam u. Tannery, VII, 37), bzw. als „rerum sensibilium imagines" (ebd. 47). Die Bildtheorie des Bewußtseins verkennt, wie Husserl in der Beilage darlegt, das Wesen des Bildbewußtseins. Zum Bildbewußtsein gehört, „bloß das eine [Bildträger] anschaulich gegenwärtig zu haben und statt seiner doch das andere [Bildsujet] zu *meinen*" (LU II/2, 422). Das ist nur möglich, wenn das Bildbewußtsein in einem den Bildträger „selbst" und nicht „bildlich" gebenden Wahrnehmungsbewußtsein fundiert ist. Sowenig wir „Empfindungen" wahrnehmen, sowenig nehmen wir „Bilder" wahr sondern eben die Dinge selbst. Wären, wie die Bildtheorie des Bewußtseins unterstellt, dem Wahrnehmungsbewußtsein wirklich Bilder der Außenwelt eingelegt, dann bliebe noch immer ungeklärt, die diese Bilder *als* Bilder sollten erkannt werden können, da ein Objekt seine Bildlichkeit nicht so an sich trägt wie beispielsweise seine Röte (ebd.) „Die rohe Sprechweise von inneren Bildern (im Gegensatz zu äußeren Gegenständen) darf in der deskriptiven Psychologie (und erst recht in der reinen Phänomenologie) nicht geduldet werden" (LU II/1, 423; vgl. Id I, 98 f.). Bereits Frege hat die Abbildtheorie des Bewustseins einer scharfen Kritik unterzogen, vgl. u.a. *Grundgesetze der Arithmetik*, Jena 1893, S. XXIII. Zur Geschichte des erkenntnistheoretischen Bildbegriffs vgl. Sartre, *L'imagination*, Paris 1936; dt. Übers.: *Über die Einbildungskraft*, in: *Die Transzendenz des Ego*, Hamburg 1964, S. 51-149; zur Phänomenologie des Bildes vgl. E. Fink, „Vergegenwärtigung und Bild. Beiträge zur Phänomenologie der Unwirklichkeit", in: *Jahrbuch für Philosophie und phänomenologische Forschung*, XI (1930), S. 239-309.

nungen selbst erscheinen nicht, sie werden erlebt" (LU II/1, 350). Obgleich also Gegenstandserscheinung und intentionales Erlebnis dasselbe sind, sind sie nicht gleichbedeutend. Verständlich wird diese andere Bedeutung aus dem „phänomenologischen" Erlebnisbegriff, wie er von Husserl im Gegensatz zum „populären" in § 3 eingeführt wird. Dem Erscheinen (qua Erscheinung) bleibt das Erscheinende transzendent, dem Erleben (qua Erlebnis) dagegen nicht das Erlebte. Was erlebt ist, die Empfindungen wie die sie beseelende Intention, ist dem Vorgang des zu einer einheitlichen Intention sich zusammenschließenden Erlebens und dieser wiederum dem alle Erlebnisvorgänge synthetisch einigenden Erlebnisstrom immanent.

Der intentionale Gegenstand aber ist kein *anderer* als der wirkliche. Zwar ist, wie wir sahen, seine Intentionalität, d.h. seine phänomenologisch verstandene Transzendenz indifferent dagegen, ob er wirklich ist oder nicht. *Falls* er jedoch nicht nur intendiert sondern nach gewissen Prinzipien der Ausweisung, die im regionalen Wesen der Gegenstandsgattungen zu suchen sind, auch als wirklich ausgewiesen ist,[9] dann kann auch deskriptiv eingesehen werden, „daß der intentionale Gegenstand der Vorstellung *derselbe* ist wie ihr wirklicher und gegebenenfalls ihr äußerer Gegenstand, und daß es *widersinnig* ist, zwischen beiden zu unterscheiden" (LU II/1, 425; bei Husserl ist der ganze Satz gesperrt gedruckt, „derselbe" und „widersinnig" erscheinen im Kursivdruck). „Widersinnig" besagt hier: wider den Sinn der Intention. Verlangt aber die Selbigkeit des einen und des anderen nicht doch, zwischen den beiden Objekten, die als eines und dasselbe sich ausweisen sollen, einen gewissen Unterschied zu machen?

Einen Hinweis auf eine mögliche Antwort gibt Husserl zu Anfang des zweiten Abschnitts der bereits zitierten Beilage. Er sagt dort, in deutlicher Anspielung auf Brentano, es sei ein „Irrtum, wenn man überhaupt einen reellen Unterschied zwischen den 'bloß immanenten' oder 'intentionalen' Gegenständen auf der einen und

---

[9] Das ist das Thema der transzendentalen „Phänomenologie der Vernunft", in der Husserl das Problem von Intentionalität und Wirklichkeit tiefer führt als es in den *Logischen Untersuchungen* geschehen konnte. Was für die deskriptive Phänomenologie wie für die transzendentale Phänomenologie der Intentionalität überhaupt irrelevant ist, wird nun ausdrückliches Thema: „Somit beginnt die Phänomenologie mit Problemen der Intentionalität; aber zunächst in Allgemeinheit und ohne die Fragen des Wirklich- (Wahrhaft-) seins des im Bewußtsein Bewußten in ihren Kreis zu ziehen" (Id I 357).

ihnen ev. entsprechenden 'wirklichen' und 'transzendenten' Gegenständen auf der anderen Seite macht..." (LU II/1, 424). Die Unmöglichkeit eines „reellen" Unterschiedes verbietet nicht eine Unterscheidung überhaupt. In welcher Richtung könnte sie erfolgen? Es handelt sich bei der von Husserl hervorgehobenen Selbigkeit von intentionalem und wirklichem Objekt offensichtlich um eine *spezifische Weise von Selbigkeit*, um das, was Husserl in der VI. Logischen Untersuchung als „Erfüllungsbeziehung" von der „bloßen Identifizierung" abhebt (§ 16). In der Erfüllungsbeziehung kommen zwei Intentionen auf dasselbe zu kongruierender Deckung, derart, daß eine rein signitive, begriffliche Intention „sich" in einer anderen, auf dasselbe Objekt gerichteten, intuitiven, anschaulichen Intention „erfüllt". Was zuvor „bloß" gemeint war, ist dann in anschaulicher Fülle „selbst" da. Ein Unterschied also von bloß intentionalem und wirklichem Objekt bleibt bestehen. Nur ist dieser Unterschied kein „reeller" sondern einer der „Gegebenheitsweise". Das heißt: das Objekt im *Wie seiner Gegebenheit* differiert zwischen „leerer" und anschaulich „erfüllter" Begrifflichkeit, das Objekt aber, *welches* in diesem intentionalen Gefälle zwischen Leere und Fülle gegeben ist, bleibt eines und dasselbe.

Dem entspricht ein doppelter Begriff der Intention, den Husserl bereits in der V. Untersuchung einführt. Intention im „engeren" Sinn ist nur eine solche, die „auf eine entsprechende Erfüllung hinweist" (LU II/1, 379). Nun ist aber der erfüllende Akt auch ein intentionales Erlebnis, das außer seiner Erfüllungsfunktion im Hinblick auf einen *anderen* Akt in sich *selbst* durch Intentionalität charakterisiert ist. Daher umfaßt der Begriff der auf Erfüllung hinzielenden Intention nicht die *ganze* durch ein einheitliches phänomenologisches Wesen ausgezeichnete Gattung „Intention". Er ist deshalb durch einen „weiteren" Begriff (ebd.) zu ergänzen, der „Intention" nicht mehr aus dem Gegensatz zur „Erfüllung" sondern als deskriptives Merkmal einer besonderen Erlebnisklasse bestimmt, der Akte im prägnanten Sinn.

Wir fassen zusammen, was sich uns bisher für den Begriff der Transzendenz ergeben hat, indem wir zugleich einen Vorblick auf einige spätere Fassungen des Transzendenzbegriffes [10] geben:

a) Transzendent ist das, was nicht reell im Akt des Bewußtseins

---

[10] Vgl. hierzu auch R. Boehm, *Vom Gesichtspunkt der Phänomenologie, Husserl-Studien*, Den Haag 1968, S. 141 ff.

beschlossen liegt. Das ist der Transzendenzbegriff der *Logischen Untersuchungen* und der *Ideen*. Transzendenz ist hier nur ein anderes Wort für die Intentionalität des cogitatum eines ego cogito. Transzendent gerichtet sind „alle auf Dinge gerichtete Akte, auf Realitäten überhaupt", ebenso aber auch „alle auf Wesen", d.h. auf das Allgemeine der ideierenden Abstraktion oder eidetischen Variation gerichteten Akte (Id I, 85). Der Gegenbegriff ist die Immanenz, die in dieser Bedeutung die Sphäre des Erlebbaren als solchem bezeichnet, dessen, was „reeller" Inhalt des Bewußtseins sein kann. Auf transzendentaler Ebene wird dieser Begriff von Transzendenz erweitert und umfaßt dann das Konstituierte schlechthin. Sein Korrelatbegriff wird auf dieser Stufe der Reflexion zur transzendentalen, Welt-konstituierenden Subjektivität. Daran, daß Transzendenz auch in der Korrelation zum Transzendentalen als „Transzendenz irreellen Beschlossenseins" (CM 65) begriffen wird, zeigt sich die dominierende Stellung des in den *Logischen Untersuchungen* entwickelten Begriffs der reellen Erlebnisimmanenz.

b) Transzendent ist das, was nicht absolut selbstgegeben ist. Das ist der eigentliche cartesianische Transzendenzbegriff. In den Vorlesungen *Die Idee der Phänomenologie* sieht Husserl sich genötigt, die „reelle" Immanenz als „Spezialfall" der erkenntnistheoretisch allein relevanten „Immanenz überhaupt" (IP 9) zu begreifen und unter dieser „absolute und klare Gegebenheit, Selbstgegebenheit im absoluten Sinn" (IP 35) zu verstehen. Das Allgemeine der ideierenden Abstraktion ist, weil absolut evident, keine Transzendenz im neuen Sinn mehr. „Immanenz überhaupt" als absolute Selbstgegebenheit umfaßt nunmehr: 1) das reell Immanente und 2) vom reell Transzendenten a) das Allgemeine der ideierenden Abstraktion und b) die Quasigegenständlichkeit des inneren Zeitbewußtseins (der gehörte Ton etc.). Diese Begriffe von Immanenz und ihrem Korrelat, der Transzendenz, werden bestimmt durch Husserls Forderung nach einem *fundamentum inconcussum* apodiktischer Evidenz.

c) Transzendent ist das, was nicht urpräsent gegeben sein kann. Zu dieser Radikalisierung des Tanszendenzbegriffs kommt Husserl durch das Problem einer transzendentalen Theorie der Intersubjektivität. Was sich egologisch in einer das *ego* nur räumlich oder zeitlich transzendierenden Welt konstituieren kann, ist nich transzendent im radikalen Sinn. Die Sinnesgestalt „objektive Welt" is gegenüber der nur „immanent" oder „primordial" transzendenten (CM 140 u. 136), egologisch konstituierten Welt eine Tanszendenz höherer Stufe. Diese „Sinngebung der eigentlichen, der konstitutiv sekundären *objektiven Transzendenz*" (CM 136) der Welt verweist auf die nur appräsentativ geschehende Erfahrung des *alter ego,* dessen Transzendenz aus dem Gegensatz zur Immanenz der primordial reduzierten Eigenheitssphäre des transzendentalen *ego* zu denken ist.

2. Inhalt und Gegenstand (Einheit und Mannigfaltigkeit)

Der Analyse Husserls sind wir bisher ausschließlich im Hinblick auf das Problem der *Transzendenz* des Gegenstandes im Akt des Bewußtseins gefolgt. Dies war, wie wir sahen, der Gesichtspunkt, der in Husserls Kritik an Brentanos Theorie der Intramentalität den Ausschlag gab. Das Resultat unserer Überlegungen war: Weil Objekte „sich bewußtseinsmäßig durch Empfindungskomplexe darstellen, aber keineswegs selbst als solche erscheinen" (LU II/1, 365), so existieren sie, *falls* sie existieren, gewiß nicht als Empfindungskomplex, sondern als bewußtseinstranszendente *intenta* intendierender Akte. Diese grundlegende Differenz von Akt und Gegenstand bringt aber nur einen Teilaspekt des intentionalen Bezugs zur Geltung.

Was noch fehlt, ist die Thematisierung der *Einheit* des Gegenstandes. Die phänomenologische Aufhellung der gegenständlichen Einheit wird überdies, wie nun zu zeigen ist, auch das Problem der Transzendenz in einem neuen Licht erscheinen lassen. Die Identität des intentionalen Objekts kann phänomenologisch nur durch den Rückgang auf das sie konstituierende *Identitätsbewußtseins* aufgeklärt werden. Auf diese Fassung des Problems verweist sogleich das Beispiel, das Husserl in der V. Untersuchung gibt: „Ich sehe ein Ding, z.B. diese Schachtel, ich sehe nicht meine Empfindungen. Ich sehe immerfort diese *eine und selbe* Schachtel, wie immer *sie* gedreht und gewendet werden mag. Ich habe dabei immerfort denselben 'Bewußtseinsinhalt' – wenn es mir beliebt, den wahrgenommenen *Gegenstand* als Bewußtseinsinhalt zu bezeichnen. Ich habe mit jeder Drehung einen *neuen* Bewußtseinsinhalt, wenn ich, in viel passenderem Sinne, die *erlebten Inhalte* so bezeichne. Also sehr verschiedene Inhalte werden erlebt, und doch wird derselbe Gegenstand wahrgenommen" (LU II/1, 382).

Bevor wir das mit diesem Beispiel angezeigte Problem der sich in einer Mannigfaltigkeit von Empfindungen konstituierenden Einheit des Gegenstandes erörtern, sei auf den Kontext aufmerksam gemacht, in dem es steht. Ihm fällt die Aufgabe zu, das „Sein des empfundenen Inhalts" vom „Sein des wahrgenommenen Gegenstandes" (LU II/1, 382), die „Empfindung" vom „Wahrnehmungsobjekt" abzuheben und diese Unterscheidung phänomenologisch zu begründen. Mit anderen Worten: es geht Husserl im § 14, in dem das Beispiel sich findet, nicht um das Problem der *Einheit* des Gegenstandes im Unterschied zur Mannigfaltigkeit von Empfindungen sondern allein um das der Transzendenz. Darauf deutet auch der Nachsatz, der aus dem Beispiel die Folgerung zieht: „Also ist weiter der erlebte Inhalt, allgemein zu reden, nicht selbst der wahrgenommene Gegenstand" (LU II/1, 381). Die Identität des Gemeinten in der Mannigfaltigkeit des Erlebten begründet also – dies ist ein Argument, das die Brentanokritik noch nicht brachte – rückwirkend die schon im Aktbegriff begründete Transzendenz des Gegenstandes noch einmal.

Die Frage nach dem *Grund* der Transzendenz phänomenologisch zu stellen, bedeutet also nun, den Überschuß an Sinn auszulegen, den das Ding gegenüber dem im intentionalen Erleben deskriptiv Vorfindlichen hat. Auf diesem Weg gelingt es Husserl in den *Ideen,* die Dingtranszendenz im reellen, d.h. auf die Erlebnisimmanenz des primordial reduzierten Subjekts bezogenen Sinn nochmals tiefer zu begründen. Wie im Beispiel des § 14 der fünften der *Logischen Untersuchungen* die Selbigkeit „bloßer Identifizierung", so ist in den *Ideen* die spezifische Selbigkeit der Erfüllung, die Identität also des intendierten Dings im endlosen Prozeß seiner die Dingintention präsumptiv erfüllenden Näherbestimmung die begründende Instanz für seine Transzendenz. „Seine Transzendenz drückt sich in jenen Grenzenlosigkeiten im Fortgang der Anschauungen von ihm aus" (Id I 367). Transzendenz des Dings, das sagt nun: Transzendenz des Dings *selbst* als einer den Erfahrungsprozeß regulierenden, obzwar niemals zu erfüllter Gegebenheit kommenden *Idee.*

Wir kehren nach diesem Hinweis auf den Zusammenhang von Identität und Transzendenz des Dinges zu der Frage zurück, was sich aus dem deskriptiven Faktum des Identitätsbewußtseins für das phänomenologische Wesen von *Einheit* und *Mannigfaltigkeit* in der Dingwahrnehmung [11] herauslesen läßt.

[11] Es ist daran zu erinnern, daß die räumliche Dingwahrnehmung das Modell ist, an dem Husserl in den *Logischen Untersuchungen* und auch später (Id I, PP) den intentionalen Bezug von Akt (ego cogito) und Gegenstand überhaupt (cogitatum) demonstriert.

Daß wir „im Wechsel der erlebten Inhalte einen und denselben Gegenstand wahrnehmend zu erfassen meinen" (LU II/1, 382) bedeutet zunächst, daß im Kontinuum des Erlebnisstromes nicht nur *derselbe* Gegenstand wahrgenommen wird sondern auch der Gegenstand *selbst*. Selbstgegebenheit des als identisch Vermeinten wenigstens ist, obgleich die Intention auf sie ihrem eigenen Sinn nach über das unmittelbar Erlebte hinausgreift in eine gegenständliche Transzendenz, von der intendierenden Wahrnehmung *prätendiert*. Daraus bestimmt Husserl die Erfüllungsfunktion der selbstgebedenden Wahrnehmung für anschauungsleere Akte bloß begrifflichen signifikativen Meinens. In der VI. Untersuchung, die zur Erläuterung hier heranzuziehen ist, heißt es: „die Wahrnehmung, indem sie den Gegenstand selbst zu geben prätendiert, prätendiert damit eigentlich, überhaupt keine bloße Intention zu sein,[12] vielmehr ein Akt, der anderen Erfüllung bieten mag, aber selbst keiner Erfüllung mehr bedarf" (LU II/2, 56).

Ist diese Prätention gerechtfertigt? In seiner Antwort beruft sich Husserl nicht, wie später in den *Ideen*, auf die Präsumptivität der Dingerfahrung. Das, was dort die Selbstgegebenheit des Dinges zu einer regulativen Idee macht, nämlich die prinzipielle Unabschließbarkeit des in einer endlosen Explikation von mitgegebenen Horizonten bestehenden Prozesses der Näherbestimmung, hat Husserl hier noch nicht im Blick. Vielmehr verfehlt die Wahrnehmung die prätendierte Selbstgegebenheit des Dinges und damit das „Ideal der Adäquation" (LU II/2, 115) nur deshalb, weil sie das Ding selbst nur hat in einer Serie von einseitigen Aspekten, die als *vollendet* gedacht werden kann, ohne daß darum das Ding selbst wirklich zur wahrnehmungsmäßigen Gegebenheit kommen könnte.

Diesen grundsätzlich anderen Gedanken verdeutlicht Husserl wiederum an einem Beispiel, das das im § 14 der V. Untersuchung gegebene in einem wichtigen Punkt ergänzt. „Denken wir uns in der Phantasie einen Gegenstand sich allseitig drehend und wendend, so ist die Bilderfolge [13] immerfort durch Erfüllungssynthesen hinsichtlich der Partialintentionen verknüpft, aber die jeweilig neue Bildvorstellung ist als Ganzes keine Erfüllung der vorhergehenden, und

[12] Intention hier im „engeren" Sinne, vgl. oben S. 23.
[13] „Bild" hier nicht, wie in der von Husserl kritisierten Bildtheorie des Bewußtseins (vgl. oben S. 21) als Abbild sondern phänomenologisch als Anblick des Dinges in der Phantasie verstanden.

die gesamte Vorstellungsreihe *ohne fortschreitende Annäherung an ein Ziel"* (LU II/2, 66f., Hervorh. v. Vf). Lediglich die in den Gesamtakt eingeflochtenen signitiven und imaginativen Partialintentionen kommen im Wechsel der perspektivischen Anblicke zur anschaulich erfüllten Selbstgegebenheit: was im Phasenkontinuum der perspektivischen „Vorstellungsreihe" in einer bestimmten Phase nur signitiv mitgemeint war, etwa die Rückseite des Dinges, ist in einer anderen Phase anschaulich voll da. Aber die gesamte Vorstellungsreihe ist im Hinblick auf die die Partialintentionen durchwaltende einheitlich auf das Ding selbst bezogene Gesamtintention des Aktes, wie Husserl sagt, „ohne fortschreitende Annäherung an ein Ziel". Denn „die jeweilige neue Bildvorstellung ist als Ganzes keine Erfüllung der vorhergehenden", und zwar darum nicht, weil der Erfüllung von bestimmten Partialintentionen eine gleichzeitige Entleerung von vorher erfüllten korrespondiert: wenn etwa die vordem unerfüllte, die Rückseite signitiv antizipierende Partialintention sich im Drehen des phänomenalen Dinges erfüllt hat, dann ist die zuvor anschaulich selbstgegebene Vorderseite nur noch symbolisch oder signitiv mitgemeint. Die *Einseitigkeit* der dinglichen Erscheinung ist daher auch in der *Allseitigkeit* einer in sich geschlossenen Darstellungsreihe des einen und selben Dinges prinzipiell nicht zu überwinden. Der „Zuwachs an Erkenntnisfülle" (LU II/2, 67), der dennoch geschieht, ist nur „relativ", denn „Gewinn und Verlust halten sich eben bei jedem Schritt die Waage . . ." (ebd.). Die geschlossene Sukzessionsreihe der allseitigen Darstellung ist daher nicht, wie in den *Ideen,* ein durch Horizontvorzeichnungen geregelter endloser Prozeß, der in der Idee des Dinges selbst als einem Ziel, an das er sich annähert, ohne es jemals zu erreichen, terminiert. Dieser Unterschied von allseitiger und von endloser Synthesis ist es, der die „unendlichen, keinem Erkenntnisziel zustrebenden Identifizierungsketten" (LU II/2, 66) der Dingwahrnehmung vom zielgerichteten Prozeß der Erfüllungssynthesen im eigentlichen Sinn abhebt. Offensichtlich handelt es sich hier um *zwei verschiedene Formen von Unendlichkeit,* die phänomenologisch auseinanderzuhalten sind.

Wir sehen damit das Folgende: die Selbstgegebenheit des Dinges in der Wahrnehmung von ihm ist schon deshalb „bloße" Prätention, weil es *viele* Wahrnehmungen von ihm als dem einen und selben gibt. Nicht die Präsumptivität einer ins Endlose fortgehenden Dingwahrnehmung sondern die selbst in allseitiger Darstellung nicht zu überwindende Einseitigkeit der Wahrnehmung, macht die Selbstgegebenheit des Dinges zu einer bloßen Prätention. Der Anspruch der raumdinglichen Wahrnehmung, das Ding „selbst" zu geben, ist ungerechtfertigt einfach darum, weil es von „demselben" Ding nicht nur eine sondern unbegrenzt viele, wenn auch sich gleichsam kreisförmig zur Allseitigkeit der Darstellung zusammenschließende Wahrnehmungen gibt. „Wäre die Wahrnehmung überall, was sie prätendiert, wirkliche und echte Selbstdarstellung des Gegenstandes, so gäbe es, da ihr eigentümliches Wesen sich in diesem Selbstdarstellen erschöpft, für jeden Gegenstand nur eine *einzige* Wahrnehmung" (LU II/2, 57; Hervorh. v. Vf., vgl. 67). Die „Möglichkeit unbegrenzt vieler, inhaltlich verschiedener Wahrnehmungen eines und desselben Gegenstandes" (LU II/2, 56), aber gründet ihrerseits im Wesen des orientierten Raumes. Die im Identitätsbewußtsein sich konstituierende Einheit des Gegenstandes als Identität in der Mannigfaltigkeit von räumlichen Perspektiven, das ist das Resultat unserer Überlegungen, ist also eine solche, welche die scheinbar selbstgebende Wahrnehmung zur bloßen Prätention stempelt.

Wenn nun auch dergestalt die Prätentionalität der „Selbstgegebenheit" auf das Phänomen der „Selbigkeit" phänomenologisch zurückgeführt wird, so ist andererseits daran festzuhalten, daß diese Prätention im Sinn der Wehrnehmung selbst liegt und deshalb das phänomenologische Wesen der mit dem Wort „Wahrnehmung" umschriebenen deskriptiven Erlebnisklasse ausmacht. Im ersten Satz der *Analysen zur passiven Synthesis* hat Husserl dies mit Nachdruck ausgesprochen: „Die äußere Wahrnehmung ist eine beständige Prätention, etwas zu leisten, was sie ihrem eigenen Wesen nach zu leisten außerstande ist" (AP 3). Wie aber kann die erlebte Mannigfaltigkeit von Perspektiven, die in Form einer aisthetischen Synthesis (hierzu Id II 18 ff.) zur Einheit des Gegenstandes selbst gleichsam verschmilzt, ihrerseits in ihrem Bezug zur Einheit des dargestellten Gegenstandes näher gekennzeichnet werden?

Statt zu sagen, der Gegenstand perspektiviere sich in einer Mannigfaltigkeit von Erlebnismomenten, kann man mit Husserl für den Zusammenhang von Einheit und Mannigfaltigkeit der aisthetischen Synthesis auch sagen, der Gegenstand *schatte sich* in einer ihm zugehörigen Erlebnis- oder Perspektivenmannigfaltigkeit *ab*. Unter Abschattung ist hierbei jede erscheinungsmäßige Modifikation zu verstehen, die der Gegenstand durch die Wechselnden Umstände der Wahrnehmungssituation erleidet.

Von „Abschattung" spricht Husserl zuerst in der phänomenologischen Analyse der farblichen Qualifizierung von räumlich Ausgedehntem. Eine objektiv gesehene Farbe, etwa ein bestimmt nuanciertes Rot, kann sich über die niederste Differenz der Gattung Farbe hinaus durch wechselnde räumliche „Ausbreitung" qualitativ „abschatten", d.h. weiter modifizieren, ohne daß diese Modifikation noch aus dem Wesen der Gattung „Farbe" begriffen werden könnte (LU II/1, 231 ff.). Ferner können wechselnde Lichtverhältnisse Farben erscheinungsmäßig modifizieren und abschatten bis zum völligen Verschwinden (Id. II 71). Und doch, das ist ausschlaggebend für die Theorie der Abschattung, hat sich die *objektive* Farbigkeit des Gegenstandes für das wahrnehmende Sehen dadurch nicht geändert. Was sich für das Wahrnehmen seinem eigenen Sinne nach lediglich geändert hat, das ist die *Weise,* in der die eine und selbe objektive Farbe, die Farbe „selbst", subjektiv erscheint. Der „Unterschied zwischen dem objektiv als gleichmäßig gesehenen Rot dieser Kugel und der gerade dann in der Wahrnehmung selbst unzweifelhaften und sogar notwendigen Abschattung der subjektiven Farbenempfindungen" (LU II/1, 349) wird in der wahrnehmenden Intention nicht verwischt. Zwar korrespondiert der objektiven Farbigkeit eine Mannigfaltigkeit von subjektiven Farbabschattungen, in denen die Farbe selbst allein sich darstellen kann, aber die Unstetigkeit und der Wechsel im Feld der farblichen Abschattungen wird in der objektivierenden Auffassung stets wieder ausgeglichen, gleichsam korrigiert Die Abschattung ist zwar erlebt oder empfunden (man denke etwa an das Phänomen der Farbstichtigkeit), nicht aber objektiv vermeint, wenn man von der objektiven Farbe (etwa dem Rot einer Kugel) spricht.[14]

Was von dem objektiven Farbenmoment gilt, überträgt sich auf die Sphäre des Raumdinglichen im ganzen. Wie dieselbe Farbe in einem Kontinuum von Farbenabschattungen erscheint, so auch die eine und selbe räumliche Gestalt in einem Kontinuum von „Gestalt-

---

[14] Zu dem von der empirischen Psychologie formulierten Theorem der „Farbenkonstanz" vgl. Merleau-Ponty, *Phénoménologie de la perception,* Paris 1945; Übers.: *Phänomenologie der Wahrnehmung,* Berlin 1966, S. 352 ff. Der systematische Ort, an dem dies Theorem innerhalb der transzendentalen Phänomenologie Husserls erörtert werden könnte, ist die Konstitution der Normalität; vgl. dazu Id II 55 ff.

abschattungen" (Id I 93). Die Gesamtheit möglicher Wahrnehmungen des Dinges begreift Husserl nun als ein visuelles [15] „System" von „kontinuierlichen Abschattungsmannigfaltigkeiten" (ebd.) und das Ding selber als die identische Poleinheit, die sich *als* eine Einheit durch dieses Abschattungskontinuum einheitlich hindurcherstreckt. Der Gesamtakt der räumlichen Wahrnehmung erfaßt daher „den Gegenstand selbst, sei es auch nur in der Weise der Abschattung" (LU II/2, 57). Abschattung in diesem rein visuellen Sinn meint hier den aus einer bestimmten Blickstellung resultierenden Anblick, den ein Ding dem wahrnehmenden Subjekt bietet.[16] Damit erst ist eine ausreichende deskriptive Basis gewonnen, von der aus sich das traditionelle Problem der auf eine Mannigfaltigkeit von Empfindungen bezogenen Einheit des Gegenstandes phänomenologisch neu formulieren läßt. Diese, bei einer Anknüpfung an die Begrifflichkeit Kants und des Neukantianismus, grundsätzlich andere Fassung des Problems, sei noch durch zwei weitere Momente der Abschattungsfunktion der Empfindungen verdeutlicht, die in den *Logischen Untersuchungen* noch nicht klar hervorgetreten sind.

a) der Unterschied von Akt und reellen Inhalten des Bewußtseins, denen in der Auffassung Husserls nun die Funktion der Abschattung eines „in" ihnen sich abschattenden Gegenstandes zugewachsen ist, und dem Gegenstand selbst wurde bisher nur aus dem doppelten Hinblick auf den Unterschied von Tranzendenz und Immanenz (Ab-

[15] Die Ausdehnung der Abschattungsfunktion vom visuellen Feld auf andere Sinnesfelder gehört in eine ausgeführte regionale Ontologie des Dinges, die hier nicht zu erörtern ist.

[16] Der englische Mathematiker und Philosoph Alfred North Whitehead hat die Abschattungsmannigfaltigkeit der Sinnesobjekte zum Ausgangspunkt seiner Metaphysik der Perspektivität gemacht. Mit Bezug auf das Zitat aus dem zehnten Abschnitt des vierten Dialogs in Berkeleys *Alciphron*, das wir als Motto diesem Buch vorangestellt haben, heißt es in *Science and the Modern World*: „Zunächst ist zu bemerken, daß die Idee der eindeutige Lage ausgeschaltet worden ist. Die Dinge, die hier und jetzt in eine verwirklichte Einheit gefaßt werden, sind nicht einfach das Schloß, die Wolke und der Planet an sich; sondern sie sind das Schloß, die Wolke, der Planet vom Standpunkt der erfassenden Vereinigung in Raum und Zeit. Mit anderen Worten, es ist die Perspektive des Schlosses dort vom Standpunkt der Vereinigung hier. Es sind daher die Aspekte des Schlosses, der Wolke, des Planeten, welche hier in eins gefaßt werden. Bekanntlich ist der Begriff der Perspektiven der Philosophie sehr vertraut. Er wurde von Leibniz eingeführt, im Begriff seiner Monaden, die die Perspektiven des Weltalls widerspiegeln. Ich brauche denselben Begriff, nur verändere ich seine Monaden in die vereinheitlichten Ereignisse in Raum und Zeit." (*Wissenschaft und moderne Welt*, übers. v. G. Tschiedel u. F. Bondy, Zürich 1949, S. 90).

schnitt 1) und den von Identität und Mannigfaltigkeit (Abschnitt 2) gekennzeichnet. Beide Seiten sind aber noch in einer anderen Hinsicht zu unterscheiden. Dem Ding selbst und jedem seiner dinglichen Momente „entsprechen" zwar im Bewußtsein Systeme möglicher Anblicke, aber was in der Wahrnehmung erblickt wird, ist das Ding selbst und nicht sein Anblick. Während das im kontinuierlichen Strömen von abschattenden Anblicken sich zur Erscheinung bringende identische Ding als identisches *gegeben* ist, sind die strömenden Mannigfaltigkeiten selbst gerade nicht gegeben sondern *erlebt*.[17] „Was wir aktuell erleben . . . *sehen* wir nicht" (Id I 369). Darin bekundet sich eine Differenz der *Seinsweise* von Abschattung und Abgeschattetem, die für Husserl in der Differenz von Erlebnisimmanenz und Dingtranszendenz gründet. *„Die Abschattung, obschon gleich benannt, ist prinzipiell nicht von derselben Gattung wie Abgeschattetes.* Abschattung ist Erlebnis, Erlebnis aber ist nur als Erlebnis möglich und nicht als Räumliches" (Id I 95). In einer Beilage zu den Vorlesungen *Zur Phänomenologie des inneren Zeitbewußtseins* heißt es in bezug auf das temporal ausgelegte Abschattungskontinuum: was immer als selbstgegeben wahrgenommen wird, „ist gegeben als Einheit einer absoluten nicht gegebenen Mannigfaltigkeit" (ZBW 284). Das Abschattungskontinuum ist absolut gerade darum, weil es nicht gegenständlich erfaßt und damit gegeben werden kann, es sei denn in einer nachträglichen Reflexion.

Damit ist schon gesagt, wie auch die zur Einheit des Gegenstandes synthetisierte Abschattungsmannigfaltigkeit ihrerseits gegenständlich werden kann. Daß erst eine reflektive Blickwendung auf das Wahrnehmen selbst die für Gegenständliches konstitutiven Mannigfaltigkeiten enthüllt, wird von Husserl besonders nachdrücklich in den Vorlesungen *Phänomenologische Psychologie* betont. Nur aus einer „Reflexionseinstellung" (PP 150) läßt sich überhaupt vom Subjektiven der Abschattung sprechen. Die subjektiven Modi, die hier von Husserl noch noetisch verstandenen Perspektiven oder Anblicke entziehen sich der geraden Blickeinstellung auf das Objekt. „In dieser geraden Einstellung weiß ich gar nichts von diesem Mannigfaltigen. Erst durch eine Reflexion gewinne ich das Mannigfaltige in meiner, nun neuen, Blickrichtung" (PP 152). Perspektivische Erfahrung über-

---

[17] Die Schwierigkeit, daß strenggenommen nicht die Identität des Dinges sondern das Ding selbst im Wahrnehmen gegeben oder erfaßt wird, muß hier unberücksichtigt bleiben. (vgl. hierzu LU II/2, 35 f.)

haupt, so läßt sich zusammenfassend sagen, hat ihr phänomenologisches Fundament in einer vorgängigen Reflexion auf die erfahrende Subjektivität.[18]

b) Bedeutsamer für die phänomenologische Fassung des Problems gegenständlicher Einheit ist ein zweites Moment. Während Husserl in den *Logischen Untersuchungen* die subjektiven Erscheinungsweisen des Gegenstandes als reelle Mannigfaltigkeiten erlebter Empfindungen des Bewußtseins auffaßt, rückt er später eine andere Betrachtungsweise in den Vordergrund, die es erlaubt, die mannigfaltigen Erscheinungsweisen dem einen erscheinenden Gegenstand selbst zuzuordnen. Das geschieht dadurch, daß die Intentionalanalyse in der neuen Sicht Husserls sich nicht ausschließlich als noetische Analyse der reellen Bestände des Bewußtseins zu vollziehen braucht sondern ebensogut als noematische, den Gegenstand in seinem Sinn selbst auslegende Analyse durchgeführt werden kann (Id I 313 ff.; CM 77 ff.; vgl. LU II/1, 397 Anm. zur 2. Aufl. und ZBW 277 Anm.).

Die transzendentalen Implikate der Begriffe Noesis und Noema

---

[18] H. U. Asemissen ist der Ansicht, Husserl verwechsle hier Reflexion und Attentionalität: „Abschattung ist nicht ein Vorgang im Wahrnehmungserlebnis, sondern für das Wahrnehmungserlebnis und nur für dieses. Gerade deshalb wird sie von der Wahrnehmung gewöhnlich nicht gegenständlich erfaßt. Man ist in der gewöhnlichen Wahrnehmung auf das Objekt im Wandel seiner Aspekte und nicht auf diesen Wandel selbst eingestellt. Aber der Wechsel der Einstellung ist immer möglich, und zwar durch bloße Änderung der Interessennahme, ohne Umlenkung der Blickrichtung. Das heißt, Abschattungswahrnehmung ist genauso geradeaus gerichtete Wahrnehmung wie die Dingwahrnehmung" (H. U. Asemissen, *Strukturanalytische Probleme der Wahrnehmung in der Phänomenologie Husserls,* Köln 1957, S. 27). Darauf ist zu erwidern, daß zwar nicht bei jeder Abschattungswahrnehmung eine „Umlenkung der Blickrichtung" *in actu* stets erneut vollzogen werden muß, daß aber eine solche grundsätzlich bereits vollzogen sein muß, um es überhaupt möglich zu machen, den Aspektwandel unter bestimmten Umständen sich selbst (dem Wechsel des eingenommenen Standortes nämlich) und nicht dem Ding zuzuschreiben. Wenn, was Asemissen selbst hervorhebt, die schlichte Wahrnehmung zwischen einer subjektiv verursachten Gestaltabwandlung (z.B. beim Herumgehen um einen Würfel) einerseits und einer objektiv verursachten (z.B. bei Drehung eines Würfels vor einem ruhenden Beobachter) andererseits sehr genau zu unterscheiden weiß, dann doch wohl nur durch Reflexion auf das eigene Ich. Daß diese habituell geworden sein kann (Ichbewußtsein qua habitualisierte „natürliche Reflexion"), ändert nichts daran, daß sie Voraussetzung für die genannte Unterscheidung ist. Es ist Asemissen jedoch erstens zuzugeben, daß Husserl natürliche Reflexion explizit nicht so weit faßt wie wir eben, und zweitens, daß Husserl dazu neigt, die Abschattungsmannigfaltigkeiten auch da noch noetisch zu deuten, wo er bereits ihren noematischen Charakter prinzipiell anerkannt hat.

sind hier nicht zu erörtern, wohl aber der neue Sinn, der sich für
das Problem von Einheit und Mannigfaltigkeit aus der Parallelität
einer noetischen und noematischen Reflexionsrichtung ergibt. Das
Noema ist der intentionale Gegenstand als solcher, d.h. als korrela-
tive Sinneinheit des transzendentalen, im Fluß der Noesen sich selbst
konstituierenden Bewußtseins. Diese Korrelation von Noesis und
Noema, das ist ausschlaggebend für deren Verständnis, ist dem Ansatz nach nicht eine Korrelation der Konstitution sondern eine der
Parallelität.[19] Das heißt: die transzendentale Konstitutionsproblema-
tik, mit der Husserl die uns hier interessierende deskriptive Problematik einer sich abschattenden Gegenstandseinheit transzendental
weitergeführt hat, kann *doppelt* gestellt werden, nämlich noetisch
und noematisch. Dann aber ist „klar, daß diese Beziehung von Noesis
und Noema nicht diejenige sein kann, welche in der Rede von der
Beziehung des Bewußtseins auf sein intentional Gegenständliches gemeint ist; denn *jedem* noetischen Moment . . . entspricht ein Moment
im Noema . . .” (Id I 317, Hervorh. v. Vf.). Das Noema hat, selbst
schon Sinneinheit des transzendentalen Bewußtseins, „in sich selbst”
noch einmal einen ihm eigenen Sinn, durch den es sich auf eine Gegenständliches intentional bezieht (Id I 315). Mit anderen Worten, Husserl sieht jetzt, „daß in der Tat nicht nur für das ’Bewußtsein’, für
das intentionale Erlebnis, sondern auch für das Noema *in sich genommen* der Unterschied zwischen ’Inhalt’ und ’Gegenstand’ zu machen
ist. Also auch das Noema bezieht sich auf einen Gegenstand und besitzt einen ’Inhalt’, ’mittels’ dessen es sich auf den Gegenstand bezieht, wobei der Gegenstand derselbe ist wie der der Noese, wie denn
der ’Parallelismus’ wieder durchgängig sich bewährt” (Id I 318). Aus
dem Gedankengang der §§ 128 ff. in den *Ideen* geht eindeutig
hervor, daß „Inhalt” und „Akt” die beiden Pole von konstituierender Mannigfaltigkeit und konstituierter Einheit bezeichnen. Wenn
demnach nicht nur der Noesis sondern auch dem Noema das Moment des Konstituierenden und des Konstituierten zumal eignet,
dann ist klar, daß das Verhältnis von Noesis und Noema nicht das
intentionale Verhältnis der Konstitution einer Einheit in einer Mannigfaltigkeit sein kann. Was Husserl *noematische Intentionalität*
(hierzu Id I 254 u. 258 f.) nennt, ist also nur die Spiegelung der noetischen; das bedeutet, sie ist nur eine der beiden Weisen, in der eine

---

[19] Vgl. dazu den nächsten Abschnitt, S. 41.

und dieselbe, transzendental oder vortranszendental verstandene Intentionalität von Bewußtsein und Gegenstand zum phänomenologischen Thema gemacht werden kann. Die Thematisierung erfolgt in der phänomenologischen Reflexion, die sich als noetische oder als noematische Reflexion (Id I 362) vollziehen kann.[20]

Es zeigt sich in diesen Überlegungen schon, worin Husserl das wesentlich Neue einer phänomenologischen Theorie der Einheit von Gegenständlichem sieht. Das intentionale Gefälle von Bewußtsein und Gegenstand, von Mannigfaltigkeit und Einheit der Erfahrung, wiederholt sich auf der Gegenstandsseite selbst. Die phänomenologische Einsicht, daß ein Gegenständliches, noematisch gesprochen, seinem eigenen Seinssinn nach in sich selbst ein intentionales Gefälle hat, ohne seine Identität zu verlieren, überholt die vorphänomenologische Frage, wie es möglich sei, daß das Bewußtsein an den ihm äußerlichen Gegenstand „herankomme". Außerdem können die konstituierenden Mannigfaltigkeiten jetzt nicht mehr als immanente Daten des Bewußtseins aufgefaßt werden, aus denen die Einheit des Gegenstandes sich synthetisch zusammensetzt. Konstituierende Mannigfaltigkeiten sind in noematischer Sicht *Seinsweisen des Gegenstandes selbst*, was im Rahmen der Phänomenologie Husserls allerdings nur heißen kann: Weisen, in denen ein und derselbe Gegenstand dem erfahrenden Bewußtsein gegenständlich *gegeben* ist, ohne daß diese Weisen primär selbst gegeben sein könnten. Was wir hier allgemein vom Problem gegenständlicher Erfahrung überhaupt gesagt haben, gilt auch und sogar ursprünglich für die raumdingliche Wahrnehmung. Statt als reelle Aktbestände können die Abschattungen nun auch verstanden werden als „Selbstabschattungen" (vgl. zu diesem Ausdruck LU II/2, 57) der wahrgenommenen Raumgestalt, die sich dem regionalen Typus „Raumdinglichkeit überhaupt" gemäß in eine unbegrenzte Vielzahl von perspektivischen Erscheinungsweisen auseinanderlegen kann. Zum regionalen Wesen der Raumdinglichkeit gehört das „Korrelationsapriori" von gegebener Einheit und nichtgegebener, weil die Einheit gebenden Mannigfaltigkeit.

Vier Momente im phänomenologischen Begriff der Einheit des räumlich wahrgenommenen Gegenstandes können wir als Resultat

[20] Vorbereitet ist die noematische Blickrichtung schon in den Vorlesungen *Zur Phänomenologie des inneren Zeitbewußtseins*, vgl. insbesondere die §§ 43 ff., in denen Husserl einen noematisch gefaßten Begriff des Wahrnehmungsaktes voraussetzt, ohne allerdings terminologisch von Noema zu sprechen.

unserer Interpretation festhalten: 1) der Sinn von Einheit des Gegenstandes begründet sich phänomenologisch aus dem deskriptiven Faktum des Identitätsbewußtseins, und Einheit bedeutet daher Selbigkeit. 2) Die Selbigkeit des Gegenstandes selbst konstituiert sich in Mannigfaltigkeiten des Bewußtseins, die den Gegenstand selbst nur abgeschattet erscheinen lassen. 3) Die konstituierenden Mannigfaltigkeiten sind selbst nicht gegeben, es sei denn in einer nachträglichen Reflexion. 4) Die Reflexion auf die Einheit konstituierender Mannigfaltigkeiten kann zweifach geschehen, noetisch und noematisch.

3. Inhalt und Akt (Apperzeption)

In der noetischen Analyse des intentionalen Erlebnisses, wie Husserl sie in der fünften der *Logischen Untersuchungen* durchgeführt hat, dient als vermittelndes Glied zwischen Aktmannigfaltigkeit und Gegenstandseinheit ein Moment, das wir zwar im letzten Abschnitt indirekt immer vorausgesetzt, aber noch nicht eigens erörtert haben: Die Auffassung oder Apperzeption. Um zu klären, was dieser Begriff meint, knüpfen wir nochmals an das von uns oben interpretierte Beispiel aus § 14 an.

Die Tatsache, daß wir zwar verschiedene Inhalte erleben, aber doch dasselbe Ding (die „Schachtel") meinen, veranlaßt Husserl zu der Frage: „was liegt diesem Bewußtsein der Identität zugrunde?" (LU II/1, 383). Seine Antwort ist, „daß zwar beiderseits verschiedene Empfindungsinhalte gegeben, daß sie aber in 'demselben Sinne' aufgefaßt, apperzipiert sind..." (ebd.). Dies nötigt das Apperzipieren, das das Erlebte gleichsam interpretiert, dazu, einen Unterschied zwischen „Inhalten" und „Akten" zu machen, genauer: zwischen „Inhalten, die zwar als Bausteine von Akten fungieren können, aber *nicht selbst Akte* sind" und den durch den immanenten Charakter der Intentionalität ausgezeichneten Akten selbst (ebd.).

Der volle Akt ist demnach die reelle Einheit von Empfindung und Apperzeption. Identität des Gegenstandes, das ist die Deutung, die Husserl dem Identitätsbewußtsein hier gibt, konstituiert sich in einer stofflichen an ihr selbst intentionslosen Mannigfaltigkeit von unmittelbar präsenten Empfindungen so, daß diese stoffliche Mannigfaltigkeit „in demselben Sinne" aufgefaßt oder gedeutet wird.

Für diesen Überschuß an Sinngebung im intentionalen Erlebnis gegenüber dem bloß Stofflichen steht der Begriff der Apperzeption.

Husserl sagt, indem er noch einmal das Ergebnis der vorangegangenen Analysen zusammenfaßt: „Apperzeption ist uns der Überschuß, der im Erlebnis selbst, in seinem deskriptiven Inhalt gegenüber dem rohen Dasein der Empfindung besteht; es ist der Aktcharakter, der die Empfindung gleichsam beseelt und es seinem *Wesen* nach macht, daß wir dieses oder jenes *Gegenständliche* wahrnehmen, z.B. diesen Baum sehen, jenes Klingeln hören, den Blütenduft riechen usw. Die *Empfindungen* und desgleichen die sie 'auffassenden' oder 'apperzipierenden' Akte hierbei *erlebt*, aber sie *erscheinen nicht gegenständlich*; sie werden *nicht* gesehen, gehört, mit irgendeinem 'Sinn' *wahrgenommen*. Die *Gegenstände* andererseits erscheinen, werden wahrgenommen, aber sie sind *nicht erlebt.*" (LU II/1, 385).

Man sieht: Apperzeption oder Auffassung ist das *sinngebende* Moment in intentionalen Erlebnis, das, was den „Überschuß" des Gemeinten über das Gegebene allererst ermöglicht. Die Überschüssigkeit des Auffassungssinnes kann sich in zwei gegensätzlichen Weisen realisieren; einmal gilt: „Verschiedene Akte können dasselbe wahrnehmen und doch ganz Verschiedenes empfinden" (LU II/1, 381), zum anderen ist es denkbar, „daß auf Grund derselben Inhalte verschiedene Gegenstände wahrgenommen werden" (ebd.). „Es braucht ja nur", wie Husserl zur zweiten Art von Sinnestranszendenz in den *Ideen* sagt, „daran erinnert zu werden, daß in den Stoffen selbst, ihrem Wesen nach, die Beziehung auf die objektive Einheit nicht eindeutig vorgezeichnet ist, vielmehr derselbe stoffliche Komplex mehrfache, diskret ineinander überspringende Auffassungen erfahren kann, denen gemäß *verschiedene* Gegenständlichkeiten bewußt werden." (Id I 247). Die Mehrdeutigkeit des bloß Stofflichen, von der Husserl hier spricht, gibt einen Deutungsspielraum frei, innerhalb dessen Gegenständliches apperzipiert werden kann „als" dieses oder jenes, ein bestimmt strukturiertes Feld von Gegebenheiten etwa „als" Spielplatz oder Liegewiese. Was sich in dieser Weise apperzeptiv konstituiert, ist nicht nur die formale Einheit des Gegenstandes überhaupt, und auch nicht allein die regionale Einheit der verschiedenen Gegenstandsgattungen (wie etwa die Raumdinglichkeit überhaupt) und deren qualitative Modifikationen (Imagination, Perzeption etc.), sondern vor allem auch die faktische Typizität lebensweltlich bedeutsamer Dinge.

Im Zusammenhalten nun jener drei Bezüge, die wir bisher gesondert behandelt haben: Akt und intendierender Gegenstand, Abschattungsmannigfaltigkeit und Einheit des Abgeschatteten, Stofflichkeit des Empfundenen und deutende Apperzeption, gewinnt der Begriff des intentionalen Erlebnisses seinen vollen Sinn.

Abschattende, reelle Inhalte des Bewußtseins gewinnen ihren Gegenstandsbezug nur durch eine objektivierende deutende Apperzeption, die den jedem konkreten Akt eigentümlichen „Aktcharakter" ausmacht. Für sich selbst genommen, sind sie ohne jede Intentionalität, wenn auch nicht ohne Struktur. Aber die assoziative Struktur eines solchen Feldes sinnlicher Gegebenheiten mit ihren Homogenitäten und Heterogenitäten, ihren Vordergrundsgegebenheiten und ihrem Hof von Hintergrundsanschauungen zeichnet in der Auffassung Husserls nicht eindeutig vor, *wie* und zu *welcher* gegenständlichen Einheit dieses Feld in der synthetisierenden Apperzeption verschmilzt. Die hyletischen Mannigfaltigkeiten sind trotz der hyletischen Einheit eines jeden Sinnesfeldes bloße *„Träger* einer Intentionalität, aber nicht selbst ein Bewußtsein von etwas" (Id I 81). So kann eine bestimmte sinnliche Gegebenheit alternierend als Träger einer signitiven, perzeptiven oder imaginativen Intention fungieren (LU II/2, 90), und der Unterschied von Imagination und Perzeption besteht nur darin, daß ein und dieselbe Stofflichkeit das eine Mal „als Analogon, *als* Bild" aufgefaßt wird, das andere Mal dagegen „als Selbsterscheinung des Gegenstandes" (LU II/2, 83). Die Unterschiede im gegenständlichen Sinn erklären sich demnach phänomenologisch nicht aus den Verschiedenheiten der hyletischen „Repräsentanten" sondern lediglich aus den sie „beseelenden" Auffassungen.[21] Mit anderen Worten, die Abschattungsfunktion des sinnlich Gegebenen und Erlebten gründet in der Apperzeption.

Das noematische Korrelat der Auffassung ist der „Auffassungssinn", oder, wie Husserl auch sagt, der „Sinn der gegenständlichen Auffassung" (LU II/1, 416). An ihm (den Husserl in den *Logischen Untersuchungen* im Unterschied zur „Qualität" des Aktes auch dessen „Materie" nennt) liegt es, „daß der Gegenstand dem Akte als dieser und kein anderer gilt" (ebd.). Erst durch den gegenständlichen Sinn also ist „nicht nur bestimmt, daß der Akt die jeweilige Gegenständlichkeit auffaßt, sondern auch *als was* er sie auffaßt,

---

[21] Diese Konzeption eines an ihm selbst intentionslosen „Auffassungsinhaltes" und einer ihn durch Sinngebung beseelenden „Auffassungsform" hat Husserl später revidiert, ohne sie jemals ganz fallen zu lassen. Vgl. Husserls kritische Anmerkung in ZBW 7 und die Einleitung des Herausgebers, S. XXXV ff.

welche Merkmale, Beziehungen, kategorialen Formen er in sich selbst ihr zumißt" (LU II/1, 415 ff.). Auf der Gegenstandsseite selbst kann Husserl in noematischer Blickrichtung demnach voneinander unterscheiden: „der *Gegenstand, so wie er intendiert ist,* und schlechthin der *Gegenstand, welcher* intendiert ist" (LU II/1, 400). Beide Momente im *deskriptiven* Inhalt der intentionalen Erlebnisse, stoffliche Hyle und ihre Auffassung, haben ihre noematische Entsprechung im *intentionalen* Inhalt und erscheinen hier als der Gegenstand selbst und der Gegenstand im Wie seiner Gegebenheit. Eine genaue Analyse des Husserlschen Sinnbegriffs würde uns zu weit führen. Wir beschränken uns auf den Hinweis, daß man den Erläuterungen, die Husserl im § 17 der fünften der *Logischen Untersuchungen* gibt, entnehmen darf, daß Husserl mit den Termini „Gegenstand, welcher . . ." und „Gegenstand, so wie . . ." an die Sprachlogik Freges anknüpft.[22] Es ist, genau wie bei Frege, die Etwas-als-Etwas-Struktur der Sprache, die Husserls terminologischer Unterscheidung zugrunde liegt. So meinen wir, von einer und derselben Person zu sprechen, wenn wir den letzten deutschen Kaiser, Wilhelm II., einmal mit den Worten „der Sohn Kaiser Friedrichs III." und ein anderes Mal mit den Worten „der Enkel der Königin Victoria" zu kennzeichnen suchen. Ein anderes von Husserl gebrachtes Beispiel: Mit „der Sieger von Jena" ist dieselbe historische Person gemeint wie mit „der Besiegte von Waterloo", wenn auch der Sinn der Worte jeweils ein anderer ist (LU IV/1, 47). Nicht nur für den Gegenstandsbezug singulärer Kennzeichnungen, sondern auch für den allgemeiner Begriffe gilt dies: So ist z.B. jedes gleichseitige Dreieck immer auch gleichwinklig und umgekehrt (ebd.). Es handelt sich in allen diesen Fällen um die Tatsache, daß extensionsgleiche Ausdrücke verschiedenen Sinn oder Bedeutung [23] haben können, darum also, daß man mit verschiedenen Ausdrücken denselben Gegenstand oder dieselbe Klasse von Gegenständen zu bezeichnen vermag.

Husserls Ansicht jedoch, daß Sinn zwar einen Gegenstandsbezug herstellt, selber aber im sinngebenden Akt nicht gegenständlich ist („gegenständlicher Sinn" also zu verstehen als „Sinn des Gegenständlichen"), gründet sich auf einen Sinnbegriff, für den nicht, wie in den

---

[22] Vgl. G. Freges Abhandlung „Über Sinn und Bedeutung" von 1892, wieder abgedruckt in: *Funktion, Begriff, Bedeutung. Fünf logische Studien,* hrsg. v. G. Patzig, Göttingen 1969³, S. 40-65.
[23] Für Husserl sind, anders als für Frege, „Sinn" und „Bedeutung" dasselbe.

eben angeführten Beispielen, das „Als Was" der Aperzeption sondern ihr „Wie" ausschlaggebend ist. Der noematische Sinn umfaßt neben dem Begriff und der Kennzeichnung eines Gegenstandes auch diejenigen Gegebenheitsweisen, die nicht „objektive Beschaffenheiten" des Gegenstandes (LU II/1, 400) – wie z.B. die Gleichseitigkeit oder die Eigenschaft, Enkel der Königin Victoria zu sein – sondern subjektive Modi seines Erscheinens sind, zu denen Husserl vor allem die Weisen der intuitiven Fülle und die Weisen der Modalität rechnet. So kann, wie schon erwähnt, derselbe Gegenstand bildlich („imaginativ"), begrifflich („signifikativ") oder aber selbst („perzeptiv") gegeben sein. In diesen Fällen ist in der *intentio recta* nicht der noematische Sinn, das volle Aktkorrelat, gegeben, sondern mittels seiner der Gegenstand. Analog wie beim Verhältnis der Abschattungsmannigfaltigkeiten zum abgeschatteten Gegenstand kann erst in der *intentio obliqua*, d.h. in einer Reflexion auf den Gegenstand gebenden Akt, zum Bewußtsein gebracht werden, daß der Gegenstand so und nicht anders gegeben ist (begrifflich oder anschaulich, als wirklich oder als möglich, etc.).[24] Auch die kategoriale Konstitution des Gegenstandes faßt Husserl so auf. So ist im Falle der äußeren Wahrnehmung die Sinnesgestalt „Identität" das volle noematische Korrelat der zugehörigen Noesen, d.h. der systematisch geregelten Reihe von Sehakten, in denen der Gegenstand sich perspektivisch als eine Einheit der Identität konstituiert (vgl. oben S. 31). Das noematische Korrelat des intendierenden Aktes, in diesem Fall die Identität des Sehdinges, ist im Vollzug des Aktes selber nicht gegenständlich; in der Wahrnehmung eines Hauses ist nicht etwa dessen Identität gesehen sondern das Haus selbst (vgl. dazu LU II/2, 36). Das volle Noema allerdings, das sich in einer zugehörigen Mannigfaltigkeit von Noesen konstituiert, ohne gegenständlich zu werden, kann nachträglich in einem höherstufigen Akt selbst zum Gegenstand werden. In diesem höherstufigen Akt, der in einem anderen fundiert, auf ihn gewissermaßen aufgestuft ist, konstituiert sich ein neuer gegenständlicher Sinn, der wiederum selber nicht gegenständlich wird, es sei den in einem wei-

---

[24] Nach E. Tugendhat paßt die Husserlsche Konstruktion am besten auf das von Husserl an anderer Stelle ausführlich erörterte Verhältnis von Subjektgegenstand und Sachverhalt beim Fällen eines Urteils (Der Wahrheitsbegriff bei Husserl und Heidegger, Berlin 1967, S. 35 ff.). Vgl. ferner Tugendhat, „Phänomenologie und Sprachanalyse", in: *Hermeneutik und Dialektik, H. G. Gadamer zum 70, Geburtstag,* Aufsätze II, Tübingen 1970, S. 3 ff.

teren Akt der vergegenständlichenden Reflexion (vgl. hierzu für die Bedeutungssphäre: LU II/1, 471; für die Wertkonstitution: Id I 81 ff; allgemein: Id I 253 f. u. 293 ff.). Der gegenständliche Sinn ist das volle Korrelat eines intendierenden Aktes, und zwar dergestalt, daß er *als* volles Korrelat des Aktes in diesem sich konstituiert und deshalb zwar nicht gegenständlich ist, aber doch festgelegt, als was oder wie das gegenständlich Gemeinte zur Gegebenheit kommen kann.

Erinnern wir uns des über die Parallelität von Noesis und Noema Gesagten (vgl. S. 34), dann stellt sich die Frage, ob die eben beschriebene Dreigliedrigkeit von Hyle, Noesis und Noema in der Einheit des „Bewußtseins von etwas" damit überhaupt in Einklang gebracht werden kann. In der Tat erwächst der Theorie Husserls daraus eine große Schwierigkeit, daß er noch in den *Ideen* am Primat der noetischen Reflexion festhält. Dies äußert sich darin, daß er die abschattenden Mannigfaltigkeiten, in denen eine gegenständliche Einheit sich darstellt oder zur Gegebenheit bringt, im Prinzip stets noetisch versteht, nämlich als „Mannigfaltigkeiten konstituierender Bewußtseinserlebnisse (konkreter Noesen)" (Id I 248 f.). Hierfür werden zwei Gründe maßgebend gewesen sein; einmal der die transzendental-phänomenologische Philosophie Husserls bewegende Gedanke, daß konstituierender Geltungsgrund jeglicher Sinneinheit nur die leistende Subjektivität oder das transzendentale Bewußtsein sein kann; zum anderen die Vorherrschaft des Apperzeptionsmodells in der Theorie der konstituierenden Subjektivität.[25] Husserls Grundgedanke ist immer, daß Mannigfaltigkeiten *als* konstituierende und die konstituierte gegenständliche Einheit „total verschiedenen Dimensionen" (Id I 244) angehören müssen, und die konstituierenden Mannigfaltigkeiten deshalb auch nicht dem Noema selbst inhärent sein können sondern ausschließlich der Noesis, und zwar als deren reeller Inhalt (Id I 244; vgl. 330 u. CM 78).

Es ist unschwer zu sehen, daß in dieser Konzeption der Begriff der

---

[25] Die das Apperzeptionsmodell kennzeichnende Dreigliedrigkeit des intentionalen Bezuges tritt deutlich hervor, wenn Husserl außer der noetischen und der noematischen Reflexion auch noch von einer hyletischen Reflexion spricht (Id I 369), oder davon, daß der Bewußtseinsstrom „eine stoffliche und eine noetische Schicht" hat (Id I 212). Der Ausdruck Noesis nimmt in dieser Rede ganz offensichtlich die Bedeutung der eine „sensuelle" ὕλη formierenden „intentionalen" μορφή an (vgl. Id I 207), umgreift damit nur *ein* Moment des Noetischen im weiteren Sinne.

Noesis für das steht, was in den *Logischen Untersuchungen* Apperzeption und in den *Ideen* dann auch intentionale morphé heißt. Das volle Noema, die intentionale Einheit von Gegenstand und den Weisen seiner Gegebenheit, „konstituiert" sich in einer Mannigfaltigkeit von noetischen Funktionen und hyletischen Komponenten (die Husserl gelegentlich ebenfalls Noesen nennt). Das heißt, die reelle Einheit von Hyle und Noesis steht – im Gegensatz zum ursprünglichen Ansatz im ersten Kapitel des vierten Abschnittes des ersten Buches der *Ideen* – zum vollen Noema im Verhältnis der, wenn auch transzendental gereinigten, Intentionalität.

Wenn aber das Verhältnis von Noesis und Noema in dieser Weise am Leitfaden des Themas „intentionale Beziehung von Bewußtsein und Gegenstand" als das Verhältnis von konstituierter Einheit des Gegenständlichen und konstituierender Vielheit des Bewußtseinsstromes gedeutet wird, dann ist nicht recht ersichtlich, worin sich die noematische Reflexion von der noetischen noch unterscheiden soll, ja wie dann überhaupt noch sinnvoll von „noematischer Intentionalität" gesprochen werden kann. Reflexion ist, phänomenologisch verstanden, ganz allgemein immer Reflexion auf die konstituierenden Mannigfaltigkeiten, die als gebende selber nicht primär thematisch gegeben sind. Die noematische Reflexion sollte sich nun, diesen allgemeinen Sinn von phänomenologischer Reflexion einmal vorausgesetzt, von der noetischen dadurch unterscheiden, daß sie die konstituierenden Mannigfaltigkeiten als *Gegebenheitsweisen* des identischen Gegenstandes selbst erschließt, die in noetischer Blickrichtung nur als reelle Komponenten des Erlebnisstromes zum Thema werden können. Gegebenheitsweisen sind, wie Husserl selbst ausführt, „nicht 'Weisen des Bewußtseins' im Sinne noetischer Momente . . . sondern *Weisen, in denen das Bewußte selbst und als solches sich gibt*" (Id I 250).

Die Gegebenheitsweise eines Gegenstandes aber ist nichts anderes als dessen gegenständlicher Sinn. Für eine konsequent noematische Analytik des gegenständlichen Sinnes ist es darum unerläßlich, die Pluralität an Sinnbezügen oder Gegebenheitsweisen, in denen ein Gegenständliches selbst und als solches je anders sich gibt, mit der Identität dieses Gegenständlichen so zusammenzudenken, daß deren Verhältnis *im Noema selbst* wiedererscheint. Eine erscheinende Farbe zum Beispiel ist, wie Husserl ausführt, nicht nur eine anschauliche Einheit gegenüber den noetischen Mannigfaltigkeiten ihrer Empfindung, sondern auch und vielleicht sogar ursprünglich eine Einheit noematischer Abwandungen, in denen sie sich vielfältig abschattet, und zwar so, daß sie sich in diesen „noematischen Mannigfaltigkeiten" *als* Einheit überhaupt erst konstituiert (vgl. hierzu Id I 249). Der gegenständliche Sinn (z.B. der einzelne Aspekte aus der Aspektvielheit der Dinge) also ist, allgemein gesprochen, als das Medium zu deuten, in dem der Gegenstand sich konstituiert.

Den Sinn dann *außerdem* noch im Bewußtseinsstrom mit seinen „noetischen Mannigfaltigkeiten" konstituiert sein zu lassen, würde das Problem der Konstitution nur verdoppeln, was nicht in der Absicht Husserls gelegen haben kann. Vielmehr gilt es zu sehen, daß die Konstitutionsfrage auch *anders* als noetisch gestellt werden kann, nämlich im Blick auf den Gegenständliches konstituierenden (noematischen) Sinn. Was sich konstituiert, ist in noematischer Reflexion der Gegenstand selbst und das, worin er sich konstituiert, ist das Wie seiner Gegebenheit. Noesis und Noema stehen in dieser Sicht im Verhältnis wechselseitiger Spiegelung und nicht in dem der Konstitution.

Dies scheint uns der Grundgedanke von Husserls Lehre der noetisch-noematischen Parallelität zu sein. Weil es sich beim Verhältnis noetischer und noematischer Reflexion um zwei dasselbe Problem anzielende *Fragerichtungen* handelt, kann Husserl sagen: „So spiegeln sich denn überhaupt in noematischen 'Charakterisierungen' noetische" (Id I 249). Wenn Husserl auf der anderen Seite diesen Gedanken einschränkt oder gar ablehnt (vgl. Id I 247) und in einer Beilage zum Haupttext sagt: „Eine durchgängige Korrespondenz ist nicht so etwas wie eine Spiegelung . . ." (Id I 405), dann erklärt sich dies auch dem Primat der noetischen Reflexion, von dem wir oben sprachen. Was nämlich den Gedanken der Spiegelbildlichkeit oder der durchgängigen Parallelität von noetischen und noematischen Momenten in den Augen Husserls unmöglich zu machen scheint, das ist, wie ein Blick in den Kontext lehrt, der Gedanke, daß nur die gegenständliche *Einheit* ins Noema selbst zu gehören scheint, die Vielfalt seiner Erscheinungsweisen dagegen ausschließlich und allein in die Nicht-Identität des Bewußtseinsstromes. Das heißt, Husserl denkt, dem zweiten Sinn von Noesis entsprechend, Noesis als Apperzeption.

Dennoch möchte Husserl seinem ursprünglichen Ansatz gemäß daran festhalten, daß der „Parallelismus" von der „Einheit des noematisch so und so 'vermeinten' Gegenstandes" und den „konstituie-

renden Bewußtseinsgestaltungen ... nicht verwechselt werden darf
mit dem Parallelismus von Noesis und Noema ..." (Id I 249). Denn
das eine ist ein Parallelismus von Konstituiertem und Konstituieren-
dem, das andere einer der Reflexionsrichtung. Zu völliger Klarheit
ist Husserl in dieser Frage jedoch nicht gelangt. Das zeigen im besonderen auch die Beilagen XVIII und XIX, die kritische Anmerkungen Husserls zum publizierten Text der *Ideen* aus den Jahren
1914 und 1916 wiedergeben. In ihnen kreuzen sich beide Betrachtungsweisen, die noetische und die noematische, in schwer durch-
schaubarer Weise. Da eine eingehende Interpretation dieser Texte im
Rahmen unserer Untersuchung nicht möglich ist, müssen wir uns
mit diesem Hinweis auf das hier vorliegende Problem begnügen.[26]

Mit unseren Überlegungen zum dritten Moment im intentionalen
Erlebnis, der als Apperzeption verstandenen Noesis, sind wir nun an
den Punkt gelangt, an dem sich erstmals die Frage nach Funktions.
stellen ließe. Wenn, wie wir oben (vgl. S. 37) gesehen haben, ein bestimmter „stofflicher Komplex mehrfache, diskret ineinander überspringende Auffassungen erfahren kann, denen gemäß *verschiedene*
Gegenständlichkeiten bewußt werden" (Id I 247), dann wird die
Frage akut, ob sich nicht im stofflichen Erlebnisbestand phänomenologische *Motive* dafür auffinden lassen, daß der „stoffliche Komplex"
im konkreten Aktvollzug gerade diese und keine andere Auffassung erfahren hat. Ist der Spielraum, den der reelle Erlebnisbestand
seiner objektivierenden Deutung läßt, unbegrenzt oder zeichnet er
zumindest negativ vor, welche Deutungsmöglichkeiten an ihm keinen
Anhalt mehr finden können?

Wir erinnern daran, daß Husserl in seiner Kritik Brentanos die
Nichtintentionalität der immanenten, stofflichen Inhalte des Bewußtseins nicht mit ihrer *Indifferenz* gegenüber der sie deutenden Intention gleichgesetzt hat. Vielmehr gilt von ihnen: „sie bauen den Akt
auf, ermöglichen als die notwendigen Anhaltspunkte die Intention"

---

[26] Die noematische Betrachtungsweise ist in Husserls Spätphilosophie, vor
allem in *Erfahrung und Urteil* ind in der *Krisis,* am reinsten ausgeprägt.
Das „universale Korrelationsapriori von Erfahrungsgegenstand und Gegeben-
heisweisen" (K 169 Anm.) wird nun streng noematisch so verstanden, daß
„Seiendes jeden Sinnes und jeder Region als Index eines subjektiven Korre-
lationssystems" (K 168) fungiert, was aber nun heißt, daß es „Index *seiner*
systematischen Mannigfaltigkeiten" (K 169, Hervorh. v. Verf.) ist. Im Rückblick
begreift Husserl die Aufgabe der transzendentalen Phänomenologie geradezu
als Ausarbeitung dieses universalen Aprioris der Korrelation.

(LU II/1, 374), das heißt, die sie beseelende Auffassung. Wenn diese Ermöglichung nicht nur als formale sondern auch als inhaltliche Fundierung der beseelenden Auffassung im Komplex der deutungsbedürftigen Erlebnisinhalte zu denken ist, dann können die Unterschiede im gegenständlichen Sinn nicht mehr allein auf die Unterschiede der Auffassung zurückgeführt werden. Vielmehr zeichnen dann die hyletischen Bestände des Bewußtseins auch *positiv* vor, welche Deutung allein möglich ist, oder doch wenigstens den Spielraum, in dem mögliche Deutungen sich halten müssen, um noch Deutungen *dieses* Erlebniskomplexes zu sein.

So kann man zum Beispiel fragen, ob die deskriptiven Unterschiede von Bildbewußtsein und Wahrnehmung nicht zurückweisen auf „Anhaltspunkte", das heißt: auf „Motive", die in den aufzufassenden Inhalten selbst liegen. Eine phänomenologische Aufklärung des Bildbewußtseins kann nicht an dem deskriptiven Faktum vorübergehen, daß zwar der Umschlag des „neutralen Bildobjektbewußtseins" (vgl. die Analyse Husserls in Id I 269) in das unmodifizierte Wahrnehmungsbewußtsein des dann nur als materielles Ding gesehenen „Bildobjektes" jederzeit möglich ist, nicht aber umgekehrt eine Wahrnehmung willkürlich in ein Bildbewußtsein überführt werden kann. Offensichtlich hat das aktive „diskrete Überspringen" einer Apperzeption in eine andere, von der Husserl spricht, seine Grenze in passiven, den apperzeptiven Leistungen vorgegebenen Genesen der hyletischen Bewußtseinsschicht, auf die jede Deutung angewiesen bleibt.

Husserl hat sich die Frage nach dem *Grund* des Unterschiedes von typischen Apperzeptionen für den speziellen Fall der signitiven, rein symbolischen Auffassung – im Unterschied zu einer intuitiven, Wahrnehmung und Bildbewußtsein in einem umgreifenden Auffassungsform – in den *Logischen Untersuchungen* selbst vorgelegt. „Fragt man nun schließlich, was es macht, daß derselbe Inhalt im Sinne derselben Materie einmal in der Weise des intuitiven das andere Mal in der eines signitiven Repräsentanten aufgefaßt werden kann, oder worin die verschiedene Eigenart der *Auffassungsform* besteht, so vermag ich darauf eine weiterführende Antwort nicht zu geben. Es handelt sich wohl um einen phänomenologisch irreduktiblen Unterschied" (LU II/2, 93).

In der Tat kann eine weiterführende Antwort nicht gegeben werden, solange man, wie Husserl in den *Logischen Untersuchungen* und teilweise noch in den *Ideen*, die hyletischen Inhalte als indifferente Stofflichkeit *außerhalb ihrer apperzeptiven Funktion* zu denken versucht.[27] Statt in ihnen ermöglichende Anhaltspunkte für eine imaginative *oder* perzeptive Intention zu sehen, betrachtet Husserl sie nur „unter Abstraktion von den Funktionen reiner Imagination und Perzeption", die, wie es bezeichnend heißt, „ihnen erst den Wert der Bildlichkeit oder Selbstabschattung ... geben" (LU II/2, 78). Die hier sich aussprechende Voraussetzung, die hyletischen „Repräsentanten" des gegenständlichen Sinnes würden erst eigentlich *zu* Repräsentanten gemacht durch eine gleichsam von außen angreifende objektivierende Interpretation, folgt nicht aus dem phänomenologischen Wesen des intentionalen Erlebnisses, wie wir es bisher beschrieben haben. Auch *innerhalb* des Apperzeptionsmodells könnte Motivation phänomenologisches Thema werden. Die Ausarbeitung dieses Themas müßte den Fundierungsbegriff der III. Logischen Untersuchung zu entformalisieren suchen, derart, daß in ihn auch inhaltliche Vorzeichnungen im Sinne eines apperzeptive Deutungen motivierenden Grundes eingehen können.

Nach dem bisher Gesagten kann es jedoch nicht überraschen, daß Husserl auf *diesem* Weg nicht auf das Problem der Motivation gestoßen ist. Es erwächst ihm nicht durch ein Weiterdenken des im Verhältnis van Hyle und Noesis gelegenen Problems sondern durch Reflexion auf das *Eigenwesen* des Bewußtseins. Diese Reflexion führt

---

[27] Auf die offene Frage nach dem motivierenden Grund der Apperzeption hat zuerst Sartre im Husserl-Kapitel von *L'imagination* aufmerksam gemacht (a.a.O., S. 137-148). Er gelangt in seiner Interpretation von Husserls Analyse des Bildbewußtseins in den *Ideen* zu der Einsicht, daß die Unterschiede von Bildbewußtsein und leibhafter Wahrnehmung nicht allein der Intentionalität, d.h. nicht allein den beseelenden Auffassungen bei unveränderlicher Hyle entspringen können. Es müssen Motive für die deutende Apperzeption vorliegen, d.h.: die beiderseitigen hyletischen Komponenten müssen in charakteristischer Weise differieren. Die Tatsache, „daß in den Stoffen selbst, ihrem Wesen nach, die Beziehung auf die objektive Einheit nicht eindeutig vorgezeichnet ist" (Id I 247), faßt Sartre in einen eigenen Terminus, die „hyletische Ambivalenz." Seinen Einwand gegen Husserl formuliert er doppelt: „Diese hyletische Ambivalenz ist nur in einer kleinen Anzahl privilegierter Fälle möglich (Gemälde, Fotografien, Nachahmungen). Selbst wenn sie zugestanden werden könnte, wäre noch nicht erklärt, warum mein Bewußtsein eine Materie als Bild und nicht als Wahrnehmung intentioniert. Auf dieses Problem zielt ab, was Husserl die Motivationen nennt" (a.a.O. S. 146). Darauf, daß Husserl eine wenigstens in diese Richtung zielende *Frage* in den *Logischen Untersuchungen* gestellt hat, geht Sartre nicht ein. Er versucht, den Ansatz Husserls weiterzudenken, und das Verhältnis von motivierender Hyle und motivierter Apperzeption aus dem Verhältnis von aktiver und passiver Synthesis zu verstehen (a.a.O. S. 147).

Husserl in der 1911 erschienenen Abhandlung *Philosophie als strenge Wissenschaft* zur ausdrücklichen Kritik an der Naturalisierung
des Bewußtseins durch das kausalanalytische Denken des Naturalismus der Jahrhundertwende. Aber erst die explizit transzendentale
Fragestellung der *Ideen* ermöglicht es Husserl, die Kritik des Naturalismus tiefer zu begründen. Darüberhinaus unternimmt er erst
in den *Ideen* den Versuch, den in der ersten der *Logischen Untersuchungen* deskriptiv schon vorbereiteten Begriff des Motives mit
dem naturalistischen Begriff der Kausalität überhaupt zu konfrontie-
ren und zu zeigen, daß kausale Zusammenhänge sich in spezifischer
Weise im Motivationszusammenhang der ursprünglichen Erfahrung
konstituieren.

Bevor wir daher der Kritik des Naturalismus und dem Konsti-
tutionszusammenhang von Kausalität und Motivation aus der Sicht
der *Ideen I* nachgehen können (Drittes Kapitel), haben wir zuvor
einen, wenn auch schon spezifisch auf unsere Fragestellung zuge-
schnittenen Durchblick durch die Problematik der transzendental-
phänomenologischen epoché zu geben (Zweites Kapitel).

DIE TRANSZENDENTALE REDUKTION DER EMPIRISCHEN AUF DIE REINE SUBJEKTIVITÄT

Mit der Theorie der phänomenologischen Reduktion verwandelt sich die Phänomenologie Husserls aus einer Methode der Deskription in eine phänomenologische Transzendentalphilosophie. Gewiß sprengen schon die *Logischen Untersuchungen* den Rahmen bloßer Deskription der „logischen Erlebnisse" durch die Frage nach der *konstitution* der Kategorien reiner Logik in diesen Erlebnissen. Die Konstitution einer dieser Kategorien, der Identität von Gegenständlichem überhaupt, im Erlebnisstrom haben wir im ersten Kapitel für die Sphäre des sinnlich Wahrnehmbaren ausführlich dargelegt und dabei gezeigt, daß für Husserl ganz allgemein die Analyse des im Bewußtsein deskriptiv Vorfindlichen nicht aus einem deskriptiven Interesse allein geschieht, sondern immer der Frage nach der Konstitution von Gegenständlichem überhaupt im Bewußtsein unterstellt bleibt.

Indessen, die Freilegung der Gegenständliches intentional konstituierenden Akte des Bewußtseins ließ die *Seinsweise* der Akt selbst noch unerörtert. Sind, wie Brentano meint, die konstituierenden Akte psychische Realitäten, real Seiendes in einer objektiven Welt?

Die Rückfrage nach der Seinsverfassung des konstituierenden Bewußtseins führt unmittelbar zur Theorie der phänomenologischen Reduktion. Der Leitfaden für diese Rückfrage ist wieder die Intentionalität des Bewußtseins selbst, die dessen Seinsverfassung in doppelter Weise vorzeichnet. Die Intentionalität des Bewußtseins nämlich erstreckt sich nicht nur auf transzendente Dinge oder Sachverhalte, sondern auch auf sich selbst. Das Bewußtsein kann, wie Husserl in der zweiten, die transzendentale Fragestellung der *Ideen* bereits berücksichtigende Auflage der *Logischen Untersuchungen* hervorhebt, in „erfahrungswissenschaftlicher Einstellung" seine eigenen „Erlebnisse als 'Zustände' erlebender animalischer Realitäten in einer realen raumzeitlichen Welt" (LU II/1, 399) auffassen, das heißt: als

„reale Fakten" in der „erscheinenden und als Erfahrungsfaktum gesetzten Welt" (LU II/1, 2). Diese Selbstapperzeption des Bewußtseins als „reales Weltvorkommnis" geschieht aber nur, solange oder
insofern es erfahrungswissenschaftlich oder „natürlich eingestellt"
ist (Id I 71).

Wie aber ist dieser Zug zur Selbstobjektivierung mit jenem anderen
zu vereinbaren, daß Bewußtsein, wie wir im ersten Kapitel gesehen
haben, stets Bewußtsein *von* etwas ist? „Mit der *natürlichen Welt*
ist individuelles Bewußtsein in *doppelter* Weise verflochten: es ist
irgendeines *Menschen* oder *Tieres* Bewußtsein, und es ist, wenigstens
in einer Großzahl seiner Besonderungen, Bewußtsein *von* dieser
Welt" (Id I 87). Mit dieser Formulierung ist vorweggenommen, was
Husserl erst sehr viel später, in der *Krisis*, die „Paradoxie der menschlichen Subjektivität" nennt. Paradox ist, so scheint es, die Doppelheit
von „Subjektsein *für die* Welt" und „Objektsein *in* der Welt" (K 182,
Hervorh. v. Vf.). Die Frage nach der Seinsverfassung der konstituierenden Subjektivität muß diese Doppelheit von „Subjekt für . . ." und
„Objekt in . . ." phänomenologisch begreiflich machen. Die *Auflösung dieser Paradoxie* ist die Theorie der phänomenologisch-trans-
zendentalen epoché (K 185 ff.). Die phänomenologische Paradoxie
der menschlichen Subjektivität zeichnet auch die Antwort schon vor,
die auf die Frage nach ihrer Seinsverfassung möglich ist: ein phänomenologischer Begriff von transzendentaler Subjektivität muß den
konstitutiven Momenten menschlicher Subjektivität überhaupt Rechnung tragen und sie so zu vereinigen suchen, daß es nicht beim Dualismus einer empirischen und einer transzendentalen Subjektivität
sein Bewenden hat.

Es gibt mehrere Wege zur transzendentalen Reduktion. In diesem
Kapitel unternehmen wir den Versuch, von der Paradoxie der
menschlichen Subjektivität aus die Reduktionsproblematik zu exponieren. Auf diesem Weg wird das leitende Problem unserer Untersuchung, das Verhältnis von Kausalität und Motivation, klarer hervortreten als auf dem von Husserl im Rückblick als „cartesianisch"
bezeichneten der *Ideen* (vgl. K 156 ff.). Die menschliche Subjektivität nämlich kann sich, wie die genannte Paradoxie zeigt, auf zwei
Weisen *selbst gegeben sein*, und beide Weisen stehen in engem Zusammenhang mit den Kategorien Kausalität und Motivation. Motiviert werden kann, in noetischer Sicht, letztlich nur ein Subjekt *als*
Subjekt; *dasselbe* Subjekt als *Objekt* erfährt sich aber zugleich als

verflochten in die Kausalität der objektiven Welt aus natürlicher Einstellung. Das zu zeigen, wird erst in den nächsten Kapiteln möglich sein. In diesem Kapitel sind im Hinblick aus das genannte Problem Absicht und Leistung der transzendentalen Reflexion nur in allgemeinen Zügen zu umreißen.

Wie man aus dem oben Gesagten ersieht, muß zuvor geklärt werden, wie die „als Erfahrungsfaktum gesetzte Welt" und die „natürliche Einstellung" des Bewußtseins (die Husserl in der *Krisis* sehr prägnant „natürliche objektive Einstellung" nennt; K 183) miteinander zusammenhängen. Dementsprechend erläutern wir zunächst im Ausgangspunkt von der „phänomenologischen Fundamentalbetrachtung" der *Ideen* die „Generalthesis" der natürlichen Einstellung, bevor wir das Problem der transzendentalen Reduktion selbst behandeln. Stärker als im ersten Kapitel müssen wir dabei spätere Texte Husserls für die Interpretation mit heranzuziehen.

1. Die Generalthesis der natürlichen Einstellung (der Weltglaube)

Husserl beginnt die phänomenologische Fundamentalbetrachtung im ersten Buch der *Ideen* mit der Forderung, sich bei der Thematisierung der „Welt der natürlichen Einstellung" meditativ, das heißt, durch Rückbesinnung auf sich selbst als eines erfahrenden Ichs zum Bewußtsein zu bringen, in welchem Stil die eigenen Erfahrungen alltäglich verlaufen. Wir stehen, wie Husserl in einer Anmerkung hinzufügt, am Anfang der Analyse in keiner eidetischen (und auch in keiner transzendentalen) Einstellung, „sondern jeder für sich sage Ich und sage aus mit mir, was er ganz individuell vorfindet" (Id I 57 Anm.). Die „natürliche Einstellung" ist mithin nicht nur Thema, sondern auch die methodische Grundhaltung, aus der sie selbst in einer vorläufigen Weise thematisiert werden soll. Es gilt sich zunächst schlicht zu vergegenwärtigen, was wir „als Menschen des natürlichen Lebens, vorstellend, urteilend, fühlend, wollend 'in natürlicher Einstellung' " (Id I 57) unmittelbar erfahren.

Reflektiere ich in der geforderten Weise auf das, was ich in meiner Erfahrung unmittelbar vorfinde, dann zeigt sich, daß ich in einem „Wissen, das nichts vom begrifflichen Denken hat" (Id I 58), mit einer „Welt" bewußt bin (Id I 57). Was aber heißt: sich einer Welt bewußt sein?

Die Antwort auf diese den Problemkreis der *Logischen Unter-*

suchungen übersteigende Frage erfolgt im § 27 der *Ideen I,* an den wir uns im folgenden zunächst halten, durch eine schrittweise Explikation der alles natürliche Erfahren unausdrücklich leitenden und von ihm niemals in Frage gestellten Grundüberzeugungen. Nur auf diesem Weg wird sich zeigen können, was „Welt" in natürlicher Einstellung überhaupt bedeutet. Überblickt man den Text des § 27, so lassen sich im wesentlichen drei Schritte erkennen, die vom visuellen Feld der raumdinglichen Wahrnehmung über den Horizont, in den das Wahrgenommene eingefügt ist, bis hin zu *der* Welt führen, von der die natürliche Erfahrung spricht.

Zunächst verweist Husserl darauf, daß die Intentionalität des Bewußtseins mehr umfaßt als das gerade aktuell Thematisierte. Implizit ist auch das präsent, was nicht aktuell wahrgenommen wird, sondern unthematisch den „Hintergrund" des aktuell Erfaßten bildet, von dem das gerade im Blick Stehende sich abhebt. Durch Umverteilung der Aufmerksamkeit können die Inaktualitäten des Hintergrundes jederzeit aktualisiert, in aktuelle Wahrnehmungsgegenwart überführt werden. In dieser Weise sind Dinge *„für mich einfach da, im wörtlichen oder bildlichen Sinne 'vorhanden',* ob ich auf sie besonders achtsam ... bin oder nicht" (Id I 57). „Mitgegenwärtig" ist aber nicht nur das in meiner „zentralen" Umgebung, im Hintergrund des aktualen Wahrnehmungsfeldes Mitgegebene und dunkel Bewußte, wie etwa das Bild hinter dem Schreibtisch, an dem ich arbeite, sondern auch all jenes, das ich von meinem jetzigen Standort aus faktisch nicht sehen kann, von dem ich aber weiß, daß es es „gibt" und daß es daher im Prinzip aktuell wahrgenommen werden könnte (die „Veranda" des Hauses, die „Kinder im Garten", Id I 58). Auch das in dieser Form Inaktuelle hat seine Weise der Präsenz, es macht, wie Husserl sagt, einen „beständigen Umring des aktuellen Wahrnehmungsfeldes" (ebd.) aus. Doch mit diesem ersten Schritt von der Aktualität zur Inaktualität des Wahrnehmungsfeldes hat die Analyse den Sinn noch nicht erreicht, den wir mit dem Wort „Welt" verbinden. Das Mitgegenwärtige hört nicht irgendwo auf, sondern verliert sich im Unbestimmten. „Das aktuell Wahrgenommene, das mehr oder minder klar Mitgegenwärtige und Bestimmte ... ist teils durchsetzt, teils umgeben von einem *dunkel bewußten Horizont unbestimmter Wirklichkeit"* (ebd.). Dieser Horizont ist stets ein „Horizont bestimmbarer Unbestimmtheit" (Id I 101), der Richtungen vorzeichnet, in denen der Prozeß der Näherbestimmung des noch Unbestimmten erfolgen kann. Er verweist auf eine, prinzipiell unbegrenzte, *Mannigfaltigkeit* von Wahrnehmungsfeldern, die sich kontinuierlich aneinanderschließen und geeignet sind, durch die den gesamten Verlauf des Bestimmens leitende Idee der Selbstgegebenheit, das unbestimmt Vorgezeichnete zu totaler Bestimmtheit zu bringen.[1] Gleichzeitig aber öffnen sich im Gesamtverlauf der erfüllenden Bestimmung unbestimmter Horizontvorzeichnungen *neue* Horizonte, die wiederum auf eine Pluralität möglicher, bisher unbekannter Wahrnehmungsfelder verweisen. Denn jede Bestimmtheit, die dem zu Bestimmenden im Erfahrungsprozeß zuwächst, führt ihrerseits einen neuen Horizont von bestimmbarer Unbestimmtheit mit sich. Die prinzipiell nie zu überwindende *Einseitigkeit* einer Sicht, die auf *Standpunkte* angewiesen ist, bringt es mit sich, daß in diesem Prozeß kein Standpunkt eingenommen werden kann, von dem aus das Ganze der Welt überblickbar wäre. Was die perspektivische Sicht ermöglicht, der Standpunkt im Raum, verhindert zugleich, daß jemals das Ganze in die erfahrende Sicht kommen könnte. Der Begriff des Horizontes drückt also die Unabschließbarkeit und die Gerichtetheit der natürlichen Welterfahrung in einem aus.[2]

Um diesen zweiten Schritt in der Analyse des natürlichen Weltbegriffs, den Schritt vom singulären Wahrnehmungsfeld mit seinen Aktualitäten und Inaktualitäten zur unbegrenzten Mannigfaltigkeit von Horizonten und zugehörigen Wahrnehmungsfeldern zu verdeutlichen, sei ein Text aus den Vorlesungen *Phänomenologische Psychologie* herangezogen. In den §§ 28-30 bespricht Husserl in Zusammenhang mit der Konstitution des Raumdinges auch die des Wahrnehmungsraumes selbst. Sein Grundgedanke ist: der dreidimensionale unendliche Wahrnehmungsraum kommt nur zur Erscheinung in einer endlosen Kontinuität von unräumlichen, nur in zwei Dimensionen ausgespannten und prinzipiell begrenzten Wahrnehmungsfeldern. Dieser Gedanke kann doppelt gewendet werden; einmal erweist sich die Pluralität im Fortgang von Wahrnehmungsfeld zu Wahrneh-

---

[1] Dies ist ein „Zuwachs an Erkenntnisfülle" (LU II/2, 67), der nicht wieder verlorengeht, sondern die „fortschreitende Annäherung an ein Ziel" anzeigt; vgl. hierzu den von uns oben (S. 28) herausgestellten Unterschied von endloser und allseitiger Synthesis.
[2] Auf die Differenz von „Innenhorizont" und „Außenhorizont" brauchen wir hier, wo nur der Grundzug der Horizontstruktur überhaupt herauszustellen ist, nicht näher einzugehen; vgl. zu dieser Differenzierung EU 26 ff.; 112 ff.; 171 ff.

mungsfeld als Folge davon, daß das darstellende Feld endlich geschlossen, der darzustellende Raum aber endlos offen ist; zum anderen bedingt der Perspektivismus der Raumerfahrung die Zweidimentionalität, genauer: die Unräumlichkeit des darstellenden visuellen Feldes. Husserls Feststellung: „Perspektiven eines objektiv Räumlichen stellen diese subjektiv, unräumlich dar" (PP 160), verträgt sich durchaus mit einer noematischen Deutung des Wahrnehmungsfeldes.³ Mein Wahrnehmungsfeld ist, noematisch gesehen, nichts anderes als eine begrenzte *zweidimensionale Ansicht*, die meine visuelle Umwelt mir zukehrt. Von einem bestimmten Blickpunkt aus erscheint ein im Wahrnehmungsfeld auftauchender Würfel in charakteristischer Weise deformiert: die ihn begrenzenden Quadrate sind, wie man sagt, perspektivisch „verzerrt", sie erscheinen als Rhomben (vgl. PP 158, 162). In gerader Blickeinstellung sehen wir den Würfel *im* Raum, seine Perspektive sehen wir nicht (s.o.S. 31 ff.). Zwar kann, wie schon gezeigt, in Reflexionseinstellung auch die Perspektive selbst in den Blick kommen, aber *im* Raum befindet sich nicht die Perspektive, sondern die Raumgestalt, deren Perspektive sie ist. Dreidimensionale Räumlichkeit bildet sich also im Wahrnehmungsfeld oder Sehfeld, das man in bestimmter Hinsicht als zweidimensionalen Schnitt durch die dreidimensionale Sehpyramide auffassen kann, unräumlich ab. Diesen Gedanken führen wir hier nicht weiter aus, sondern halten uns lediglich an das, was sich aus ihm für die Konstitution des unendlichen, in einem Kontinuum von Wahrnehmungsfeldern sich darstellenden Wahrnehmungsraumes ergibt. Das endlich geschlossene, in zwei Dimensionen sich erstreckende vi-

---

³ Eine gewisse Unklarheit resultiert aus dem Wechsel von noetischer und noematischer Blickrichtung, auf den wir im ersten Kapitel aufmerksam machten, und der sich auch hier beobachten läßt. Das „Empfindungsfeld" wird stets noetisch verstanden, das „Wahrnehmungsfeld" teils noetisch mit dem Empfindungsfeld, teils noematisch mit dem Wahrnehmungsraum gleichgesetzt und in dieser noematischen Bedeutung dann dem zweidimensionalen Empfindungsfeld entgegengesetzt. Das noematisch verstandene Wahrnehmungsfeld ist keine reelle Einheit von Empfindungskomplexionen, sondern die reflexiv erfaßbare Einheit der „Gesamtperspektive" (PP 162), in die sich alle einzeldinglichen Perspektiven einordnen. Die zur Gesamtperspektive eines Wahrnehmungsfeldes sich zusammenfügenden Einzelperspektiven, in denen sich der eine Raum darstellt, sind aber, wie Husserl bemerkt, „nicht in einem zweiten, etwa gar abbildlichen Raum" (PP 160) zu denken. Zweidimensional sind sie nur insofern, als ihnen wie dem gesamten Wahrnehmungsfeld eine spezifische Extensionalität eignet, ohne daß sich sagen ließe, das singuläre Wahrnehmungsfeld sei eine „Fläche" *im* Raum (vgl. PP 164).

suelle Feld ist der fixe Rahmen, der im Wechsel der Perspektiven verbleibt, das „Raumanalogon, worin sich die beständige, objektive Form, der Wahrnehmungsraum selbst, abschattet..." (PP 162). In diesem Sinne hat das visuelle Gesamtfeld Ausschnittcharakter. Es ist, wie Husserl sagt, „zur Unendlichkeit nie zu erweitern" (PP 162), sondern bleibt ein „endlich geschlossenes", „zweidimensionales Feld" (PP 163), in dem sich der unendliche objektive Anschauungsraum immer erneut und immer anders abschattet. Die Darstellung eines *Unendlichen,* des Raumes, in einem *Endlichen,* dem visuellen Feld, kann aber nicht anders erfolgen als im endlosen Prozeß der Horizonterschließung. Das visuelle Feld gewinnt die Tiefe des unendlichen Raumes nur in dem einen einheitlichen Wahrnehmungsverlauf konstituierenden Prozeß des *Standortwechsels* des wahrnehmenden Ich, das in diesem Prozeß eine Vielfalt immer neuer Wahrnehmungsfelder zu einem objektiv Räumlichen zusammenschließt und erst hierdurch in die mit jedem Räumlichen mitgesetzten räumlichen Horizonte erschließend eindringt. Erst „im Forgang des Wahrnehmens und damit von Wahrnehmungsfeld zu Wahrnehmungsfeld vollzieht sich ein synthetisches Wahrnehmen eines identischen objektiven Raumes, eines endlosen offenen ... unendlichen dreidimensionalen" (PP 162). Von *einem* Standort aus gibt es auch nur *eine* Perspektive. Der eine Raum aber, von dem die natürliche Erfahrung spricht, eröffnet sich erst im explizierenden Hineingehen in eine Perspektivenmannigfaltigkeit. In diesen Überlegungen zur Konstitution des Wahrnehmungsraumes zeigt sich schon, worin der dritte Schritt in der Analyse natürlicher Welterfahrung zu bestehen hat. Der Übergang nämlich von den ins Endlose sich öffnenden räumlichen Horizonten mit den ihnen zugehörigen Wahrnehmungsfeldern zum *Raum selbst* zeigt schon den Schritt an, der von den Horizonten zur *Welt* führt. Die Abstraktion von dem konkreten Ganzen einer von praktischen und axiologischen Sinnesmomenten durchsetzten Umwelt der erfahrenden Subjektivität, die im Gedanken eines rein visuell sich darstellenden Raumes liegt, läßt sogar eindeutiger hervortreten, worin das Wesen der natürlichen Welterfahrung liegt. Schon die Konstitution der reinen, auf ein einziges Sinnesfeld beschränkten *Wahrnehmungswelt* hat dieselbe formale Struktur wie die Konstitution der konkreten Umwelt. Wie ist diese Struktur zu kennzeichnen? Wir sahen: das generelle Implikat der natürlichen perspektivischen Raumerfahrung liegt nach Husserl im Gedanken „des" Raumes, an dem wir in natürlicher Einstellung auch angesichts des unendlichen, d.h. endlos – offenen Raumes festhalten. Denn, um den entscheidenden Satz noch einmal zu zitieren, „im Fortgang der Wahrnehmung . . . von Wahrnehmungsfeld zu Wahrnehmungsfeld vollzieht sich ein synthetisches Wahrnehmen eines identisch objektiven Raumes, eines endlos offenen . . ." (PP 162). Offensichtlich gehört die Perspektivität und Unabschließbarkeit der Raumerfahrung mit dem Gedanken des *einen* Raumes zusammen, der „objektiv" erfahren wird und in allem Erfahren mit sich „identisch" bleibt. Der perspektivische Anschauungsraum ist endlos offen und einzig, doch so, daß er ins Unendliche hinein erfahren wird als einer und derselbe, der sich in wechselnden Horizonten nur je anders darstellt.

Damit stehen wir unmittelbar vor dem zentralen Gedanken, den Husserl *aus dem Sinn der natürlichen Welterfahrung selbst* explizieren möchte. Das universale Implikat von Raumerfahrung und Welterfahrung ist seiner formalen Struktur nach genau dasselbe. Analog zur natürlichen Setzung des einen Raumes erwächst uns, Husserl zufolge, in natürlicher Einstellung die Idee der einen und selben, sich in theoretischen, praktischen und axiologischen Horizonten nur je anders zur Erscheinung bringenden Welt. Zur natürlichen Erfahrung gehört, daß „Sehfeld an Sehfeld, aktuelles Erfahrungsfeld an Erfahrungsfeld sich reiht . . . , und zwar so, daß es rechtmäßig heißt, immerfort ist die eine und selbe Welt erfahren, aber von ihr ist immer nur dies oder jenes Einzelgebiet in Sonderheit und 'wirklich' erfahren; wir können aber weitergehen, uns immer von neuem umsehen und so *in infinitum*" (PP 62). Immer gilt, „daß alle Horizonte zu öffnen sind und daß alles schließlich zur Einstimmigkeit zusammengehen wird und zur Enthüllung der einen und selben einstimmigen Welt führen muß" (PP 63). Der „Welthorizont", von dem Husserl gelegentlich spricht, müßte als jenes Selbe gedacht werden, worauf alle bestimmten Horizonte bezogen werden, und zugleich als das Eine, wovon sie nur Teilaspekte oder Ausschnitte sind (vgl. auch PP 466 B, Absatz 2; ferner K 165). Kehren wir zu dem Text der *Ideen* zurück, von dem wir ausgegangen sind, so zeigt sich, daß auch hier der dritte Schritt der Analytik natürlicher Welterfahrung von der Erfahrung der Horizontunendlichkeit zur Idee der einen Welt führt. Durch die Horizonte unbestimmter Wirklichkeit reicht die Welt „in einer festen Seinsordnung ins Unbegrenzte" (Id I 58). Dennoch bleibt die „Beziehung auf die eine und selbe, obschon den inhaltlichen Be-

ständen nach wechselnde Welt" (Id I 59) unangetastet. Das Setzen
dieser Beziehung ist die „Generalthesis der natürlichen Einstellung"
(Id I 62). Das Setzen der einen Welt ist kein eigens vollzogener Akt
der Seinssetzung (EU 25), kein prädikatives Urteil über die Existenz
der Welt (Id I 63), sondern eine universale, passiv immer schon ge-
schehene Voraussetzung, die alles Erfahren von Einzeldinglichem
leitet, ja es allererst ermöglicht. Sie ist der „feste allgemeine Seinsboden" (PP 63), auf dem die natürliche Erfahrung steht. Die Generalthesis, mit der das natürlich eingestellte Bewußtsein „allzeit und ohne
es je ändern zu können" (Id I 59) sich eine Welt voraussetzt, hat
Husserl später sehr prägmant den „*Weltglauben*" genannt. Korrelat
dieses Weltglaubens ist, wie wir gesehen haben, eine Welt, deren Sein
einzig darin besteht, *identischer Bezugspunkt* der wechselnden „inhaltlichen Bestände" zu sein, in denen sich uns so etwas wie „Welt"
zeigt.

Diese auf den ersten Blick selbstverständliche These, daß die Welt
nur eine ist, birgt eine Fülle von Problemen. Wie, um nur eines zu
nennen, verträgt sich der Glaube an die Einzigkeit der Welt mit
der ebenfalls scheinbar selbst verständlichen Relativität unserer Erfahrung? Gerade in den *Ideen* hat Husserl diese eigentümliche Ambivalenz dadurch zum Problem gemacht, daß er der *Umweltgebun-
denheit* des Weltglaubens weiter nachgeht. Von „der" Welt sprechen
wir, als „natürlich" eingestellte Menschen, zunächst im Hinblick auf
unsere eigene Umwelt, und schon hier gilt die Welt als das Eine, das
sich im Fortströmen der durch wechselnde Horizonte geregelten Erfahrung verschieden darstellt.[4] Unsere gemeinsame objektive Umwelt aber ist bereits Konstitutionsprodukt intersubjektiver Verständigung. Ursprünglicher als sie ist die je eigene Umwelt, d.h. die Umwelt
des einzelnen sich umblickenden ego. Auch die Konstitution der gemeinsamen Umwelt versucht Husserl aus einer Reflexion auf die
wechselnde Gegebenheitsweise der einen Welt verständlich zu machen. Sie konstituiert sich mir so, daß ich, begegnen mir andere
Menschen, „ihre und meine Umwelt objektiv als eine und dieselbe

---

[4] Der alternierende Gebrauch der Termini „Welt" und „Umwelt" in den ersten Paragraphen der phänomenologischen Fundamentalbetrachtung trägt –
vielleicht absichtslos – dem Umstand Rechnung, daß man in natürlicher Einstellung in bezug auf die eigene Umwelt nicht von „Umwelt", sondern eher
schon von „Welt" spricht. Ob eine umweltlich gebundene Erfahrung überhaupt von „Welt" spricht, ist hier, bei der Erläuterung der von Husserl an-
gestrebten Analytik der natürlichen Welterfahrung, nicht zu diskutieren.

Welt auffasse, die nur für uns alle in verschiedener Weise zum Bewußtsein kommt" (Id I 62). Die *Pluralität von Umwelten* wird also
in natürlicher Einstellung gedeutet als *Erscheinungsform der einen
Welt*. Der gleiche Gedanke findet sich in einer Beilage zum zweiten
Buch der *Ideen*; in einem Akt der Einfühlung meines ego in das
alter ego meiner Mitmenschen „nehme ich sie nicht als Erfahrung
meiner Erfahrungen, als meine Habe, sondern als Subjekte für ihre
Umwelt als ihnen geltende und zugleich als Subjekte für dieselbe
Welt, die in unser aller umweltlichen 'Erscheinungen' (den subjektiv geltenden Werten) gemäß ihrer übergreifenden Geltung uns allen
gilt als dieselbe Welt, die dem einen so, dem anderen anders sich
gibt" (Id II 354 B; vgl. PP 129). Die Welt gewinnt den Sinn eines
Selben, das, von verschiedenen Aufenthaltsorten aus betrachtet,
bald „so" erscheint, bald „anders".

Verfolgt man diesen Gedanken weiter, so stößt man auf die *Relativität* dessen, was als objektiv gilt. Denn in Prinzip ist dieser Kon-
stitutionsprozeß von Umwelten ins Endlose *iterierbar*. Der Weltglaube kann eine ganze Stufenfolge von Objektivierungen durchlaufen,
die mit der Umwelt des primordial reduzierten einzelnen ego beginnt
und zu immer umfassenderen Umwelten vergesellschafteter Personen
fortgeht. Das Gesetz dieser Stufenfolge ist, daß jede Umwelt höherer
Stufe am Leitfaden des Schemas Identität – Erscheinungsmannigfaltigkeit als die *objektive* ausgelegt wird, die in den jeweils niedrige-
ren Umwelten *subjektiv verschieden erscheint*. Immer erneut stellt
sich dieselbe Beziehung her, nämlich „eine Beziehung zur gemeinsamen objektiven Umwelt, hinsichtlich deren die subjektive Umwelt
eine bloße Erscheinung ist" (Id II 203). Faktisch aber hat der im
Prinzip mögliche endlose Fortgang zu Umwelten immer höherer Kon-
stitutionsstufe dort sein Ende, wo diese sich zu einer idealen Poleinheit zusammenschließen, die selbst nicht mehr zur „bloßen Erscheinung" einer noch höheren herabgesetzt werden kann.[5] Dieser Punkt
ist in geisteswissenschaftlicher Betrachtung – für Husserl eine Modifikation der natürlichen Einstellung – erreicht mit der Reflexion auf
die Welt, die die ganze Menschheit in ihrer historischen Genesis um-

---

[5] Bei geänderter Einstellung führt dieser Erfahrungsstil schließlich zur
theoretischen Konzeption einer subjektunabhängigen, dezentralisierten, objektiven „Welt an sich." Darüber vgl. den nächsten Abschnitt (S. 69) und die
phänomenologische Kritik der kausalanalytisch vorgehenden Weltauslegung
des Naturalismus im dritten Kapitel (S. 101 ff).

spannt.[6] Doch selbst in der Erfahrung historischer Bedingtheit der uns als seiend geltenden Welt bleibt der am Leitfaden von Identität und Erscheinungsmannigfaltigkeit sich auslegende Erfahrungsstil gewahrt. Denn die Reflexion auf die Historizität unserer Welt überträgt, wie Husserl im Anschluß an die bereits zitierte Stelle aus der Beilage zum zweiten Buch der *Ideen* ausführt, die ideale Geltungseinheit „identisch wirklich seiende Welt" nur auf eine höhere, eine – wie uns scheint – letzte Ebene, „während doch im Fortgang der Geschichte dieser Gehalt sich wandeln kann, wir aber wieder darin fest sind, daß es immer *die eine und selbe Welt* war, die uns . . . oder den verschiedenen Kulturvölkern etc. historisch *einmal so 'erschien'* und *das andere Mal anders"* (Id II 354 B, Hervorh. v. Vf.).

Der entscheidende Punkt in den zuletzt zitierten Äußerungen liegt offenbar in dem Gedanken, daß die Selbigkeit der einen Welt und die Perspektivität der Welterfahrung so aufeinander verweisen, daß alle Gehalte zum Bereich der perspektivischen Erscheinungen gehören und daher die Welt selbst nur noch als leerer Bezugspol wechseh.der „inhaltlicher Bestände" zu fungieren vermag. Der Prozeß einer Erfahrung, die in ihrem Fortgang von Horizont zu Horizont an keine Grenze kommt, wird getragen von dem Glauben, daß die Welt keine Grenze *hat,* und deshalb immerfort anders und niemals endgültig erscheinen kann. Inhaltlich bestimmbar aber ist lediglich, *als was* und *wie* sie jeweils erscheint, sie selbst ist ihrem Seinssinn nach nicht mehr als die Identität ihrer Erscheinungsweisen. Das Wie ihrer Gegebenheit wechselt, sie selbst bleibt dieselbe. Dann aber stellt sich die Frage, worin diese Welt des natürlichen Weltglaubens sich vom Ding des schlichten Dingbewußtseins noch unterscheiden kann. Bevor wir diese für den Sinn der hier dargestellten Analytik der natürlichen Welterfahrung wichtige Frage zu beantworten suchen, soll der natürliche Weltbegriff noch von einer anderen Seite her beleuchtet werden.

---

[6] Aufschlußreich ist in diesem Zusammenhang eine Stelle aus *Erfahrung und Urteil,* wo es heißt: „. . . aber trotzdem sind alle diese verschieden erinnerten Umwelten *Stücke aus der einen und selben objektiven Welt.* Diese ist, im umfassendsten Sinn als *Lebenswelt* für eine in Gemeinschaft möglicher Verständigung stehende Menschheit, *unsere Erde,* die alle diese verschiedenen Umwelten mit ihren Wandlungen und Vergangenheiten in sich schließt – da wir ja von anderen Gestirnen als Umwelten für eventuell auf ihnen lebende Menschen keine Kunde haben" (EU 189). Hier ist die Welt, dem Ansatz der Spätphilosophie Husserls gemäß, konkret als Boden, nicht als ein abstrakter Pol mannigfaltiger Erscheinungsweisen gedacht.

Wir verdeutlichen das zuletzt Gesagte durch einen Hinweis auf jenes Problem, das Husserl vorzugsweise im Auge hat, wenn er den allgemeinen Stil zu beschreiben sucht, der die natürliche Welterfahrung auszeichnet. Husserl denkt den Weltglauben von der eigentümlichen Gewißheit her, mit der mundane Erfahrung sich ihrer eigenen Leistung stets, wenn auch oft nicht ausdrücklich, vergewissert. Weltglaube ist universale, passive „Seinsgewißheit" (PP 63) oder „Glaubensgewißheit" (EU 25). Fragt man, wessen sich der als Gewißheit vollziehende Weltglaube gewiß ist, so ist mit Husserl zu antworten: Der Weltglaube ist sich dessen gewiß, daß im Prinzip alles und jedes, womit Erfahrung es zu tun hat, absolut *bestimmbar* ist. Das äußert sich in dem Glauben, jede Fehlbestimmung, jeder Irrtum sei grundsätzlich *korrigibel*. Irrtum, Täuschung, Schein, Zweifel, mit einem Wort: jeder „Bruch der Gewißheit" stellt nicht die durchgängige Bestimmbarkeit der Welt im ganzen in Frage; er „tritt nur im Einzelnen auf als Durchgang zu neuer, wiederum ungebrochener Gewißheit im universalen Rahmen einer einheitlichen Seinsgewißheit" (PP 63). Noch im faktisch unaufhebbaren „Leidensweg der Korrekturen" (PP 125) läßt sich die Erfahrung von ihrer ursprünglichen Seinsgewißheit leiten.

Ihr phänomenologisches Fundament hat diese universale Seinsgewißheit des Weltglaubens in der schlichten, auf einzelne Dinge oder Sachen bezogenen Erfahrung, daß etwas sich als anders herausstellt, als es ursprünglich gemeint war. Husserl hat diese Erfahrung schon in den *Logischen Untersuchungen* zum Problem gemacht und die Voraussetzungen aufgedeckt, die in dieser Erfahrung latent enthalten sind (LU II/2, 41 ff., vgl. EU 97 f.).[7] Das Problem stellt sich in der Doppelfrage: woran erkennt man, daß man sich getäuscht hat, und wie ist das, woran man dies erkennt, seinerseits möglich? Stellt eine als rot vermeinte Kugel sich im Fortgang der Erfahrung als grün heraus, dann enttäuscht sich die Rotintention in einer Grünanschauung dergestalt, daß das angeschaute Grün die Rotintention nicht erfüllt, sondern ihr *widerstreitet*. Dieser Widerstreit ist aber nur möglich, weil sich die übergreifende Gesamtintention „Kugel" erfüllt hat. Zum mindesten muß das Gemeinte mit dem diesem partiell widerstreitenden Gegebenen leer identifiziert werden können, was

---

[7] Vgl. hierzu auch E. Tugendhat, *Der Wahrheitsbegriff bei Husserl und Heidegger*, Berlin 1967, S. 59 ff.

besagt, daß das, was zunächst (als rot) intendiert ist, und das, was
später (als grün) angeschaut ist, als *dasselbe* gilt.

„Jeder Widerstreit setzt etwas voraus, was der Intention überhaupt
die Richtung auf den Gegenstand des widerstreitenden Aktes gibt,
und diese Richtung kann ihr letztlich nur eine Erfüllungssynthesis
geben. Der Streit setzt gleichsam einen gewissen Boden der Übereinstimmung voraus" (LU II/2, 42). Die Ent-täuschung einer Intention
kann mithin nur erfahren werden, sofern die enttäuschte Intention
sich partiell erfüllt. Hieraus erklärt sich, warum für Husserl die Ent-
täuschung nur ein defizienter Modus der Erfüllung ist. Allgemein gewendet heißt das: Un-stimmigkeit der Erfahrung ist ein Modus von
Ein-stimmigkeit.

Im Hinblick auf diesen Sachverhalt läßt sich nun genauer kennzeichnen, wie sich der Weltglaube auf die eine und selbe Welt im
Wechsel der Horizonte bezieht. Es zeigt sich, daß der leere Bezugspol
„wechselnder inhaltlicher Bestände", von dem wir oben sprachen,
die zur Idee [8] erhobene *Einstimmigkeit* der natürlichen Erfahrung ist.
Gleichzeitig aber ist dieser Pol die Ermöglichung der faktisch erfahrenen *Andersbestimmtheit*. Die Einheit beider Momente macht das
Wesen der natürlichen Welt aus. Der Stil immerfort erfahrener, wenn
auch präsumptiver Einstimmigkeit schreibt die Regel vor, daß jeder
Gegenstand prinzipiell bestimmbar sein muß und deswegen „anders"
sein muß, wenn er nicht „so" ist. Weil alles bestimmbar ist, muß
„jedem Nichtsein (jeder Illusion) ein Anderssein innerhalb der Welt
sich supponieren und ausweisen lassen" (PP 464 B). Im artikulierten
„nicht so, sondern anders" (EU 24, vgl. PP 60) haben wir das auf die
Regel der Bestimmbarkeit bezogene phänomenale Äquivalent zum
verwandten Ausdruck „einmal so, das andere Mal anders" (Id II

---

[8] Idee ist für Husserl allgemein die *Regel*, die das Erfahren in den verschiedenen Gegenstandsregionen leitet, und zwar das vortheoretische, vorprädikative Erfahren ebenso wie das theoretische im wissenschaftlichen Sinn.
Sie erstreckt sich daher, entgegen dem Selbstverständnis Husserls, weiter als
die „Idee im Kantischen Sinne" (Id I 350), und zwar aus doppeltem Grund:
einmal umfaßt „Vernunft" (innerhalb der „Phänomenologie der Vernunft",
die der systematische Ort ist, an dem phänomenologisch von „Idee" gesprochen werden kann) für Husserl mehr als die theoretische Vernunft Kants,
nämlich auch den Bereich des Vortheoretischen; zum anderen bezeichnet die
Idee im prägnanten Sinne den Erfahrungsstil der verschiedenen Gegenstandsregionen und ist gleichbedeutend mit der „Gegenstandskategorie" (Id I 349)
einer bestimmten Region. Sie entspricht daher, soweit ein Vergleich möglich
ist, eher dem, was bei Kant die Kategorie (im Unterschied zur Idee) ist.

354 B) zu suchen, der nach der oben zitierten Beilage zu den *Ideen* das Eigentümliche des Glaubens an die eine und selbe Welt ausmacht. Das heißt, der im Erfahrungsstil der Welt gründende Glaube, „daß alles schließlich zur Einstimmigkeit zusammengehen wird und zur Enthüllung der einen und selben einstimmigen Welt führen muß" (PP 63; s.o. S. 55), ist die universale Regel, unter der die natürliche Erfahrung steht. Wesentlich für den Ansatz Husserls ist, daß diese „Idee einer endgültigen Welt" (PP 63) nicht aus dem natürlichen Bewußtsein deduziert werden kann, sondern im *faktischen Erfahrungsstil* der Welt gründet.

Aber auch die *Andersbestimmtheit* ist ein Faktum der Erfahrung. Sie ist an bestimmte Voraussetzungen gebunden, die wiederum zur Idee der einen und selben einstimmigen Welt führen. Weil die Enttäuschung einer vorgreifenden Intention eine durchgängige Synthesis der Identifikation vorausgesetzt, kann in der fortströmenden Erfahrung jede neue auftretende Negation einer gesetzten Bestimmtheit immer nur *partiell* sein. Weil Andersbestimmtheit – so wie Husserl sie versteht – nur möglich ist in Form eines erfahrenen Widerstreits von Konträrem, setzt sie, wie es bereits in den *Logischen Untersuchungen* hieß, einen „Boden der Übereinstimmung" (LU II/2, 42) notwendig voraus. Negation ist demnach „immer partielle Durchstreichung auf dem Boden einer sich dabei durchhaltenden Glaubensgewißheit, letztlich auf dem Boden des universalen Weltglaubens" (EU 98). Jede Negation hat ihre Grenze an diesem Boden, der nicht negierbar ist. Eine totale Negation wäre als Negation *nicht mehr erfahrbar*, und zwar darum nicht, weil mit dem Weltboden auch der Boden der Übereinstimmung zerstört wäre, den jede Erfahrung von Negation letztlich vorausgesetzt. Aus dieser Auffassung von Negation als „partielle Durchstreichung ... auf dem Boden des universalen Weltglaubens" erklärt sich, daß für Husserl die Negation nur eine spezifische *Modifikation* der ursprünglichen Weltgewißheit ist, formal verstanden: „eine Bewußtseinsmodifikation, die sich selbst ihrem eigenen Wesen nach als das ankündigt" (EU 98). Allgemein gelten die Seinsmodalitäten (Irrtum, Täuschung, Schein, Zweifel, Möglichkeit usw.) als Modifikationen der ursprünglichen Seinsgewißheit, das heißt: als gebrochene Formen der Gewißheit, die ihrem eigenen Sinne nach auf diese intentional zurückweisen (vgl. Id I 259 ff., 289, 343; AP 26 ff.; EU 93 ff.). Der „Boden der Übereinstimmung" aber, auf den alle diese modalisierten Formen der Erfahrung

zurückweisen, qualifiziert sich zu einer Welt, die nur noch als Regel
der Einstimmigkeit zu fungieren vermag; was Husserl im Hinblick
auf das feldgebundene Erfassen dinglicher Gegebenheit sagt: es sei
ein „Herausfassen" (Id I 77) aus dem mitgegenwärtigen Hintergrund
(s.o. S. 51), das überträgt sich negativ nun auf die Welt im ganzen:
„ 'Die' Welt ist als Wirklichkeit immer da, sie ist höchstens hier oder
dort 'anders' als ich vermeinte, das oder jenes ist *aus ihr* unter den
Titeln 'Schein', 'Halluzination' u. dergl. sozusagen herauszustreichen,
aus ihr, die – im Sinne der Generalthesis – immer daseiende Welt
ist" (Id I 63).

Wie das einzelne Ding, so ist in einer solchen Betrachtungsweise
auch die Welt selbst etwas, das hier oder dort anders sein kann als
vermeint, ohne dabei seine Identität zu verlieren, und dies umso weniger, als diese Identität Bedingung der Möglichkeit dafür ist, von
einem Anderssein überhaupt sprechen zu können.

Auf diesem Weg hat sich also erneut bestätigt, was wir oben ohne
Rücksicht auf das Problem von Irrtum und Täuschung für das Wesen
des Weltglaubens schon allgemein festgestellt haben; die Welt der natürlichen Einstellung ist, Husserl zufolge, eine Identität wechselnder
Erscheinungsweisen. Nur hat sich jetzt die Selbigkeit als Einstimmigkeit des Erfahrens näher bestimmt. Denn „Einstimmigkeit" meint in
dem eben behandelten Problemzusammenhang nur, daß alles horizonthaft Erfahrene darin übereinstimmt, Erscheinungsform eines
Identischen oder Selbigen zu sein, das in natürlicher Rede „Welt"
genannt wird. Worin alles Erscheinen übereinstimmt, ist eben sein
Bezug zu dem Selben, dessen Erscheinen es ist, ein Bezug, der sich
nach Husserl auch und gerade dann bestätigt, wenn die prätendierte
Einstimmigkeit vorübergehend gestört zu sein scheint. Die schon gestellte Frage, worin sich unter diesen Voraussetzungen der Seinssinn
der Welt vor dem eines Dinges noch unterscheiden soll, stellt sich
damit in verschärfter Form. Erlaubt die Antwort hierauf vielleicht
einen Rückschluß auf einen Wesenszug der natürlichen Einstellung,
dem wir bisher noch nicht begegnet sind?

Es fällt auf, daß die Begrifflichkeit, in der sich Husserls Analytik
der natürlichen Welterfahrung wie selbstverständlich hält, der Theorie der Abschattung räumlicher Dinge entstammt. Das ist dort, wo
Husserl die Pluralität von Umwelten als Erscheinungsformen „der"
Welt begreift, noch deutlicher als bei dem Problem, das wir eben
behandelt haben. Aber auch hier scheint Ding und Welt insofern von

derselben Struktur zu sein, als die Welt als etwas gilt, „aus" dem man unter den Begriffen von Irrtum und Schein gewisse Bestimmtheiten „herausstreichen" kann, um die (scheinbar) fallweise gestörte Einstimmigkeit wiederherzustellen. Die natürliche Welt der schlichten vorwissenschaftlichen Erfahrung ist nicht nur der identische Fluchtpunkt wechselnder Gegebenheiten, sondern in ihrer faktischen Vorgegebenheit offenbar auch ein Polsystem, das, wie Husserl es wiederholt und sogar ursprünglich vom einzelnen räumlichen Ding gesagt hat (s. u. S. 169 ff.), in einem endlosen Prozeß der „Näherbestimmung" einer inhaltlichen Qualifizierung fähig ist. Beide Momente stehen in innerem Zusammenhang. Die Gegebenheitsweisen der Welt sind standortgebunden, d.h. zentriert in einer erfahrenden, natürlich eingestellten Subjektivität, die als sinngebende vorschreibt, als was und wie die Welt „normalerweise" [9] gegeben und was dieser normalen Gegebenheit entsprechend aus ihr als Anomalität (Schein, Halluzination usw.) „herauszustreichen" ist. Beide Momente der Weltstruktur, so wie Husserl sie beschreibt, decken sich mit der Struktur des phänomenologisch thematisierten Dinges der räumlichen Wahrnehmung. Andererseits steht für Husserl fest, daß „ein grundsätzlicher Unterschied in der Weise des Weltbewußtseins und des Dingbewußtseins" besteht (K 146; vgl. PP 96). Wie ist beides miteinander zu vereinbaren?

Wir können das hier anstehende Problem nicht im einzelnen erörtern und beschränken uns daher auf einige methodologische Hinweise. Was wir zum Thema „natürliche Einstellung" und „Weltglaube" bisher ausgeführt haben, rechnet Husserl in den Vorlesungen *Phänomenologische Psychologie* zum thematischen Gegenstand einer eidetisch, wenngleich noch nicht transzendental vorgehenden „Wissenschaft vom natürlichen Weltbegriff" (PP 93). Ihr Ziel, ein „generelles Formsystem" (PP 64) der universalen invarianten „Weltstruktur" (PP 65) ideativ zu entwerfen, erschöpft sich in der Aufgabe, den Sinn auszulegen, den die natürliche Erfahrung selbst mit der Rede von „Welt" verbindet. Die so aufgefaßte Analytik des natürlichen Weltbegriffs bringt nur zum Vorschein, was in der natürlichen Welterfahrung an Überzeugungen schon implizit ist, aber von ihr nicht gesehen und damit auch nicht thematisch gemacht

---

[9] Zum Problem der Normalität vgl. Id I 102, Id II 55 ff.; ferner A. Diemer, *Edmund Husserl, Versuch einer systematischen Darstellung seiner Phänomenologie*, 2 Aufl., Meisenheim am Glan 1965, S. 243 ff.

werden kann, weil sie in diesen Überzeugungen aufgeht. In gewissen Sinn ist nun zwar die ganze Phänomenologie Husserls nichts als eine Explikation von Implikaten des natürlichen intentionalen Lebens. Aber die „Wissenschaft vom natürlichen Weltbegriff" setzt sich dies zum Ziel, ohne transzendentale epoché zu üben. Das „generelle Formsystem" von Invarianzstrukturen, das diese Wissenschaft zu erarbeiten hat, kann demnach nur ein getreuer Spiegel der natürlichen Welterfahrung sein, so wie Husserl diese bestimmt. Und dies „einfach darum", wie er an einem bestimmten Punkt seiner Überlegungen zu dieser Analytik (beim Leib-Seele-Problem) sagt, „weil wir nicht metaphysisch konstruieren, sondern weiter nichts tun und tun dürfen als den in der natürlichen Welterfahrung selbst beschlossenen Sinn ihrer Erfahrungsgegenständlichkeiten ... zu enthüllen" (PP 139). Aus dieser Aufgabe, die Husserl der phänomenologischen Fundamentalbetrachtung und ihrer Erweiterung zu einer eidetischen Wissenschaft vom natürlichen Weltbegriff gestellt hat, wird man die tendentielle Einebnung der Differenz von Welt und gegenständlicher Realität zu beurteilen haben, die sein Versuch, auf das Weltproblem am Leitfaden „Identität – Erscheinungsmannigfaltigkei" zu bewältigen, notwendig mit sich bringt. Husserl glaubt, daß nicht nur die *Realitäten der Welt*, sondern auch die *Welt selbst* zu den „Erfahrungsgegenständlichkeiten" der natürlichen Erfahrung gehören, die „Welt" mithin „ebensogut" erfahrbar sei „wie ein einzelnes Ding" (PP 96). Aber die maßgebende Rolle der Dingerfahrung reicht noch weiter. Um die „Welt als Erfahrungsgegenstand" erfassen zu können, muß zuvor einzelnes Reales erfaßt sein, und deshalb „geht ... die Einzelerfahrung der Welterfahrung, nämlich als erfassende, gewahrende, vorher" (ebd.). Dieser Sachverhalt begründet für Husserl die „Priorität der einzelrealen Erfahrung vor der Welterfahrung" (PP 98). Aus dieser Priorität folgt, daß die deskriptiv-eidetische vortranszendentale Analytik der natürlichen Welterfahrung von der Analyse dinglichen Erscheinens auszugehen und damit ihren Leitfaden an der Dingerscheinung festzumachen hat. Aber es bleibt die Frage, ob an diesem Leitfaden der Stil expliziert werden kann, in dem die vorwissenschaftliche natürliche Erfahrung faktisch verläuft. Die weitere Frage, ob eine radikale Sinnenthüllung, die ja an die Stelle „metaphysischer Konstruktion" treten soll, überhaupt durchgeführt werden kann, ohne der ideierenden Abstraktion faktischer Sinnstrukturen die transzendentale Rückfrage in die sinngebende Subjektivität und damit in die historische Genesis des „Natürlichen" der „natürlichen Welterfahrung" folgen gu lassen, hat sich Husserl später selber vorgelegt und zum Angelpunkt seiner Spätphilosophie gemacht.[10]

2. Natürliche und transzendentale Reflexion (Selbsterfahrung)

Nach diesem Durchblick durch das Problem des Weltglaubens der natürlich eingestellten Subjektivität kann nun eine der Aufgaben bezeichnet werden, die Husserl der phänomenologischen Transzendentalphilosophie gestellt hat. Sie läßt sich in die Frage fassen: Wie kann der Weltglaube mitsamt seinem noematischen Korrelat, der Welt selbst, zum Thema gemacht werden, ohne daß die thematisierende Reflexion sich diesen wieder voraussetzt und somit in die phänomenologische Paradoxie der menschlichen Subjektivität gerät?

Wir erinnern daran, daß in der phänomenologischen Fundamentalbetrachtung Husserls die natürliche Einstellung zunächst Thema und methodische Grundhaltung zugleich ist (s.o. S. 50). Gerade deshalb hat sie nur vorläufigen und vorbereitenden Charakter, worauf Husserl in den *Ideen* ausdrücklich hinweist (vgl. Id I 74, 87). Um die

[10] In seinen späteren Schriften, zumal in der *Krisis*, hat Husserl in zunehmendem Maße auch die Welt selbst als Horizont gedacht, nicht nur als das eine An-sich-Bestimmte, das sich in Horizonten bestimmbarer Unbestimmtheit je anders zur Erscheinung bringt. Die eine Welt, die als seiend gilt „in einer Einzigkeit, für die der Plural sinnlos ist" (K 146), kann man nur denken „als einen Horizont von *jeweils* als unzweifelhaft seiend- Geltendem" (K 113; Hervorh. v. Verf.). Wenn Husserl also „Welt als Horizont" (K 110; vgl. EU 33) zu denken sucht, so will beachtet sein, daß Horizont nun nicht mehr, wie noch in den *Ideen*, bestimmbare Unbestimmtheit von Räumlich-Zeitlichem, sondern ein durchgängig bestimmtes, geschichtlich gewordenes „Reich immer bereiter und verfügbarer, aber nie befragter *Seinsgeltungen*" (K 112) bedeutet. Der gleiche Gedanke, nur bezogen auf die Einheit der individuellen Lebensgeschichte, findet sich schon in einer Beilage zur *Phänomenologischen Psychologie*, die aus dem Jahre 1925 stammen dürfte (Anm. d. Hrsg.). Dort spricht Husserl davon „„daß ein Sein der Welt für mich nur darum beständig vorangeht jedem einzeldinglichen Dasein, das in meine Wahrnehmung tritt, weil sie als Einheit meiner eigenen früheren Erwerbe im ursprünglichen stiftenden Glauben ein *Reich des in mir Erworbenen* ist, auf das ich als schon geltenden alten Besitz im reproduktiven Glauben bloß zurückkomme' " (PP 464 B; Hervorh. v. Vf.). Habitualität und Geschichtlichkeit ist somit das Wesen des Welthorizonts, aus dem das weltgläubige Leben, obwohl er ein „jeweiliger" ist, nie heraustreten kann. Das ist erst möglich in der transzendental-phänomenologischen epoché, die damit die Voraussetzung für eine radikale Sinnenthüllung ist, das heißt: für eine Auslegung der *geschichtlichen Horizonte*, die jeweils als „die" Welt gelten und jeweils festlegen, was als seiend zu gelten hat und was nicht.

eben genannte Aufgabe zu bewältigen, gilt es den Absprung zu gewinnen in eine neue Grundhaltung, von der aus die Subjektivität des
Subjekts, das den Weltglauben vollzieht, als diejenige rein hervortreten kann, die den Sinn vorgibt, aus dem die Welt und das weltgläubige Leben selbst ihre Seinsgeltungen schöpfen.[11]

Um zu sehen, warum und inwiefern die genannte Aufgabe unlös-
bar ist, solange der Boden des Weltglaubens nicht ausdrücklich verlassen wird, umreißen wir zunächst die *Reflexionsform des Weltglaubens,* die sogenannte „natürliche Reflexion". Husserls Begriff der
natürlichen Reflexion ergänzt die Analytik der natürlichen Einstellung in einer wesentlichen, bisher unberücksichtigten Hinsicht. Die
Frage ist nun, wie und als was das Subjekt der natürlichen Einstellung *sich selbst erscheint.*

Eben diese Frage ist nun das eigentliche Thema des zweiten Buches
der *Ideen.* Auf sie hat Husserl zwei Antworten gegeben. Sie erleben
sich aus der zweifellos auf seine Auseinandersetzung mit Dilthey
zurückgehenden Voraussetzung, daß die natürliche Einstellung zwei
Modifikationen durchlaufen kann, die im wesentlichen dem neuzeitlichen Dualismus von Naturwissenschaft und Geisteswissenschaft
entsprechen. Beide Modifikationen, die „natural-naturalistische" und
die „personal-personalistische" (vgl. Id II 172 ff.), stimmen darin
überein, daß in ihren Reflexionsformen das reflektierende Subjekt
sich als *Objekt in der Welt* antrifft.

Doch die Art dieser reflektiven Selbstobjektivierung ist je nach
Einstellung verschieden. Auszugehen ist davon, „daß ich im natürlichen Leben vorerst natürliche Reflexion übe und dabei mich als
menschliche Person konstituiere" (EP II 433 B; Hervorh. v. Vf.). In
ihr „bin ich mir vorfindlich als *jemand,* der wahrnimmt, vorstellt,
denkt, fühlt, begehrt usw." (Id I 60; Hervorh. v. Vf.). Wenn das erfah-
rend sich selbst zugewandte Ich sich vorfindet als „jemand", so findet es sich vor als „einer unter Anderen", und das sagt, mit den eben

[11] Eugen Fink hat auf diese Schwierigkeit, die Reduktionsproblematik von
der natürlichen Einstellung aus, in der auch die transzendentale Phänomenologie anfangen muß, zu exponieren, schon in den dreißiger Jahren aufmerksam
gemacht: „Das philosophische Problem der Phänomenologie ist kein im
Umkreis der natürlichen Einstellung exponierbares Problem, die Einleitung
in die Philosophie stellt sich dar als das exemplum crucis der in der Natürlichen Einstellung einsetzenden *Herausführung* aus ihr." (Fink, „Edmund
Husserl in der gegenwärtigen Kritik," zuerst in: *Kant-Studien* XXXVIII, Jg.
1933; jetzt in: *Studien zur Phänomenologie 1930-1939,* Den Haag, S. 111)

zitierten Worten: als „menschliche Person". Erst in der Selbstreflexion seiner natürlichen Einstellung konstituiert sich das Ich „als Person" oder „als Mensch" (EP II 433 B). „Mensch" und „Person" sind für Husserl konstituierte Geltungseinheiten und darin von anderen Geltungseinheiten, wie etwa dem „Ding" oder dem „Sachverhalt", nicht unterschieden.

Aber in der Selbstkonstitution des reflektierenden Ich als „jemand" liegt eine eigentümliche *Paradoxie*. Man braucht nur die Stellung des Ich zu seiner Umwelt ins Auge zu fassen, um dies zu sehen. Ich, der ich mich als „jemand" weiß, erfahre mich selbst als *Glied der eigenen Umwelt*. Auf dies Moment der Selbsteinordnung des sich umblickenden Ich in das von ihm Überblickte, das ist: seine „Umwelt", legt Husserl in den *Ideen*, besonders in deren zweitem Buch, großen Nachdruck. Die Selbsteinordnung des Ich in seine Umwelt ist nun aber ein Vorgang, der der Vermittlung von außen bedarf: Nur in der Kommunikation mit „seinesgleichen" gelingt es dem einzelnen Ich, sich selbst als Glied der eigenen Umwelt in den Blick zu bekommen. Den Anfang dieses transzendentalen Sozialisierungsprozesses macht, wie Husserl ausführt, ein Prozeß wechselseitiger Objektivierung der miteinander kommunizierenden Subjekte: „Die miteinander kommunizierenden Subjekte gehören wechselseitig füreinander zur Umwelt, die relativ ist zu dem jeweilig von sich aus umblickenden, *seine* Umwelt konstituierenden Ich" (Id II 195). Doch zeigt die wechselseitige Einordnung des je Anderen in die je eigene Umwelt das entscheidende Problem erst an. Husserl fährt an der zitierten Stelle fort: „Und dieses selbst [das seine Umwelt konstituierender Ich] gehört vermöge des Selbstbewußtseins und der Möglichkeit des auf sich selbst gerichteten mannigfaltigen Verhaltens zu seiner eigenen Umwelt, das Subjekt ist 'Subjekt-Objekt' " (ebd.). Nicht nur die wechselseitige Einordnung der je Anderen in die je eigene Umwelt setzt intersubjektive Kommunikation als Vermittelndes voraus, sondern auch dies, daß das umweltkonstituierende Ich „vermöge des Selbstbewußtseins und der Möglichkeit des auf sich selbst gerichteten Verhaltens" sich selbst zu „einem unter Anderen" in der eigenen Umwelt macht.[12] Weil andere, in meiner Umwelt auftauchende Men-

---

[12] Vgl. zu diesem ganzen Komplex M. Theunissen, *Der Andere*, Berlin 1965, S. 15 - 155; ferner W. Szilasi, *Einführung in die Phänomenologie Edmund Husserls*, Tübingen 1959, S. 98 ff. Auf die von Theunissen dort wohl erschöpfend interpretierte Intersubjektivitätstheorie Husserls gehen wir hier

schen von mir, dem primordial reduzierten Ich, in einem Akt der Einfühlung verstanden werden als „Ichsubjekte, wie ich selbst eins bin" (Id I 62), verliere ich zwangsläufig die ausgezeichnete und einzigartige Stelle, die ich als „Nullpunkt" der orientierten Welt innehabe, die mich umgibt, und werde zu einem unter anderen. „Haben wir fremde Subjekte hereingenommen in unsere subjektive Umwelt", heißt es in einer Beilage zum zweiten Buch der *Ideen,* so haben wir „dadurch [!] uns hineingenommen in unsere subjektive Umwelt" (Id II 347 B).

In der passiven, ohne aktives Zutun geschehenden Voraussetzung des sich „verändernden" Ich, seine Umwelt und die Welt, in der es nicht nur Anderes und Andere, sondern auch *sich* findet, und zwar als ein gegenständlich Reales, sei *dieselbe* Welt (vgl. Id I 60), meldet sich bereits die „Paradoxie der menschlichen Subjektivität". In Husserls Sicht ist es paradox, daß das Konstitutionszentrum seiner Umwelt zugleich etwas sein soll, das *in* ihr vorkommt. In der Einschränkung auf die visuelle Räumlichkeit ist dies die Paradoxie der Lokalisation des Nicht-Lokalisierbaren. Der „Augenpunkt" einer perspektivisch geordneten Mannigfaltigkeit von räumlichen Dingen ist kein Punkt dieser Mannigfaltigkeit selbst; denn als raumentwerfender und raumgebender hat er überhaupt keinen Ort im Raum. Husserl macht sich gelegentlich seiner Konstitutionsanalyse von Visualität und Taktualität die Beobachtung zu eigen, daß man sein Auge als sehendes nicht sehen kann, weder direkt noch indirekt in spiegelnden Medien (vgl. Id II 147 f.). Da der Gesichtspunkt das Sehen ermöglicht, läßt er sich nicht im Sehfeld lokalisieren. Dennoch geschieht etwas Analoges bei der Konstitution einer perspektivisch auf ein erlebendes (sehendes, fühlendes, denkendes und handelndes) Ich hin orientierten Umwelt. Das reine Ich erblickt sich, wie Husserl sagt, als „*Umgebungsbestandteil*" (Id II 108) *seiner selbst.* Die zusammenfassende Aussage dieser paradoxen, weil exzentrischen Grundsituation der menschlichen Subjektivität lautet: „Ich als der Mensch bin Bestandstück der realen Umwelt des reinen Ich, das als Zentrum aller Intentionalität auch diejenige vollzieht, mit der sich eben Ich, der Mensch und die Persönlichkeit, konstituiert" (Id II

---

nur soweit ein wie erforderlich um zu zeigen, daß die von Husserl formulierte „Paradoxie der menschlichen Subjektivität (s.o.S. 49) sich schon auf der Stufe des umweltkonstituierenden primordialen ego findet.

109). Das „Zentrum aller Intentionalität" intendiert sich selbst als exzentrisch.

Hier zeigt sich schon, daß der Weltglaube an der Selbstauslegung der weltgläubigen Subjektivität nicht spurlos vorübergeht. Im Gegenteil, die Weltauslegung der erfahrenden Subjektivität bestimmt im voraus, als was und wie sie sich selbst versteht. Weltapperzeption und Selbstapperzeption stehen in einem Verhältnis der Entsprechung das der natürlichen Reflexion entgeht, weil es sie bestimmt. Weil das reine Ich oder, was hier gleichbedeutend ist, die reine Subjektivität eine Welt in Geltung hält, die in personaler Einstellung den Sinn einer einfühlend erschlossenen Umwelt von Personen hat, versteht es oder sie sich selbst als Mensch, und das heißt nun konkret: als „Person und Glied des personalen Zusammenhanges" (Id II 419 A).

Dieser Rückschlag des Weltglaubens auf das Selbstverständnis der Subjektivität wird in der Reflexionsform der natural-naturalistischen Einstellung radikalisiert. Der Weltglaube nimmt hier ein Form an, die wir bei seiner vorläufigen Kennzeichnung im ersten Abschnitt dieses Kapitels außer acht ließen. Welt verliert in dieser Modifikation der natürlichen Einstellung den Charakter, Umwelt einer Person oder eines Personenverbandes zu sein. Das Wort „Welt" sagt jetzt soviel wie „Natur im prägnanten Sinne" (PW 33; PP 119), das ist: „räumlich-zeitliche Körperwelt" (PW 33) oder „physische Natur" (PP 119) als „Welt der puren res extensae" (PP 133).[13]

---

[13] Husserl hat ihr, je nach Zusammenhang, verschiedene Namen gegeben: „All-Natur" (PW 34; Id II 361 B; EU 158 u.a.), „Welt-all" (Id II 1; PP 67; EP II 71 u.a.) oder auch „Weltraum" (EP II 71 u.a.) und schließlich „All der Realitäten" (PP 100 Anm. 2 u.a.). Die angeführten Belegstellen sind exemplarisch gemeint und erheben keinen Anspruch auf Vollständigkeit. Sie sollen nur zeigen, daß Welt in diesem Sinne durchgängig auf die natural-naturalistische Einstellung bezogen wird, was in PW und Id II klarer hervortritt als in PP, da hier die Sphäre der extensionalen und kausalen Natur nicht wie dort aus einer Änderung der „Einstellung," sondern aus dem reduktiven Ausschluß der „irrealen Kultursinne" (PP 118) thematisch hervorgeht. Auf beiden Zugangswegen jedoch, deren innerer Zusammenhang noch zu erörtern sein wird, ist Husserls Gebrauch des Wortes „Welt" auf die von lebensweltlichen, personalen und geschichtlichen Bedeutungen freie Erfahrung „physischer" (PP) oder „materieller" (Id II) Natur eingeschränkt. Aber die dergestalt auf Natur restringierte Welt bewahrt, wie auch die ihr korrespondierende natural-naturalistische Einstellung, eine wesentliche Doppeldeutigkeit: Sie qualifiziert sich einerseits zur „objektiven, physikalisch-exakten Natur" (PP 34) der positiven Wissenschaft, deren Objektivität zudem intersubjektiv vermittelt ist, andererseits aber zur „vor allen Wissenschaften und ihren theoretischen Intentionen liegenden ... Welt vortheoretischer Anschauung" (PP 56) des un-

Die invariante Typik, die durch die auf körperliche Materialität reduzierte Welt hindurchgeht, ist Raum, Zeit und Kausalität (PW 33; PP 69). Die „universale Physis" (PP 120), die gegen geistigen Sinn reduktiv abgeblendet werden muß, um überhaupt Thema werden zu können, ist „ein ins Unendliche in sich geschlossener raumzeitlicher kausaler Zusammenhang der physischen Dinglichkeiten" (ebd.). Husserl erkennt, daß unter dieser Voraussetzung die reflexive Thematisierung der erfahrenden Subjektivität in einem radikaleren Sinn auf ein Weltobjekt stößt als im Horizont der personalen Einstellung. Die Einheit der Person zerfällt in die psycho-physische Doppelrealität Mensch, die nur vermöge ihrer realen Zweischichtigkeit von leblosen Dingen unterschieden wird: Die materielle Natur des Leibes gilt als fundierend für die animalische Natur einer mit dem Leib kausal verbundenen Seele (Id II 136 ff.; PP 104 ff.; 134 ff.). Statt als „Person und Glied des personalen Zusammenhanges" konstituiert sich das reflektierende Subjekt nun als „Natur und Glied der Natur" (Id II 419 B). Von daher kann Husserl in den Vorlesungen *Erste Philosophie* sagen: „Ich bin ein *Objekt* meiner mundanen Erfahrung unter anderen" (EP II 71), als „psychophysische Realität, zur Welt, dem All der Realitäten gehörig" (ebd.). Im gleichen Zusammenhang fährt Husserl fort: „Als diesem (dem Weltall) eingeordnet finde ich auch mich selbst vor, mich als Objekt, dieses menschliche Ich mit all seinem 'Seelenleben', psychophysisch zugehörig zu disem physischen Leib, den ich den meinen nenne, sich in ihm objektiv verleiblichend. Und diese ganze psychophysische Realität ist, was sie ist, im Weltraum, eingeflochten in die mannigfachen Verkettungen der Kausalität, durch welche alle weltlichen Realitäten miteinander unmittelbar oder mittelbar verknüpft, in Raum aufeinander angewiesen sind, aneinander kausal gebunden sind"

mitelbaren, überdies als primordial zu denkenden Lebens (des auf seine Eigenheitssphäre reduzierten transzendentalen *ego*).

[14] Aus dem Kontext ist zu ersehen, daß Husserl hier von den vorwissenschaftlichen Geltungsvollzügen des primordial reduzierten *ego* spricht, um von ihnen aus das Problem der epoché cartesianisch zu exponieren („Erster Weg zur transzendentalen Reduktion", EP II 44 ff.). Die Frage, ob auf dieser untersten Stufe der konstitutiven Problematik schon von Kausalität und Objektivität im strengen Sinne die Rede sein kann, da doch erst aus dem konstitutiven Zusammenspiel von *ego* und *alter ego* so etwas wie „objektive Welt" transzendental verständlich gemacht werden kann (vgl. FTL 213, CM 135 f.), müssen wir hier auf sich beruhen lassen. Wir kommen auf sie im Zweiten Teil unserer Untersuchung zurück.

(ebd.).[14] Wir sehen, die Paradoxie der Selbsteinordnung des Konstituierenden in das von ihm Konstituierte wiederholt sich in verschärfter Form, wenn sich, wie es in natürlich-naturaler Einstellung geschieht, das Subjekt der Reflexion als Objekt „unter anderen" in einer als seiend geltenden Welt auffaßt.

Aus der allgemeinen Feststellung Husserls: „In der natürlichen Reflexion des Alltagslebens aber auch der psychologischen Wissenschaft . . . stehen wir auf dem Boden der als seiend vorgegebenen Welt" (CM 72, vgl. EP II 418 B) folgt somit, daß das Geltungsgefüge der „als seiend vorgegebenen Welt" auch den Sinn festlegt, den das natürlich reflektierende Subjekt mit sich selbst verbindet. Damit ist klar, warum die natürliche Reflexion des Weltglaubens auf sich selbst das Ziel einer radikalen Reflexion, die Subjektivität des Subjekts in den Blick zu bringen, verfehlen muß. Die Selbstverständlichkeit des Weltglaubens verhindert, daß die Welt selbst und daher auch die Subjektivität des Subjekts, das diesen Weltglauben ständig vollzieht, jemals zum *Problem* werden kann. Deswegen hat die natürliche Reflexion weder die Möglichkeit noch spürt sie die Notwendigkeit, Welt und Weltglauben zum ausdrücklichen *Thema* zu machen.[15] Die natürliche Einstellung muß schon verlassen sein, um hier ein Problem überhaupt zu sehen. Das ist der Grund, weshalb Husserl in den *Amsterdamer Vorträgen* und im *Artikel zur „Encyklopaedia Britannica"* die transzendentale Reduktion der psychologisch-eidetischen auf das Eigenwesen von Bewußtsein erst nachfolgen läßt. Wenn in der eidetischen Reflexion, wie Husserl feststellt, auch das Eidos „Bewußtsein überhaupt" noch immer „den Seinssinn von weltlich Vorhandenem, nur bezogen auf *mögliche* reale Welten" (PP 290 Hervorh. v. Vf., vgl. 335) behält, dann ist der Boden der natürlichen Einstellung auch hier nicht verlassen. Hieraus geht hervor, daß der Nichtvollzug der aktuellen, auf die gegenwärtig faktisch seiende Welt bezogenen Seinssetzungen noch nicht das Wesen der transzendentalen epoché ausmacht. Am Vergleich mit der eidetischen Ausschaltung von Daseinssetzungen wird besonders deutlich, daß transzendentale epoché nicht nur die konsequent gehandhabte Enthaltung von der Generalthesis der natürlichen Einstellung ist, sondern immer auch Reduktion auf die als konstituierend aufgewiesene phä-

[15] Vgl. hierzu Eugen Fink, „Das Problem der Phänomenologie," in: *Revue internationale de philosophie*, I (1939), S. 226-270; wieder abgedruckt in: *Studien zur Phänomenologie 1930-1939*, Den Haag 1966, S. 179 ff.

nomenologische Subjektivität sein muß. Die eidetische Psychologie sieht zwar, daß Bewußtsein ein eigenes Wesen hat, das wie jedes Wesen indifferent gegen faktisches Vorkommen ist, aber das Problem des Bewußtseins: Realität zu sein und zugleich das Bewußtsein davon, wird von ihr verdeckt. Denn die selbstverständliche Voraussetzung bleibt in der eidetischen Psychologie immer, daß Bewußtsein ein regionales Wesen habe wie anderes gegenständlich Seiendes auch.[16]

Ist das Problem erst einmal gestellt, dann wird die Regionalität des Bewußtseins fraglich. Aus dem „ersten Innewerden der Bewußtseinsbezogenheit der Welt" (PP 289) erwächst des transzendentale Problem, wie etwas, das zur Welt gehört, gleichwohl Sinn und Sein der Welt konstituiert. Husserl zufolge wird in diesem „ersten Innewerden" der konstitutiven Funktion der Subjektivität radikal unverständlich, was vordem sozusagen das Selbstverständlichste von der Welt zu sein schien: daß wir, die erlebenden Subjekte, zur Welt gehören. Die Frage nach der Seinsart der Subjektivität muß erneut gestellt werden, um das Unverständliche wieder verständlich zu machen: „Die Unverständlichkeit greift in besonders empfindlicher Weise *unsere* Seinsart selbst an. Wir (Einzelne und in Gemeinschaft) sollen es sein, in deren Bewußtsein die reale Welt, die für uns vorhanden ist, als solche Sinn und Geltung gewinnt. Wir als Menschen sollen aber selbst zur Welt gehören" (PP 289). In den *Amsterdamer Vorträgen* hat Husserl noch zwischen der nur singulär zu verstehenden „realen" Welt und der Pluralität von möglichen „idealen" Welten einzelner Wissenschaften unterschieden und den letzten Satz der eben zitierten Stelle aus dem *Encyklopaedia-Britannica-Artikel* dementsprechend umgeändert: „Wir als Menschen sollen aber selbst zur realen Welt gehören" (PP 333). In beiden, sachlich und wörtlich weitgehend übereinstimmenden Schriften leitet Husserl also das transzendentale Problem auf das zurück, was er in der *Krisis* die „Para-

---

[16] Husserls Kritik der eidetischen Psychologie deckt sich weitgehend mit der Kritik Natorps am Objektivismus naturwissenschaftlicher Psychologie. In der transzendentalen Rückfrage nach dem Ursprung der Objektivität des Objektiven, zu dem auch das Subjekt selbst zu gehören scheint, treffen sich (bei aller sonstigen Differenz) die transzendentale Phänomenologie Husserls und die Transzendentalphilosophie des späteren Neukantianismus: „Es mag nun eine solche Eingliederung der Subjektivität in den Zusammenhang der Objektivität an ihrer Stelle auch begründet und notwendig sein; aber sie ist jedenfalls ungeeignet, das Verhältnis des Subjektiven und Objektiven aus seinem Ursprung verständlich zu machen..." (Paul Natorp, *Allgemeine Psychologie nach kritischer Methode,* Tübingen 1912, S. 63).

doxie der menschlichen Subjektivität" nennt. Aus dieser Paradoxie und ihrer Auflösung gewinnt die transzendentale Fragestellung Husserls erst ihren letzten Sinn.[17]

Vorweg sei betont, daß sich die Paradoxie natürlich nicht dadurch auflösen läßt, daß man deren „Thesis": die Weltzugehörigkeit des Subjekts, auf die empirische Subjektivität bezieht, und die „Antithesis": die Bewußtseinsrelativität der Welt, auf eine von der empirischen getrennte transzendentale Subjektivität. Vielmehr muß eine phänomenologische Auflösung der „Paradoxie der menschlichen Subjektivität" die deskriptiv aufweisbare *Identität* von mundanem (empirischem) und transzendentalem Subjekt verständlich machen: Ich, das jeweilige Subjekt, bin es, der sich als transzendental reflektiert und doch, bei geänderter Einstellung, sich als Objekt apperzipiert. Überdies kann durch eine bloße Unterscheidung von transzendentaler und mundaner Subjektivität die Paradoxie schon deswegen nicht aufgelöst werden, weil diese überhaupt erst durch diese Unterscheidung zum Vorschein gekommen ist.[18]

Ausgangspunkte der neuen Problemstellung ist eine Reflexion auf die Subjektivität, die diese nicht mehr in die reale Welt von Raum, Zeit und Kausalität einordnet. Wenn nämlich die psychophysische Realität „Mensch" – wie jede Realität – relativ auf die Bewußtseinsvollzüge ist, denen sie ihren Sinn und ihre Seinsgeltung verdankt, dann kann Bewußtsein *als* sinngebendes und seinssetzendes nicht zugleich *als* „reale Schicht" an dieser psychophysischen Realität gedacht werden. Ebensowenig darf die reale Welt im ganzen, der die Realität „Mensch" zugehört und die diese voraussetzt, den Seinssinn des zu reflektierenden Bewußtseins bestimmen, da von der realen Welt im ganzen dasselbe gilt wie für einzelnes in ihr vorkommendes Reales: Die Bewußtseinsrelativität der Welt unterbindet die Weltzugehörigkeit des Bewußtseins, insofern dieses *als* weltkonstituierendes reflektiert werden soll. Gefordert ist also eine metho-

---

[17] Wir halten uns in folgenden an den Sprachgebrauch Husserls und sprechen demgemäß von einer Paradoxie auch dort, wo man eher an eine auflösbare Antinomie statt an ein Paradox denken würde.

[18] Eugen Fink hat die paradoxe Grundsituation des sich selbst reflektierenden Weltglaubens zum Angelpunkt seiner Deutung der transzendentalen Reduktion gemacht. „Daß der Weltglaube, den der Mensch vollzieht, selbst in der Welt ist, dies gehört gerade noch in den Inhalt dieses Glaubens." Folgerichtig sieht Fink in der epoché „die Einklammerung der Selbstauffassung des Weltglaubens, durch die er sich selbst als seiend in der Welt apperzipiert" (E. Fink, „Edmund Husserl in der gegenwärtigen Kritik," a.aO. S. 115 u. 116).

dische Operation, die Bewußtsein entrealisiert und entweltlicht. In dieser Operation verliert somit das Bewußtsein im ganzen „den Sinn einer realen Schichte an der Welt zugehörigen und Welt schon voraussetzenden Realität Mensch . . ." (Id I 72). Ebenso verlieren seine einzelnen Akte den Sinn von „'Zuständen' erlebender animalischer Realitäten in der einen raum-zeitlichen Welt" (LU II/1, 399). Um dies zu erreichen, muß sich die transzendentale Reflexion, die Bewußtsein als solches nicht mehr in die Transzendenz der realen Welt einordnen will, als *epoché* vollziehen, als Ausschaltung oder Einklammerung der die reale, objektive Welt konstituierenden subjektiven Geltungsvollzüge des intentionalen Lebens. Die transzendentalphänomenologische epoché entweltlicht das Bewußtsein und begreift es insofern als ein Absolutes.

Diese Auffassung Husserls von der Aufgabe und dem Ziel der transzendentalen Reflexion bringt die Paradoxie der menschlichen Subjektivität auf ihren schärfsten Ausdruck. Ist nicht aber, so wird man fragen, in Husserls Auffassung das Bewußtsein als eines in Wahrheit Absoluten die „Antithesis" in ein absolutes Recht gesetzt, die „Thesis" dagegen zu einem vortranszendentalen Schein herabgesetzt? Aber nun muß beachtet werden, was die epoché *leistet*, und welcher Art das Absolute ist, das sie entdeckt. Die transzendentale Reflexion umfaßt zwei Momente, die ineinandergreifen und zu einer einheitlichen methodischen Operation zusammentreten: Die Reflexion ist erstens als epoché ein „Sichenthalten von . . ." und zweitens als Re-

---

19 Vgl. hierzu Theunissen, a.a.O. S. 27, der auf den Doppelaspekt der transzendentalen Reflexion als epoché und als Reduktion besonderen Nachdruck legt. In Husserls Feststellung (K 154), daß die transzendentale epoché die transzendentale Reduktion „ermögliche," liegt nach Theunissen, „daß der positive Aspekt der Reduktion im umfassenden Verstande sich auf die Reduktion im engeren Sinne versammelt und der negative Aspekt die epoché bestimmt, wobei freilich dank des positiv-negativen Doppelaspektes der *ganzen* Bewegung die epoché auch an der Positivität und die von ihr geschiedene Reduktion auch an der Negativität teilnimmt" (a.a.O. S. 27 f.). Theunissen betont, daß bei aller Unterschiedenheit „Reduktion und epoché zwei verschiedene Seiten eind und derselben Sache sind" (a.a.O. S. 27). Dem ist schon im Hinblick auf Husserls Bestimmung, daß die transzendentale Reduktion eine „durch die Epoché ermöglichte Leistung" sei, voll zuzustimmen. Die Reduktion auf den transzendentalen Ursprung ist nicht ein zweiter Schritt, der einem ersten, der epoché, folgen würde, sondern das Resultat der epoché ist die vollzogene Reduktion der Welt auf das Weltphänomen. Diesen Zusammenhang von epoché und Reduktion verkennt W. Hoeres in seiner Husserlkritik. Hoeres interpretiert die transzendentale epoché als bloße „Enthaltung von eigener Stellungnahme" (W. Hoeres, *Kritik der transzendentalphilosophischen*

duktion eine „Rückführung auf . . .";[19] Reduktion bedeutet für Husserl, der hier an die ursprüngliche Wortbedeutung von Reduktion als *reducere* anknüpft, die methodische Rückführung von etwas auf etwas. Transzendentale Reduktion meint, rein formal betrachtet, die Rückführung von etwas, das gilt, auf seinen Ursprung, dem es seine Geltung verdankt. Konkret besagt das: Indem der epoché übende Phänomenologe sich des Weltglaubens enthält, thematisiert er diesen insofern, als er die Seinsgeltung der Welt auf das transzendentale Glaubensleben der fungierende Subjektivität zurückführt bzw. auf deren noematisches Korrelat: das transzendentale Phänomen „Welt". Dabei unterscheidet Husserl epoché und Reduktion so, daß er die Reduktion als das versteht, was die epoché leistet. So jedenfalls im § 42 der *Krisis,* der mit den Fragen beginnt: „Wie ist aber nun die angedeutete, durch die Epoché ermöglichte Leistung – wir nennen sie die 'transzendentale Reduktion' – und wie die damit sich eröffnende wissenschaftliche Aufgabe konkreter verständlich zu machen? Diese Leistung einer Reduktion 'der' Welt auf das transzendentale Phänomen 'Welt' und damit auf ihr Korrelat: die transzendentale Subjektivität, in und aus deren 'Bewußtseinsleben' die schlicht naiv uns geltende Welt, schon vor aller Wissenschaft, ihren ganzen Inhalt und ihre Seinsgeltung gewinnt und immer schon gewonnen hat?" (K 155) Im gegenwärtigen Problemzusammenhang interessiert nur die in diesen Fragen angedeutete Verhältnisbestimmung von epoché und Reduktion und die Kennzeichnung der Reduktion als Reduktion auf die transzendentale Subjektivität (vgl. auch EP II 433 B) oder, noematisch gewendet, auf das transzendental gereinigte Weltphänomen. Es definiert geradezu den phänomenologischen Sinn, den Husserl im Gegensatz zur Tradition der Transzendentalphilosophie mit der transzendentalen Reflexion verbindet, daß die transzendentale Subjektivi-

Erkenntnistheorie, Stuttgart-Berlin-Köln-Mainz 1969, S. 48) und versucht die Unmöglichkeit einer solchen Enthaltung vom Erkenntnisvollzug darzutun. Hoeres psychologisiert die epoché, indem er unterstellt, Husserl wolle der durch epoché gewonnenen Einsicht in die Korrelatiwität von ego cogito und cogitatum seine Zustimmung verweigern (vgl. besonders a.a.O. S. 57, Anm. 5). Demgegenüber ist zu sagen, daß in der epoché die transzendentale Reflexion selbstverständlich vollzogen und nur der Vollzug der natürlichen Einstellung (bzw. der natürlichen Reflexion) ausgesetzt wird. Ebenso beruht Asemissens anspruchsvolle Kritik des Husserlschen Reduktionsgedankens auf einem fundamentalen Misverständnis dessen, was bei Husserl „Ausschaltung" heißt. Die transzendentale epoché ist nicht, wie Asemissen anzunehmen scheint (a.a.O., S. 49 ff.), die Neutralitätsmodifikation der natürlichen Einstellung.

tät nur durch eine universale und zudem je selbst zu übende epoché erreicht wird. Andererseits gewinnt die transzendentale epoché im Gegensatz zur Tradition von Cartesianismus und Skeptizismus ihren Sinn erst aus dem, was durch sie ermöglicht und als das sie zugleich vollzogen wird: die Reduktion von Seinsgeltungen auf ihren transzendentalen Ursprung.[20]

Welcher Art ist nun das *Absolute*, auf das in der epoché Welt und Weltliches reduziert wird? In einer Beilage zu den Vorlesungen *Phänomenologische Psychologie* findet sich eine Stelle, an der sich die formale Struktur des transzendentalen Absoluten, so wie es in der transzendentalen Reflexion erreicht wird, sehr genau ablesen läßt. Husserl erörtert dort exemplarisch die Reflexion auf den Akt des Wahrnehmens, deren Ziel es ist, das Wahrgenommene als solches zu thematisieren: „Die naive äußere Wahrnehmung, als das schlechthin Wahrnehmen des äußeren Gegenstandes, hat diesen als Thema, setzt ihn als schlechthin seienden. Die reflektive Wahrnehmung des phänomenologischen Selbstbeobachters macht diese äußere Wahrnehmung zum Thema und setzt *sie* als seiend. Aber als reine Selbstwahrnehmung setzt sie nur in Geltung eben dieses, *daß* ich das und das Objekt wahrnehmend in Geltung setze, nicht aber setzt sie mit in Geltung das äußere Objekt selbst" (PP 442 B). Dieser Satz läßt den Zusammenhang von Ausschaltung („Außer-Geltung-Setzen") und Thematisierung klar erkennen. Die Reflexion auf den Vorgang des Wahrnehmens thematisiert dessen intentionale Leistung als das Gesetzte eines Setzens, indem sie nicht das Setzen vollzieht, sondern „dieses, *daß* ich das Objekt wahrnehmend in Geltung setze". Die

---

[20] Tugendhat kritisiert Husserls Rede von einer Reduktion als „mißverständlich, und noch vom Standpunkt der natürlichen Einstellung her gesprochen. Eigentlich ist die natürliche Einstellung eine reduzierte, indem sie, die Thesis selbst nicht sehend, sondern nur vollziehend, die Gegenstände der Welt schlicht als seiend vor sich hat, während ich sie in der transzendentalen Einstellung als gesetzte meines Setzens und in den Gegebenheitsweisen sehe, in denen sie mir gegeben sind" (a.a.O. S. 200). Wie man sieht, knüpft Tugendhat an eine semantisch zweifelhafte Wortbedeutung von „Reduktion" an: Die natürliche Einstellung gilt hiernach als „reduziert" nicht darum, weil sie in phänomenologischer Reflexion auf die transzendentale Subjektivität zurückgeführt wird, sondern allein deshalb, weil man in ihr „weniger" weiß als in der phänomenologischen. Dies ist aber nicht der Sprachgebrauch Husserls.

[21] „Setzung" bedeutet für Husserl im Fall der raumdinglichen Wahrnehmung soviel wie präsumptive „Stellungnahme" zum bzw. „Entscheidung" über Sein oder Nichtsein des anschaulich Gegebenen und ist daher ein Terminus, der nur in Zusammenhang mit der Horizontintentionalität und der im Hin-

geradehin im Wahrnehmen vollzogenen Setzungen [21] gehen in der epoché ebensowenig verloren wie das in ihnen Gesetzte: „Statt sie mitzumachen, machen wir sie zu Objekten, wir nehmen sie als Bestandstück des Phänomens, die Thesis der Wahrnehmung eben als ihre Komponente" (Id I 226). Was also die epoché *in* Geltung setzt, indem sie anderes *außer* Geltung setzt, das ist das In-Geltung-Setzen selbst, das heißt: die intentionale Korrelation von Setzen und seinem Gesetzten. Diese Korrelation ist das transzendentale Phänomen „Wahrgenommenes", auf das der wahrgenommene Gegenstand reduziert wird. Der Gegenstand wird zum Phänomen der transzendentlen Phänomenologie, indem sie seine Korrelativität thematisiert. Nur weil das Phänomen diese Korrelation selbst ist, kann Husserl sagen, die Thesis sei „Bestandstück des Phänomens". Ebensogut könnte man auch den gesetzten Gegenstand selbst „Bestandstück des Phänomens" nennen. Phänomene der transzendentalen Phänomenologie sind im Unterschied zu dem, was in der deskriptiven Phänomenologie Erscheinung heißt, nichts anderes als typische Korrelationen von der Grundstruktur *ego-cogito-cogitatum*.

Analog wie die an einzelnen Akten und ihren Korrelaten ansetzende Reduktion versteht Husserl auch die universale „Reduktion 'der' Welt auf das transzendentale Phänomen 'Welt' . . ." Auch hier ist zu sagen, daß das „transzendentale Phänomen 'Welt' " in der Korrelation von Welt und Weltbewußtsein besteht, wie es im Titel des § 41 der *Krisis* zu besonders klarem Ausdruck kommt: „Die echte transzendentale Epoché ermöglicht die 'transzendentale Reduktion' – die Entdeckung und Erforschung der transzendentalen Korrelation von Welt und Weltbewußtsein" (K 154).

Diese Korrelation ist das Absolute der transzendentalen Phänomenologie. Je nach der Richtung der Reflexion kann dieses Absolute verschieden bezeichnet werden: In noetischer Reflexion ist das Absolute die transzendentale Subjektivität, die die Welt „als geltenden Sinn in sich trägt" (CM 65); in noematischer Reflexion dagegen ist das Absolute das Weltphänomen, welches das Weltbewußtsein in Gestalt eines universalen ego cogito als „Bestandstück" in sich enthält (vgl. Id I 266). Die Feststellung Husserls, daß in der epoché „die Welt zum bloßen Phänomen unserer reinen Subjektivität ge-

blick auf diese entwickelten Lehre von den „Setzungscharakteren" aufgeklärt werden kann.

worden sei" (PP 444 B), sagt daher nur dies: „Die Welt, mich selbst als Menschen umspannend, steht also in einer sehr merkwürdigen Korrelation mit meinem reinen Ich, vermittelt durch die Methode der phänomenologischen Einklammerung oder, wie es auch heißt, phänomenologischen Reduktion" (PP 443 B). Das Absolute, auf das in der epoché alle Seinsgeltungen, einschließlich der der Welt selbst, reduziert werden, darf daher nicht als die weltlose Immanenz des *reell* Immanenten verstanden werden. Das reduktiv erschlossene Absolute hat vielmehr stets die Struktur ego-cogito-cogitatum, weshalb absolut in diesem transzendentalen Sinne auch das noch gegeben ist, was das jeweilige ego cogito reell transzendiert. Vermöge der „Transzendenz irreellen Beschlossenseins", die zum Sinn der Welt gehört (CM 65), gehört auch die Welt selbst als cogitatum in das absolut Gegebene der transzendentalen Reflexion, die absolut gebend darum ist, weil sie die den reellen Erlebnisbestand des transzendentalen ego antizipativ transzendierende Weltapperzeption nicht vollzieht, sondern zum thematischen Gegenstand hat.[22]

Nach unserer allgemein gehaltenen, vorwiegend am Weltphänomen orientierten Darlegung der Reduktionsproblematik nehmen wir das Problem der phänomenologischen Paradoxie erneut auf und fragen nun, welche Konsequenzen sich aus dem Gedanken der transzendentalen Reduktion für die Verhältnisbestimmung von *transzendentaler* und *mundaner Subjektivität* ergeben. Mit dem Nachweis, daß Sinn und Seinsgeltung der Welt nur in deren Reduktion auf die transzendentale Subjektivität intentional ausgelegt und verständlich gemacht werden können, ist auch die Aufgabe, das Verhältnis der transzendentalen zur mundanen Subjektivität zu bestimmen, in gewisser Weise schon gelöst. Denn mit der Reduktion der realen Welt im ganzen ist natürlich auch deren Teilbestand: das real-mundane ego, auf das transzendentale ego reduziert. In noematischer Reflexion kann Husserl in der *Krisis* deshalb sagen, daß in der Reduktion der Welt auf das Weltphänomen die „Reduktion der Menschheit auf das Phänomen 'Menschheit' " bereits „mitbeschlossen" sei (K 155, vgl. 187; ferner CM 125). Teilmoment des Weltphänomens ist auch die Korrelativität eines ego, das sich in natürlicher Einstellung zu sich selbst als

[22] Neben diesem, transzendental verstandenen, Begriff vom Absoluten findet sich bei Husserl noch ein anderer, der das Absolute mit dem abschattungslosen Sein der reellen Immanenz gleichsetzt; dazu Näheres im Dritten Kapitel S. 108 f. und S. 117 ff.

Reales in der als seiend vorausgesetzten Welt vorfindet, zu eben diesem Realen selbst.

Doch geht Husserl hier noch einen Schritt weiter. Das in der epoché auf sein transzendentales Sein reduzierte ego des faktischen intentionalen Lebens verdankt seine Seinsgeltung einem transzendentalen Akt der *Selbstapperzeption*, der zwar in den Augen Husserls nur eine Sondergestalt der universalen Weltapperzeption ist, aber doch seine eigenen Probleme mit sich bringt, die über den reduktiven Rückgang auf die allgemeine Korrelation „Weltbewußtsein – Welt" hinausführen. Um diesen Schritt in seiner Tragweite zu verstehen, gilt es sich zunächst zu vergegenwärtigen, daß das transzendentale ego, auf das reduziert wird, *je meines* ist. Transzendentale Reflexion ist immer Reflexion „auf mich, das transzendentale ego . . ." (CM 132), dessen Seinssinn sich aus der meditierenden Situation des reflektierenden Phänomenologen als der Ort bestimmt, an dem sich das intentional Gesetzte phänomenologisch auszuweisen hat (vgl. CM 65). Die empirisch-präsumptive Ausweisung des intentional Gesetzten als eines wirklich und wahrhaft Seienden und die ihr methodisch vorausgehende transzendentale Ausweisung des wirklich und wahrhaft Seienden als eines auf spezifische Bewußtseinsweisen Relativen geschieht je in mir selbst, dem aktuellen Ich der transzendentalen Reflexion (vgl. Id I 113, FTL 208).[23]

Der „*Geltungsgrund* aller *objektiven* Geltungen und Gründe" (CM 65, 2. Hervorh. v. Vf.), als den Husserl das transzendentale ego ansetzt, ist die „je-eigene Subjektivität" (FTL 208) des epoché übenden Subjekts. Jedoch kann ich mich als diesen transzendentalen Grund objektiv gültigen Seins nur insofern verstehen, als ich mich *nicht* als „Ich, dieser Mensch" verstehe: Denn ich, dieser Mensch, bin selber für mich selbst etwas objektiv Geltendes, das der Ausweisung bedarf

---

[23] Aus diesem zunächst nur methodologischen Sinn der Transzendentalität meiner selbst folgt, mit den Titelworten des § 95 der *Formalen und transzendentalen Logik,* die „Notwendigkeit des Ausgangs von der je-eigenen Subjektivität" (FTL 208) für eine transzendental angesetzte konstitutive Phänomenologie von Welt und Mensch. Sofern die transzendentale Phänomenologie sich generell versteht als die Wissenschaft „von dem Seienden überhaupt, als wie es seinen Seinssinn und seine Geltung aus der korrelativen intentionalen Konstitution schöpft" (PP 297), ist die *Ordnung* dieser Konstitution dadurch festgelegt, daß ich selbst es bin, der die schon vorgegebenen Leistungen der anonym fungierenden, konstituierenden Subjektivität selbstgebend *nachvollziehen* muß, um sie in ihrer transzendentalen Genesis verstehen zu können. Zur Bestimmung des transzendentalen ego als letzter „Stätte" aller Ausweisung vgl. E. Tugendhat, a.a.O. S. 199.

(vgl. CM 64). Andererseits aber erschöpft sich das transzendentale Sein des faktischen, individuellen ego nicht in seiner methodologischen und erkenntniskritischen Funktion, Ort einer letzten unüberholbaren Ausweisbarkeit zu sein. Transzendentales ego bin ich auch und sogar primär als Ort einer vorreflektiven, im natürlichen Leben gerade sich nicht ausweisenden „Selbstapperzeption", vermöge deren ich mir als „Ich, dieser Mensch" überhaupt erst selbst gegeben bin. Aus dieser anderen Funktion der je-eigenen Subjektivität: unausgewiesene Seinsgeltungen zu stiften, begründet sich für Husserl die Transzendentalität des faktischen ego mindestens ebenso sehr wie aus dem Gedanken der Ausweisbarkeit.

Husserls transzendentale Rückfrage in den „Geltungsgrund aller objektiven Geltungen und Gründe" erfolgt nicht zuletzt in der Absicht, den Grund zu erfragen, warum ich mir selbst als ein Bestandstück der objektiven Welt erscheine. In dieser Rückfrage erfahre ich, daß mein egologisches Leben transzendental *fungiert*, d.h. Seinsgeltungen stiftet, und sich doch zugleich seine vor jeder Reflexion ausgeübte transzendentale Funktion dadurch verdeckt, daß es sich selbst, das fungierende Leben, als Objekt apperzipiert. Husserl spricht in diesem Zusammenhang von der „Selbstobjektivation" des transzendentalen ego und davon, daß in der epoché diese Selbstobjektivation als der transzendentale, nichtobjektive Grund sichtbar wird, auf den die Seinsgeltung meiner selbst als einer mundanen Realität zurückzuführen ist. In dem teilweise schon zitierten § 42 der *Krisis* fragt Husserl: „Wie konkreter verständlich machen, daß die in der Reduktion der Welt mitbeschlossene Reduktion der Menschheit auf das Phänomen 'Menschheit' diesen erkennen läßt als eine *Selbstobjektivation* der transzendentalen Subjektivität, der allzeit letztlich fungierenden und darum 'absoluten' "? (K 155 f., Hervorh. v. Vf.)

Die epoché wird nun zum methodischen Mittel, mir meine transzendentale Vergangenheit zu ent-decken. Denn auch vor der transzendentalen epoché war ich transzendentales Leben, nur eben ein solches, das sich seine transzendentale Funktion verdeckt hatte. In den 1923/24 gehaltenen Vorlesungen *Erste Philosophie* hat Husserl diesen Gedanken besonders eindringlich ausgesprochen. Die universale, die Apodiktizität der Erkenntnis zum Leitfaden nehmende Kritik der mundanen Erfahrung, das Thema der 33. bis 36. Vorlesung, hat, wie Husserl in der 38. Vorlesung feststellt, „noch eine sehr folgenreiche zweite Funktion nachträglich angenommen; nämlich mittels ihres Ergebnisses die mir vordem *verborgene* transzendentale Subjektivität erschaubar zu machen." (EP II 76, Hervorh. v. Vf.). Als transzendental fungierendes, wenngleich nicht reflektierendes Leben bin ich absolutes Sein, das prinzipiell über jede objektive Selbstauslegung hinaus ist, auch wenn es faktisch stets in eine bestimmte hineingestellt ist. „Das transzendentale Ich ist rein in sich; es vollzieht aber in sich eine *Selbstobjektivation*, gibt sich selbst die Sinnesgestalt 'menschlich Seele' und 'objektive Realität' " (EP II 77, Hervorh. v. Vf.). Husserl fährt an der zitierten Stelle fort: „Aber wie erlöst sich nun mein transzendentales Ich von dieser *Selbstverhüllung*? Wie befreie ich mich von der in mir selbst erzeugten Apperzeption, die, habituell immer wieder in Kraft tretend, mich nur als Ich den Menschen erscheinen läßt für mich selbst. M.a.W. wie komme ich dazu, die habituell fortwirkende Motivationskraft, die mich immerfort in die mundane Erfahrung gläubig hineinzieht und in den Vollzug der mich selbst immerzu verweltlichenden Mensch-Apperzeption, zu überwinden? Wie komme ich dazu, mich über dieses *Mich-Verlieren in die Welt* und Mich-Einkleiden in ein weltliches Gewand zu erheben und meiner in meiner transzendentalen Reinheit und Eigenheit innezuwerden: als das Subjekt, in dessen apperzipierendem Erleben (sofern es mundanes Erfahren in sich ausbildet und aktiv betätigt) sich dieses 'Es ist diese Welt da' und dieses 'Ich bin Mensch in dieser Welt' als eine subjektive Leistung macht?" (EP II 77, Hervorh. v. Vf.). Husserls unmittelbar darauf gegebene Antwort auf diese Frage ist: Von der objektivierenden Selbstapperzeption befreit die epoché, aber eben nur insofern, als sie es ist, die diese Selbstapperzeption als einen vorobjektiven transzendentalen Akt thematisch macht. Von hier aus gesehen, ist die epoché die methodische Operation der phänomenologischen Transzendentalphilosophie, die Selbstverhüllung der transzendental fungierenden Subjektivität zu enthüllen und so die Frage nach der Ausweisbarkeit der faktischen Selbstauslegungen der „je-eigenen Subjektivität" allererst zu ermöglichen.

Das Verhältnis von transzendentaler und mundaner Subjektivität ist demnach als ein Verhältnis zu denken, das zwischen mir, dem faktischen transzendentalen Ich, und dem besteht, als das ich mir selbst in meinem transzendentalen Leben gelte. Es muß daher,, so legt Husserl in der 37. Vorlesung zur *Ersten Philosophie* dar, prinzipiell unterschieden werden: „. . . *mein menschliches Dasein,* mir ursprünglich wahrnehmungsmäßig gegeben in mundaner Selbsterfahrung, und *mein transzendentales Sein*, mir ursprünglich gegeben reinen Reflexion" (EP II 73, Hervorh. v. Vf.). Mein menschliches Dasein indessen, das zu meinem transzendentalen Sein als dessen Leistung gehört, kann im Unterschied zu diesem ein ganze Reihe von apperzeptiven Geltungen durchlaufen, die es in seinem mundanen Gehalt näher qualifizieren. Ob aber nun als „Person und Glied des personalen Zusammenhanges" oder als „Natur und Glied der Natur" (Id II 419 B; s.o. S. 70) apperzipiert, in jedem Falle ist mein menschliches Dasein für Husserl, wie noch zu zeigen sein wird, eine noematische Sinneinheit und deswegen nicht das faktische, sich selbst als dieses oder jenes apperzipierende Ich.

in transzendentaler Selbsterfahrung, in jener Selbstwahrnehmung der

Dieser Ansatz erzwingt eine weitere Frage, die Frage nämlich, ob und inwiefern mein menschliches Dasein und mein transzendentales Sein *identisch* sind. An der Antwort darauf wird sich erst entscheiden, ob die „Paradoxie der menschlichen Subjektivität" und wie sie aufgelöst werden kann.

Das Problem der Identität von menschlichem und transzendentalem Ich hat Husserl in dem *Artikel zur „Encyklopaedia Britannica"*[24] und in den an diesen Artikel anknüpfenden *Amsterdamer Vorträgen* vollständiger ausgearbeitet als in seinen späteren und früheren Schriften. Was sonst nur Randthema ist: die psychologisch-mundane und die transzendental-phänomenologische „Selbsterfahrung" (vgl. den eben zitierten Text EP II 73, ferner CM 65) ist hier der Leitfaden, an dem das Problem der Identität meiner selbst in der Differenz exponiert wird. In der „psychologischen" Selbsterfahrung werde ich mir zugänglich als „Seele animalischer Realitäten" (PP 293), in der „transzendentalen" Selbsterfahrung hingegen als eine Subjektivität, „welche die Weltapperzeption und darin die objektivierende Apperzeption 'Seele animalischer Realitäten' vollzieht und in Geltung setzt" (ebd). Die paradoxe Verdoppelung unserer selbst in „Subjekte seelischen Lebens" und in „Subjekte eines transzendentalen weltkonstituierenden Lebens" ist jedoch nur ein „transzendentaler Schein" (PP 292). Denn die „transzendentale Subjektivität, auf die im transzendentalen Problem hingefragt und die in ihm als Seinsboden vorausgesetzt ist, ist keine andere als wiederum 'ich selbst' und ‚wir

---

[24] Zum folgenden vgl. auch W. Biemel, „Husserls Encyklopaedia Britannica Artikel und Heideggers' Anmerkungen dazu," *Tijdschr. voor Philos.* 1950, S. 246 ff.

selbst', aber nicht als die wir uns in der natürlichen Einstellung des Alltags und der positiven Wissenschaft vorfinden, apperzipiert als Bestandstücke der für uns vorhandenen objektiven Welt: vielmehr als Subjekte des Bewußtseinslebens, *in* dem sich diese und alle Vorhandenheit – für 'uns' – durch gewisse Apperzeptionen 'macht' " (ebd). Als „Subjekte des Bewußtseinslebens, *in* dem sich ... alle Vorhandenheit ... 'macht' ", sind wir selber nicht vorhanden: „Das vorhandene (apperzipierte) Ich und Wir setzt ein (apperzipierendes) Ich und Wir voraus, *für* das es vorhanden ist, das aber nicht selbst im selben Sinn vorhanden ist" (ebd.). Dies ist das entscheidende Argument. Nur in einem, von Husserl etwas lässig formulierten Punkt ist der zitierte Satz richtigzustellen. Die von Husserl in den ursprünglichen Text eingeschobenen Klammern [25] unterstellen die Synonymität von „vorhandenem" und „apperzipiertem" Ich. „Vorhanden" im angegebenen Sinn ist aber nicht das „apperzipierte" Ich. Vorhanden bin nicht ich, der sich als dieses oder jenes Vorhandene apperzipiert (bzw. apperzipiert wird durch sich selbst), vorhanden vielmehr ist ausschließlich das, *als was* ich mich apperzipiere oder immer schon apperzipiert habe: die mundane Realität „Ich, der Mensch" – wie immer diese im einzelnen bestimmt sein mag, ob als „Seele animalischer Realität", als „psychophysische Doppelrealität" oder als „Person". Der Gegensatz, um den es Husserl in diesem Satz geht: der Gegensatz von dem in natürlichen Sinne Vorhandenen und jenem, worin und wofür das natürlich Vorhandene intentional ist, kann mit der Gegenüberstellung eines „apperzipierten" und eines „apperzipierenden" Ich begrifflich nicht eingefangen werden. Das folgt schon aus der richtig verstandenen Theorie der Apperzeption hyletischer Inhalte, der Husserls Gedanke einer Selbstapperzeption des transzendentalen ego letzlich vielleicht stärker als nur terminologisch verhaftet bleibt. Aus der Struktur Inhalt – Akt – Gegenstand (in transzendentaler Fassung: Hyle – Noesis – Noema; s.o. S. 36 ff.) müßte man eigentlich schließen, daß im transzendentalen Akt der Selbstobjektivierung das apperzipierende Ich gleichsam als hyletischer apperzipierter Urgrund einer gegenständlichen Selbstdeutung fungiert. Aber auch ohne Rekurs auf die hyletische Apperzeptionstheorie ist einsichtig, daß das „vorhandene Ich" zu den „Bestandstücken der

---

[25] Sie fehlen noch in der dritten Fassung des Artikels (vgl. die textkritischen Anm. des Hrsg.); wir beziehen uns hier und im folgenden durchgehend auf die vierte und letzte Fassung.

für uns vorhandenen Welt" gehören muß und somit nicht das Ich
ist, das sich selbst als ein Vorhandenes apperzipiert.

Hat sich damit aber nicht gerade bestätigt, was abgewehrt werden
sollte: die paradoxe Verdoppelung unserer selbst? Indessen kann
man dem Text einen Hinweis entnehmen, der weiterführt. Die fragliche Differenz von vorhandenem und transzendentalem Ich gründet offenbar darin, daß wir uns in den beiden möglichen Weisen von
Selbsterfahrung jeweils *als* etwas *anderes* selbst *gegeben* sind, ohne
darum unsere Identität einzubüßen. In der „natürlichen Einstellung
des Alltags und der positiven Wissenschaft", in der auch noch die
phänomenologische Psychologie befangen bleibt, erscheinen wir uns
selbst „als Bestandstücke der für uns vorhandenen objektiven Welt",
in und nach der transzendentalen epoché hingegen „als Subjekte des
Bewußtseinslebens, in dem sich diese und alle Vorhandenheit . . .
'macht' ". Auf die Frage, als was wir uns selbst erfahren, sind demnach die beiden Antworten möglich: Je nach *Einstellung* erfahren wir
uns als menschliches Dasein in seinen mannigfachen Modifikationen
oder als transzendental fungierende Subjektivität. Auch der erste
Untertitel des § 54 der *Krisis*, in dem Husserl die Paradoxie der
Subjektivität aufzulösen versucht, weist in die gleiche Richtung: „Wir
als Menschen und wir *als* letzlich fungierend-leistende Subjekte" (K
185, Hervorh. v. Vf.). Der ontologische Sinn dieser Ich-als-etwas-
Struktur ist damit zwar noch nicht geklärt. Aber die Unterschiede in
dem, als was ich mir jeweils erfahrungsmäßig gegeben bin, scheinen
doch zu ermöglichen, was für die Aufdeckung des „transzendentalen
Scheins der Verdoppelung" und damit für die Auflösung der „Paradoxie der menschlichen Subjektivität" gefordert ist: an der Identität
von transzendentalem Sein und menschlichem Dasein des faktischen
ego festzuhalten, ohne die grundlegende Differenz seiner beiden Seinsweisen zu leugnen.

Husserl hat versucht, diese Identität in der Differenz näher zu bestimmen. Sein Ausgangspunkt ist die Überlegung, daß ich im Übergang von der natürlichen Einstellung der eidetischen Psychologie zur
transzendentalen Einstellung der phänomenologischen Transzendentalphilosophie mein transzendentales Sein mit dem *identifiziere*, was
ich vorher war und nachher immer noch bin: ich, dieser Mensch.
Daraus folgt, daß ich von meinem mundanen Sein verschieden und
doch nicht getrennt bin: „Mein transzendentales Ich ist also evident
'verschieden' vom natürlichen Ich, aber keineswegs als ein zweites,

als ein davon *getrenntes* im natürlichen Wortsinn, wie umgekehrt auch keineswegs ein im natürlichen Sinne damit *verbundenes* oder mit ihm verflochtenes. Es ist eben das (in voller Konkretion gefaßte) Feld der transzendentalen Selbsterfahrung, die jederzeit *durch bloße Änderung der Einstellung* in psychologische Selbsterfahrung zu wandeln ist. In diesem Übergang stellt sich notwendig eine *Identität* des Ich her; in transzendentaler Reflexion auf ihn wird die psychologische Objektivierung als Selbstobjektivierung des transzendentalen Ich sichtlich, und so findet es sich als wie es in jedem Moment natürlicher Einstellung sich eine Apperzeption auferlegt hat" (PP 294, Hervorh. teilw. v. Vf.; vgl. die Parallelstelle PP 342 f.).

Dieser Text läßt erkennen, daß Husserl das Verhältnis von transzendentalem und natürlichem Ich negativ einzukreisen versucht: Beide sind „im natürlichen Sinne" weder „getrennt" noch „verbunden". Die Erörterung dieser Identität in der Differenz verlangt zuvor eine Bestimmung dessen, *was* in dieser Weise weder getrennt noch verbunden ist. Der Text sagt: das „transzendentale" und das „natürliche Ich". Der Versuch jedoch, diese beiden „Iche" näher zu umgrenzen, stößt auf eine für alles Weitere fundamentale Zweideutigkeit. Die Zweideutigkeit liegt im Begriff des „natürlichen Ich". Ist das „natürliche Ich" überhaupt ein Ich?

Zunächst scheint der Begriff „natürliches Ich" mich selbst als den zu meinen, der ich in meinem natürlichen alltäglichen Leben vor jeder transzendentalen Reflexion auf mich selbst bin. Daß ich in meinem theoretischen und praktischen Verhalten zu dem, was als seiend gilt, „natürlich" und nicht „transzendental" eingestellt bin, erkenne ich freilich erst nach vollzogener epoché. Das spricht Husserl sehr deutlich in den *Pariser Vorträgen* aus: „Als natürlich eingestellter Mensch, wie ich vor der Epoché war, lebte ich naiv in die Welt hinein . . ." (CM 15). Dies scheint dafür zu sprechen, daß das natürlich eingestellte Ich eben „natürliches" und nicht „transzendentales" Ich ist. Wenige Zeilen später jedoch folgt ein Satz, mit dem Husserl ins Zentrum seines Begriffs vom transzendental fungierenden Leben der Subjektivität vorstößt: „Auch als natürlich lebendes Ich *war* ich transzendentales, aber ich wußte davon nichts" (ebd., Hervorh. v. Verf.). Der entsprechende Satz in den *Cartesianischen Meditationen* lautet: „Ich als natürlich eingestelltes Ich bin auch und immer transzendentales Ich, aber ich weiß darum erst durch Vollzug der phänomenologischen Reduktion" (CM 75). Offenbar ist, mit dem Begriffspaar aus der *Ersten*

Philosophie zu sprechen, „mein transzendentales *Sein*", nicht aber „mein menschliches *Dasein*", das konkrete Fundament, auf dem jede transzendentale Reflexion aufruht und das sich daher nicht erst in ihr konstituiert. Husserls Gedanke ist: Ich, das fungierende ego, *bin* transzendental, aber ich brauche mir deswegen nicht schon als transzendental *gegeben* zu sein. Das natürlich eingestellte Ich mithin ist das transzendentale Ich selber, das in der epoché als natürlich eingestelltes thematisch wird. Sofern das transzendentale Ich natürlich eingestellt ist, *fungiert* es nur transzendental, ohne sich als transzendental zu *reflektieren* (s.o. S. 80). Die Einsicht, daß von Husserls Position aus das transzendentale Ich erstens je mein Ich ist und daher zweitens selber natürlich eingestellt sein kann und immer schon ist, ist der Schlüssel zum Verständnis von Husserls Begriff der fungierend-leistenden Subjektivität. Husserls Wendung „mein transzendentales Ich" darf nicht possessivisch mißdeutet werden. „Mein" transzendentales Ich ist nichts, das ich irgendwie „habe". „Mein" transzendentales Ich, das bin vielmehr ich selbst als transzendental fungierendes Leben, und meine Möglichkeit ist, *entweder* natürlich *oder* aber transzendental zu mir selbst und zur Welt eingestellt zu sein. Über diesen einfachen Sachverhalt täuscht die substantivische Rede von „dem" transzendentalen und „dem" natürlichen Ich leicht hinweg. Die pronominale Ausdrucksweise entspräche dem meditativen Einsatz der anfangenden Phänomenologie besser: Ich erscheine mir zunächst als etwas, das vorhanden ist, und sodann, nach vollzogener epoché, erscheine ich mir wiederum, aber nun als transzendentales ego, das eine Welt und sich selbst in Geltung hält und sich gerade deswegen dies sein fungierendes Leben nicht ausweist, sondern verhüllt.[26]

[26] Eugen Fink hat in seiner 1933 publizierten Abhandlung *Edmund Husserl in der gegenwärtigen Kritik* den Zusammenhang von transzendentalem Weltglauben und transzendentaler Reflexion eingehend dargelegt: „Die drei zur Vollzugsstruktur der phänomenologischen Reduktion gehörigen Iche sind also: 1. das weltbefangene Ich (Ich, der Mensch, als Geltungseinheit, samt meinem innerweltlichen Erfahrungsleben), 2. das transzendentale, Welt in strömender Universalapperzeption vorgegeben und in Geltung habende Ich, 3. der Epochévollziehende 'Zuschauer.' Während also das transzendentale Ich, für das die Welt gilt, keineswegs mit seinem Weltglauben aussetzt, vielmehr ihn gerade in einer gesteigerten Intensität vollzieht und dadurch das weltbefangene Ich, die Selbstapperzeption 'Mensch', in Geltung läßt, versagt sich der transzendental theoretische 'Zuschauer' jedes Mitgehen mit dem Weltglauben, jeden Mitvollzug, jede Zustimmung . . ." (a.a.O. S. 122). Wenn wir in vorliegender Untersuchung zwischen 1. der mundanen Geltungseinheit „Ich, der Mensch" (ich, der ich mir als in der Welt vorhanden gelte), 2. dem transzendental fungierenden

Demgegenüber meint die Rede vom „natürlichen Ich" an der zu interpretierenden Stelle PP 294 nicht, wie es zunächst scheinen mochte, mich selbst in meinem natürlichen Lebensvollzug, sondern allein das, als was ich mir in diesem Lebensvollzug selbst gegeben bin. Das sogenannte „natürliche Ich" ist demnach nicht das „natürlich eingestellte Ich" von CM 75, sondern jenes Stück Welt, als das ich mich habituell gelten lasse, *weil* ich natürlich (und nicht transzendental) eingestellt bin. Unsere These, daß das faktische ego der natürlichen Einstellung (zum Terminus „faktisches" und „konkretes" transzendentales ego vgl. CM 104 ff.) nicht mit dem „natürlichen", „realen" oder „mundanen" ego gleichbedeutend ist, bestätigt nun auch ein Blick in den Kontext sowie in die entsprechenden Darlegungen in den *Amsterdamer Vorträgen*. Das „natürliche Ich", das „im natürlichen Sinne" vom transzendentalen Ich weder getrennt noch mit ihm verflochten sein soll, ist das „vorhandene (apperzipierte) Ich", das Husserl im einleitenden Absatz des 9. Abschnitts zu den „Bestandstücken der für uns vorhandenen objektiven Welt" (PP 292) gerechnet hat. Die Parallelstelle in den *Amsterdamer Vorträgen* setzt für „natürliches Ich" den Ausdruck „natürliches Menschen-Ich" (PP 342), das im strikten Sinne das mundane Objekt ist, zu dem das transzendentale Ich sich im Akt der Selbstobjektivation herabsetzt: „Ich, in meinem absoluten und letzten Sein ganz und gar nichts Objektives, sondern das absolute Subjekt-ego, finde in meinem alles objektive Sein konstituierenden Leben mich selbst als Geltungskorrelat in einer apperzeptiven Gestalt als Menschen-Ich, geltend als Objekt, nämlich als Inhalt einer Selbstobjektivierung . . ." (PP 343). Hier ist klar ersichtlich, daß das natürliche Ich lediglich „Geltungskorrelat" meines transzendentalen Glaubenslebens ist. Zudem gilt es mir gerade als ein etwas, dem die Qualitäten der Ichlichkeit fehlen. Dies vorausgesetzt, verfährt Husserl in gewisser Weise nicht konsequent, wenn und sofern er das Geltungskorrelat des faktischen transzendentalen ego, die mundane Realität „Ich, dieser Mensch" in ihren verschiedenen apperzeptiven Ausprägungen, noch immer „Ich" nennt. Denn durch diese Terminologie wird verdunkelt, daß die Vorhandenheit des Subjekts ein Verhältnis der

---

Ich (das faktische ego des alltäglichen Lebens) und 3. dem transzendental reflektierenden Ich (der epoché übende Phänomenologe) unterscheiden, so folgen wir damit im wesentlichen diesen Überlegungen Finks, die sich ihrerseits eng an
Husserls Auffassung zur Zeit des *Encyklopaedia-Brittannica-Artikels* und der *Cartesianischen Meditationen* anlehnen.

erfahrenden Subjektivität zu sich selbst anzeigt: Ich bin vorhandener Teilbestand der mir vorgegebenen Welt nicht als Ich, sondern eben als ein real Vorhandenes; statt „vorhandenes (reales) Ich" wäre daher besser zu schreiben: „Ich als Vorhandenes (Reales)". Ebenso sollte man auch in einem Terminus wie „Menschen-Ich" eine lediglich verkürzte Schreibweise für den Ausdruck „Ich als (dieser) Mensch" sehen.[27]

In den *Logischen Untersuchungen* hatte Husserl nicht gezögert, das Ich der sogenannten inneren Selbstwahrnehmung seinem Seinssinn nach dem physischen Ding der äußeren Wahrnehmung gleichzustellen. Im Unterschied zum „reinen Ich", das im Vollzug eines beliebigen ego cogito konkret erfaßt wird und in der transzendentalen Reduktion als Ichpol des von allen transzendierenden Deutungen gereinigten Erlebnisses bleibt, ist „das empirische Ich eine Transzendenz derselben Dignität . . . wie das physische Ding" (LU II/1, 357; Anm. z. 2. Aufl.). Dies nicht genügend berücksichtigt zu haben, rechnet Husserl der 1. Auflage als Fehler an. Die ausdrückliche Korrektur seines in der 1. Auflage eingenommenen Standpunktes, das Ich der reinen Apperzeption sei kein phänomenologisch sinnvolles Thema, will also die Transzendenz des Ich der empirischen Apperzeption noch stärker zur Geltung bringen, als es die 1. Auflage ohnehin schon getan hatte. Das „ganze empirische Ich-Subjekt (Ich, der Mensch)" (LU II/1, 361) ist eine Transzendenz, die im Erlebnisstrom als dessen Einheit sich be-

[27] Von hier aus gesehen erscheint die transzendentale epoché als Wiederherstellung meiner Ichlichkeit und zugleich als Re-perspektivierung der mir anschaulich gegebenen (Wahrnehmungs-) Welt. Diese Deutung geht davon aus, daß der transzendentale Akt der Selbstobjektivierung meiner selbst im Hinblick auf mich meine *Entichlichung,* im Hinblick auf die mir anschaulich gegebene Welt aber deren tendentielle *Entperspektivierung* bedeutet. Die transzendentale epoché entdeckt mir mein in natürlicher Einstellung von mir selbst verdecktes ursprüngliches Ich-Welt-Verhältnis, sie zeigt, daß ich kein Objekt, sondern in Wahrheit das orientierende, sinngebende Zentrum bin, um das herum die Welt horizonthaft angeordnet ist. Das ursprüngliche, d.h. transzendental gereinigte Ich-Welt-Verhältnis ist, wie wir im Zweiten Teil der vorliegenden Untersuchung noch zeigen werden, ein Verhältnis der *Motivation,* allerdings ein solches, das uns im tatsächlichen Gang unserer faktischen Erfahrung zwingt, der anschaulich auf uns hin orientierten Welt unmittelbarer Erfahrung eine andere hypothetisch zu unterlegen, in der auch Seiendes von der Seinsart der Subjektivität als in den Kausalzusammenhang der einen objektiven Natur verflochten erscheint. Der von Husserl behauptete Zusammenhang von Selbstobjektivation und transzendentaler Reduktion, in der das objektive ego auf das absolute Subjekt-ego als seinem transzendentalen Ursprung zurückgeführt wird, bleibt in dieser Interpretation voll gewahrt.

kundet wie ein räumliches Ding. Das im Erlebnisstrom aktuell Gegebene verhält sich „zum seelischen empirischen Ich analog, wie die ‚in die Wahrnehmung fallende Seite' eines wahrgenommenen äußeren Dinges zu dem ganzen Dinge" (ebd.). „Das Ich", so kann Husserl nun sagen, „wird so gut wahrgenommen wie ein äußeres Ding" (LU II/1, 362). Nennt man, was terminologisch gewiß möglich ist, die dingliche Transzendenz, als die ich mir in natürlicher Einstellung erscheine, mit Husserl „reales" oder „empirisches Ich", so ist das „reine Ich" jedenfalls nicht „Ich" im selben Sinn. Als reines Ich erfasse ich mich im reflektierenden Vollzug eines ego cogito als den ungegenständlichen Pol meines transzendentalen Lebens, in dem sich Gegenständliches allererst konstituiert.[28]

[28] Tugendhats Feststellung, „daß für Husserl kein Gegensatz zwischen Transzendental und Empirisch besteht" (a.a.O. S. 198), ist demnach nur bedingt richtig. Gewiß ist das transzendentale Ich für Husserl nicht mehr, wie noch für Kant, Prinzip der Erfahrung, sondern „das einzelne konkrete Ich," das sich als „letzte jeweilige Stätte aller Geltung und aller Ausweisung" versteht (a.a.O. S. 199). Aber Tugendhat übersieht, daß das faktische, transzendental fungierende „einzelne konkrete Ich," das er „empirisch" nennt, nicht das „empirische Ich" ist, von dem Husserl spricht. Der Begriff des Empirischen, soweit er bei Husserl überhaupt noch eine Rolle spielt, meint stets das, was in der erfahrungswissenschaftlichen Einstellung und ihren vorwissenschaftlichen Vorformen als geltend erfahren wird. Das „empirische Ich" also, von dem Tugendhat im Anschluß an die Terminologie der Logischen Untersuchungen spricht, ist gerade jenes ‚objektivierte ‚reale' Ich" (a.a.O. S. 199), das den äußersten Gegensatz zum transzendentalen bildet. An dem von Tugendhat offensichtlich im Hinblick auf CM 15/75 formulierten Satz: „Das transzendentale Ich ist das empirische Ich, sofern dieses sich bewußt wird, für sich selbst letzte Stätte aller Geltung und aller Ausweisung zu sein" (ebd.) läßt sich ablesen, daß Tugendhat den Unterschied von transzendental fungierendem, obschon natürlich eingestellten ego und der empirischen Realität nicht genügend beachtet. Außerdem läßt dieser Satz erkennen, daß Tugendhat die transzendentale Seinsverfassung des ego anders begründet als Husserl in CM 15/75. Wäre das „empirische" (gemeint ist damit von Tugendhat das faktische „einzelne konkrete Ich") Ich transzendental nur, „sofern" es sich dessen bewußt ist, „letzte Stätte aller Geltung und Ausweisung zu sein," so bliebe die transzendentale Seinsverfassung des ego an sein Wissen um diese Funktion gebunden. Husserl dagegen sagt: „Auch als natürlich lebendes Ich war ich transzendentales, aber ich wußte davon nichts" (CM 15). Das transzendentale ego ist zwar für Husserl letzter „Geltungsgrund aller objektiven Geltungen und Gründe" (CM 65), aber transzendental ist es auch und gerade insofern, als es dieser Geltungsgrund einfach nur ist, ohne sich dessen bewußt zu sein. Der These Tugendhats, die transzendentale Vertiefung der phänomenologischen Fragestellung gründe „in der Rückbeziehung der apriorischen Thematik auf das einzelne konkrete Ich" (a.a.O. S. 199), wird man wohl zustimmen müssen. Aber der Rückbezug erfolgt bei Husserl weder allein in erkenntniskritischer Absicht noch aus einem dogmatischen Skeptizismus

Damit ist die Antwort auf die Frage nach Identität und Differenz von transzendentalem und mundanem ego soweit vorbereitet, daß die beiden Pole des in Frage stehenden Verhältnisses in ihrem Seinssinn geklärt sind. Das, was „im natürlichen Sinne" weder „getrennt" noch „verbunden" ist, sind nicht zwei „Iche", sondern zwei Seinsweisen meiner selbst: „mein menschliches Dasein" und „mein transzendentales Sein", wie Husserl in den Vorlesungen *Erste Philosophie* prägnant formuliert hat. Was aber heißt nun: „in natürlichem Sinne" weder „getrennt" noch „verbunden"?

Zwei Antworten scheinen möglich. Husserls Aussage, transzendentales und natürliches Ich seien weder „getrennt im natürlichen Wortsinn" noch „in natürlichem Sinne . . . verbunden", meint positiv: das eine Ich sei mit dem anderen sowohl verbunden wie auch von ihm getrennt, nur eben nicht im natürlichen Sinn. Diese Forderung aber, Identität in der Differenz zu denken, wäre schon erfüllt, wenn die fragliche Differenz sich *entweder* als Differenz des noematischen Sinns *oder* als Differenz im noematischen Wie der Gegebenheit begreiflich machen ließe. Zweierlei gegenständlicher Sinn nämlich, ebenso aber auch zwei Gegebenheitsweisen eines identisch zugrundeliegende Substrats sind voneinander getrennt und doch zugleich miteinander verbunden; voneinander getrennt, weil eben ein je verschiedenes Was (als was gegeben?) oder Wie (wie gegeben?) in ihnen thematisch wird; miteinander verbunden, weil das je verschiedene Was oder Wie stets bezogen bleibt auf das, dessen Was oder Wie es ist: auf das eine und selbe Substrat, das entweder als dieses oder jenes erfahren wird, und überdies, bei identischem noematischen Sinn, bald „so", bald „anders" zur gegenständlichen Erscheinung gelangen kann. Es ist klar, daß dieser systematische Ansatz, mit dem die deskriptive Phänomenologie Husserls beginnt, einer realistischen Relationentheorie überlegen ist. Im realistischen, im „natürlichen Sinne" sind diese Differenzen in der Identität nicht zu fassen. Es ist das durch ein erfahrendes Subjekt vermittelte Verhältnis eines Realen zu sich selbst, nicht aber das Verhältnis verschiedener Realen zueinander, das diese Mannigfaltigkeiten in die Einheit des Gegenstandes hereinbringt.

heraus. Tugendhat unterschätzt, um unsere Kritik zusammenzufassen, Husserls Begriff der transzendental fungierenden Subjektivität. Das äußert sich darin, daß er in seiner kritischen Interpretation der epoché S. 193 ff. auf eine Diskussion des *Encyklopaedia-Britannica-Artikels* (vgl. jedoch die Anm. S. 266 im Heidegger-Teil seines Buches) verzichtet und das Problem der Selbstapperzeption demgemäß durchgehend ausgeklammert hat.

Ist also, um mit der ersten möglichen Antwort zu beginnen, mein transzendentales Sein und mein menschliches Dasein ein je verschiedenes „als was" meines mit sich identischen ego? Diese Frage muß zurückgeführt werden auf die andere: Kann das thematische Feld der transzendentalen Selbsterfahrung, das sich im reduktiven Rückgang auf mein transzendental fungierendes Leben eröffnet, nach seinen Inhalten von thematischen Feld einer phänomenologischen oder auch positiven Psychologie der Subjektivität abgehoben werden? Mundane, psychologische Selbsterfahrung im weiteren Sinne umfaßt für Husserl eine ganze Reihe von möglichen Zugangswegen zu dem, was als subjektiv gilt. Die alltägliche Reflexion der inspectio sui gehört ebenso dazu wie die Fragestellungen der philosophischen Anthropologie, der naturwissenschaftlichen Psychologie und schließlich einer reinen phänomenologischen Psychologie, deren Methode die phänomenologische Eidetik ist (vgl. PP 53 f., 278 ff.). Diese verschiedenen Wege, das Subjektive objektiv zu bestimmen, haben einen gemeinsamen Ausgangspunkt: den transzendentalen Akt der Selbstobjektivation unthematisch vorauszusetzen. Dennoch sind sie für Husserl nicht gleichwertig. Allein die phänomenologisch angesetzte und eidetisch durchgeführte Psychologie gilt ihm als adäquate objektive Wissenschaft vom Subjektiven. Sie ist gemeint, wo immer Husserl in dem *Encyklopaedia-Britannica-Artikel* und in den *Amsterdamer Vorträgen* von der psychologischen Selbsterfahrung spricht und sie mit der transzendentalen konfrontiert. Transzendentale Selbsterfahrung beginnt mit der Reflexion auf die psychologische. Diese Reflexion, die die transzendentale Phänomenologie aus dem Unterschied zur phänomenologischen Psychologie definiert, wird von Husserl auf einen „universalen Willensentschluß" (PP 293) zurückgeführt und nicht auf ein gegenüber der Psychologie neues Thema. Aus keiner neuen Thematik, sondern lediglich aus dem Vollzug der epoché geht die transzendentale Fragestellung hervor. Deshalb gewinnt die transzendentale Problematik bei Husserl den Charakter einer *Wiederholung* derselben Thematik auf einer neuen Ebene. Das ist der Grund, warum Husserl die transzendentale Phänomenologie eine „*Parallele*" zur phänomenologischen Psychologie nennt. „Aus der methodischen transzendentalen Epoché entsprungen, eröffnet sie [die transzendentale Selbsterfahrung] das endlose transzendentale Seinsfeld. Es ist die Parallele zum endlosen psychologischen Feld, sowie seine Zugangsmethode die Parallele ist zur rein psychologischen, derjenigen der psychologisch-phänomenologischen Reduktion" (PP 294). Die von Husserl geforderte „transzendentale Umwertung aller phänomenologisch-psychologischen Ergebnisse" (PP 343) läßt deswegen ihren *sachlichen Gehalt* unangetastet. Alle Analysen der eidetischen Deskription gewinnen, wie es bezeichnend schon in einer Anmerkung zur 2. Auflage der *Logischen Untersuchungen* heißt, „je nach Ausschaltung oder Einschaltung der psychologischen Apperzeption ... bald rein phänomenologische, bald psychologische Bedeutung" (LU II/1, 369, Anm. 2). Die „psychologische Apperzeption", die Husserl später objektivierende Selbstapperzeption nennt, ist hier die das phänomenologisch-deskriptiv Gegebene transzendierende Auffassung des psychischen Seins als Bekundung einer transzendenten animalischen Realität der faktischen oder einer ideativ möglichen Natur. Aus dem Gedanken der „Parallelität" positiver und transzendentaler Forschung erklärt sich auch die methodologische Zwischenbemerkung Husserls im Dritten Abschnitt des Zweiten Buches der *Ideen,* daß die im Zweiten Abschnitt in naturalistischer Einstellung durchgeführten Untersuchungen nachträglich „den Charakter rein phänomenologischer einfach dadurch annehmen, daß wir in passender Weise die phänomenologischen Reduktionen vollziehen" (Id II 174).

Husserl bestreitet allerdings nicht, daß die transzendentale Phänomenologie als universale Korrelationsforschung ein anderes Thema hat als die phänomenologische Psychologie. Er bestreitet nur, daß sie von einem anderen Thema *ausgeht*. Am Anfang der transzendentalen Fragestellung steht nicht die thematische Abgrenzung des phänomenologischen Forschungsgebietes, sondern der im Postulat der Letztausweisung motivierte Entschluß, alle Seinsgeltungen zu inhibieren, und erst *nach* vollzogener epoché entspringt daraus das neue Thema, die Korrelativität von Weltglaube und Welt. Statt weiterhin als Realität zu gelten, wird die Welt und ihr Teilstück: das mundane ego, zum Phänomen. Da aber das thematische „Mehr" des Phänomens gegenüber dem, dessen Phänomen es ist, in einem puren „Daß" liegt (s.o.S. 76 f.), kann das zum Phänomen gewordene Reale von diesem Realen selbst *inhaltlich* nicht abgehoben werden. Wie sehr auch das Weltphänomen von der eingeklammerten Welt unterschieden sein mag, so wenig kann doch dieser Unterschied in mundane Begriffe, in washaltige Bestimmungen gefaßt werden. Die Welt vielmehr „erscheint nach vollzogener epoché weiter, wie sie vordem erschien" (CM 59, vgl. Parallelstelle CM 8). Welt und Weltphänomen stehen, wie die zugehörigen auf sie bezogenen Wissenschaften, im Verhältnis der Parallelität. Was vom Weltphänomen gilt, das gilt auch vom Phänomen „Ich, der Mensch". Auch hier ist es unmöglich, mein menschliches Dasein (ich als Mensch) und mein transzendentales Sein (ich als Ich) in dem mein menschliches Dasein als Geltungskorrelat einbehalten ist, voneinander zu unterscheiden wie einen noematischen Sinn vom andern. Die transzendentale Subjektivität kann nicht wie eine Geltungseinheit auf ein sinngebendes Bewußtsein hin noch einmal hinterfragt werden.

Aber auch der andere Weg, die fragliche Differenz von transzendentalem und mundanem ego auf einen Unterschied im noematischen Wie der Gegebenheit meiner selbst zurückzuführen, führt zu keiner befriedigenden Antwort auf die oben gestellte Frage. Gewiß, rein formal gesehen ist es möglich, ja sogar geboten, von einer Differenz der Gegebenheitsweise zu sprechen. Andernfalls wäre nicht verständlich zu machen, warum Husserl den Unterschied der beiden Seinsweisen meiner selbst aus zwei Weisen der Selbsterfahrung thematisch hervorgehen läßt. In der transzendentalen Selbsterfahrung erfahren wir uns – mit den Worten der *Krisis* – nicht „als Menschen", sondern „als letztlich fungierend-leistende Subjekte" (K 185). Das unterscheidende „als" zeigt hier keine Differenz im intentionalen Inhalt mehr an.[29] Es zeigt nur an, daß derselbe intentionale Inhalt, die erfahrende Subjektivität, der transzendentalen und der natürlichen Einstellung je anders gegeben ist: verhüllt oder unverhüllt. Auch

[29] Das gilt bereits für die Gegebenheitsweise von Mundanem. Der Begriff der Gegebenheitsweise deckt für Husserl, wenn man von der Problematik der Setzungsqualitäten (gewiß, möglich, wahrscheinlich usw. seiend) einmal absieht, alles, was ein Gegenständliches weiter qualifiziert, ohne seinen gegenständlichen Sinn zu verändern. Ein „blühender Baum" zum Beispiel kann, wie Husserl im § 91 der *Ideen* darlegt, wahrgenommen, erinnert, phantasiert usw. sein, ohne daß der identische gegenständliche Sinn „blühender Baum" (von der Struktur „etwas als etwas": etwas erscheint „als" blühender Baum) eine Modifikation erleidet. Die Sprachstruktur aber erlaubt, auch diese Differenzen der Gegebenheitsweise durch ein „als" zu artikulieren: Den Baum als erinnerten kann man von demselben Baum als einem wahrgenommenen unterscheiden. Das mag der Grund dafür sein, daß Husserl „Sinn" auch in einer erweiterten Bedeutung gebraucht und von „Wahrnehmungssinn," „Phantasiesinn" und „Erinnerungssinn" spricht (Id I 227). Die Frage ist nun, ob sich auch die Differenz zwischen der als vorhanden und der als fungierend erfahrenen Subjektivität auf unterschiedliche Gegebenheitsweisen eines Identischen zurückführen läßt. Die Ausarbeitung eines so erweiterten Begriffs vom noematischen Wie der Gegebenheit häte allerdings zu berücksichtigen, daß die transzendentale Subjektivität für Husserl in einem Wahrheitsbezug steht, den sie sich selber verhüllt.

in unserem „menschlichen Dasein" sind wir uns intentional selbst gegenwärtig, aber erst nach vollzogenem Übergang in die transzendentale, durch die epoché definierte Einstellung erblicken wir uns so, wie wir in Wahrheit sind: „als letztlich fungierend-leistende Subjekte". Der Begriff der Gegebenheitsweise muß jetzt so weit gedacht werden, daß er auch noch Unterschiede der „Einstellung" noematisch fixieren kann.

Doch gerade ein derart erweiterter Begriff der Gegebenheitsweise droht den grundlegenden Unterschied wieder zu verwischen, den zu begreifen er aufgestellt wurde. Denn auch die beiden Modifikationen, in denen die objektivierende Selbstapperzeption der fungierenden Subjektivität faktisch auftritt: Apperzeption des Subjekts entweder als psychologische Realität in einer reinen, als Natur aufgefaßten Sachenwelt, oder aber als Person und geistiges Leben in der personalen und geschichtlichen Lebenswelt, werden von Husserl auf eine je andere Einstellung zu sich selbst zurückgeführt. Auch hier handelt es sich um einen ausschließenden, nur alternativ zu verwirklichenden Gegensatz der Selbsterfahrung, dem eine je andere Weise der Gegebenheit ein und derselben Subjektivität entspricht. Läge die Differenz von transzendentaler und mundaner Selbsterfahrung der identisch zugrundeliegenden je-eigenen Subjektivität – so lassen sich nun die beiden bisher gesondert behandelten Lösungsversuche zusammenfassen – in einem Wie oder Was der Gegebenheit, so wäre die transzendentale Subjektivität mundanisiert. Grundsätzlich kann Identität und Differenz von mundaner und transzendentaler Subjektivität nicht nach demselben konstitutiven Schema gedacht werden, nach dem die verschiedenen (von Husserl faktisch auf zwei beschränkten) mundanen Apperzeptionsgestalten der Selbsterfahrung *in* der transzendentalen Subjektivität als deren Geltungskorrelate zusammen- und auseinandertreten. Müßte der erweiterte Begriff der Gegebenheitsweise die Differenz von transzendentaler und natürlicher Einstellung und die andersgeartete Differenz von natürlich-naturaler und natürlich-personaler Einstellung gleichermaßen decken, so ginge über der damit erreichten Identität von Transzendentalem und Mundanem deren Differenz vollständig verloren.

Somit gelangen wir zu dem Resultat, daß Husserl die Identität von transzendentalem Bewußtsein und dem, als was es sich in Geltung hält, wohl gesehen und anerkannt, aber begrifflich nicht vollständig geklärt hat. Es bleibt bei der Aussage, beide seien „in natürlichem Sinne" weder „getrennt" noch „verbunden", ohne daß nun der Sinn, in dem beide sowohl getrennt wie auch verbunden sind, von ihm ontologisch aufgehellt worden wäre.[30]

Das hat seine Konsequenzen auch für das Paradoxieproblem. Die „Paradoxie der menschlichen Subjektivität" könnte vom Standpunkt Husserls aus erst dann als aufgelöst gelten, wenn die Identität in der Differenz von transzendentaler und mundaner Selbsterfahrung phänomenologisch expliziert wäre. Das „Paradoxon unserer und aller möglichen Subjekte Verdoppelung" (PP 338) ist für Husserl nur ein „transzendentaler Schein" (PP 336, 292). Es wirkt solange fort, wie

---

[30] Die gemeinsame Arbeit am *Encyklopaedia-Britannica-Artikel* ist für Heidegger Anlaß gewesen, sich mit der Position Husserls noch einmal kritisch auseinanderzusetzen. In einem Brief vom 22. Oktober 1927 fragt er unter anderem Husserl: „Welches ist die Seinsart dieses absoluten ego – in welchem Sinn ist es *dasselbe* wie das je faktische Ich; in welchem Sinn *nicht* dasselbe?" (PP 602 A). Heidegger fragt hier nach der Identität in der Differenz von transzendentalem und faktischem ego. Wir haben hier nur die Frage gestellt: Im welchem Sinn ist das faktisch transzendentale ego dasselbe wie das real-mundane, als das es sich „natürlich" apperzipiert, und in welchem Sinn nicht dasselbe? Daß die transzendentale Phänomenologie nicht umhin kann, das Problem der transzendental-mundanen Doppelverfassung der mit sich identischen Subjektivität weiter zu durchdenken, als es bei Husserl explizit geschehen ist, hat wenige Jahre später auch E. Fink ausgesprochen. In der schon zitierten Abhandlung „Edmund Husserl in der gegenwärtigen Kritik" fragt Fink: „Wie ist die Identität des transzendentalen Ego und des menschlichen Ich zu bestimmen? Sind sie nur einfach dasselbe Ich, in zwei verschiedenen Perspektiven oder sind es zwei getrennte Iche?" (a.a.O. S. 155). Seine vorläufige, zunächst nur negative Antwort ist: „Aber alle *ontischen Identitätsformen* sind prinzipiell unvermögend, die *konstitutive Identität* des tranzendentalen Ego und des Menschen ‚logisch' zu bestimmen. Die beiden *sind* dabei *nicht* in einer gleichen oder analogen Weise. Die hier obwaltende 'Identität' ist keine im Horizont der mundanen Seinsidee bestimmbare Form der Identität, sondern eine solche zwischen einem mundan Seienden ... und einem transzendental-Seienden ..." (ebd.). Das Problem verschärft sich noch, wenn schließlich (was wir bisher nicht berücksichtigt haben) nach Identität und Differenz von reflektierendem und reflektiertem ego gefragt wird. Husserl hat von einer „Ichspaltung" gesprochen, aber das Verhältnis des „oberen" Ich zum „unteren" (PP 438 ff. B) nicht näher analysiert. Es fällt auch auf, daß Husserl sich in der Theorie der epoché fast ausschließlich auf das Verhältnis des als transzendental reflektierten Ich zu dem, als das es sich in Geltung hält, konzentriert, dem für die Reflexionsstruktur der transzendentalen Phänomenologie aber so überaus wichtigen Verhältnis des die epoché übenden Ich zu dem in der epoché reduktiv erschlossenen Ich merkwürdig wenig Interesse entgegengebracht hat. Das transzendentale ego wird von ihm daher vorwiegend als das beschrieben, was nach der epoché von der Transzendenz als eine Art „Residuum" sozusagen noch „übrigbleibt" (vgl. vor allem die *Ideen* und die *Cartesianischen Meditationen,* ferner die kritische Bemerkung R. Ingardens zu CM 75 in CM 212 f.).

drängt sich auf, ob nicht das zureichend ausgearbeitete und methodisch gesicherte Problem zur Einsicht führen müßte, daß die paradoxe Grundsituation der sich apperzeptiv selbst mundanisierenden
das Problem falsch gestellt bleibt (PP 295). Die Frage allerdings
transzendentalen Subjektivität nicht gerade dort als unaufhebbar
gedacht werden muß, wo die faktische „je-eigene Subjektivität" als
das Absolute, als weltkonstituierendes oder weltentwerfendes Leben
verstanden wird.

ZWEITER TEIL

KAUSALITÄT UND MOTIVATION ALS
PROBLEMTITEL FÜR DIE THEORIE DER
HORIZONTINTENTIONALITÄT UND DIE
PHÄNOMENOLOGISCHE WISSENSCHAFTSKRITIK

KRITIK DER NATURALISIERUNG DES BEWUSSTSEINS UND DIE SUBSTITUIERUNG DES KAUSALBEGRIFFES DURCH DEN BEGRIFF DER MOTIVATION

Mit dem Überblick über die deskriptive Phänomenologie des intentionalen Erlebnisses (Erstes Kapitel) und deren transzendentale Vertiefung durch die phänomenologische Reduktion des mundanen Bewußtseins auf das absolute (Zweites Kapitel) ist der Problemhorizont vorgezeichnet, in den Husserl das scheinbar recht spezielle Problem von Kausalität und Motivation hineingestellt hat. Schon der antithetische Gebrauch der Begriffe Kausalität und Motivation, zumal in den *Ideen,* weist darauf hin, daß sie nicht allein und nicht in erster Linie Wirkungszusammenhänge in verschiedenen Gegenstandsregionen bezeichnen sollen, sondern primär den fundamentalen Gegensatz von positiver Wissenschaft und der Phänomenologie selbst.

Husserl gebraucht demgemäß den Terminus „Motivation" in einer außerordentlich weiten Bedeutung. Im Gegensatz zum alltäglichen wie auch zum philosophisch überlieferten Sprachgebrauch spricht Husserl von „Motivation" auch noch dort, wo es sich nicht mehr um das Problem des Willens handelt. Die Frage nach den „Triebfedern" oder „Beweggründen" menschlichen Handelns tritt in den Hintergrund. Im Vordergrund von Husserls Interesse steht vielmehr die Frage nach einem phänomenologischen Begriff für die *Verweisungsstrukturen* der horizontintentional geregelten Erfahrung. Motivation meint bei Husserl nicht primär das Verhältnis von Beweggrund und willentlicher Entscheidung, sondern den *Zusammenhang der Dinge selbst,* sofern sie ihrem Seinssinn nach auf ein erfahrendes Subjekt bezogen sind. Der Terminus dafür ist: „Motivationszusammenhang" der perspektivischen Erfahrung von Raumdinglichem.

Hieraus erklärt sich, daß Husserl in den *Ideen* den Begriff der Motivation als phänomenologisches *Substitut* für den naturalistischen Begriff der Kausalität ansieht. Husserl beabsichtigt damit ein Doppeltes: das, was die positive Wissenschaft als Kausalzusammenhang aus-

gibt, die Weil-So-beziehungen im Bereich des Gegenständlichen nämlich, entweder selbst als Motivationszusammenhang zu erweisen, oder
aber als etwas, das im Motivationszusammenhang der vorwissenschaftlichen Erfahrung fundiert ist. Es wird zu zeigen sein, daß nur durch
den reduktiven Rückgang auf das transzendentale Bewußtsein das
Motivgeflecht der schlichten und ursprünglichen Erfahrung thematisch werden kann. Ohne die Theorie der transzendentalen Reduktion
kann die Substituierung des Kausalitätsbegriffes durch den der Motivation im § 47 der *Ideen I* nicht verstanden werden. Nur in der
„rein phänomenologischen Sphäre" (Id I 112 Anm.) erweist sich der
Zusammenhang der Dinge als einer der Motivation. Hier kann von
Kausalität, sofern in ihrem Begriff die Ausschaltung des erlebenden
Subjekts aus den Wirkzusammenhängen der Natur vorausgesetzt ist,
nicht mehr sinnvoll gesprochen werden. In der „transzendentalen
Realitätssphäre (ebd.) dagegen, deren reduktive Gestalt die „rein
phänomenologische Sphäre" ist, ist jedes Ding ein „Einheitspunkt
von Kausalitäten innerhalb der Einen Allnatur" (PW 34).

Husserl entfaltet diese Thematik zunächst kritisch. Er wendet sich
gegen jeden Versuch, durch eine „Naturwissenschaft vom Bewußtsein" (PW 23), deren konstitutive Kategorien Raum, Zeit und objektive Kausalität sind, das Problem des Bewußtseins einfach zu elimi-
nieren. Wird die transzendentale Differenz von Bewußtsein und Realität eingeebnet und Bewußtsein auf die Realität hin relativiert statt umgekehrt die Realität transzendental auf Bewußtsein hin zu relativieren,
dann ist das Problem des Bewußtseins einfach beseitigt. Es ist dabei
gleichgültig, ob Bewußtsein zu einer bloßen Fiktion oder zu einer
Tatsache gemacht wird, die als reale Schicht innerhalb der leib-see-
lischen Realität zum „Appendix" des Leibes wird. Daß Bewußtsein
nicht nur und nicht einmal ursprünglich ein Moment der Realität,
sondern eben auch immer Bewußtsein davon ist, wird in naturwissenschaftlichen Bewußtseinstheorien entweder nicht gesehen oder aber
paradoxerweise selbst als Realität interpretiert.

Andererseits hat Husserl nicht verkannt, daß Bewußtsein, folgt man
seiner natürlichen Selbstauslegung, eben *auch* ein Moment der Realität ist. Das Problem des Bewußtseins besteht, wie wir aus dem letzten
Kapitel wissen, gerade in der transzendentalen Selbstapperzeption des
Bewußtsein zentrierenden ego als empirischer Realität. Individuelles
Bewußtsein ist, um diesen wichtigen Satz nochmals zu zitieren, „mit
der *natürlichen Welt* ... in *doppelter* Weise verflochten: es ist ir-

gendeines *Menschen* oder *Tieres* Bewußtsein, und es ist Bewußtsein *von* dieser Welt" (Id I 87). Die humanisierende Selbstapperzeption, die sich in mehr oder minder radikalen Weisen der Selbstobjektivierung äußert, von der persönlichen Erfahrung und Deutung des eigenen Lebens angefangen bis hin zur Konzeption einer „Naturwissenschaft vom Menschen", ist ein Faktum, das die phänomenologische Thematisierung der Subjektivität nicht überspringen darf, sondern kritisch zu destruieren und zugleich konstitutiv aufzuklären hat.

Sofern die Naturalisierung des Subjektiven in der Naturwissenschaft vom Menschen oder vom Bewußtsein nur die Radikalform der natürlich-naturalen Selbstauslegung der reflektierenden Subjektivität ist, ergibt sich demnach als zweite Aufgabe einer phänomenologischen Kritik der Naturalismus, dessen begrenztes Recht ausdrücklich anzuerkennen und nur zurückzuweisen, was aus der Verkennung der Motivierungszusammenhänge resultiert, in denen er steht.

Die zweite Aufgabe, die Kritik des Naturalismus durch eine konstitutive Analytik von „Natur" und „Naturwissenschaft" zu ergänzen und so erst ihren phänomenologischen Sinn sichtbar zu machen, setzt einen expliziten Begriff vom Motivationszusammenhang der natürlich-naturalen Erfahrung voraus. Diesen zu entwickeln und von dort aus Sinn und positive Leistung der Husserlschen Naturalismuskritik herauszustellen, wird erst Aufgabe des Vierten und Fünften Kapitels sein. Im vorliegenden Kapitel beschränken wir uns darauf, Husserls Kritik der „Naturwissenschaft vom Bewußtsein" in ihren Grundzügen zu erörtern (1. Abschnitt) und das Problem von Kausalität und Motivation in seiner Antithetik auszuarbeiten (2. Abschnitt).

1. *Kritik der „Naturwissenschaft vom Bewußtsein"*

Am entschiedensten hat Husserl die Kritik der Naturalisierung des Bewußtseins in der 1911 erschienenen Abhandlung *Philosophie als strenge Wissenschaft* vorgetragen. Sie gliedert sich in eine Kritik der „Naturalistischen Philosophie" (PW 13 ff.), in deren Zentrum eine positive Bestimmung der Phänomenologie als Wesenswissenschaft vom Bewußtsein steht, und in eine Kritik von „Historismus und Weltanschauungsphilosophie" (PW 49 ff.). Auf Husserls Auseinandersetzung mit dem Historismus brauchen wir hier nicht näher einzugehen, zumal sich deren wesentliche Motive schon an seiner Kritik des Naturalismus (Positivismus) ablesen lassen. Denn Husserl führt die Kritik des Naturalismus vom Standpunkt der epoché aus, von dem aus der Gegensatz von Naturalismus und Historismus gegenüber dem fundamentaleren Gegensatz von reiner Phänomenologie und positiver Wissenschaft überhaupt in seiner Bedeutung zurücktritt. Seine Kritik gilt der „mundanen", unmittelbar weltbezogenen Art eines wissenschaftlichen Fragens, das seinen Erkenntnisgegenstand als gegeben einfach hinnimmt und sich auf positive Forschung innerhalb das als gegeben Vorausgesetzten beschränkt.

Gemessen an Husserls „Willen, Philosophie im Sinne strenger Wissenschaft radikal neu zu gestalten" (PW 10), sind die Wissenschaften von Natur, Geist und Geschichte unwissenschaftlich, wenn auch in verschiedenem Maß. Den Maßstab für diese, allen einzelnen Einwänden vorauslaufende Kritik der positiven Wissenschaft entnimmt Husserl der phänomenologischen Grundforderung, nichts Gegebenes auf seine transzendentale Konstitution hin unbefragt zu lassen. Selbst die exakte Naturwissenschaft, der Husserl, im Gegensatz zu der sich an ihr orientierenden naturalistischen Philosophie, den Willen und das relative Vermögen zu strenger Wissenschaft zubilligt, bleibt von dieser Kritik nicht ausgenommen. Husserl scheut sich nicht, von der „Naivität" der Naturwissenschaft zu sprechen. Naiv ist sie für ihn, weil sie „Natur als gegeben hinnimmt" (PW 19). Diese Gegebenheit ist für sie selbstverständlich und gerade darum kein Problem: „Selbstverständlich *sind* Dinge, sind als ruhende, sich bewegende, sich verändernde im unendlichen Raum, und als zeitliche Dinge in der unendlichen Zeit" (PW 18). Das selbstverständliche Dasein der Natur aber verdankt sich „thetischen Existentialsetzungen von Dinglichkeiten mit Raum, Zeit, Kausalität . . ." (PW 21). Diese Setzungen sind „Ausgangspunkte" (PW 18) oder „Prämissen" (PW 21) der Naturwissenschaft, die als der gemeinsame Boden, auf dem naturwissenschaftliche Forschung ruht, von dieser prinzipiell nicht thematisiert werden können (PW 20 f.).

Husserls Kritik richtet sich in dieser Abhandlung jedoch weniger gegen die exakte und vermeintlich voraussetzungslose Naturwissenschaft selber als gegen den Anspruch der *naturalistischen Philosophie,* der Philosophie die exakte Naturwissenschaft zur Grundlage anzuweisen. Die naturalistische Philosophie „ist eine Folgeerscheinung der Entdeckung der Natur, der Natur im Sinne einer Einheit des räumlich zeitlichen Seins nach exakten Naturgesetzen. Mit der schrittweisen Realisierung dieser Idee in immer neuen, eine Überfülle strenger Erkenntnisse begründenden Naturwissenschaften greift auch der Naturalismus immer weiter um sich" (PW 13) Die Subsumption alles Seienden einschließlich der den Seinsinn des Seienden konstituierenden Subjektivität unter den Begriff des *Psychophysischen* ist seine Prämisse: „Alles was ist, ist entweder selbst physisch, es gehört dem einheitlichen Zusammenhang der physischen Natur an, oder es ist zwar Psychisches, aber dann bloße abhängig Veränderliche von Physischem, bestenfalls eine sekundäre, 'parallele Begleittatsache'. Alles Seiende ist psychophysischer Natur, das ist nach fester Gesetzlichkeit eindeutig bestimmt" (PW 13).

Husserl unterscheidet zwei Formen des Naturalismus. Das geschieht offensichtlich aus dem Rückblick auf den Weg des eigenen Denkens von den *Logischen Untersuchungen* an: „Was alle Formen des extremen und konsequenten Naturalismus, angefangen vom populären Materialismus bis zum neuesten Empfindungsmonismus und Energetismus, charakterisiert, ist einerseits die *Naturalisierung des Bewußtseins,* einschließlich aller intentional-immanenten Bewußtseinsgegebenheiten; andererseits die *Naturalisierung der Ideen* und damit aller absoluten Ideale und Normen" (PW 14). Der kritischen Auseinandersetzung mit der „Naturalisierung der Ideen" im Psychologismus waren die *Prolegomena zur reinen Logik* gewidmet, die Husserl 1900 als ersten Band der *Logischen Untersuchungen* veröffentlicht hatte. Er konnte dort zeigen, daß die Restriktion der formalen Logik auf sogenannte Naturgesetze des Denkens im psychologischen Positivismus der Jahrhundertwende gegen den immanenten Sinn der logischen Kategorien und Grundsätze verstößt; die psychologistische Logik verkennt, daß die logischen Formen sich nicht in singulären psychischen Akten konstituieren, sondern in deren phänomenologischem, gegen die Existenz singulärer Bewußtseinsakte indifferenten Wesen. Überdies erfolgt die Konstitution dieser Formen so, daß sie ihre Idealität als solche in den auf sie gerichteten Denkakten zur Geltung bringen. Kategorien und logische Grundsätze sind Geltungseinheiten, die über die konstitutiven Zusammenhänge, denen sie ihre Geltung verdanken, ihrem eigenen Anspruch nach hinausweisen. Die sechs *Untersuchungen zur Phänomenologie und Theorie der Erkenntnis* hingegen, die 1901 als zweiter Band der *Logischen Untersuchungen* erschienen waren, enthalten bereits implizit eine Kritik der „Naturalisierung des Bewußtseins". Wir erinnern an den Leitgedanken der Fünften Logischen Untersuchung, daß die erscheinenden, räumlich und zeitlich ausgebreiteten Dinge der äußeren Wahrnehmung „sich zwar bewußtseinsmäßig durch Empfindungskomplexe darstellen, aber keineswegs selbst als solche erscheinen" (s.o. S. 12). Dies ist bereits der für alle weitergehende Kritik fundamentale Einwand gegen den Versuch des zeitgenössischen Empfindungsmonismus, die zweipolige Korrelativität von Bewußtsein und Gegenstand, von Ich und realer Welt zu leugnen und beide Pole zu zwei verschiedenen Betrachtungsweisen ein und desselben Zusammenhangs von an sich bestehenden, ichunabhängigen Tatsachen zu erklären.[1]

[1] Charakteristisch für diesen Versuch ist Ernst Mach. Ohne Zweifel spielt Husserl mit dem Wort vom „neuesten Empfindungsmonismus" auf dessen Philosophie an. Husserls These, daß im Positivismus „die physische Natur in Empfindungskomplexe sensualistisch aufgelöst wird, in Farben, Töne, Drücke etc., ebenso aber auch das sogenannte Psychische in ergänzende Komplexe derselben oder noch anderer ‚Empfindungen' " (PW 14), ist mit der folgenden Bestimmung Machs zu vergleichen: „Meine sämtlichen *physischen* Befunde kann ich in *derzeit* nicht weiter zerlegbare *Elemente* auflösen: Farben, Töne, Drücke, Wärmen, Düfte, Räume, Zeiten usw. Diese Elemente zeigen sich sowohl von außerhalb U, als von innerhalb U liegenden Umständen abhängig. Insofern und nur insofern letzteres der Fall ist, nennen wir diese Elemente auch *Empfindungen"* (E. Mach, *Erkenntnis und Irrtum, Skizzen zur Psychologie der Forschung,* Leipzig 1905, S. 8). Mit dem Symbol „U" bezeichnet Mach die räumliche Umgrenzung des Leibes. Abstrahiert man von den innerhalb von U liegenden Umständen, so erhält man das Physische, berücksichtigt man diese Umstände, so erhält man das Psychische. Beides jedoch, das Physische wie das Psychische, enthält dieselben Elemente, die rücksichtlich der außerhalb von U liegende Umstände „Elemente der realen Welt", rücksichtlich der innerhalb von U liegenden Umstände hingegen „Elemente des Ich" (Empfindungen) heißen (a.a.O., S. 10). Mach glaubt, durch seine Konstruktion eines funktionellen Elementenzusammenhanges das philosophische Problem von „Schein und Wirklichkeit" als sinnloses „Scheinproblem" entlarvt zu haben (a.a.O., S. 10 u. 13). In Machs Überlegungen steckt die berechtigte Kritik eines subjektiven Idealismus, der die (psychische) Erscheinung von Realem zum bloßen Schein herabsetzt und einem unerkennbaren Ding an sich konfrontiert. Gegen eine solche dualistische Theorie richtet sich der ganze Ansatz des Empfindungsmonismus. Auch Husserl wendet sich gegen die Meinung, das percipi des Berkeleyschen „esse est percipi" sei bloßer Schein und das wahre Ding an sich sei nicht erfahrbar. „Es ist also ein prinzipieller Irrtum zu meinen, es komme die Wahrnehmung ... an das Ding selbst nicht heran. Dieses sei an sich und in seinem An-sich-sein uns nicht gegeben" (Id 1 98). Keineswegs ist die Erscheinung bloßer Schein. Dennoch bleibt die Differenz von Erscheinung und dem Ding selbst bestehen. Wenn auch die subjektive Erscheinung bei transzendenten Dingen durchaus nicht mit deren wahrem Sein zusammenfällt, so haben wir dennoch dieses wahre Sein niemals ohne seine subjektiven Erscheinungen, sondern immer nur durch diese hindurch. Weil Mach dies verkennt, wird seine berechtigte Kritik an einem agnostischen Ansichseinsbegriff zur positivistischen Konstruktion eines an sich erscheinungslosen Tatsachenkomplexes. Die *transzendentale* Differenz von Ich und Welt wird bei Mach zur lediglich *graduellen*

Doch geht Husserl in seiner Kritik der „Naturalisierung des Bewußtseins" wesentlich über das hinaus, was speziell gegen den Empfindungsmonismus vom phänomenologischen Standpunkt aus eingewandt werden kann. Unter der „Naturwissenschaft vom Bewußtsein" versteht Husserl vorwiegend die empirisch-experimentelle Psychologie seiner Zeit. Er glaubt, daß sie in besonderem Maße dazu neigt, Bewußtsein als Naturtatsache, als „Daseiendes im Zusammenhang der Natur" erklären zu wollen (PW 23). Die empirisch-experimentelle „Naturwissenschaft vom Bewußtsein" übersieht, daß die sie a priori leitenden Begriffe nicht aus der Erfahrung stammen und deswegen auch nicht aus einer „Entwicklungsgeschichte des empirischen Bewußtseins" (PW 29) abgeleitet und legitimiert werden können (PW 28 ff.). Ihre Grundüberzeugung, Bewußtsein sei mit den Mitteln und Methoden der Naturwissenschaft zu erforschen, kommt einer „Verdinglichung" des Bewußtseins gleich (PW 33). Von einer Erkenntnistheorie aber, die Bewußtsein verdinglicht, muß gesagt werden, „daß sie, den eigentlichen Sinn erkenntnistheoretischer Problematik verfehlend, einer vermutlich naheliegenden Verwechslung zwischen *reinem* und *empirischem* Bewußtsein unterliegt, oder was dasselbe besagt: daß sie das reine Bewußtsein 'naturalisiert' " (PW 23, Hervorh. v. Verf.).

Auf die Frage jedoch, was das reine Bewußtsein dem empirischen voraus hat und worin es sich von diesem unterscheidet, gibt Husserl in der Abhandlung *Philosophie als strenge Wissenschaft* keine eindeutige Antwort. Da empirisches Bewußtsein ein „Daseiendes im Zusammenhang der Natur" sein soll, sieht man sich zunächst auf den Gegensatz von *Natur* und *Phänomen* verwiesen. Dieser Gegensatz ist sachlich identisch mit dem von Bewußtsein und Realität, von psychischem und physischem Sein. Er kann jedoch doppelt bestimmt werden: aus einem Unterschied der *Funktion* oder aber aus einem des substantiellen *Wesens*. Dominierend ist hier jedoch Husserls Erwägung, daß die empirische Psychologie weniger die Funktion als vielmehr das Wesen von Bewußtsein und Natur „verwechselt". Bewußtsein hat ein anderes

Differenz zweier Betrachtungsweisen, die sich nur durch den Umfang der hinsichtlich eines bestimmten Elementes oder Elementenzusammenhanges berücksichtigten Umstände (innerhalb oder außerhalb von „U") unterscheiden. „Auf demselben graduellen Unterschiede der Abhängigkeiten beruht auch der Gegensatz der Welt und des Ich. Ein *isoliertes* Ich gibt es ebensowenig als ein isoliertes Ding, *Ding* und *Ich* sind provisorische Fiktionen gleicher Art" (a.a.O., S. 13). Zur Kritik Machs vgl. auch J. Habermas, *Erkenntnis und Interesse*, Frankfurt 1968, S. 104 ff.

„Wesen", eine andere „Natur" als die materielle Natur; dies nicht berücksichtigt zu haben, ist das Versäumnis der empirischen Psychologie. Von ihr heißt es: „Sie hat es versäumt zu erwägen, inwiefern das
Psychische anstatt Darstellung einer Natur zu sein, vielmehr ein ihm
eigenes und vor aller Psychophysik streng und in voller Adäquation zu
erforschendes 'Wesen' habe. Sie hat nicht erwogen, was im 'Sinn' psy-
chologischer Erfahrung liege, und welche 'Forderungen' das Sein im
Sinne des Psychischen *von sich aus* an die Methode stelle" (PW 32).
Wenn Husserl wenig später sagt: „Die wahre Methode folgt der Natur
der zu erforschenden Sachen . . ." (ebd.), so unterstreicht diese allgemeine forschungslogische Maxime noch einmal nachdrücklich die
„Forderung", die „das Sein im Sinne des Psychischen" von sich aus an
die Methode seiner Thematisierung stellt. Bewußtsein gilt hier Husserl
als ein *besonderes Objektgebiet,* das als solches nur mit einer spezifischen Methode – der „Wesensschau" – erschlossen werden kann.

Offensichtlich sieht Husserl hier den entscheidenden Unterschied
von Bewußtsein und Natur nicht in dessen Funktion, „Darstellung einer Natur zu sein", sondern darin, daß Bewußtsein ein gegenüber der
Natur „eigenes Wesen" hat (vgl. den eben zitierten Passus PW 32).
Was aber ist das „eigene Wesen" des „Seins im Sinne des Psychischen"? Husserls Antwort hierauf ist: Während beim physischen Sein
das *Sein und seine Erscheinung* auseinandertreten, bilden sie beim
psychischen Sein eine ungeschiedene Einheit. Diesen Unterschied der
Seinsweise, aus der das „eigene Wesen" von Bewußtsein sich bestimmt, versucht Husserl deskriptiv zu begründen. Nur die Dinge der
Natur haben ein Wesen, das die Differenz von Sein und Erscheinung
unaufhebbar macht. Deskriptive Instanz für diese Behauptung ist die
Weise, wie Dinge *erfahren* werden. Was nämlich in der Dingerfahrung
unaufhebbar ist, das ist die Differenz des Seins der Sache selbst von
dem, worin sie sich darstellt, erscheint, zur Gegebenheit bringt. Diese
Differenz begründet Husserl in *Philosophie als strenge Wissenschaft*
erstmals nicht nur aus den mannigfachen Gegebenheitsweisen des
gleichsam solipsistisch wahrgenommenen Dinges, sondern auch aus
der Erfahrung der Intersubjektivität. Die Ontologie des natürlichen
Lebens hält sich auch bei intersubjektiv vermittelten Dingerfahrungen
in der Schematik „objektive Identität – Erscheinungsmannigfaltigkeit"
(s.o. S. 57 f.). Ein Ding kann gleichzeitig von mehreren Personen und
von verschiedenen Standpunkten aus wahrgenommen und doch als ein
„intersubjektiv Selbiges" beschrieben werden (PW 33). Die erschei-

nungsmäßige Vervielfältigung des gesehenen Dinges zerstört dessen Einheit so wenig, daß sie faktisch vielmehr stets vorausgesetzt wird. Ein Ding der Natur gilt stets, obgleich die Erfahrung von ihm im strömenden, prinzipiell unabschließbaren Wechsel subjektiver Erscheinungen geschieht, als ein Dreifaches: Es ist erstens ein „individuell Identisches" (PW 33), zweitens ein „intersubjektiv Selbiges" (ebd.) und drittens ein „Einheitspunkt von Kausalitäten innerhalb der Einen Allnatur" (PW 34).

Demgegenüber ist „das Sein im Sinne des Psychischen" ein sozusagen absolut Individuelles, das nicht in mehreren Wahrnehmungen gegeben sein kann und schon gar nicht von mehreren räumlichen Standpunkten aus: „Das psychische Sein, das Sein als 'Phänomen', ist prinzipiell nicht eine Einheit, die in mehreren gesonderten Wahrnehmungen als individuell identische erfahrbar wäre, nicht einmal in Wahrnehmungen desselben Subjekts. In der psychischen Sphäre gibt es m. a. W. keinen Unterschied zwischen Erscheinung und Sein, und wenn die Natur ein Dasein ist, das in Erscheinungen erscheint, so sind die Erscheinungen selbst (die ja der Psychologe zum Psychischen rechnet) nicht selber wieder ein Sein, das durch dahinterliegende Erscheinungen erscheint – wie jede Reflexion auf die Wahrnehmung irgendeiner Erscheinung evident macht" (PW 35). Der zusammenfassende Satz, der hierauf folgt, läßt erkennen, daß der funktionelle Aspekt, unter dem das Psychische als „Darstellung" des Physischen begriffen wird, von Husserl stets mitgemeint ist: „So wird es schon klar: Es gibt, eigentlich gesprochen, nur Eine Natur, die in den Dingerscheinungen erscheinende. Alles was wir im weitesten Sinne der Psychologie ein psychisches Phänomen nennen, ist, an und für sich betrachtet, eben Phänomen und *nicht* Natur" (ebd.). Phänomene in diesem Sinne sind nicht Natur, weil sie die „Dingerscheinungen" sind, in denen die Dinge der Natur erscheinen. Die funktionelle Betrachtung, die vom fungierenden Sein der subjektiven Phänomene ausgeht, führt also zum gleichen Resultat wie die Reflexion auf die besondere Seinsweise der so verstandenen Phänomene.[2] Phänomene sind immer ein Doppeltes: Sie haben ein gegenüber der Natur „eigenes Wesen", d.h. ein monadisches und adäquat

[2] Phänomen bedeutet in *Philosophie als strenge Wissenschaft* nicht die transzendentale Korrelation ego-cogito-cogitatum, sondern einfach das, was Husserl in den LU „intentionales Erlebnis" nennt. Husserl folgt hier also, anders als in den LU, der Terminologie Brentanos.

zu erfassendes Sein, und zugleich und in eins damit die Funktion, „Darstellung einer Natur" zu sein.[3]

Wir stoßen hier auf eine Doppeldeutigkeit, die auch in der „Phänomenologischen Fundamentalbetrachtung" der *Ideen* wiederkehrt. Während die Absolutheit des absoluten Bewußtseins im Dritten Kapitel aus seiner *sinngebenden Funktion* für Reales jeder Art und jeder Stufe begründet wird, setzt sich im Zweiten Kapitel noch ein anderer Gedanke durch, der die Absolutheit des aus seinem eigenen Wesen gedachten Bewußtseins aus der *Art seiner Gegebenheit* begründet. In dieser Hinsicht ist Bewußtsein absolut allein schon deswegen, weil es sich nicht wie ein Ding in Raum und Zeit abschattet; für Seiendes von der Seinsart des Bewußtsein konstituierenden Erlebnisses „gibt... so etwas wie 'Erscheinen', wie sich Darstellen durch immanente sinnliche Abschattung gar keinen Sinn" (Id I 97). Die eidetische Reflexion auf das schon an ihm selbst absolute Sein des Bewußtseins von etwas erfaßt dieses als ein Feld von *absolut selbst Gegebenem,* in dem zwar auch Transzendenzen aufbrechen, jedoch nur solche, die nicht durch die Präsumptivität raumdinglicher Realität definiert sind (vgl. Id I 86, 96, 103). Was die Immanenz des absolut Selbstgegebenen von der Transzendenz präsumptiver Wirklichkeit trennt, ist in dieser Sicht nicht die mit der Wirklichkeit unvergleichbare Bewußtseinsfunktion der Sinngebung, sondern ein „prinzipieller Unterschied der Gegebenheitsart" (Id I 96). Wie in *Philosophie als strenge Wissenschaft* so sieht Husserl auch in den *Ideen* im Erlebnisstrom etwas, das standpunktlos als ein Sein erfaßt werden kann, das keine Perspektiven hat: „Während es zum Wesen der Gegebenheit durch Erscheinungen gehört, daß keine die Sache als ein 'Absolutes' gibt, statt in einseitiger Darstellung, gehört es zum Wesen der immanenten Gegebenheit, eben ein Absolutes zu geben, das sich gar nicht in Seiten darstellen und abschatten kann

---

[3] In der zweiten Hinsicht fungieren sie, wie Husserl an anderer Stelle ausführt, „gleichsam als 'vages' Medium, in dem sich die wahre, objektive, physikalisch-exakte Natur darstellt und durch das hindurch das Denken (als wissenschaftliches Erfahrungsdenken) das Wahre herausbestimmt, herauskonstruiert" (PW 34). Daß hier von einer Natur die Rede ist, die nicht sinnlich wahrgenommen, sondern durch Denken aus dem sinnlich Erscheinenden „herauskonstruiert" wird, stellt vor eine Frage, die uns im Vierten Kapitel noch beschäftigen wird. Hier, an dieser Stelle, können wir diese Einschränkung des Naturbegriffs vernachlässigen. Im gegenwärtigen Problemzusammenhang ist nur entscheidend, daß kausale Natur auf subjektive Darstellung angewiesen ist, ohne die sie sich als solche nicht konstituieren könnte.

und sich so als absolut selbst Undurchstreichbares erweist" (Id I
102). „Undurchstreichbar" erweist sich Existenz und Auffassungssinn des erlebnismäßig Gegebenen, weil die reine Erlebniswahrnehmung, Husserl zufolge, nicht antizipativ verfährt. Die noetische Differenz von Antizipiertem und Gegebenem ist aber Voraussetzung
für die Möglichkeit, auch noematisch zwischen Sein und Erscheinen
zu differenzieren (vgl. außer der zitierten Stelle PW 35 auch AP 16 f.).

Der andere Aspekt des Bewußtseins, „Darstellung" der Natur und
deswegen nicht selbst Natur zu sein, kommt innerhalb der „Phänomenologischen Fundamentalbetrachtung" erst in deren Drittem
Kapitel zur Geltung. Was für alle Realität gilt, durch „Sinngebung"
allein „seiend" zu sein (Id I 134), das gilt auch für das Sein der
Natur: „Existenz einer Natur *kann* Existenz von Bewußtsein nicht
bedingen, da sie sich ja selbst als Bewußtseinskorrelat herausstellt;
sie *ist* nur, als sich in geregelten Bewußtseinszusammenhängen konstituierend" (Id I 121). Als „Bewußtseinskorrelat" aber stellt sich
Natur heraus, weil diese „nur als eine in ihm [scil. Bewußtsein] durch
immanente Zusammenhänge motivierte intentionale Einheit möglich
ist" (Id I 120). Daraus folgt, daß Bewußtsein, rein als Bewußtsein
von etwas (z.B. Natur) gedacht, „von keinem Dinge Kausalität erfahren und auf kein Ding Kausalität üben kann — vorausgesetzt, daß
Kausalität den normalen Sinn natürlicher Kausalität hat, als einer
Abhängigkeitsbeziehung zwischen Realitäten" (Id I 117). Was für
einen anderen Sinn Kausalität noch annehmen kann, werden wir
noch sehen. Für den gegenwärtigen Problemzusammenhang ist nur
entscheidend, daß Bewußtsein, funktional betrachtet, nicht bedingt
sein kann durch das, was sich in ihm als Sinneinheit konstituiert.

Der vielzitierte Satz: „Zwischen Bewußtsein und Realität gähnt
ein wahrer Abgrund des Sinnes" (Id I 117) kann demnach zweifach
begründet werden. Beide Begründungen, deren Gemeinsames darin
besteht, Bewußtsein der Realität entgegenzusetzen, verschränken sich:
„Hier ein sich abschattendes, prinzipiell nur mit präsumptiven Horizonten und nie absolut zu gebendes, bloß zufälliges und bewußtseins-
relatives Sein; dort ein notwendiges und absolutes Sein, prinzipiell
nicht durch Abschattung und Erscheinung (in präsumptiver Weise,
die immerfort das Nichtsein des Selbst-Wahrgenommenen offen läßt)
zu geben" (ebd.). Gegenbegriff zum Absoluten ist hier einmal das
Präsumptive, zum anderen aber das Bewußtseinsrelative, das als
solches wesensmäßig der Selbständigkeit entbehrt.

110

Aus der durch Präsumptivität und Bewußtseinsrelativität des Realen begründeten Unvergleichbarkeit von Bewußtsein und realem Sein folgert Husserl, daß es sich nicht um „gleichgeordnete Seinsarten" handeln kann, ja daß beides, Bewußtsein wie Realität, zwar „seiend" heißt, jedoch „nur nach den leeren logischen Kategorien gleich genannt ist" (Id I 116; es folgt der bereits zitierte Satz vom „Abgrund des Sinnes"). Husserl behauptet hier, so scheint uns, die Äquivozität des Seinsbegriffes; das transzendental Absolute kann nicht in gleicher Bedeutung seiend genannt werden wie das wesensmäßig Relative und Kontingente. Daß aber ein Seiendes von der Seinsart des Bewußtseins mit einem real Seienden nicht „gleichgeordnet" werden darf, ist wirklich einsichtig erst aus dem Gedanken der Bewußtseinsrelativität der Realität des Realen. Wäre Bewußtsein vermöge seiner absoluten Selbstgegebenheit nur *anders* als reales Sein, nämlich ein absolut und nicht nur präsumptiv Gebbares, so ließen sich beide „Seinsarten" noch immer als „gleichgeordnet" oder, wie nun vielleicht gesagt werden kann, als „gleichursprünglich" denken. Ist aber Bewußtsein vermöge seiner Darstellungsfunktion als Ursprung aller Seinsgeltung erkannt, dann folgt daraus, daß die Realität jeder Art und jeder Stufe ihren Ursprung nicht in sich selbst, sondern nur, wie Husserl im § 55 nachdrücklich betont, in einem damit unvergleichbaren sinngebenden Bewußtsein haben kann.[4]

Von hier aus läßt sich der transzendentale Sinn von Husserls Naturalismuskritik, der in der Abhandlung *Philosophie als strenge Wissenschaft* noch weithin verdeckt ist, verständlich machen. „Naturalisierung des Bewußtseins" (PW 14, 17) ist gleichbedeutend mit „Realisierung des Bewußtseins" (Id I 131); realisiert aber wird Bewußtsein, wenn die „psychophysische Natureinheit Mensch oder Tier" nicht als Resultat einer „transzendierenden Apperzeption anerkannt, sondern dogmatisch in den Rang einer bewußtseinsabhängigen Tatsache an sich erhoben wird. In phänomenologischer Einstellung verliert das apperzipierende Bewußtsein seine „Naturbedeutung" (Id I 132), aber

---

[4] E. Tugendhat führt Husserls doppeldeutige Begründung der Absolutheit des absoluten Bewußtseins auf eine „doppelte Motivation in Husserls Vorbegriff von Philosophie" (a.a.O., S. 194) zurück und interpretiert demgemäß die transzendentale Phänomenologie einmal als „Erkenntniskritik" (S. 193 ff.), zum anderen als „absolute Wissenschaft", die sich nur „dogmatisch" begründen könne (S. 201 ff.). Vgl. zu dieser Problematik auch den Aufsatz R. Boehms: „Zum Begriff des 'Absoluten' bei Husserl," *Zeitschrift für philosophische Forschung*, 13 (1959); jetzt unter dem Titel „Das Absolute und die Realität" in: *Vom Gesichtspunkt der Phänomenologie*, a.a.O., S. 72 ff.

nur insofern, als die „psychophysische Natureinheit Mensch oder Tier" ausdrücklich auf die naturalisierende Selbstapperzeption der auf sich reflektierenden Subjektivität zurückgeführt wird (Id I 130 ff.). „Wir stoßen damit auf eine Wissenschaft . . .", so faßt Husserl seine Naturalismuskritik in *Philosophie als strenge Wissenschaft* zusammen, „die zwar Wissenschaft vom Bewußtsein und doch nicht Psychologie ist, auf eine *Phänomenologie des Bewußtseins* gegenüber einer *Naturwissenschaft vom Bewußtsein*. Da es sich hier doch wohl nicht um eine zufällige Äquivokation handeln wird, so ist im voraus zu erwarten, daß Phänomenologie und Psychologie in sehr nahen Beziehungen stehen müssen, sofern beide es mit dem Bewußtsein, wenn auch in verschiedener Weise, in einer verschiedenen 'Einstellung' zu tun haben; was wir dadurch ausdrücken mögen, daß die Psychologie es mit dem 'empirischen Bewußtsein' zu tun habe, mit dem Bewußtsein in der Erfahrungseinstellung, als Daseiendem im Zusammenhang der Natur; hingegen die Phänomenologie mit dem 'reinen' Bewußtsein, d.i. dem Bewußtsein in der phänomenologischen Einstellung" (PW 23).

Die Aufgabe einer solchen „Phänomenologie des Bewußtseins" ergibt sich aus der Funktion des transzendental verstandenen Bewußtseins, „Darstellung einer Natur" zu sein. Husserl gibt schon in der Schrift *Philosophie als strenge Wissenschaft,* in der die Darstellungsfunktion des Bewußtseins oft vernachlässigt wird, sehr knapp das Thema einer konstitutiven „Phänomenologie des Bewußtseins" an. Phänomenologische Forschung ist, gemäß ihrem transzendentalen Ansatz, „Sein als Correlatum von Bewußtsein" zu thematisieren, ausschließlich gerichtet „auf eine wissenschaftliche Wesenserkenntnis des Bewußtseins, auf das, was Bewußtsein in allen seinen unterscheidbaren Gestaltungen *selbst,* seinem *Wesen* nach, 'ist', zugleich aber auf das, was es *'bedeutet',* sowie auf die verschiedenen Weisen, in denen es . . . *Gegenständliches* meint . . ." (PW 21).[5]

Eine so verstandene Bewußtseinsphänomenologie kann nicht regional begrenzt sein. Ihr Thema ist vielmehr die Regionalisierung

[5] Die dreifache Differenzierung in Bewußtsein, Gegenstand und Bedeutung erfolgt hier offenbar im Hinblick auf die deskriptive Sprachphänomenologie der *Logischen Untersuchungen.* Deren zentrale These ist, daß die Bedeutung eines sprachlichen Ausdrucks sich im allgemeinen nicht mit seinem Gegenstand deckt. So haben z.B. die Ausdrücke „der Sieger von Jena" und „der Besiegte von Waterloo" verschiedene Bedeutung, aber denselben Gegenstand („Napoleon"); vgl. insbes. LU II/1, 46 ff.

des Seienden selbst, und nur hinsichtlich dieses Themas wird auch
das Bewußtsein Thema. Aufgabe, Methode und Leistung einer solchen
Wissenschaft verlangt selbstverständlich die Suspendierung des naturalistischen Vorurteils, Bewußtsein sei eine spezifische Region innerhalb des Gesamtzusammenhanges der Natur. Die Regionen des
Seienden, deren Korrelativität zu bestimmten Bewußtseinsvollzügen
konstitutiv aufgehellt werden soll, sind jedoch, wie hier vorgreifend
gesagt werden muß, als „transzendentale Leitfäden" der phänomenologischen Forschung schon *faktisch vorgegeben,* können also nicht,
wie im nachkantischen transzendentalen Idealismus, aus dem transzendentalen Selbst-Bewußtsein deduziert werden. Das transzendentale
Bewußtsein der phänomenologischen Reduktion ist darum nicht
„leer", im Gegenteil, aber die typisch gegliederte Fülle des Erlebnis-
stroms ist sowenig deduzierbar wie die Typen gegenständlicher Erfahrung selbst. Im Bewußtsein, verstanden als fortströmender Erlebnisstrom, konstituiert sich jede Gegenstandsregion, auch und gerade
die Region, in die die „Naturwissenschaft vom Bewußtsein" dieses
einordnen möchte.[6]

2. *Ausarbeitung des Problems: Gegensatz und Verhältnis von Kausalität und Motivation*

Das Resultat der Naturalismuskritik, die das thematische Zentrum
der Abhandlung *Philosophie als strenge Wissenschaft* bildet, ist
zunächst rein negativ. Weil Phänomene ein anderes Wesen haben als
Natur, haben sie auch keine Kausalität: „Ein Phänomen ist also keine
'substantielle' Einheit, es hat keine 'realen Eigenschaften', es kennt
keine realen Teile, keine realen Veränderungen und keine Kausalität:
all diese Worte im naturwissenschaftlichen Sinne verstanden, Phänomenen eine Natur beimessen, nach ihren kausalen Zusammenhängen forschen – das ist ein reiner Widersinn, nicht besser, als wenn
man nach kausalen Eigenschaften, Zusammenhängen etc. der Zahlen

---

[6] Daß Husserl im transzendental gereinigten Bewußtsein eine „absolut eigene
Region für sich" (Id I 120) sieht, erklärt sich aus der Absicht des Zweiten Kapitels der „Phänomenologischen Fundamentalbetrachtung," ein „regionales
Wesen Erlebnis" (Id I 95) abzugrenzen. Vom transzendentalen Standpunkt aus
sind beide Begriffe *contradictiones in adiecto.* Das hat Husserl selbst sehr genau
gesehen, wenn er von der „Domäne" der reinen, in ihrem absoluten Wesen erfaßten Erlebnisse sagt: „Sie [scil. Domäne] ist in sich fest abgeschlossen und
doch *ohne Grenzen, die sie* [scil. Erlebnisse] *von anderen Regionen scheiden
könnten"* (Id I 121, Hervorh. v. Vf.).

fragen wollte. Es ist der Widersinn der Naturalisierung von etwas, dessen Wesen das Sein der Natur ausschließt" (PW 35 f.). „Widersinn" besagt hier wie auch sonst bei Husserl: wider den Sinn der unmittelbaren Erfahrung dessen, was jeweils thematisch ist. Auch Phänomene werden erfahren, der Sinn aber, in dem sie erfahren werden, läßt sich nicht gegenständlich fixieren: „ein 'Phänomen' kommt und geht, es bewahrt kein bleibendes, identisches Sein, das als solches im naturwissenschaftlichen Sinn objektiv bestimmbar wäre . . ." (PW 36).

Aufschlußreich für die von Husserl hier intendierte Auflösung des Bewußtseinsstroms in ein reines Fließen, das sich objektiver Bestimmung entzieht, ist der Satz: „Ein Ding ist, was es ist, und es bleibt in seiner Identität für immer: Natur ist ewig" (PW 36). Solange der Unterschied von Phänomen und Natur aus dem Gegensatz von ewigem Sein und zeitlichem Werden gedacht wird, ist jede transzendental-phänomenologische Ausarbeitung des Problems von Kausalität und Motivation unmöglich gemacht.

Erst die Frage nach der *Verlaufsgestalt* des Erlebnisstromes erlaubt, die Kritik der „Naturwissenschaft vom Bewußtsein" positiv weiterzuführen. Der „zweiseitig unbegrenzte Fluß von Phänomenen" weist eine „durchgehende intentionale Linie" auf, die „Index" einer „alldurchdringenden Einheit" des Flusses ist (PW 37). Dieser, von Husserl in *Philosophie als strenge Wissenschaft* nicht weiter ausgeführte Gedanke von der „durchgehenden intentionalen Linie" enthält die entscheidende Einsicht, daß der Bewußtseinsstrom nicht ungeregelt verläuft. Im Gegenteil, Bewußtsein bildet oder konstituiert sich genetisch in Prozessen des Bewußthabens, die eine *typisierte Regelstruktur* aufweisen, und zwar eine solche, die nicht aus dem Wesen von Bewußtsein überhaupt, sondern nur aus dem verstehbar wird, was sich im Bewußtsein konstituiert und diesem dennoch faktisch vorgegeben ist: den Regionen des Gegenständlichen. Das regionale Wesen der jeweils thematisch erfaßten Gegenständlichkeiten (z.B. Raumdinglichkeit) *schreibt vor,* wie der Erfahrungsprozeß zu verlaufen hat, wenn er sein Ziel, die adäquate Selbstgegebenheit des Erfahrenen, soll erreichen können. Bestimmt man Erfahrung mit Husserl als einen regional differenzierten Verlauf, so entsteht weiterhin das Problem, wie Anfang und Ende, *terminus a quo* und *terminus ad quem* des Erfahrungsverlaufes phänomenologisch erfaßt werden können. Vor allem hat Husserl stets anerkannt, daß Bewußtsein nicht

reine Spontaneität ist, sondern auf einen impressionalen *Anstoß*, eine
„Urstiftung" von Sinn, angewiesen bleibt, der das erkenntnisleitende
Interesse an der originären Selbstgegebenheit des Erfahrenen auf eine
noch näher zu bestimmende Weise passiv „weckt" oder „hervorruft".
Auch dies ist eine Art Kausation, wenn auch in einem anderen als
dem naturwissenschaftlichen Sinn.

So finden sich in genetischer Analyse der „intentionalen Linien",
die den Strom des Bewußtseins zu einer eigenwesentlichen Einheit
zusammenschließen, die Abhängigkeitsverhältnisse wieder, die eine
naturalistische Psychologie als spezifische Form der Naturkausalität
zu begreifen sucht. Das Wahrheitsmoment der erfahrungswissenschaftlich vorgehenden Psychologie liegt darin, daß auch eine reine
Phänomenologie des Bewußtseins nicht umhin kann, in der Verlaufs-
form ein Moment der Passivität, der Abhängigkeit von ungegenständlich Vorgegebenem und gegenständlich Gesetztem anzuerkennen. Aber in der psychologistischen These, „daß die Empfindungsdaten natural, physisch und psychisch kausiert sind . . ." (Id I 107),
ist verkannt, daß in dieser Form die Abhängigkeit der „Empfindung"
von „außen" nicht *erlebt* wird. Das Erlebnismoment ist für die noetische Seite des Husserlschen Begriffes von *Motivation* konstitutiv: Die
erlebte Aufforderung zu gegenständlicher Deutung und begrifflicher
Bestimmung, die von den Dingen des Wahrnehmungsraumes an dessen Subjekt ergeht, bildet das Motiv für das erlebende Ich, sich von
den Dingen dazu bestimmen zu lassen, sie zu bestimmen.

Motivation in diesem ersten und allgemeinen, noch durchaus vorläufigen Sinn deckt alle Wirkungszusammenhänge in der „Domäne"
der reinen Erlebnisse. Deren gemeinsames sprachlogisches Äquivalent ist das „Weil", dessen Bedeutungsspielraum allerdings das logische Grund-Folge-Verhältnis, das naturale Ursache-Wirkungs-Ver-
hältnis und das phänomenale Motivationsverhältnis gleichermaßen
umfaßt. Die Bedeutung des „Weil" ist in allen diesen Verhältnissen
eine je andere, obwohl der sprachliche Ausdruck unverändert sein
kann. Das „Weil der Motivation" (Id II 229) drückt weder eine Naturkausalität aus noch einen logischen Grund (vgl. bes. Id II 229 ff.
u. LU II/1, 25 ff.). „Die verschiedenen 'Weil' zu unterscheiden", so
bemerkt Husserl in einer Beilage zu den *Ideen II*, „ist eine wichtige
phänomenologische Aufgabe" (Id II 318 f. B). Wichtiger freilich ist
noch die Einsicht Husserls, daß in der transzendental reduzierten
Sphäre des reinen Bewußtseins der Strom der intentionalen Erlebnisse

allein und ausschließlich durch das „Weil der Motivation" geregelt ist. Das bedeutet zunächst: Kausalität und Motivation stehen in einem *ausschließenden Gegensatz* insofern, als „Motivation" das phänomenologische Substitut für „Naturkausalität" ist. Mann kann auch sagen, der Motivationszusammenhang des Erlebens sei die *transzendentale Reduktionsgestalt* des Kausalzusammenhanges der Natur.

Diese erste positive Fassung des uns leitenden Problems kommt sehr klar in einer Anmerkung zum § 47 der *Ideen I,* in dem Husserl den Begriff der Motivation in die Phänomenologische Fundamentalbetrachtung einführt, zum Ausdruck: „Es ist zu beachten, daß dieser phänomenologische Grundbegriff der Motivation, der sich mir mit der in den 'Log. Untersuchungen' vollzogenen Absonderung der rein phänomenologischen Sphäre alsbald ergab (und als Kontrast zum Begriffe der auf die transzendente Realitätssphäre bezogenen Kausalität), eine *Verallgemeinerung* desjenigen Begriffes der Motivation ist, dem gemäß wir z.B. vom Wollen des Zweckes sagen können, daß es das Wollen der Mittel motiviere" (Id I 112 Anm.).

In dieser Kontrastierung von Kausalität und Motivation ist ein Doppeltes gesagt; einmal: Der phänomenologische Begriff des Motives bezieht sich nicht auf die „transzendente Realitätssphäre", sondern allein auf die „rein phänomenologische Sphäre"; zum anderen: Der „phänomenologische Grundbegriff" der Motivation gehört nicht allein und nicht einmal vorwiegend in eine Theorie menschlicher Praxis – vielmehr ist er so weit zu denken, daß er nicht nur die Beweggründe lebenspraktischen Verhaltens, sondern alle Beziehungen in der „rein phänomenologischen Sphäre" umfaßt, die sich sprachlich durch ein „Weil-So" artikulieren lassen.

Die entscheidende Frage aber ist nun, wie die von Husserl geforderte und durchgeführte Absonderung einer „rein phänomenologischen Sphäre" von der „transzendenten Realitätssphäre" zu verstehen ist. Sind es *zwei* Sphären, deren eine dem Gesetz der Kausalität untersteht, während die andere durch das Geschehen der Motivation charakterisiert ist? An der Antwort hierauf muß sich entscheiden, ob die Substituierung des Kausalitätsbegriffes durch den Begriff der Motivation *regional* zu verstehen ist oder nicht. Handelt es sich um zwei Begriffe von begrenzter Reichweite, so daß der Geltungsbereich der Kausalität dort endet, wo der der Motivation beginnt?

Um diese, für das Verhältnis von Kausalität und Motivation ausschlaggebende Frage zu entwickeln, müssen wir nochmals auf das

Problem von reinem Bewußtsein und Realität eingehen. Nur von hier aus kann es gelingen zu bestimmen, worin die Reinheit der „rein phänomenologischen Sphäre" und die Realität der „transzendenten Realitätssphäre" besteht.

Auszugehen ist von der Antithetik von Phänomen und Natur in der Abhandlung *Philosophie als strenge Wissenschaft.* Auf die Frage nämlich, was am Fluß der Phänomene überhaupt faßbar ist, wenn er sich objektiver Bestimmung entzieht, hält Husserl dort eine Antwort bereit, die die „rein phänomenologische Sphäre" mit der Sphäre der reinen Phänomene identifiziert und diese als einen Bereich bestimmt, der im Gegensatz zu dem der Natur adäquat gegeben ist: „Ist nun das immanent Psychische", so fragt Husserl dort, „in sich selbst nicht Natur, sondern der *Gegenwurf von Natur,* was erforschen wir an ihm als sein 'Sein'? Ist es nicht in 'objektiver' Identität bestimmbar als substantiale Einheit immer wieder zu erfassender, erfahrungswissenschaftlich zu bestimmender und zu bestätigender realer Eigenschaften: ist es nicht aus dem ewigen Fluß herauszuheben; und ist es unfähig, zum Objekt einer intersubjektiven Geltung zu werden – was können wir an ihm fassen, bestimmen, als objektive Einheit fixieren? Dies aber so verstanden, daß wir in der *reinen phänomenologischen Sphäre* verbleiben und die Beziehungen zum dinglich erfahrenen Leibe und zur Natur außer Rechnung lassen. Die Antwort lautet dann: Sind die *Phänomene als solche* keine *Natur,* so haben sie ein in unmittelbarem Schauen faßbares, und adäquat faßbares *Wesen"* (PW 38 Hervorh. teilw. v. Vf.). Der „Gegenwurf von Natur", von dem Husserl hier spricht, ist das Korrelat reiner Wesensschau, die rein lediglich darum heißt, weil sie sich transzendierender Apperzeptionen enthält. Das sichert dem ideativ aus dem Fluß der Phänomene Herausgeschauten adäquate, und das heißt: absolute Gegebenheit. „Soweit die Intuition eine reine ist, die keine transienten Mitmeinungen befaßt, soweit ist das erschaute Wesen ein adäquat Erschautes, ein *absolut Gegebenes"* (PW 39, Hervorh. v. Verf.). Wesensschau und der phänomenologische Bereich stehen in einem inneren Zusammenhang: Weil die eidetische Erfassung der Phänomene „keine transienten Mitmeinungen befaßt", darum werden die Phänomene nicht „als Natur", sondern „als solche" erfaßt. Die „Phänomene als solche" aber bilden die „reine phänomenologische Sphäre", und diese fällt, da die in „transienten Mitmeinungen" sich konstituierende Naturbeziehung „außer Rechnung" gelassen wird, mit dem Bereich des „absolut Gegebenen" zusammen.

Nun muß aber zugestanden werden, daß die Ausschaltung der „transienten Mitmeinungen" aus der eidetischen Reflexion für Husserl nicht allein der Grund dafür ist, daß Phänomene als solche im Gegensatz zur Natur absolut gegeben werden können. Vielmehr ist gerade das, was sich in der eidetischen Reflexion auf die Phänomene als deren Seinsart zeigt, der Grund für Husserls Auffassung, daß Phänomene keine Natur und darum absolut sind. Als absolut Gegebenes gelten sie ihm hier allein deshalb, weil sie gemäß der ihnen eigenen Identität von Sein und Erscheinen (s.o. S. 107) von sich aus keine „transienten Mitmeinungen" fordern und so zu absoluten Wesen intuitiv ideiert werden können. Beachtet man, daß Phänomene in der Abhandlung *Philosophie als strenge Wissenschaft* als Dingerscheinungen und nicht als Korrelationen von Dingerscheinungen und erscheinenden Dingen bestimmt werden (s.o. S. 107 Anm.), so ist mit diesen Bestimmungen die Einengung des reinen, absoluten Bewußtseins auf seine reellen Erlebnisbestände vollzogen. Absolut zu geben wäre dann das, was reell immanent ist.

Auch in den *Ideen* ist diese Auffassung vom absolut Gegebenen weithin maßgebend. Folgt man dem Gedankengang der „Phänomenologischen Fundamentalbetrachtung", so gewinnt man den Eindruck, als sei der Erlebnisstrom schon darum absolut, weil er die durchgehende Einheit reeller Bewußtseinsinhalte ist. Diese *reelle* Einheit des Erlebnisstromes nennt Husserl im Zweiten Buch der *Ideen* auch eine „Einheit der Motivation" (Id II 228). Hier könnte mit Husserl gegen ihn eingewandt werden, daß auch reelle Inhalte des Bewußtseins ihren „Hof" von „transienten Mitmeinungen" haben, in denen das impressional und aktuell jetzt reell Gegegene protentional und retentional transzendiert wird. Wenn auch die intentionalen Erlebnisse selbst und nicht nur das in ihnen vermeinte Gegenständliche in einem zweiseitigen Zeithorizont stehen, ist dann die Behauptung absoluter Gegebenheit des reell Immanenten nicht eine dogmatische, den deskriptiven Fakten zuwiderlaufende Konstruktion? Das ist jedoch nicht der Fall. Was Husserl beansprucht, ist nur dies, daß es zum Wesen von Erlebtem gehört, absolut gegeben sein zu *können*. Nur im *Prinzip* ist alles, was den Strom des Erlebens reell konstituiert, ein absolut Gegebenes. Husserl übersieht nicht, daß schon die Temporalität des Erlebnisstromes in diesen selbst ein Moment der faktischen Unverfügbarkeit erlebter Inhalte hineinträgt: Vergangene Erlebnisse können erinnert, zukünftige erwartet werden, ohne doch im impressionalen

Jetzt reell enthalten und deshalb auch nicht absolut gegeben zu sein. Solche Transzendenzen sind im impressionalen Jetzt weder originär wahrgenommen noch potentiell „wahrnehmungsbereit", denn sie sind weder intentional noch attentional präsent. Aber im Wesen des Erlebnisstromes liegt die prinzipielle *Möglichkeit,* auch das, was zu einem bestimmten Zeitpunkt faktisch weder absolut gegeben noch absolut gebbar ist (etwa durch Umverteilung der Aufmerksamkeit), zu aktualisieren, in die Gegenwart hereinzuholen, und das heißt: zu absoluter Gegebenheit in immanenter Wahrnehmung zu bringen. „Prinzipiell gehört es zum regionalen [!] Wesen Erlebnis . . ., daß es in immanenter Wahrnehmung wahrnehmbar ist, zum Wesen des Raumdinglichen aber, daß es das nicht ist" (Id I 95). Die Möglichkeit immanenter Wahrnehmung, immanente Wahrnehmbarkeit, ist aber die Möglichkeit absoluter Gegebenheit: „Jede immanente Wahrnehmung verbürgt notwendig die Existenz ihres Gegenstandes. Richtet sich das reflektierende Erfassen auf mein Erlebnis, so habe ich ein absolutes Selbst erfaßt, dessen Dasein prinzipiell nicht negierbar ist . . ." (Id I 106). Als „absolutes Selbst" können reelle Inhalte mithin nur darum erfaßt werden, weil ihnen eine Existenz eignet, die keine unerfüllten, auf die Zukunft hin offenen Vormeinungen in sich schließt. Wenn aber das erlebnismäßig Immanente bereits „in der Wahrnehmung als Absolutes gegeben (bzw. zu geben) ist und nicht als Identisches von Erscheinungsweisen durch einseitige Abschattung" (Id I 101), dann legt sich die Frage nahe, was denn in der eidetischen Reflexion, die mehr ist als immanente Erlebniswahrnehmung, darüberhinaus noch geleistet werden soll. Wenn erst die eidetische Refexion, die sich als solche von „transienten Mitmeinungen" freihält, aus dem Erlebnisfluß ein absolutes Wesen herausschaut, dann offenbar nur unter der Voraussetzung eines anderen Sinnes von absoluter Gegebenheit. Dieselbe Frage stellt sich hinsichtlich der transzendental-phänomenologischen epoché; auch hier scheint in der immanenten Wahrnehmung bereits verwirklicht, was erst die epoché leisten sollte: die Ausschaltung der Naturbeziehung (qua Realitätssetzung).

Absolutes *Sein,* d.h. das „Sein als Bewußtsein" (Id I 93), ist demnach definiert durch die *Möglichkeit* absoluter *Gegebenheit,* und absolute Gegebenheit durch das wirkliche Bestehen einer immanenten Wahrnehmung. Als immanente Wahrnehmung gilt Husserl das unmittelbare, transzendenzlose Erfassen, das sein Objekt so „in sich birgt", „daß es von diesem nur abstraktiv, nur als *wesentlich unselb-*

ständiges Moment abzusondern ist" (Id I 86). Umgekehrt ist das „Sein als Realität" (ebd.) durch die Unmöglichkeit immanenter Wahrnehmung in seinem Wesen bestimmt: Real ist demzufolge das, dem die ideale Möglichkeit absoluter Gegebenheit fehlt.[7] Mit diesem Realitätsbegriff entfernt sich Husserl nun zwar von der sonst bei ihm dominierenden Gleichsetzung der Realität, bzw. der realen Welt, mit der „Transzendenz irreellen Beschlossenseins" (CM 65). Wenn nämlich das reelle Beschlossensein des Objekts im erfahrenden Akt „ein ausgezeichnetes Charakteristikum der immanenten Wahrnehmung und der in ihr fundierten Stellungnahmen" ist, das „in den meisten sonstigen Fällen immanenter Erfahrung" (Id I 86) fehlt (z.B. bei „Erinnerungen an Erinnerungen", wie Husserl meint), dann kann die Irreellität des intentionalen Objekts kein hinreichendes Charakteristikum transzendent gerichteter Erfahrung mehr sein. So enthält das Wahrnehmungserlebnis eines räumlichen Dinges „nicht nur in seinem reellen Bestande das Ding selbst nicht in sich, es ist auch *ausser aller eigenwesentlichen Einheit mit ihm,* seine Existenz natürlich vorausgesetzt" (Id I 86). Trotz dieser wesentlich schärferen Formulierung des Realitätskriteriums bleibt die „Transzendenz irreellen Beschlossenseins" für das Wesen der Realität bei Husserl maßgebend. Die Irreellität ist nun zwar nur notwendige und nicht mehr die hinreichende Bedingung für die Realität eines Intendierten. Aber Husserl vermag nicht zu zeigen, worin das andere Wesen des Realen besteht, abgesehen davon, daß es durch die Unmöglichkeit reeller Immanenz bestimmt ist. Überdies ist, wie wir gesehen haben, das Absolute auch jetzt von der reellen Immanenz her gedacht.

Es sieht also so aus, als habe Husserl das Problem des motivationalen Zusammenhangs von Phänomenen noetisch verengt. Wenn, wie der leitende Gedankengang des Zweiten Kapitels der „Phänomenologischen Fundamentalbetrachtung" nahelegt, die „rein phänomenologische Sphäre" mit der Sphäre reeller Immanenz gleichbedeutend wäre, dann ließe sich die Anmerkung zum § 47 nur so auslegen, daß Motivation den Zusammenhang der Erlebnisse untereinander, Kausalität dagegen den Zusammenhang ihrer intentionalen Objekte, sofern sie nicht von der Seinsart der Erlebnisse sind (wie z.B. im Falle erlebnisbezogener Erinnerungen), charakterisiert. Zugestanden wäre lediglich, daß auch das faktisch hier und jetzt erlebnismäßig reell Vorfindliche seinen Horizont hat, d.h. in unbestimmter, aber expli-

7 Vgl. hierzu R. Boehm, a.a.O., S. 92 f.

kabler Weise mit solchem verbunden ist, das in der prinzipiellen Möglichkeit steht, reell vorfindlich zu sein.[8]

Nun läßt jedoch Husserl im § 47, dessen Anmerkung hier zu interpretieren ist, keinen Zweifel daran, daß der Begriff der Motivation sich durchaus auf den Zusammenhang *transzendent* gerichteter, *Realität* setzender Akte erstreckt. Was Husserl hier durch den „Zusammenhang der rein immanenten '*Motivation*'" (Id I 112) in seiner Einheit kennzeichnen will, das ist die „anschauliche Welt" (Id I 110) der schlichten Wahrnehmung, die er auch „Realitätenwelt überhaupt" (Id I 108) oder „Dingwelt" (ebd.) nennt. Es ist kein Zufall, daß der Begriff der „motivierten Möglichkeit" in den § 47 überhaupt nur eingeführt scheint, um zu verstehen, „daß, was auch immer realiter ist, aber noch nicht aktuell erfahren ist, zur Gegebenheit kommen kann, und daß das dann besagt, es gehöre zum unbestimmten, aber *bestimmbaren* Horizont meiner jeweiligen Erfahrungsaktualität" (Id I 112). Die Bestimmbarkeit von Dingen ist in den „Unbestimmtheitskomponenten" (ebd.) des von ihnen jeweils aktuell Gegebenen *vorgezeichnet* und insofern eine Möglichkeit, die im aktuell Gegebenen *motiviert* ist – eine Möglichkeit also, wie Husserl später sagen wird, „für die" im aktuell Gegebenen „etwas spricht". Was aber kann es unter dieser Voraussetzung noch heißen, der „phänomenologische Grundbegriff der Motivation" sei im Gegensatz zum Begriff der Kausalität *nicht* auf die „transzendente Realitätssphäre" bezogen? Sollte das Reale der „transzendenten Realitätssphäre" das sein, was nicht in reelle Immanenz überführbar wäre, das also, was auch eine eigens darauf gerichtete Wahrnehmung noch reell transzendierte, so würde der begriffliche Schnitt zwischen Kausalität und Motivation die Dinge der anschaulichen Welt und die darauf intentional ausgerichteten Erlebnisvollzüge radikal auseinandertrennen: Auch die *sinnlich* wahrnehmbaren Dinge wären, mit einer früheren Formulierung Husserls, „Einheitspunkte von Kausalitäten innerhalb der Einen Allnatur" (PW 34).

Doch enthält der § 47 den Hinweis auf eine andere Ausarbeitung des hier vorliegenden Problems, die *erstens* erlaubt, dem Motivationsbegriff seinen Bezug zur transzendenten Dingwelt zu belassen, und *zweitens* den Zusammenhang der ganzen Frage mit dem übergeord-

---

[8] Diese Möglichkeit ist, wie betont werden muß, eine „ideale" oder „Wesens"-Möglichkeit und als solche weder die „leere" Möglichkeit des logisch Denkbaren noch die „motivierte" Möglichkeit, für die etwas spricht (s.u.S. 139 ff.)

neten Problem der transzendentalen und eidetischen Reflexion herzustellen gestattet. Der § 47, der das Dritte Kapitel der „Phänomenologischen Fundamentalbetrachtung" einleitet, eröffnet einen Gedankengang, der sich zum Ziel setzt, „in Anknüpfung an die Ergebnisse
des letzten Kapitels" die „prinzipielle Ablösbarkeit der gesamten natürlichen Welt von der Domäne des Bewußtseins" (Id I 110) darzulegen und auf diesem cartesianischen Weg die „Vollziehbarkeit" der
transzendentalen epoché einsichtig zu machen (Id I 120 Anm.). Es
handelt sich bei diesen „transzendentalen Vorbetrachtungen" (Id I
119), die die Möglichkeit der epoché dartun sollen, noch immer um
den fundamentalen Gegensatz, der im Titel des Zweiten Kapitels
angezeigt wird: „Bewußtsein und natürliche Wirklichkeit". Aber innerhalb der „natürlichen Wirklichkeit", die Husserl hier mit der
„Realitätenwelt überhaupt" zusammenfallen läßt, bricht nun ein neuer Gegensatz auf, der bisher, von der kurzen Andeutung im § 40
abgesehen, noch nicht erörtert wurde. Dieser Gegensatz, der dem
Problem von Kausalität und Motivation entscheidend zugrundeliegt,
ist der von *anschaulicher* und *physikalischer* Welt.

Mit der Voraussetzung dieses Gegensatzes setzt der § 47 ein. Sein
Grundgedanke im ganzen ist: Die im Prinzip unbeschränkte und gedanklich jederzeit mögliche „Destruktion der dinglichen Objektivität"
(Id I 111) hebt die Bewußtseinsrelativität jeder denkbaren Realität
nicht auf; im Gegenteil, in der wirklich durchgeführten Destruktion
wird der ontologische Satz von der wesensmäßigen Unselbständigkeit
des realen Seins (vgl. Id I 118), das nur als relativ auf ein mögliches
Bewußtsein von ihm denkbar ist, noch erhärtet. Zwar „zwingt" der
faktische Erfahrungsstil der sinnlich präsenten Welt, „über die anschaulich gegebenen Dinge ... hinauszugehen und ihnen eine 'physikalische Wahrheit' unterzulegen" (Id I 110). Diese Substruktion
intendiert ein Sein, das seinem Wesen nach als irrelativ zum substruierenden Bewußtsein gedacht wird. Der „Zwang", eine solche
physikalische Wahrheit des sinnlich Gegebenen zu behaupten, gründet für Husserl nicht in einem Vermögen der Subjektivität, sondern
in *Motiven,* die im sinnlich Vernehmbaren selbst liegen. Aber Husserl
findet es „denkbar, daß unsere anschauliche Welt die letzte wäre,
'hinter' der es eine physikalische überhaupt nicht gäbe ..." (Id I 110).
Diese gedankliche Destruktion dinglicher Objektivität führt aber lediglich zu der Einsicht in die Unaufhebbarkeit des Motivationszusammenhanges der Erfahrung überhaupt. Die Nichtexistenz der phy-

sikalischen Welt besagt daher nur, daß an die Stelle des *einen,* uns faktisch vorgegebenen Motivationszusammenhanges ein *anderer* tritt: „Die Erfahrungszusammenhänge wären dann eben entsprechend andere und typisch andere, als sie faktisch sind, sofern die Erfahrungsmotivationen fortfielen, welche für die physikalische Begriffs- und Urteilsbildung gründende sind" (Id I 110). Auch die nach diesem ersten Destruktionsschritt verbleibende anschauliche Wel der schlichten sinnlichen imaginatio kann nochmals in einem zweiten Schritt destruiert werden, denn „in der phantasiemäßigen gedanklichen Destruktion der dinglichen Objektivität . . . hemmen uns keine Schranken" (Id I 111). In der eidetischen „Abwandlung der Idee 'erfahrendes Bewußtsein' " (Id I 111) wird die wirkliche Welt zum singulären Sonderfall einer möglichen Welt überhaupt. Die Grenzen der eidetischen Destruktion liegen in dieser Idee selbst: Sie ist, Husserl zufolge, stets Idee einer „*ausweisenden* Erfahrung" (Id I 111; Hervorh. v. Verf.). Was unter dieser Idee nicht destruiert werden kann, ist die „Transzendenz des Dinglichen", die in einem „An-sich-sein" ideell terminiert (Id I 111), das allerdings nicht anders denn als „motivierte Möglichkeit" im kontinuierlich strömenden „Zusammenhang der rein immanenten *'Motivation'* " phänomenologisch zu denken ist (Id I 112). Husserl gelangt somit zu der Einsicht, daß der Motivationszusammenhang der horizontintentional verlaufenden Erfahrung zum invarianten Erfahrungsstil mundaner Erfahrung überhaupt gehört.

Zwei Momente erlauben nun, Unterschied und Verhältnis von „rein phänomenologischer Sphäre" und „transzendenter Realitätssphäre" begrifflich noch näher einzukreisen und das uns leitende Problem weiter zu exponieren. *Erstens* nämlich eignet Kausalität, soweit deren Begriff in den *Ideen I* von Husserl ausdrücklich aufgenommen wird, allein dem „Ding der physikalischen intellectio" (Id I 127), dessen real-kausale Eigenschaften sich im „Ding der schlichten sinnlichen imaginatio" (ebd.) nur „bekunden". Wie schon in der Abhandlung *Philosophie als strenge Wissenschaft,* so formuliert Husserl auch in den *Ideen* den Standpunkt einer Physik, die in den sinnlich erscheinenden Veränderungen und Unveränderungen des wahrgenommenen Dinges „Anzeichen für eine Fülle von kausalen Eigenschaften dieses selben Dinges" erblickt, „die als solche sich eben in artmäßig wohlbekannten Erscheinungsabhängigkeiten bekunden" (Id I 127, vgl. 367 f.). Daraus folgt auch, daß das sogenannte „Ding der physikalischen intellectio" nicht ein zweites Ding neben dem sinnlich wahrgenommenen ist, sondern eben dasselbe Ding als Thema der „physikalischen intellectio". *Zweitens* aber ist das Objekt der Physik in einem radikaleren Sinne transzendent als das Objekt der sinnlichen Wahrnehmung. Ihr begriffliches Fundament hat diese Radikalisierung in einer charakteristischen Relativität dessen, was Husserl transzendent nennt. Husserl nämlich kennt, worauf wir im ersten Kapitel schon hingewiesen haben (s.o.S. 23 f.), Stufen und Arten der Transzendenz. Weil für ihn Transzendenzen stets auf Apperzeptionen zurückweisen, die den reellen Erlebnisbestand auf verschiedene Weise (z.B. in vergegenwärtigenden Akten anders als in gegenwärtigenden) und in mehreren Stufen (z.B. primordinale und intersubjektiv konstituierte Objektivität) übersteigen, gehören sie nicht derselben konstitutiven Ebene an, sondern sind nach den typischen Weisen der transzendente Realität konstituierenden Apperzeptionen um einen Kern absoluter Immanenz sozusagen ringförmig gestaffelt. Nun übernimmt vom Standpunkt einer substruierten physikalischen Welt aus die anschaubare Wahrnehmungswelt die Funktion, im perspektivisch und sinnlich qualitativ Gegebenen die „physikalische Wahrheit" sinnlich erscheinen zu lassen. Aus dieser Darstellungsfunktion des Wahrnehmungsdinges erklärt sich für Husserl die „höhere Transzendenz des physikalischen Dinges" (Id I 127). Unterstellt man, was Husserl im ersten Buch der *Ideen* nur zögernd und andeutungsweise tut, daß die Objektivität der physikalischen Welt intersubjektiv vermittelt ist, dann handelt es sich hier schon darum, „die Transzendenz der objektiven Welt als höherstufige gegenüber der primordinalen Transzendenz" (CM 135) zu erweisen. Als subjektiv nämlich kann der Standpunkt physikalischer Objektivität die sinnlichen Darstellungselemente der Wahrnehmungswelt nur feststellen, wenn und sofern er die Konstitution intersubjektiver Wechselverständigung schon voraussetzt.

Erst mit diesen beiden Momenten im Begriff des „physikalischen Dinges", seiner Kausalität und überanschaulichen Transzendenz, wäre die Trennung und das Verhältnis von „rein phänomenologischer Sphäre" und „transzendenter Realitätssphäre" aus einem einheitlichen Grunde begriffen. Kausalität und Motivation verhielten sich, in der Terminologie der *Cartesianischen Meditationen,* zueinander wie die „transzendente Transzendenz" der objektiven Welt zur „immanenten Transzendenz" der sinnlich anschaubaren. So verstanden, ist der Begriff des rein Phänomenologischen, der durch den Grundzug der motivational aufgefaßten Horizontintentionalität in seinem eigenen We-

sen bezeichnet ist, nicht auf die reelle Immanenz des Bewußtseins eingeschränkt, sondern umschließt auch noch die „immanente Transzendenz" des Raumdinglichen.

Doch mit dem bisher Gesagten reicht man nicht aus, um das Wesentliche im *Gegensatz* von Kausalität und Motivation zu sehen. Man
kann das Recht eines Standpunktes, für den die Dinge „Einheitspunkte von Kausalitäten innerhalb der Einen Allnatur" (PW 34)
sind, nur im Hinblick auf den ihm eigenen Anspruch beurteilen, nicht
irgendeine, sondern eben *die* Welt erfahrungslogisch zu bestimmen,
in der sich auch das wahrnehmende Subjekt bewegt. Husserl betont,
was später noch Gegenstand eingehender Interpretation werden muß,
nachdrücklich, daß die „physikalische intellectio" die „*theoretische
Bestimmung* der *sinnlich* erfahrenen Dinge" beabsichtigt (Id I 127,
Hervorh. teilw. v. Vf.). Nur wenn und insoweit dieser Anspruch be-
dacht wird, gelingt es, eine falsche Regionalisierung der vorliegenden
Problemstellung zu vermeiden. Es handelt sich, wie insbesondere der
§ 52 zeigt, nicht um das Problem *zweier* Welten, von denen die eine
kausalen und die andere motivationalen Gesetzlichkeiten untersteht,
sondern allein und ausschließlich um das Problem *ein und derselben*
realen Welt, die nur verschieden interpretiert wird. So ist ja auch, wie
schon ausgeführt, das „Ding der sinnlichen imaginatio" eine „An-
zeige für eine Fülle kausaler Eigenschaften *dieses selben* Dinges",
das in dieser Hinsicht dann eben „Ding der physikalischen intellectio"
genannt wird (Id I 123, Hervorh. v. Vf.). Durch das hier wieder-
kehrende phänomenologische Grundproblem mannigfacher Gegebenheitsweisen eines Selben hat Husserl die Thematik von Kausalität und
Motivation von regionaler Verengung wenigstens im Ansatz befreit.
Kausalität und Motivation bezeichnen Auffassungen von „Wirkzusammenhängen", die im Verhältnis des *ausschließenden Gegensatzes*
stehen. Alles was ist, kann entweder kausal oder motivational auf
seinen wirkenden Grund hin befragt werden, auch und nicht zuletzt
das Grundthema der Phänomenologie selber: das intentionale Verhältnis von Subjekt und thematischer Gegenständlichkeit.

Zur Erläuterung sei ein Text aus dem Zweiten Buch der *Ideen*
herangezogen, and dem sich gerade der zuletzt berührte Aspekt sehr
genau ablesen läßt. Im § 55 („Das geistige Ich in seinem Verhalten
zur Umwelt") kontrastiert Husserl zwei Weisen, wie die Beziehung
zwischen dem Subjekt der Intentionalität und seinem intentionalen
Objekt thematisiert werden kann. Beide Weisen sind gleich möglich,

aber beide sind nicht gleich wesentlich. Husserl unterscheidet die „*intentionale* Beziehung" von der „*realen* Beziehung", die unmittelbar darauf als „real-kausal" bestimmt wird, und fährt dann fort: „Die reale Beziehung fällt weg, wenn das Ding nicht existiert: die intentionale Beziehung bleibt bestehen. Daß jedesmal, wenn das Objekt existiert, der intentionalen Beziehung eine reale 'parallel' läuft, nämlich daß dann vom Objekte (der realen Wirklichkeit) Schwingungen im Raume sich verbreiten, meine Sinnesorgane treffen etc., an welche Vorgänge sich meine Erfahrung anknüpft, das ist ein psychophysisches Faktum. Es liegt aber nicht in der intentionalen Beziehung selbst, die durch die Nichtwirklichkeit des Objekts nichts erleidet, sondern höchstens sich ändert durch sein Bewußtsein der Nichtwirklichkeit" (Id II 215 f.). Husserl räumt also die Möglichkeit eines „parallelen" Bestehens der real-kausalen Beziehung zwischen dem erlebenden Ich und seinem intentionalen Objekt ein, aber nur, um den wirklichen Bestand des Kausalbezuges sogleich zu einem „psychophysischen Faktum" zu erklären, das für die phänomenologische Eidetik wie für das intentionale Erleben selbst nicht relevant ist. Die Irrelevanz der „Parallelläufigkeit" ergibt sich für Husserl daraus, daß der kausale Bezug von Subjekt und Objekt an eine Voraussetzung gebunden bleibt, die nicht im Wesen, d.h. „in der intentionalen Beziehung selbst" liegt: die „Existenz" des intendierten Objekts.

Zum „Wesen" des Gegenstandsbezuges gehören nur die Invarianzbestände des Gegenstandsbewußtseins: das, was „bestehen" bleibt, auch wenn das „psychophysische Faktum" des Realbezuges faktisch oder ideativ „wegfällt". Während eine eidetische Auslegung der Aktintentionalität nur die Typik des reinen „Bewußtseins von . . ." zum thematischen Feld hat, gehört das psychophysische Faktum einer tatsächlich bestehenden Kausalverbindung zwischen den beiden Polen in die Thematik physiologischer Theorienbildung, die für Husserl in der naturalen-natürlichen Selbstapperzeption des erlebenden Subjekts als „psychophysischer Mensch" (CM 130) ihren konstitutiven Grund hat.

Anders aber als in den *Logischen Untersuchungen* und teilweise noch im Ersten Buch der *Ideen* geht Husserl im Zweiten Buch bei der Gegenüberstellung von „intentionaler" und „realer" Beziehung von einem erweiterten Begriff der Intentionalität aus. Dieser Begriff erlaubt es, das Intentionalverhältnis, noch abgesehen vom Problem der Horizontintentionalität, direkt als *Verhältnis der Motivation* zu sehen. Husserl nämlich begreift nun das Verhältnis der Intentionalität dem Wortsinn entsprechend als „*Verhalten zu . . .*". Die als Verhalten definierte Intentionalität schließt nicht nur, wie bisher, das Moment des „Bewußtseins von Etwas" (Id I 74) ein, sondern auch das andersgeartete Verhältnis des „Reagierens auf etwas" (Id II 217). In einer scheinbar realistischen Wendung denkt Husserl die erweiterte Intentionalität als Motivationsverhältnis von Reiz und Reaktion: „Immer ist das Ich *Subjekt von Intentionalitäten* und darin liegt: ein Noema und ein noematisches Objekt ist immanent konstituiert ('Apperzeption'), ein Objekt bewußt gemacht, und insbesondere: ein als seiend gesetztes Objekt, das in seinem Wie bewußt ist, tritt in eine in einem neuen Sinn 'intentionale' Beziehung zum Subjekt: das Subjekt *verhält sich* zum Objekt, und das Objekt *reizt, motiviert* das Subjekt" (Id II 219). Auch diese „in einem neuen Sinn" zu verstehenden Intentionalbeziehungen sind zwar „Beziehungen zwischen dem als Realität Gesetzten und dem setzenden Ich . . ., aber nicht reale Beziehungen, sondern *Subjekt – Objekt – Beziehungen.* Dahin gehören Beziehungen *subjektiv – objektiver 'Kausalität',* einer Kausalität, die nicht reale Kausalität ist, sondern einen völlig eigenen Sinn hat: den der *Motivationskausalität*" (Id II 216). Reale Beziehungen sind nun aber, wie der Vergleich mit § 56 g belegt, für Husserl stets Beziehungen zwischen Realen, und psychophysische (reale) Kausalitäten dementsprechend „Beziehungen des realen Subjekts zu realen Gegenständen" (Id II 232). Damit ist auch der Anschluß hergestellt zur Bestimmung Husserls in den *Ideen I,* Kausalität „im normalen Sinn natürlicher Kausalität" sei eine „Abhängigkeitsbeziehung zwischen Realitäten" (Id I 117, s.o.S. 109). Psychophysische Kausalität ist eine Relation, deren Relationsfundamente Objekte sind, auch dort, wo das eine der beiden Fundamente als „reales Subjekt" bezeichnet wird. Es handelt sich also bei der realen Kausalität, in formaler Anknüpfung an den eben zitierten Text, nicht um Subjekt-Objekt-Beziehungen, sondern um Objekt-Objekt-Beziehungen, in denen das erlebende Subjekt, sofern es als „reales" apperzipiert wird, nicht einmal mehr die Rolle einer vermittelnden Instanz übernehmen kann.

Nur durch die als Verhalten verstandene Intentionalität gewinnt der Begriff der Motivation einen Stellenwert, der ihm einen phänomenologischen Vorrang gegenüber dem scheinbar ihm nur zur Seite gestellten Begrif der Kausalität sichert. Ohne das hier im einzelnen entfalten zu können, ist zu beachten, daß „Verhalten zu . . ." als univer-

saler Grundzug der Intentionalität überhaupt verstanden werden muß
und weder mit Praxis, die theoretisches und axiologisches Verhalten
ausschließt, noch mit einem rein noetischen Moment, dem kein noematisches entspricht, einfach gleichgesetzt werden darf.[9]

Nicht viel anders als in dem schon besprochenen § 47 der *Ideen I,*
nur jetzt im Hinblick auf den erweiterten Intentionalitätsbegriff, erblickt Husserl im § 55 der *Ideen II* in dem Verhältnis der Motivation einen unaufhebbaren Grundzug bewußten Verhaltens. Dieses
Verhältnis bleibt „bestehen", auch wenn die Realität des Intendierten
„wegfällt", das heißt: faktisch wegfiele oder ideativ weggedacht wird.
Wenn „unsere anschauliche Welt die letzte wäre, 'hinter' des es eine
physikalische überhaupt nicht gäbe", so hatte Husserl im § 47 der
Ideen I gesagt, dann bliebe der Motivationszusammenhang unserer
Erfahrung insofern unangetastet, als an die Stelle des einen Motivationszusammenhanges, der zur Setzung einer physikalischen Wahrheit nötigt, ein anderer träte, der diese Nötigung nicht enthielte. Ganz
analog hießt es hier, im § 55 der *Ideen II,* daß durch die erwiesene

---

[9] Landgrebe vertritt in einer frühen Abhandlung die Auffassung, Heidegger
habe in *Sein und Zeit* die Intentionalität, das Grundthema der Phänomenologie Husserls, als „Verhalten zum Seienden" mißverstanden, und erklärt dann:
„Es ist jedoch klar, daß diese Auffassung der Intentionalität höchstens dem
üblichen psychologischen Begriff von Intentionalität gerecht wird, nicht aber
demjenigen Husserls" (L. Landgrebe, „Husserls Phänomenologie und die Motive zu ihrer Umbildung," zuerst in: *Jahrbuch f. Philosophie und phänom.
Forschung II,* 1930; jetzt in: *Der Weg der Phänomenologie,* Gütersloh 1963,
S. 31 f.). Seine Begründung zeigt indes, daß er seinerseits den Begriff des Verhaltens zu eng auslegt: „Denn gerade wenn Intentionalität als Leistung verstanden ist und ihre tiefste Schicht als Zeitigung, Zeitbildung, dann kann sie keineswegs bloß Verhalten zum schon vorgegebenen Seienden bedeuten, sondern dann
muß ihre Leistung Selbstbildung der Zeit, Bildung der Möglichkeit sein, sich
überhaupt Seiendes begegnen zu lassen. Verhalten zum Seienden ist im Sinne
Husserls bloß eine bestimmte Schicht der Intentionalität, nämlich diejenige der
Aktintentionalität, der einzelnen Akte, in denen wir, wie etwa in der sinnlichen
Wahrnehmung, uns rezeptiv erfassend verhalten, oder, wie im prädikativen Urteilen, spontan tätig" (a.a.O., S. 32). Dies ist gewiß richtig gesehen, nur scheint
uns, daß Verhalten im Rahmen der Theorie Husserls nicht allein „Verhalten
zum *vorgegebenen* Seienden" sein kann, sondern selber konstitutive Funktion
für das Gegebene hat. Verhalten ist für Husserl, wie noch zu zeigen sein wird,
sinnbestimmtes und *sinnbestimmendes,* motiviertes und motivierendes, Verhalten in einem. Sowohl die Kinästhesenmotivation der Horizontintentionalität wie
auch Husserls spätere Auffassung der Wahrnehmung als „Tendenz auf Erfüllung" setzt den Begriff der durch „Verhalten zu . . ." in einem weitesten Sinne
definierten Intentionalität voraus. Vgl. auch Id II 278, wo Husserl das „bloße
Bewußtsein" durch das „Verhalten zum Gegenstande," das „Gegenstands-
bewußtsein" durch die (aktive oder passive) „Stellungnahme" begrifflich ergänzt.

oder eidetisch fingierte „Nichtwirklichkeit" der psychophysischen oder realen Kausalität zwischen Subjekt und Objekt deren Intentional-verhältnis, verstanden als motiviertes Verhalten, „nichts erleidet, son-dern höchstens sich ändert" durch das „Bewußtsein der Nichtwirk-lichkeit". Hier wie dort ist die Voraussetzung dieses Gedankens der ontologische Fundamentalsatz der *Ideen I,* daß Bewußtsein absolut insofern ist, als es „prinzipiell nulla ‚re' indiget ad existendum" (Id I 115).

Gerade diese Einsicht Husserls in die zwar mögliche, phänome-nologisch aber (zunächst) irrelevante „Parallelität" von „realer Kau-salität" und „Motivationskausalität" ermöglicht nun eine Antwort auf die Frage, von der wir ausgegangen sind. Die fragliche Abgrenzung einer „rein phänomenologischen Sphäre" von der „transzendenten Realitätssphäre" hat den Sinn, das thematische Feld einer reinen Phänomenologie von der Frage nach der transzendenten Realität frei-zuhalten, *ohne* indessen die damit zusammenhängende aber nicht darin aufgehende Frage nach dem cogitatum qua cogitatum eines ego cogito abzuschneiden. Mit der „transzendenten Realitätssphäre" ist der Bereich des *vor- und außerphänomenologischen Fragens* ge-meint, dessen operative Kategorie die reale Kausalität ist.

In diesem Ansatz ist vorausgesetzt, daß „real" nicht schon das ist, was den immanenten Erlebnisstrom prinzipiell reell transzendiert. Der von Husserl in der Rede von einer „transzendenten Realitäts-sphäre" vorausgesetzte Realitätsbegriff deckt sich nämlich nicht mit dem im Zweiten Kapitel der „Phänomenologischen Fundamentalbe-trachtung" entwickelten. Während dort das Reale aus dem Gegen-satz zum Absoluten reeller Immanenz gedacht ist und so geradezu mit dem „bloß" Intentionalen zusammenfällt, ist in unseren Überle-gungen zum § 55 der *Ideen II* deutlich geworden, daß für Husserl hier das *reale Sein Gegenbegriff zum intentionalen Sein* ist. Was freilich zum intentionalen Sein eines Gegenstandes hinzutreten muß, um ihm das Prädikat „real" zu erteilen, ist für das Wesen von Inten-tionalität nicht relevant.

Der vorhin gegebene Hinweis auf das Begriffspaar „immanente" und „tranzendente" Transzendenz stimmt mit diesem Resultat über-ein. Das reine Ich der Intentionalität, das sich noch nicht durch Kommunikation mit einem anderen Ich zu einem objektiven Bestand-stück der gemeinsamen Umwelt herabgesetzt hat, kann gar nichts anderes vor sich haben als immanente Transzendenzen bestimmten gegenständlichen Sinnes. Real, d.h. objektiv, sind diese Transzendenzen nur, insofern sie in der Wechselverständigung mit dem anderen Ich, das sie ebenfalls vor sich sieht, nicht nur intentional, sondern darüberhinaus auch *als objektiv* präsent werden. Objektivität transzendenter Transzendenz und Realität des Gegenstandes meinen aber dasselbe.

Dieser Sinn von Realität, allerdings ohne Rücksicht auf das Problem der intersubjektiven Konstitution einer objektiven, realen Welt, liegt auch Husserls im Dritten Abschnit der *Ideen I* entfalteten Theorie von Noesis und Noema durchgehend zugrunde. Innerhalb des Kontrastes von transzendenter Realität und rein Phänomenologischem ist die Realität des Transzendenten etwas, nach dem allein die *natürliche Einstellung* fragt. Das geht unzweideutig aus dem § 88 hervor, in dem Husserl an einem Beispiel erstmals den Unterschied von *realem und noematischem* Sein zu demonstrieren sucht. Um einen Vergleich mit dem soeben ausgelegten § 55 der *Ideen II* zu ermöglichen, zitieren wir das Beispiel ganz: „Angenommen, wir blicken mit Wohlgefallen in einen Garten auf einen blühenden Apfelbaum, auf das jugendfrische Grün des Rasens usw. Offenbar ist die Wahrnehmung und das begleitende Wohlgefallen nicht das zugleich Wahrgenommene und Gefällige. In der *natürlichen Einstellung* ist uns der Apfelbaum ein Daseiendes in der transzendenten Raumwirklichkeit, und die Wahrnehmung, sowie das Wohlgefallen ein uns, den realen Menschen zugehöriger psychischer Zustand. Zwischen dem einen und anderen *Realen,* dem realen Menschen, bzw. der realen Wahrnehmung, und dem realen Apfelbaum bestehen *reale* Verhältnisse. In gewissen Fällen heißt es in solcher Erlebnissituation: die Wahrnehmung sei 'bloße Halluzination', das Wahrgenommene, dieser Apfelbaum vor uns, existiere in der 'wirklichen' Realität nicht. Jetzt ist das reale Verhältnis, das vordem *als wirklich bestehendes* gemeint war, gestört. Die Wahrnehmung ist allein übrig, es ist nichts *Wirkliches* da, auf das sie sich bezieht" (Id I 220, Hervorh. teilw. v. Verf.).

Was Husserl hier beschreibt, ist die Ontologie des natürlichen Weltglaubens im alltäglichen Leben. Auf dem Boden dieses Weltglaubens, nicht etwa in der transzendentalen Reflexion auf diesen, entspringt die Frage nach der Realität dessen, was intentional unmittelbar präsent ist. Wenn Husserl im § 55 der *Ideen II* einräumt, daß der intentionalen Beziehung auf Reales, obgleich sie selbst nicht eine reale ist, eine reale „parallel laufen" kann, so ist diese Aussage nur das phänomenologische Explikat das im natürlichen Weltglauben Implizierten. Die unreflektierte Abhebung des „wirklich Bestehenden" von dem „bloß Vermeinten" ist Ausdruck einer naiven Ontologie, die nicht der Standpunkt der transzendentalen Phänomenologie selber ist, sondern allein deren Explicandum. Die Möglichkeit aber, zwischen Intentionalität und Realität (qua wirklicher Existenz) zu unterscheiden, wurzelt im antizipativen Erfahrungsstil der natürlichen Welterfahrung, den zu beschreiben ebenfalls Aufgabe der Phänomenologie werden muß (s.u. S 169 ff.).

Die transzendentale Phänomenologie dagegen hat nach Husserl „keine Frage der Art zu stellen, ob ihm [scil. dem Apfelbaum] in 'der' Wirklichkeit etwas entspricht" (Id I 220 f.). Sie hat, wie wir nun zwanglos ergänzen können, die „transzendente Realitätssphäre" zum Thema der Reflexion, aber nicht als das Feld, in dem sie sich aufhält. Jede Frage nach der Kausalität des als real Gesetzten hat daher zu unterbleiben. Im Anschluß an das oben zitierte Beispiel erörtert Husserl den Übergang von der natürlichen in die phänomenologische Einstellung und fährt dann fort: „Mit der ganzen physischen und psychischen Welt ist das wirkliche Bestehen des realen Verhältnisses zwischen Wahrnehmung und Wahrgenommenen eingeklammert; und doch ist offenbar ein Verhältnis zwischen Wahrnehmung und Wahrgenommenem (wie ebenso zwischen Gefallen und Gefallendem) übrig geblieben, ein Verhältnis, das zur Wesensgegebenheit in 'reiner Immanenz' kommt, nämlich rein auf Grund des phänomenologisch reduzierten Wahrnehmungs- und Gefallenserlebnisses, so wie es sich dem transzendentalen Erlebnisstrom einordnet. Eben diese Sachlage soll uns jetzt beschäftigen, die rein phänomenologische" (Id I 220). Offenkundig bezeichnet die Reduktion auf die „rein phänomenologische Sachlage" nicht, wie im Zweiten Kapitel der „Phänomenologischen Fundamentalbetrachtung", den Rückgang auf die Region reeller Immanenz, sondern die reduktive Erschließung des *Verhältnisses* von Erfahrung und Erfahrenem *als solchem*. Was nach vollzogener epoché „übrigbleibt", ist, im Einklang mit dem von uns im vorigen Kapitel Ausgeführten, eine zweipolige Korrelation, deren einer Pol der noematische Sinn (einschließlich der in unserem Problemzusammenhang zu vernachlässigenden Setzungsmodalitäten) bildet, während der andere das erlebende Subjekt ist.

Diese Reduktion auf das gegenständlich Erfahrene als solches, d.h.

auf den noematischen Sinn „in sehr erweiterter Bedeutung" (Id I 219), ist im Zweiten Buch der *Ideen* von Husserl durchweg vorausgesetzt, wo immer er von der Intentionalität als einem motivierten Verhalten spricht. Im § 55 hatte Husserl die Frage nach der Realität des motivierenden Objekts, auf das das Subjekt in spezifischer Weise „reagiert", unter Berufung auf das Wesen der Intentionalität abgewiesen und die naturalistische Kategorie der realen, die Realität der Ursache voraussetzenden Kausalität durch den Begriff der gegen die Realität des Motivierenden offenbar unempfindlichen „Motivationskausalität" ersetzt. Die Frage ist aber nun, *was* das Objekt zu einem motivierenden macht, wenn nicht dessen Realität. Diese Frage zielt auf das *Motivationsfundament* motivierten personalen Verhaltens. Das Motivationsfundament des personalen Verhaltens ist nun nichts anderes als der *noematische Sinn*. Das naturalistische Schema von Reiz und Reaktion, an dem Husserl festhält, wird seiner naturalistischen Komponente entkleidet und zu einem Verhältnis zwischen Sinn und sinnbezogenem Verhalten umgedeutet: „Stellen wir uns aber", so führt Husserl im § 50 aus, „auf den Boden der intentionalen Subjekt-Objekt-Beziehung, der Beziehung zwischen Person und Umwelt, so gewinnt der Begriff des Reizes einen fundamental neuen Sinn. Statt des Kausalverhältnisses zwischen Dingen und Menschen als Naturrealitäten tritt die *Motivationsbeziehung* zwischen Personen und Dingen, und diese Dinge sind nicht die an sich seienden Dinge der Natur – der exakten Naturwissenschaft mit den Bestimmtheiten, die sie als allein objektiv wahre gelten läßt –, sondern erfahrene, gedachte, oder sonstwie setzend *vermeinte Dinge als solche,* intentionale Gegenständlichkeiten des personalen Bewußtseins" (Id II 189, letzte Hervorh. v. Vf.).

Der enge Zusammenhang von phänomenologischer Reduktion auf den noematischen Sinn und der Entnaturalisierung des Weil-Verhältnisses zwischen dem erlebenden Ich, das sich zu seinem Objekt theoretisch, praktisch und affektiv verhält, und diesem Objekt selbst, das zur Reaktion des Ich „auffordert", bestätigt sich auch im § 56 g. Dieser Paragraph trägt den Titel: „Beziehungen zwischen Subjekten und Dingen unter dem Gesichtspunkt von Kausalität und Motivation". Auch hier teilt Husserl den Gegenstandsbezug des Subjekts in einen realen und einen intentionalen: Eine „fundamentale Scheidung" verläuft „zwischen Beziehungen des realen Subjekts zu realen Gegenständen" und den „Beziehungen zwischen Subjekten, die nicht als kausal-reale Gegenstände gesetzt sind, und angeschauten, beurteilten etc. Dingen *'als solchen'*, d.i. zwischen Subjekten und Dingnoemen . . ." (Id II 232 f.). Die Beziehungen der zweiten Art haben sozusagen den logisch weiteren Umfang. Die kausale Interpretation ist nicht immer möglich. Sie ist von vornherein ausgeschlossen, wenn dem angeschauten Ding als solchem kein existierendes Objekt entspricht. *Wenn* dies aber der Fall ist, dann „kann ich die Sachlage kausal verstehen, kaum merklich ist die Umänderung der Einstellung, obschon es eine wesentliche Änderung ist" (Id II 233). Die durch einen *Umschlag der Einstellung* gegenüber dem motivierenden, etwa Affekte auslösenden Objekt mögliche „Verwandlung" des „Motivations-Weil in ein reales Weil" (ebd.) wird von Husserl also davon abhängig gemacht, ob das Objekt als existierend apperzipiert wird. Im Rahmen dieser Auffassung bewegen sich auch die Beispiele, die Husserl hier zur Stützung des von ihm theoretisch Formulierten anführt. Den ganzen Gedankengang faßt Husserl wie folgt zusammen: „Diese Korrelate [scil. der Aktmotivationen] mögen ev. charakterisiert sein als wirklich, wir mögen also das urdoxisch setzende Bewußtsein von wirklichen Dingen und Sachverhalten dabei haben. Aber in diese Weil-Beziehungen treten sie als diese 'im' Bewußtsein 'liegenden' Korrelate, das Angeschaute als Angeschautes, das Fingierte als Fingiertes, das Geurteilte als Geurteiltes usw. Eben darum macht es keinen wesentlichen Unterschied, ob den Korrelaten Wirklichkeiten entsprechen oder nicht, ob sie überhaupt, den 'Sinn' von Wirklichkeiten haben oder nicht" (Id II 232). Wenn es zwar keinen „wesentlichen Unterschied" macht, „ob den Korrelaten Wirklichkeiten entsprechen oder nicht", so macht es doch einen Unterschied. Ist nämlich das intentional Gegebene als wirklich gesetzt, so stellt sich die Frage nach Absicht, Sinn und Leistung kausaler Erklärung, die sonst als sinnlos zu unterbleiben hätte. Wird aber das Motivationsverhältnis mit Husserl als ein Verhältnis zwischen noematischem Sinn und sinnorientiertem personalen Verhalten bestimmt, dann kann die Frage nach ihm durch die Möglichkeit kausaler Erklärung grundsätzlich nicht überholt werden. Motive des Verhaltens werden auch dann nicht zu Ursachen, wenn sich aus der Organisation unserer leiblichen Existenz Verhaltensweisen nach dem Schema von sensorischem Reiz und motorischer Reaktion erklären lassen.[10]

[10] Husserl bemerkt gegen die Verhaltensphysiologie lakonisch: „Aber die physiologischen Prozesse in den Sinnesorganen, in Nerven und Ganglienzellen

Allein der noematische Sinn hat motivierende Kraft. So liegen, um ein phänomenologisch relevantes Beispiel zu geben, im räumlich Wahrgenommenen als solchem Motive, die für die mögliche Näherbestimmung und schließliche Selbstgegebenheit des Dinges sprechen. Raumdinge „laden dazu ein", wie Husserl sagt, sie räumlich zu umgehen, um sich die unsichtigen Seiten des perspektivisch Abgeschatteten ebenfalls zur anschaulichen Gegebenheit zu bringen. Daß allein der Sinn „originäre räumliche Gegebenheit" diese Motive in sich birgt, sieht man daran, daß demselben Ding, sobald es nur bildlich, zum Beispiel in Form einer photographischen Aufnahme, dargestellt ist, diese Motive *fehlen*. Ein abgebildeter Raumkörper lädt gewiß nicht dazu ein, sich durch räumliches Umgehen seine Rückseite zu Gesicht zu bringen. Dem Bildraum fehlen die Verweise auf allseitige Gegebenheit, die für den Wahrnehmungsraum konstitutiv sind.[11] In diesem Sinne ist der Wahrnehmungsraum, im Unterschied zu geometrisch konstruierten oder perspektivisch abbildenden Räumen, immer auch „Handlungsraum".[12]

In der Reduktion auf den noematischen Sinn ist aber ein doppelter Gegensatz einbehalten. So muß, wie aus der zitierten Stelle Id II 232 hervorgeht, das Angeschaute *als* Angeschautes einmal von dem Fingierten *als* Fingiertem, dem Erinnerten *als* Erinnertem usw. ab-

motivieren mich nicht, wenn sie das Auftreten von Empfindungsdaten, Auffassungen, psychischen Erlebnissen in meinem Bewußtsein psychophysisch bedingen" (Id II 231).

[11] Daß motiviertes Verhalten sinnorientiert ist, betont auch Merleau-Ponty: „Was versteht man unter einem Motiv, was will man sagen, wenn man von der Motivierung etwa einer Reise spricht? Man meint damit, daß die Reise von gewissen gegebenen Tatsachen veranlaßt war, nicht aber so, als hätten die Tatsachen für sich allein das physische Vermögen besessen, die Reise hervorzubringen, sondern insofern diese Tatsachen Grund gaben, die Reise zu unternehmen. Das Motiv ist ein Antezedens, das wirkt allein durch seinen Sinn, ja erst der Entschluß selbst ist es, der diesen Sinn zu einem gültigen macht und ihm seine Kraft und Wirksamkeit verleiht. Motiv und Entschluß sind zwei Elemente einer Situation: jenes ist die faktische, dieser die angeeignete Situation. So motiviert ein Trauerfall eine Reise, *weil* es eine Situation ist, die meine Anwesenheit erfordert, sei es um der betroffenen Familie beizustehen, sei es um dem Toten die 'letzte Ehre' zu erweisen, und indem ich beschließe, die Reise zu unternehmen, 'mache' ich das Motiv 'geltend' und mache mir die Situation zu eigen. Das Verhältnis von Motivierendem und Motiviertem ist also ein wechselseitiges" (M. Merleau-Ponty, *Phénoménologie de la Perception*, Paris 1945; dtsch. Übers. v. R. Boehm; *Phänomenologie der Wahrnehmung*, Berlin 1966, S. 301 f.).

[12] Vgl. hierzu C. F. Graumann, *Grundlagen einer Phänomenologie und Psychologie der Perspektivität*, Berlin 1960, S. 20 ff.

gehoben werden, sodann aber auch von dem Angeschauten *als* einem Realen. Die gleichlautende grammatische Konstruktion des thematisierenden „Als" darf nicht den entscheidenden Unterschied verdekken, der zwischen qualitativ verschiedenen Gegebenheitsweisen eines Selben von identischem gegenständlichen Gehalt besteht und den zwei Einstellungen, in denen Gegenständliches erfaßt werden kann: der natürlichen Einstellung der Erfahrungswissenschaft und der radikal davon unterschiedenen der phänomenologischen Reflexion *auf* die personale oder „Motivationseinstellung", um diese in dem ihr eigenen Sinn zu explizieren.

Auf diesen Gegensatz der Einstellung aber kommt es Husserl hier an. Zwar sind die Differenzen in den Aktqualitäten, die graduellen Unterschiede der anschaulichen Fülle, der Nähe und Ferne usw. für eine ausgeführte Theorie motivierten Verhaltens unentbehrlich. Aber sie treten zurück vor dem Grundgegensatz, zu dessen Herausarbeitung wir die ganze bisherige Interpretation aufgeboten haben: dem Gegensatz zwischen der phänomenologischen Reduktion auf das absolut Gegebene und der natürlich-naturalen, vorwissenschaftlichen oder wissenschaftlichen Weltauslegung am Leitfaden der Idee substantiell-kausaler Realität. Was als absolut gegeben zu gelten hat, ist aus dieser Sicht nicht mehr der Gegenstand einer immanenten Wahrnehmung, sondern ausschließlich das thematische Feld, das sich durch den Rückgang auf das ursprüngliche Motivationsverhältnis der Erfahrung reduktiv eröffnet. Dieser Rückgang hinter die „transzendente Realitätssphäre" auf ihre reduktive Gestalt, die „rein phänomenologische Sphäre", bleibt nicht bei den reellen Inhalten der Akte stehen. Er erlaubt vielmehr eine thematische Entfaltung in drei verschiedenen Richtungen. Auch wenn, psychologisch gesehen, nur der Strom des Erlebens selbst eine durchgehende Einheit der Motivation sein sollte, so liegt es doch „im Wesen der *Aktmotivationen,* daß auch Beziehungen zwischen den *Aktkorrelaten* und den *Akten* und den *Korrelaten selbst* bestehen, die auch ihr 'weil' und 'so' haben" (Id II 232). Die noematische Seite der Motivationsproblematik wird von Husserl so ausdrücklich anerkannt.

In der transzendentalen epoché erwächst also im Hinblick auf das Problem von Kausalität und Motivation die Forderung, den Vollzug der transzendenten Thesen des naturkonstituierenden Bewußtseins auszusetzen und sich nicht mehr „durch die in ihnen liegenden Motivationen zu immer neuen Thesen bestimmen zu lassen" (Id I 118). Das schließt die Forderung ein, den „im tatsächlichen Gang unserer menschlichen Erfahrungen" liegenden Motiven keine Folge zu leisten, die uns auffordern, ja „zwingen", „über die anschaulich gegebenen Dinge hinauszugehen und ihnen eine 'physikalische Wahrheit' unterzulegen" (Id I 110, s.o. S. 121). Auf dem Hintergrund dieser Bestimmungen leistet die transzendentale epoché den *Rückgang auf den ursprünglichen Motivationszusammenhang der Erfahrung*. Möglich aber ist dieser Rückgang als ein Rückgang auf absolut Gegebenes nur insofern, als die transzendentale Reflexion den Motiven nicht folgt, auf die sie thematisch zurückgeht.

In *Erfahrung und Urteil* werden zwei Schritte der Reduktion unterschieden, von denen der eine auf die ursprüngliche Lebenswelt, der andere auf die transzendentale Subjektivität zurückführt, in der sie sich konstituiert (EU 49). Von hier aus könnte eingewandt werden, daß der Rückgang auf den Motivationszusammenhang der Erfahrung nur diesem ersten Schritt entspräche, zumal dieser Motivationszusammenhang in den *Ideen II* als Zusammenhang des motivierten personalen Verhaltens in einer nicht-naturalen Lebenswelt zum Thema des ganzen Dritten Abschnitts gemacht wird. In einer Beilage dazu erklärt Husserl: „Der Naturwissenschaft, obschon sie das All der Realitäten erforscht, entschlüpft die Lebenswelt der Personen . . ." (Id II 374 B), um wenig später fortzufahren: „Das Grundverhältnis in dieser Lebenswelt, das den Gesichtspunkt der Methode vorzeichnet, ist nicht das der Kausalität, sondern das der Motivation" (Id II 375 B). Was hier Lebenswelt heißt, umfaßt auch, wie die Interpretation von § 55 und § 62 g gezeigt hat, die Erfahrung von Dingen in Raum und Zeit. Ist aber der Rückgang vom „All der Realitäten", in dem auch intentionale Erlebnisse Fakten sind, die kausal-analytisch erklärt werden können, auf die durch Motive geregelte Lebenswelt nicht unvollständig, solange diese Lebenswelt nicht noch einmal auf die sie konstituierende absolute Subjektivität hin hinterfragt wird? Aber es muß nun beachtet werden, daß der Rückgang auf den Motivationszusammenhang lebensweltlicher Erfahrung von Husserl von vornherein transzendental angesetzt wird. Wenn Motivation einen Wirkungszusammenhang anzeigt, der nur zwischen noematischem Sinn und dem reinen Ich des personalen Lebens besteht, durch dessen Vermittlung dann aber auch sekundär zwischen den noematischen Sinneinheiten als Aktkorrelaten selber besteht, dann muß die transzendentale Reduktion vollzogen sein, um überhaupt so etwas wie einen Motivationszusammenhang phänomenologisch in den Blick zu bekommen. Nur deshalb auch kann Husserl in der Anmerkung zum § 47 der *Ideen I* den Begriff der Motivation als rein phänomenologisches Äquivalent für den naturalistischen Kausalbegriff einführen.

Das bestätigt sich nun auch daran, daß Husserl geistiges Leben, dessen Grundgesetz Motivzusammenhänge darstellen, im Zweiten Buch der *Ideen* als *Absolutes* versteht und es damit in genau die systematische Stelle einrücken läßt, die im Ersten Buch das Bewußtsein innehat. Die Antithetik des § 64 des Zweiten Buches: „Relativität der Natur, Absolutheit des Geistes" (Id II 297), ist der Antithetik von „absolutem Bewußtsein" und „natürlicher Wirklichkeit" des Ersten Buches in vielem nachgebildet. Auch in den Analysen zur Konstitution von Natur und Geist zeigt sich, daß Kausalität das Grundgesetz der transzendenten Realitätssphäre ist, ja diese geradezu definiert: „*Realität* oder, was hier dasselbe ist, *Substantialität und Kausalität gehören untrennbar zusammen*. Reale Eigenschaften sind eo ipso [!] kausale" (Id II 45, vgl. PW 34 und PP 101). Dieser Realitätsbegriff, den Husserl für das Wesen der materiellen Natur als konstitutiv ansieht, unterstellt die universale Gültigkeit der naturalen Einstellung. Nur scheinbar fundiert die substantial-kausale Realität als die konstitutiv niederstufige jene beiden anderen Realitätsformen, die Husserl in den *Ideen II* hiervon abgrenzt: seelische und geistige Realität. In Wahrheit geht in der Ordnung der konstitutiven Problematik die absolute „Realität des Geistes" (Id II 283) [13] der Naturrealität voraus. Deswegen ist das „Verhältnis zwischen Geist und physischer Natur" als ein „Verhältnis zwischen zweierlei Realitäten" zwar „ein Verhältnis der Bedingtheit, aber doch nicht der Kausalität im echten Sinn" (Id II 283). Kausalität „im echten Sinn" wird in den *Ideen II* von Husserl bestimmt als „das Verhältnis einer Realität zu ihren korrelativen Umstandsrealitäten" (Id II 283), analog der in den *Ideen I* getroffenen Feststellung, Kausalität im „normalen Sinn natürlicher Kausalität" sei eine „Abhängigkeitsbeziehung zwischen Realitäten" (Id I 117). Die sinngebende Funktion des Geistes für die faktische und jede denkbare Natur ist es, aus der sich, wie immer auch seine von Husserl ausdrücklich anerkannte Naturbedingtheit begrif-

---

[13] In den *Ideen I* noch hielt Husserl, da alle Realität „seiend ist durch 'Sinngebung' ", eine „absolute Realität" für undenkbar (Id I 134). Den mehrfachen Seinsinn des Seienden von der Seinsart der Realität gilt es im Auge zu behalten, wo immer das Reale dem Absoluten von Husserl entgegengestellt wird.

fen werden mag, seine Absolutheit begründet: „Subjekte können nicht darin aufgehen, Natur zu sein, da dann das fehlen würde, was der Natur Sinn gibt. Natur ist ein Feld durchgängiger Relativitäten und kann es sein, weil dieselben immer doch relativ zu einem Absoluten sind, das somit alle Relativitäten trägt: der Geist" (Id II 297). Mit demselben Gedanken begründet Husserl im § 55 der *Ideen I* die Absolutheit des Bewußtseins. Geist aber ist Erleben, Stellungnahme, Motivation (Id II 299). Die zunächst hinsichtlich des Gegensatzes von Bewußtsein und Realität vorgenommene Scheidung einer „rein phänomenologischen Sphäre", deren Grund-Verhältnis motiviertes Verhalten ist, von der „transzendenten Realitätssphäre", in der allein Kausalität im „normalen Sinn" möglich ist, bestätigt und bewährt sich mithin auch hier.

Die Frage ist aber nun, wie der ausgegrenzte Kausalzusammenhang der „physikalisch exakten Natur" (PW 34, s.o. S. 108 ff.) wieder in die phänomenologische Thematik eingeholt werden kann. Das geschieht bei Husserl in der Form einer Konstitutionsanalyse, in der freigelegt wird, in welchem Verhältnis beide Arten von Wirkzusammenhängenstehen. Auf diese Weise läßt sich die Kritik naturalisierender Bewußtseinstheorien dadurch weiterführen, daß die Natur der Naturwissenschaft als im ursprünglichen Motivationszusammenhang der horizontintentional geregelten Erfahrung fundiert erwiesen wird. Wenn, wie Husserl voraussetzt, die ursprüngliche Welterfahrung ein Zusammenhang der Motivation in einer perspektivischen Welt ist, dann ist auch die Frage nach den *Motiven für die konstitutive Idee der Kausalität* phänomenologisch sinnvoll. Der phänomenologische Grund-Begriff des Motives hat unter dieser Voraussetzung, die allerdings ihrerseits noch in Frage zu stellen wäre, die doppelte Funktion, die „anschauliche" Welt im Gegensatz zur „physikalischen" zu charakterisieren und doch zugleich diesen Gegensatz selbst thematisch zu machen.[14]

[14] Gerade durch diesen Versuch, es nicht einfach bei dem Kontrast zweier Regionen bewenden zu lassen, sondern den Motivationen nachzufragen, die zu diesem Kontrast führen, unterscheidet sich Husserl von anderen zeitgenössischen Theorien, vom Problem des Bewußtseins aus naturwissenschaftliche Psychologie zu kritisieren. Der Kontrast selbst ist schon von Th. Lipps (noch vor dem Erscheinen der *Ideen I*) sehr klar herausgestellt worden: „Die kausalen Beziehungen stellen den Zusammenhang der erkannten dinglich realen Welt her; die Motivationsbeziehungen bezeichnen den unmittelbar erlebten Zusammenhang des Bewußtseinslebens" (Th. Lipps, *Leitfaden der Psychologie*, 3. Aufl. Leipzig 1909, S. 42). Näheres zur Theorie Lipps' s.u. S. 218 ff.

Damit ist die Problemlage so weit geklärt, daß wir drei Leitsätze formulieren können, die der weiteren Untersuchung die Richtung geben sollen:

1) Die transzendentale phänomenologische Reduktion auf das absolute Bewußtsein kann im Problemkreis der *Ideen* als Rückgang auf den Motivationszusammenhang der ursprünglichen, das heißt: der in Horizonten stehenden Erfahrung verstanden werden. In diesem Rückgang wird der Begriff der Kausalität ausgeschaltet und durch den phänomenologischen Grund-Begriff der Motivation ersetzt. Daraus folgt, daß die Abgrenzung der rein phänomenologischen Sphäre von der transzendenten Realitätssphäre nicht regional zu verstehen ist.

2) Dieser Rückgang legt das Motivationsfundament der für die Naturwissenschaft konstitutiven Idee der Kausalität frei und ermöglicht es daher, in den konstitutiven wie genetischen Ursprung des Naturalismus zurückzufragen. Die Rückfrage leistet zweierlei. Sie erweist erstens das Verhältnis der Kausalität zur Motivation selbst als ein Verhältnis der Motivation, und zweitens die Natur der Naturwissenschaft und die Natur der schlichten vorwissenschaftlichen Erfahrung als identisch. Das zweite Moment erlaubt, kausale und motivationale Regelungen dinglicher Zusammenhänge als verschiedene Gegebenheitsweisen eines identisch Zugrundeliegenden zu interpretieren.

3) Das Verhältnis der Motivation ist unmittelbar ein Verhältnis des Grundes zwischen erlebendem Ich und noematischem Sinn; mittelbar ist es aber auch das Grund-Verhältnis zwischen den noematischen Mannigfaltigkeiten selber, und zwar ein solches, das primär der Horizontintentionalität eignet und deren Verweisungsstrukturen zum Ausdruck bringt.[15]

---

[15] Wir setzen mit Husserl demnach voraus, daß zur Motivation „im prägnanten Sinn der Ichmotivation (Vernunftmotivation)" (Id II 223) ein *Ich* gehört, das sich motivieren *läßt*. Mit einem Terminus der *Cartesianischen Meditationen* wird man also sagen müssen, daß die „Polarisierung" des Erlebnisstromes in einen ausgeprägten Ichpol und einen ebenso ausgeprägten Gegenstandspol schon vollzogen sein muß, um sinnvoll von Motivation sprechen zu können. Versucht man die „assoziative Kausalität" (AP 385 B) eines ichlosen Erlebnis- oder Bewußtseinsstromes zu denken, dann sollte diese Art von Kausalität nicht unter den Motivationsbegriff subsumiert werden, obwohl Husserl es selber gelegentlich tut (vgl. Id II 222 f.). Gegen einen solchen Begriffsgebrauch läßt sich mit Husserl geltend machen, daß „der Begriff des Motives ... hier ein ganz uneigentlicher natürlich ist, da der eigentliche sich auf Ichakte bezieht" (AP 386 B).

VIERTES KAPITEL

HORIZONTINTENTIONALITÄT
UND WAHRHEIT AN SICH

Die Bedeutung, die dem Gegensatz von Kausalität und Motivation in der Phänomenologie Husserls zukommt, wird nur verständlich, wenn man den „Zusammenhang der rein immanenten 'Motivation' " (Id I 112), als den Husserl den Erlebnisstrom des reinen Bewußtseins denkt, von der Theorie der *Horizontintentionalität* aus interpretiert. Um den Zusammenhang von Horizontbildung und Erlebnismotivation sichtbar zu machen und damit ein umfassenderes Verständnis des phänomenologischen Motivationsbegriffes zu gewährleisten, soll in diesem Kapitel zunächst nur die *eine* Seite des Gegensatzes, der von Husserl mit dem Begriffspaar Kausalität und Motivation angezeigt wird, betrachtet werden. Im folgenden wird daher die Erörterung des *Kausalzusammenhanges* der realen Natur sowie dessen *Verhältnis* zum Motivationszusammenhang der horizontintentionalen Erlebnis-subjektivität zunächst zurückgestellt und nur gefragt, was Motivation für sich selbst genommen in der Theorie der Horizontintentionalität bedeutet.

Die Texte, die wir auf den Zusammenhang von Horizontstruktur und Motivation hin zu befragen haben, finden sich vorwiegend im Ersten Buch der *Ideen* und in den *Analysen zur passiven Synthesis*. Für die Begriffe der motivierten Möglichkeit und der Vernunftmotivation sind die *Ideen I* besonders aufschlußreich, während die allgemeine Theorie der Horizontintentionalität von Husserl am eindringlichsten in den *Analysen zur passiven Synthesis* dargestellt worden ist.

1. *Der Begriff der motivierten Möglichkeit und seine Abgrenzung von dem der idealen und offenen Möglichkeit*

Möglichkeit ist in der Phänomenologie Husserls der Begriff, ohne den die Theorie der Horizontintentionalität den passiven wie aktiven

Verlauf der Erfahrung nicht als einen durchgehenden Zusammenhang
der Motivation bestimmen könnte. Zum Vollzug eines motivierten, im
Horizont der Erfahrung in bestimmter Weise vorgezeichneten Aktes
gehört einmal ein noematischer Sinn, der als Motiv fungiert, zum
anderen ein Aktsubjekt, das sich motivieren läßt, drittens aber das,
was motiviert *ist*. Das Motivierte jedoch ist stets ein Mögliches, – der
motivierte Akt ein *möglicher* Akt, sein noematisches Korrelat ein
möglicher Sinn. Motive zeichnen im Horizont bereits konstituierten
Sinnes neuen Sinn vor. Sinn verweist so auf Sinn, aber nur mittelbar;
unmittelbar verweist konstituierter Sinn auf weitere aktiv oder passiv
vollzogene Akte des Erfahrungsverlaufes, vermittels deren der mögliche neue Sinn in ebendenselben Sinn als wirklich ausgewiesenen
überführt werden *könnte*. Daher ist nur vom Begriff der Möglichkeit
aus der Motivationszusammenhang der doxischen Erfahrung verständlich zu machen.

Mit der thematischen Zusammenstellung von Motivation und Möglichkeit im Begriff der „motivierten Möglichkeit" will Husserl auf die
konstitutive Rolle der Subjektivität für die bestimmende Erschließung
des aller aktuellen Erfahrung vorausgesetzten unbestimmt-bestimmbaren Horizontes hinweisen. Andererseits bezeichnet dieser Begriff ein
recht spezielles Thema innerhalb der allgemeinen Theorie der Horizontintentionalität. Möglichkeit in diesem eingeschränkten Sinn
meint alles, was sich als wahrhaft und wirklich seiend „anmutet",
ohne daß sich schon mit Gewißheit ausmachen ließe, ob es wirklich
und wahrhaft „ist". Husserl spricht darum auch von „anmutlicher
Möglichkeit" (AP 42). Motiviert heißt für ihn auch diese Möglichkeit,
und zwar darum, weil sie nicht Sache subjektiver Willkür ist, sondern die Weise bezeichnet, wie vom faktisch Gegebenen gegenständlicher Sinn als möglich positiv gefordert ist.

Der systematische Ort für diesen engeren Begriff von motivierter
Möglichkeit ist für Husserl die Theorie der *Seinsmodalitäten*. Aus
dem „Wesen der Seinsmodalitäten und ihrer Konstitution" (AP 25)
allein läßt sich aufklären, was Möglichkeit phänomenologisch bedeutet, soweit sie eine spezielle Thematik innerhalb der allgemeinen
Theorie der Horizontintentionalität bezeichnet. Es ist, mit den Worten
einer Anmerkung zum § 140 der *Ideen I*, die „Lehre von den doxischen Modalitäten" und innerhalb dieser wieder die „Lehre von den
Wahrscheinlichkeiten" (Id I 345), in denen das Problem der motivierten Möglichkeit von Husserl vorzugsweise abgehandelt wird.

Es ist uns hier nicht möglich, die phänomenologische Modalitätenlehre in extenso darzustellen. Wir berühren das Modalitätenproblem nur insoweit wie es für eine sachangemessene Interpretation des phänomenologischen Möglichkeitsbegriffs unerläßlich ist. Ein Hinweis auf die Theorie der Seinsmodalitäten bei Kant wird den Standpunkt Husserls deutlicher hervortreten lassen.[1]

Nach Kant ist es den Kategorien der Modalität eigentümlich, „daß sie den Begriff, dem sie als Prädikate beigefügt werden, als Bestimmung des Objekts nicht im mindesten vermehren, sondern nur das Verhältnis zum Erkenntnisvermögen ausdrücken" (Kr.d.r.V. A219). Obgleich sich Husserls Fragestellung gegenüber der Kants ganz entscheidend gewandelt hat (s.u.S. 151 f.), stimmt seine Bestimmung der Seinsmodalitäten, formal gesehen, mit dieser Grundbestimmung Kants überein. Denn der gegenständliche Sinn wird, wie Husserl in den *Ideen* unmißverständlich erklärt, durch die Seinsmodalitäten, die er auch „Setzungscharaktere" nennt, nicht im mindesten verändert. Zwar ist, wie Husserl später, in den *Analysen zur passiven Synthesis,* formuliert, der Seinsmodus keine subjektive „Zutat des urteilenden Ich zu dem sozusagen ihm fertig vorgereichten Sinn" (AP 227) sondern ein *noematisches Moment* am gegenständlichen Sinn selber, ein Charakter, der am noematischen Kern „haftet" (Id I 255). Aber der Seinsmodus am vollen noematischen Kern, am „Sinn im Modus seiner Fülle" (Id I 323), ist *keine prädikable Bestimmung* von etwas, nichts, als das etwas (als etwas) apperzipiert werden könnte, sondern allein und ausschließlich eine *Form der Gewißheit.* Nicht umsonst heißen die Modalitäten des Seins bei Husserl auch „Glaubenscharaktere" (Id I 256) oder ausführlicher gesagt: „Modalitäten glaubender Stellungnahme des Ich" zum gegenständlichen Sinn (AP 57).

Husserl steht damit wie Kant in der Tradition der neuzeitlichen Metaphysik, das Seinsproblem vom Problem der Gewißheit (certidudo) menschlicher Erkenntnis aus anzugehen. Das äußert sich auch darin, daß Sein für Husserl zum Sinn äußerlich ist, obwohl es andererseits, wie eben gesagt, keine bloße „Zutat des urteilenden Ich zu dem ihm fertig vorgereichten Sinn" sein soll. Die Bestimmung des Noemas als „Einheit von Sinneskern und Seinscharakter" (Id I 258) muß so

---

[1] Zum Verhältnis Husserls zu Kant vgl. die erschöpfende Darstellung von J. Kern, *Husserl und Kant, Eine Untersuchung über Husserls Verhältnis zu Kant und zum Neukantianismus,* Den Haag 1964.

verstanden werden, *daß bei identisch festgehaltenem Sinn der Seins-charakter variabel sein kann.* Der „Gegenstand im Wie seiner Be-stimmtheiten" (Id I 321) macht den prägnanten Begriff des noemati-schen Sinnes aus. „Halten wir", so führt Husserl im § 132 der *Ideen I* aus, „. . . den Sinn felt, also das 'Vermeinte' genau mit dem Be-stimmungsgehalt, in dem es Vermeintes ist, so ergibt sich klärlich ein zweiter Begriff vom 'Gegenstand im Wie' – im Wie seiner Gegeben-heitsweisen" (Id I 323, von Husserl teilw. gesp.). Denn der Gegen-stand kann in verschiedenen Modi der anschaulichen Fülle gegeben sein, ohne daß sich an seinem „Bestimmungsgehalt" etwas ändert, dieser also im Wechsel sinnlicher Fülle „absolut identisch" zu bleiben vermag (ebd.). Berücksichtigt man die Weise, wie Husserl den § 103, dessen Thema die Seinsmodalitäten sind, im § 102 vorbereitet, so läßt sich unschwer erkennen, daß sich das Verhältnis von Identität im Wechsel auch bei diesem Sinn im Modus seiner Fülle wiederholt: er ist ein Identisches wechselnder Seinscharaktere. Mit einem bestimm-ten Sinn ist noch nicht ein bestimmter Modus des Seins gesetzt. Der noematische Sinn also, der allein die Bestimmung des Objekts leisten kann, ist indifferent gegen den Modus seines Seins.

Ebenso ausdrücklich wie die Differenz von Sinn und Sein betont Husserl ihre unauflösliche Einheit. Ihre „Scheidung", so heißt es in einem aufschlußreichen Text aus der ersten Fassung der Vorlesungen *Analysen zur passiven Synthesis,* bedeutet noch nicht ihre „Trennung" (AP 228). Der Sinn, in dem sich Gegenständliches zeigt, tritt *faktisch* stets mit dem Anspruch zu sein auf. Diese Einheit von Sinn (Auffas-sung von etwas als etwas) und Seinscharakter (etwas ist „gewiß", „möglich" oder auch „nicht" usw.) ist nach Husserl so eng, daß sich im schlicht gewahrenden Erfassen „in keiner Weise, für das Bewußt-sein, bloß gegenständlicher Sinn und Seinsmodus" „scheidet" (AP 228). Dennoch ist das „Auseinandertreten in die Zweiheit Sinn und Modalität" (AP 230) schon für die geradehin auf den Gegenstand gerichtete natürliche Erfahrung konstitutiv. Husserl folgert aus der deskriptiven Einsicht in die Ungeschiedenheit von Sinn und Sein für das schlicht erfassende Bewußtsein nicht, daß die fragliche Differenz erst in der phänomenologischen Reflexion aufbräche. Sobald nämlich im natürlichen Erfahrungsverlauf die alles natürliche Erfahren lei-tende Seinsgewißheit aufgebrochen wird, differenziert sich auch *für* das natürliche Bewußtsein der Sinn vom Sein: „Erst der Übergang in Unstimmigkeiten und damit in modalisierende Wandlungen läßt Sinn

und Modalität des Seins im Kontrast sich voneinander abheben . . ."
(AP 229). Für Husserl ist mithin nicht nur die Modalisierung der
ursprünglichen Seinsgewißheit sondern auch die Reflexion auf den
Seinscharakter von Sinn ein „Hemmungsphänomen". Trotz dieses
Kontrastes von Sinn und Sein aber gilt, daß Sinn immer als seiend
oder aber ausdrücklich als nichtseiend erfahren wird, und umgekehrt
jedes Sein immer Sein eines Sinnes ist.[2]

Auf dem Hintergrund ihrer synthetischen Einheit mit dem Sinn
lassen sich nach Husserl für die Modalitäten des Seins drei Grundzüge
angeben. Seinsmodalitäten sind erstens *Abwandlungen* einer urdoxischen, ungebrochenen Seinsgewißheit; zweitens läßt sich im Hinblick
auf diesen ersten Grundzug von einer fließenden *Gradualität* im
Modus des Seins sprechen; drittens schließlich haben die graduell von
der schlichten Seinsgewißheit bis zur partiellen Seinsnegation sich ab-
stufenden Modalitätsformen ihren Ursprung in einer *Hemmung* des
Interesses, das die Erfahrung am Gegenstand nimmt.

Obgleich Husserl die Gradualität des modalisierten Bewußtseins
in der Theorie der Seinsmodalitäten nicht eigens als konstitutives
Moment dieses Bewußtseins herausgestellt hat, wird man sagen müssen, daß sie einfach aus dem Wesen von Gewißheit folgt. Gewißheit
reduziert sich nicht, wie Husserl selber gegen Brentano betont, auf den
Modus der Anerkennung des Gemeinten als wirklich. Schon darum
ist das, was über den gegenständlichen Sinn eines intentionalen Objekts hinausgeht, nicht, wie Brentano meint, auf die Alternative
„Anerkennung" oder „Verwerfung" zu bringen, ganz abgesehen davon, daß ausdrückliche Anerkennung oder Verwerfung eines Sach-

---

[2] Der Tenor dieser Ausführungen Husserls ist gegen Brentano gerichtet. Man
kann nicht, wie er gegen Brentano hervorhebt, „den Modus des Seins als eine
Zutat des urteilenden Ich zu dem sozusagen ihm fertig vorgereichten Sinn aus-
geben" (AP 227, teilw. schon zit.). Diese Kritik bezieht sich auf die Auffassung
Brentanos von der Indifferenz des Vorgestellten als solchem gegen dessen bejahende Anerkennung oder verneinende Verwerfung in den Akten des Urteilens,
zu denen Brentano auch die Wahrnehmung selbst zählt: „Nach Brentano und
seiner Schule, der auch Meinong angehört, soll es eine eigene Wahrnehmungs-
vorstellung geben, die den Gegenstand leibhaftig vorstellig macht, und dann
soll ein bald anerkennendes, bald verwerfendes Urteilen, ein Bejahen oder Ver-
neinen des Vorgestellten hinzutreten. Prinzipiell müssen sie aber nicht hinzutreten, und dann hätten wir eine bloß Vorstellung" (AP 226), das also, was
Husserl in den *Ideen* als Neutralitätsbewußtsein versteht. Wie sehr gerade
Husserls Urteilstheorie in *Erfahrung und Urteil* dieser Auffassung Brentanos
verpflichtet bleibt, braucht hier nicht näher erörtert zu werden, kann aber auch
nach dem oben zur Indifferenz des Sinns zum Sein Gesagten nicht mehr überraschen.

verhaltes erst der Stufe des prädikativen Urteiles angehört. In sich selbst ist Seinsgewißheit gleichsam abschichtungsfähig: sie reicht vom schlichten Glauben in das Sein des Sinnes über das Bewußtsein des Möglichseins bis hin zum Bewußtsein des Nichtseins. *Daß* freilich Husserl die Seinsmodalitäten als Modifikationen einer subjektiven Urgewißheit bestimmt, ist nicht mehr deskriptiv zu rechtfertigen, sondern wurzelt in einer metaphysischen Vorentscheidung, die deskriptiv nicht eingeholt werden kann.

Der dritte Grundzug dessen, was bei Husserl Seinsmodalität heißt, ergibt sich aus einer für die weitere Ausbildung der Phänomenologie folgenreichen Erweiterung des Begriffs der Intentionalität um das Moment interessegeleiteten Strebens, die noch Gegenstand einer gesonderten Erörterung sein wird (s.u.S. 179 ff.). Seit den *Analysen zur passiven Synthesis* begreift Husserl die Modalisierungen als „Hemmungen im Ablauf des ursprünglichen Wahrnehmungsinteresses" (EU 111). Das Interesse, von dem Husserl hier spricht, ist auf der Stufe der passiven Erfahrungssynthesen ein „tendentiöses Fortstreben zu immer neuen Gegebenheitsweisen desselben Gegenstandes" (EU 93), auf der Stufe der spontanen Aktivität prädikativen Denkens dagegen „Wille zur Erkenntnis" (EU 92). Erst von diesem neuen, in den *Ideen* erst ansatzweise nachweisbaren Begriff der Intentionalität aus kann modalisiertes Bewußtsein genetisch auf ein Hemmungsphänomen zurückgeführt werden.

Von hier aus versteht sich *die* Sonderform des modalisierten Bewußtseins, die bei Husserl „Zweifel" heißt. Diesem Zweifel korrespondiert die „motivierte Möglichkeit". Der Zweifel, der einen „Übergangsmodus zur negierenden Aufhebung darstellt" (AP 33), ist das Phänomen, das Husserl vorzugsweise im Auge hat, wenn er von motivierter Möglichkeit im Rahmen allgemeiner Erörterungen über das Modalitätenproblem spricht. Wir folgen zunächst der deskriptiven Analyse des Möglichkeitsbewußtseins im § 8 der *Analysen zur passiven Synthesis* und ihrer Überarbeitung im § 21b von *Erfahrung und Urteil*.

Zweifel ist für Husserl eine Form gehemmter Gewißheit. Zweifel an der Gültigkeit der für gewiß Gehaltenen entspringt immer dann, wenn die Erfahrung im Zuge ihres tendentiösen Fortstrebens von Gegebenheitsweise zu Gegebenheitsweise desselben Gegenstandes auf einen Aspekt stößt, der sich dem dieses Streben leitenden einheitlichen Auffassungssinn nicht mehr einstimmig einfügen läßt. Der bisher geltende Sinn wird dem erfahrenden Subjekt „fraglich" oder „zweifelhaft". Das Bewußtsein vom Gegenstand erleidet eine Modifikation seiner Gewißheit. Der bis dahin geltende Sinn wird nicht gänzlich außer Kraft gesetzt wie im Fall glatter Durchstreichung vorprädikativer Negation. Die Modifikation besteht vielmehr darin, daß der leitende Auffassungssinn und die an ihn geknüpften Erwartungsintentionen weder bestätigt noch widerlegt werden und doch ihre selbstverständliche Gültigkeit einbüßen. In der Regel wird von dem neu Gesehenen ein affektiver Zug ausgehen, der den bisher geltenden gegenständlichen Sinn nicht allein fraglich macht sondern überdies auch einen neuen Auffassungssinn nahelegt („Wachspuppe" statt „Mensch" im Beispiel Husserls AP 33 f., vgl. auch das in etwas anderem Problemzusammenhang stehende Panoptikumsbeispiel LU II/442 f.). Das einsinnige Bewußtsein vom Gegenstand zerfällt in ein zweisinniges, das sich im einstimmigen Fortgang der Erfahrung gehemmt sieht. Jeder der miteinander gleichsam konkurrierenden Sinne zeichnet einen Horizont gerichteter Fortsetzung des Erfahrungsverlaufes vor, ohne daß sich entschieden hätte, welche Richtung im Interesse der Intention auf einstimmige und allseitige Gegebenheit des Gegenstandes einzuschlagen wäre.

Husserl deutet das Phänomen der doppelsinnigen Wahrnehmung durch Rückgriff auf die Theorie der Apperzeption als Synthesis durch Widerstreit: „Ein und derselbe Bestand an hyletischen Daten ist die gemeinsame Unterlage von zwei übereinandergelagerten Auffassungen. Keine von beiden ist während des Zweifels durchstrichen, sie stehen hier in wechselseitigem Streit, jede hat gewissermaßen ihre Kraft, ist durch die bisherige Wahrnehmungslage und ihre intentionalen Gehalt motiviert, gleichsam gefordert" (AP 34; par. EU 100).

Hier zeigt sich, daß die Frage nach dem motivierenden Grund sinngebender Apperzeption, die Husserl in den *Logischen Untersuchungen* noch für unbeantworbar gehalten hatte (s.o. S. 45), beim Problem der motivierten Möglichkeit apperzeptiver Gattungen wiederkehrt. Allerdings stellte sich diese Frage in den *Logischen Untersuchungen* als Frage nach dem motivierenden Grund apperzeptiver *Funktionen*. Ein und derselbe Bestand an hyletisch Gegebenem kann, so führte Husserl dort aus, perzeptiv, imaginativ oder bloß signitiv apperzipiert werden, ohne daß sich sagen ließe, warum im faktischen Verlauf der Erfahrung jeweils gerade die eine und nicht die andere apperzeptive Funktion sich des hyletischen Materials sozusagen bemächtigt. Aus diesem Grund sprach Husserl dort von einem „phänomenologisch ir-reduktiblen Unterschied" dieser Funktionen (LU II/2, 93). Dem-gegenüber handelt es sich an der zitierten Stelle aus den *Analysen zur passiven Synthesis* um die Frage nach Motiv und Gültigkeit bestimmter sachhaltiger gegenstandlicher Apperzeptionen ein und derselben apperzeptiven Funktion. Die Frage ist hier: Welche Bedingungen müssen erfüllt sein, um eine bestimmte apperzeptive Geltungseinheit, einen spezifischen gegenständlichen Sinn „möglich" zu nennen?

Ein Sinn, der nicht gänzlich negiert sondern *noch* als möglich gelten können soll, muß in der faktischen Erfahrung positiv vorgezeichnet, in ihr motiviert sein. Motivierte Möglichkeiten sind „Möglichkeiten, für die etwas spricht" (EU 104; vgl. AP 49). Husserl nennt sie auch „problematische", „anmutliche" oder „fragliche" Möglichkeiten (AP 43 u.a.). Anlaß für die schwankende Terminologie Husserls sind die verschiedenen Phänomenaspekte, die in den Begriff der motivierten Möglichkeit eingeholt werden sollen. Das Grundmodell, das Husserl in dieser Terminologie vorschwebt, ist das *unentschiedene Schwanken zwischen Sinn und Gegensinn.* Nur ein anderes Wort dafür ist „Zwei-fel". Husserl setzt voraus, daß Zweifel stets alternierend ist, immer in Form von Widerstreit inhaltlich qualifizierter Alternativen auftritt. Zweifel ist, wie Husserl bündig erklärt, „Schwanken im Entschieden-sein" (AP 49). Eine problematische oder fragliche, eine motivierte Möglichkeit in diesem Sinne hat daher stets eine Gegenmöglichkeit neben sich, „für die " auch „etwas spricht". Das „In-Schwebe-Bleiben im Fall der problematischen Möglichkeit" darf daher auch nicht, wie Husserl gegen Brentano bemerkt, als ein „Wegfallen des angeblichen Wahrnehmungsurteils" (AP 227) interpretiert werden, das heißt: nicht als Neutralitätsmodifikation sondern als antagonistisches Spiel von „Fürsprache" und „Widersprache" (AP 49).

Um den alternierenden Zweifel und das daraus resultierende Mög-lichkeitsbewußtsein verständlich zu machen, spricht Husserl von einer „zweideutigen Vorzeichnung" im Präsenzfeld der Wahrnehmung: „Die zur Wahrnehmung gehörigen vorgreifenden Erwartungsintentio-nen geben keine eindeutige sondern eine zweideutige Vorzeichnung. Das führt zu einem bewußtseinsmäßigen Widerstreit mit Glaubens-neigung für jede Seite" (EU 103, par. AP 42). Schon in den *Ideen* hatte Husserl gesehen, „daß in den Stoffen selbst, ihrem Wesen nach, die Beziehung auf die objektive Einheit nicht eindeutig vorgezeichnet ist" (Id I 247; s.o. S. 44). Obgleich Husserl auch in den *Analysen zur passiven Synthesis* und in *Erfahrung und Urteil* noch vom Apperzeptionsmodell ausgeht und mit diesem voraussetzt, daß „ein und derselbe Bestand an Empfindungsdaten . . . die gemeinsame Unterlage von zwei übereinandergelagerten Auffassungen" ist (EU 100; par. AP 34), wird es zugleich gesprengt. Nicht die „Empfindungsdaten" sondern die ganze „bisherige Wahrnehmungslage und ihr intentionaler Gehalt" (ebd.), zu der auch die dem aktuellen Bestand an hyletisch Gegebenem „vorgreifenden Erwartungsintentionen" (EU 103; par. AP 42) gehören, sollen das sein, was den Auffassungssinn motiviert. Aber die Zweideutigkeit (bzw. Vieldeutigkeit) der motivierenden Vorzeichnungen des noch nicht aktuell Gegebenen hemmt den einstimmigen Fortgang der Wahrnehmung. Die Wahrnehmung bleibt sozusagen stecken, und ihr weiterer Verlauf erschöpft sich darin, daß zwei oder mehrere Auffassungsintentionen alternierend erregt werden, ohne daß der Zweifel sich lösen und die ursprüngliche Gewißheit sich wiederherstellen würde.

Natürlich ist dieser Widerstreit von gleichgewichtigem Sinn und Gegensinn im Phänomen des alternierenden Zweifels für Husserl nur ein Modellfall, der in der faktischen Wahrnehmung kaum auftritt. Damit stoßen wir außer den beiden schon genannten Momenten, Vorzeichnung und Mehrdeutigkeit, noch auf ein weiteres und zwar rein quantitatives Moment, das nach Husserl für den Begriff der motivierten Möglichkeit konstitutiv ist.

Zu der vorhin zitierten Stelle aus dem § 8 der *Analysen zur passiven Synthesis,* in der den motivierten und einander widerstreitenden Auffassungssinnen des Zweifelsbewußtseins „gewissermaßen" eine „Kraft" zugesprochen wird, hat Husserl später eine Anmerkung gemacht, die in dem von Landgrebe überarbeiteten parallelen Text aus dem § 21 von *Erfahrung und Urteil* fehlt. In dieser Anmerkung sagt Husserl: „Die Wahl dieser Ausdrücke ist nicht ohne Grund, sie beweist, daß alle Auffassung in Tendenzen besteht, motiviert in ihrem Zusammenhang, und in dieser Motivation haben sie ihre 'Kraft', vgl. S. 42, wo erst für den Zweifel die Glaubensneigung eingeführt wird. Korrelativ wäre von einer inclinatio ex zu sprechen" (AP 34). An der Stelle, auf die hier verwiesen ist, charakterisiert Husserl den Widerstreit der Apperzeptionen als einen Streit von „Glaubensneigungen", denen noematisch „Seinsanmutungen" entsprechen. Das Ich neigt sich gleichsam — je nach der Stärke der vom impressional Gegebenen ausgehenden Seinsanmutungen — dem Sinn oder dem Gegensinn mehr oder minder zu. Zweifel kommt dadurch auf, daß sich die Glaubensneigungen gegenseitig paralysieren, Gewicht und Stärke des anmutlich Gegebenen sich die Waage halten. Solange dieses Gleichgewicht der motivierenden Kräfte ungestört bleibt, wäre eine Entscheidung über die Gültigkeit der als gleich gültig erscheinenden Sinne nur durch einen spontanen und willkürlichen Akt des auffassenden Ich möglich. Die Gleichgültigkeit gegenständlicher Auffassungen und ihrer noematischen Korrelate im passiven Zweifel ist deren Qualität, sich einander quantitativ ihre Gültigkeit zu bestreiten, ohne sich doch „außer Kraft" setzen zu können. Wird das Gleichgewicht von Sinn und Gegensinn gestört, erhält mithin eine der beiden fraglichen Seiten das „Übergewicht", dann geht der Zweifel in das Bewußtsein der *Wahrscheinlichkeit* über. In diesem Fall spricht mehr für die eine Möglichkeit als für die andere. „Wahrscheinlichkeit", so erklärt Husserl, „bezeichnet . . . das Gewicht, das den Seinsanmutungen zukommt" (EU 104). Im Bestreben, Einstimmigkeit der Erfahrung wiederherzustellen, entscheidet sich das wahrnehmende Ich für die „gewichtigste, am stärksten affizierende problematische Möglichkeit" (AP 49). Diese Lösung des Zweifels im Bewußtsein der Wahrscheinlichkeit ist nach Husserl kein „Sichentscheiden in Gewißheit, sondern . . . ein bestimmter Entscheidungsmodus der Anmutung. Dann haben wir das Vermuten, als Fürwahrscheinlich-Halten" (ebd.). Auch das Wahrscheinliche ist ein motiviert Mögliches. Der Unterschied des Anmutlichen aus unentschiedenem Widerstreit und des Vermutlichen aus der Übergewichtigkeit eines der miteinander streitenden gegenständlichen Sinne ist also, Husserl zufolge, rein quantitativ.

Im Gegensatz zur „motivierten" Möglichkeit nennt Husserl Möglichkeiten, für die in der faktischen Erfahrung nichts spricht, „leer". Leere Möglichkeiten umgrenzen das Gebiet der reinen Denkbarkeiten im weitesten Sinn: leer möglich ist alles, was signitiv meinbar ist, im engeren Sinne dann jenes, was den Gesetzen formaler Logik nicht widerspricht. „Eine leere Möglichkeit", so erläutert Husserl an einem Beispiel, „ist es, daß dieser Schreibtisch hier auf der jetzt unsichtigen Unterseite zehn Füße hat, statt wie in Wirklichkeit deren vier" (Id I 345). Auch das ganz und gar Unwahrscheinliche ist in diesem Sinne möglich. Die Rede von der Möglichkeit ist also, wie Husserl im Anschluß an die Differenzierung zwischen leerer und motivierter Möglichkeit in einer Anmerkung zum § 140 der *Ideen I* feststellt, äquivok: „Das ist eine der wesentlichsten Äquivokationen des Wortes Möglichkeit, zu der noch andere (die formal-logische Möglichkeit, die mathematisch-formale Widerspruchslosigkeit) hinzutreten" (Id I 344 Anm.). Diese anderen, schon im alltäglichen Sprachgebrauch angelegten Äquivokationen macht Husserl nicht ausdrücklich namhaft, und es wird sich noch zeigen, daß einer dieser Äquivokationen auch Husserls scheinbar eindeutiger Begriff der motivierten Möglichkeit eine wesentliche Zweideutigkeit verdankt. Zunächst ist die Rede vom leer Möglichen noch schärfer zu artikulieren. Innerhalb dessen, was Husserl leere Möglichkeit nennt, muß nämlich noch einmal differenziert werden zwischen „idealer" und „offener" Möglichkeit. Während die offene Möglichkeit Ausdruck der Horizontintentionalität selber ist, spricht Husserl von idealer Möglichkeit auch dort, wo das Problem der Horizontintentionalität nicht im Blick steht. Beide Begriffe von Möglichkeit stimmen zwar darin überein, dem faktischen Verlauf der Erfahrung gegenüber ein von diesem Unabhängiges, nicht positiv Vorgezeichnetes zu bedeuten, beide aber gehören ganz verschiedenen Problembezirken an.

Das Problem der *idealen Möglichkeit* hat Husserl eingehend im vierten Kapitel der sechsten der *Logischen Untersuchungen* abgehandelt. Husserl hat sich dort die Aufgabe gestellt, Kriterien für die Möglichkeit von Bedeutungen zu finden, die über das formal-logische Kriterium der Widerspruchslosigkeit hinausgehen und inhaltliche Relevanz haben. Nach Husserl ist eine signitive, ihren Gegenstand leer vorstellig machende Bedeutung möglich nur dann, wenn es eine „vollständige Anschauung in specie gibt, deren Materie mit der ihren identisch ist" (LU II/2, 103). Kriterium für die Möglichkeit einer Leerintention in specie ist somit ihre anschauliche *Erfüllbarkeit*. Da sich nicht jeder begrifflichen Intention erfüllende Anschauungen anmessen können, gibt es definitionsgemäß auch unmögliche Bedeutungen, die freilich als Bedeutungen noch immer verstanden werden können. Demnach gilt: „Die Bedeutungen (in specie die Begriffe und Sätze) zerfallen in mögliche und unmögliche (reale und imaginäre)" (LU II/2, 102). So ist z.B. die Bedeutung des Ausdrucks „rundes Viereck" unmöglich, weil es keine sinnliche Anschauung gibt und geben kann, in der diese ideale Bedeutung „erfüllt" oder, wie Husserl auch sagt, „realisiert" wäre. Vom Standpunkt der formalen Logik aus ist dieser Ausdruck aber durchaus möglich, weil er nicht gegen deren Regeln verstößt. Dabei ist zu beachten, daß Husserl die Erkenntnis der Erfüllbarkeit nicht von der *wirklichen* Erfüllung abhängig macht.[3]

Das „'es gibt' [scil. eine erfüllende Anschauung] hat hier denselben Sinn wie in der Mathematik" (LU II/2, 103), meint also nach Husserl die Existenz der Spezies. So gesehen ist die Frage nach der Möglichkeit von idealen Sachverhalten eine Frage a priori (vgl. auch EU 450). *Ideal* möglich kann die Erfüllung eines Sachverhaltes (und eo ipso auch der Sachverhalt selbst) sein, auch wenn sie nicht wirklich ist; umgekehrt jedoch ist eine Erfüllung, die wirklich ist, immer auch möglich. *Motiviert* möglich ist hingegen nur jenes, das noch nicht oder nicht mehr als wirklich apperzipiert wird: motivierte Möglichkeit (im bisher gekennzeichneten Sinne) und Wirklichkeit schließen sich bewußtseinsmäßig aus. Demgegenüber ist die ideale Möglichkeit einer Bedeutung vorausgesetzt, wann immer eine singuläre Erfüllung dieser Bedeutung faktisch erlebt wird. Die Erkenntnis der Möglichkeit geht hier der Erkenntnis der Wirklichkeit logisch voraus (vgl. Id I 194).

In der so gestellten Frage nach der idealen Möglichkeit von Begriffen, Bedeutungen und Sätzen berührt sich die Problemstellung Husserls sehr eng mit der Kants. Möglich in transzendentalem Verstande ist ein Begriff nicht schon vermöge seiner formalen Widerspruchslosigkeit. Unter den „Postulaten des empirischen Denkens überhaupt" (*Kritik der reinen Vernunft,* A 219 ff.) gilt als möglich ein Gegenstand, dessen Synthesis nicht nur gedacht sondern auch angeschaut werden kann. Allein ein Begriff, durch den ein solcher (d.h. ein möglicher) Gegenstand gedacht wird, hat „objektive Realität", das heißt: „transzendentale Wahrheit" (A 221 f.). Auch bei Husserl ist die Frage nach der idealen Möglichkeit erfüllender Anschauung die Frage nach der Realität des Begriffs: nur Begriffe, die anschaulich erfüllbar und in diesem Sinne möglich sind, haben Realität (vgl. die eben zitierte Begriffsbestimmung von „realen" und „imaginären" Bedeutungen, Sätzen oder Begriffen LU II/2, 102). Kriterium dafür ist die Erfüllbarkeit, und wie bei Kant kann dieses Kriterium a priori ermittelt und von Fall zu Fall auch a priori angewandt werden. Lediglich die Erkennbarkeit der Möglichkeit oder Unmöglichkeit einer dem Begriff korrespondierenden Anschauung wird von Kant anders als von Husserl bestimmt. Daß der Gegenstand, der im Be-

---

³ Natürlich stellt sich dann die Frage, wie sich die Erfüllbarkeit vor der tatsächlichen Erfüllung erkennen läßt; zu dieser Frage, auf die wir in unserem Problemzusammenhang nicht näher einzugehen brauchen, vgl. Tugendhat, a.a.O. S. 154 ff.

griff gedacht wird, in der Anschauung unmöglich gegeben werden kann, folgt nach Kant nicht aus „dem Begriffe an sich selbst, sondern der Konstruktion desselben im Raume" (A 221). So muß man z.B. den Gegenstand, der im „Begriffe einer Figur, die in zwei geraden Linien eingeschlossen ist", gedacht wird (ebd.), in reiner Anschauung figürlich zu konstruieren suchen, um seine transzendentale Unmöglichkeit unbeschadet seiner formal-logischen Möglichkeit einzusehen. Möglich ist sowohl der Erkenntnis wie dem Sein nach für Kant allein das, was mit den formalen Bedingungen der Erfahrung, dem Denken und der mathematisch konstruierbaren reinen Anschauung, übereinstimmt.

Die verwandte Problemstellung bei der Erörterung von Begriffen (bzw. Bedeutungen) kann aber nicht darüber hinwegtäuschen, daß Husserl in der Theorie von den Modalitäten des Seins einen radikal anderen Weg geht als Kant. Husserl nämlich hat des Problem der idealen Möglichkeit, das ihn in so große Nähe zur Modalitätenlehre Kants bringt, in seine später entworfene Theorie der Seinsmodalitäten auffallenderweise nicht eingeholt.[4] Wo immer in den *Ideen,* den *Analysen zur passiven Synthesis* und in *Erfahrung und Urteil* das Möglichkeitsbewußtsein innerhalb der Theorie der Seinsmodalitäten Thema wird, fehlt jeder Hinweis auf *den* Sinn von Möglichkeit, der im vierten Kapitel der sechsten der *Logischen Untersuchungen* entwickelt wird. Das ist sicher kein Zufall. Vom cartesianischen Prinzip der Husserlschen Modaltheorie aus, Sein vom *Gewißsein* her zu den-

---

[4] Aufschlußreich ist eine Zwischenbemerkung Kants in den „Postulaten des empirischen Denkens überhaupt", *Kr.d.r.V.* A 223: „Aber ich lasse alles vorbei, dessen Möglichkeit nur aus der Wirklichkeit in der Erfahrung kann abgenommen werden, und erwäge hier nur die Möglichkeit der Dinge durch Begriffe a priori, von denen ich fortfahre zu behaupten, daß sie niemals aus solchen Begriffen für sich allein, sondern jederzeit nur als formale und objektive Bedingungen einer Erfahrung überhaupt stattfinden können." Was Kant aus der Modalitätenlehre ausschließen will, ist gerade das eigentliche Thema Husserls. Seinsmodalitäten können nach Husserl nie a priori aus dem Wesen apperzeptiver Sinngehalte und deren Einheit mit der anschaulichen Erfüllbarkeit in selbstgebender Wahrnehmung, sondern nur aus dem *faktischen Verlauf* der Erfahrung legitimiert werden. Die Frage ist für Husserl nicht – mit einem Beispiel Kants gesprochen – ob ein „Triangel" (überhaupt) möglich ist, sondern nur, was es heißt, wenn man sagt: es ist möglich (aber nicht sicher), daß *dies* ein „Triangel" ist. Möglichkeit als phänomenologisches Problem ist zunächst einmal nicht anders zu exponieren als durch eine Analyse des subjektiven, auf *singuläre* Sachverhalte und Sachverhaltssinne bezogenen Möglichkeits*bewußtseins* in seinem *faktischen* Verlauf.

ken, erscheint das Ausscheiden der idealen Möglichkeit aus der Frage nach den Modalisierungen von Sein durchaus folgerichtig. Was der Erkenntnis der Wirklichkeit logisch vorhergeht: die apriorische Einsicht in die Möglichkeit reiner Bedeutungen, kann nicht unter eine Form graduell abgeschwächter Gewißheit subsumiert werden, unter der Husserl das Möglichkeitsbewußtsein als eine Form modifizierter Seinsgewißheit begreift.

Als eine Form verminderter Seinsgewißheit kann hingegen auch jener *zweite* Sinn von Möglichkeit begriffen werden, den Husserl in der Theorie der Seinsmodalitäten zur Sprache bringt, und im Hinblick auf den er möglich auch nennt, was nicht positiv vorgezeichnet, nicht motiviert, sondern *offen* ist. Die „offene Möglichkeit" ist ein Seinsmodus, den Husserl von vornherein und ausschließlich – anders als beim Modus der motivierten Möglichkeit – aus dem Wesen der *Horizontintentionalität* begründet. Husserl hebt sie, die praktisch mit der im § 140 der *Ideen I* eingeführten „leeren" Möglichkeit zusammenfällt [5], zunächst negativ von der motivierten oder anmutlichen Möglichkeit ab: „Die offene Möglichkeit führt prinzipiell keine Neigung mit sich. Sie mutet sich nicht als seiend an, es spricht nichts für sie, es richtet sich auf sie keine Forderung, sei es auch eine, die durch Gegenforderungen gehemmt ist" (AP 43). Die Bestimmung, daß offen jenes genannt wird, für das in der aktuellen Wahrnehmungslage nichts spricht und das dennoch möglich ist, darf nicht so verstanden werden, als gäbe es Wahrnehmungslagen ohne positive Vorzeichnung von noch nicht aktuell Gegebenem. Auch und gerade der einsinnig und einstimmig verlaufende Wahrnehmungsprozeß folgt Vorzeichnungen von Sinn; diesen aber eignet, da sie als eindeutige unbestritten bleiben, der Modus schlichter Gewißheit: „Was im apperzeptiven Horizont einer Wahrnehmung intentional vorgezeichnet ist, ist nicht möglich sondern gewiß, und doch liegen in solchen Vorzeichnungen allzeit Möglichkeiten, ja Umfänge mannigfaltiger Möglichkeiten beschlossen" (AP 39 f.; par. EU 105). Der Grund dafür ist

---

[5] Die begriffliche Umgrenzung ist dort so allgemein, daß man die „leere Möglichkeit" als Gegenbegriff zur „motivierten Möglichkeit" auffassen kann, der nicht nur die „offene", sondern auch die „ideale" Möglichkeit unter sich hat; ein ausdrücklicher Zusammenhang dieses Begriffes mit dem Problem der Horizontintentionalität ist dort nicht hergestellt; vgl. auch Id I 123, wo Husserl von der „leeren Möglichkeit im Sinne einer bloß widerspruchslosen 'Denkbarkeit' oder einer bloßen Vorstellbarkeit (Fingierbarkeit)" spricht: der „widerspruchslosen 'Denkbarkeit' " wäre die ideale Möglichkeit subsumierbar.

in der Wesenseigentümlichkeit des intentional Gegebenen zu suchen, protentionale Vorerwartungen des Kommenden zu erregen, in denen weder ein bestimmter Sinn noch ein Widerstreit bestimmter Sinne vorgezeichnet ist, sondern ein unbestimmt Allgemeines, von dem sich nicht sagen läßt, was es ist. Husserl erkennt, daß im intentional Gegebenen nicht nur *etwas* sondern stets auch ein *Horizont* vorgezeichnet ist, und zwar ein Horizont bestimmbarer Unbestimmtheit. Die apperzeptive Auffassung von etwas als etwas ist immer schon durchsetzt mit vorgreifenden Erwartungsintentionen, deren noematisches Korrelat kein bestimmt umgrenzter gegenständlicher Sinn sondern ein allgemeiner Horizont mit spezifischen, aber unbestimmten Sinnvorzeichnungen ist, die den Horizont bestimmbarer Unbestimmtheit zu einem Horizont der *Zukunft* machen: „Was schon konstituiert ist, motiviert durch seinen eigenen Gehalt eine Vordeutung, es zeichnet vor einen leeren, aber mit unbestimmt allgemeinen Sinn ausgestatteten Zukunftshorizont" (AP 232). Konsequent spricht Husserl im darauffolgenden Satz vom „vorzeichnenden Erwartungshorizont", das heißt davon, daß der vorgezeichnete Horizont selber weitere Vorzeichnungen enthält, mithin kein reiner Leerhorizont sein kann.

Aus der faktischen Unmöglichkeit reiner Leerhorizonte folgt, daß der motivierte Erwartungsglaube und sein noematisches Korrelat, der Erwartungshorizont, sich nicht *beliebig* mit anschaulichem Gehalt füllen läßt sondern nur gemäß einer bestimmten Vorzeichnung. So ist – wie Husserl an einem Beispiel demonstrieren möchte – bei der Wahrnehmung eines farbigen Raumkörpers für die unsichtige Rückseite schon vorgezeichnet, daß sie überhaupt farbig ist, auch wenn es noch offen bleibt, welche bestimmte Oberflächenfarbe die Rückseite hat. Die „allgemeine Unbestimmtheit" des Horizontes hat also – nicht anders als die Gattungsallgemeinheit auch, zum Beispiel die Gattung „Farbe überhaupt" – einen „*Umfang*" (AP 41). Dieser Umfang ist ein „Umfang freier *Variabilität";* was in ihn hineinfällt, das ist in gleicher Weise implicite mit umspannt und doch *nicht positiv motiviert, nicht positiv vorgezeichnet"* (AP 41 f.; Hervorh. v. Verf.; par. EU 107).[6] Wäre der vorgezeichnete und vorzeichnende Zukunftshorizont des protentionalen Erwartungsglaubens ein reiner Leerhorizont ohne positive Vorzeichnungen, so wäre die freie Variabilität der sinnlichen Füllen schrankenlos. Daß sie im Gegenteil einen fest bestimmbaren

[6] Näheres zu dieser Art von Allgemeinheit s.u.S. 172 ff.

Umfang hat, macht den Horizont der urdoxischen Erfahrung in den Augen Husserls zu einem „Spielraum offener Möglichkeiten" (AP 47) der Bestimmbarkeit.

Inwiefern aber ist das Bewußtsein offener Möglichkeit eine Modalisierung der ursprünglichen Seinsgewißheit? Wenn nach Husserl „die Modalisierungen als *Hemmungen* im Ablauf des ursprünglichen Wahrnehmungsinteresses" (EU 111, Hervorh. v. Vf.) begriffen werden sollen, so scheint sich die Subsumption der „Modalitäten der offenen Besonderung" (EU 108) – im Gegensatz zu den „Modalitäten aus Widerstreit" (ebd.) – unter den phänomenologischen Modalbegriff zu verbieten. Was unter dem Titel „offene Möglichkeit" bisher erörtert wurde, impliziert ja gerade das Ausbleiben einer solchen Hemmung des Erfahrungsverlaufes, die das zum Zeitpunkt ihres Eintretens bereits Erfahrene und als seiend Gesetzte nachträglich negieren oder wenigstens in Frage stellen könnte. Was offene Möglichkeit heißt, ist, wie Husserl ausdrücklich bemerkt, begründet „in der Struktur des Wahrnehmungsverlaufes, und zwar des *ungehemmt,* ungebrochen vor sich gehenden Wahrnehmungsverlaufes" (EU 105. Hervorh. v. Vf.). Trotzdem kann das Bewußtsein auch einer offenen Möglichkeit auf eine Hemmung im Ablauf der Erfahrung zurückgeführt werden. Nur darf diese nicht mehr, wie im Falle der motivierten Möglichkeit, als Widerstreit von Sinn und Gegensinn verstanden werden. Eine Hemmung nämlich kann auch eintreten, wenn die Erfahrung einstimmig und einsinnig verläuft, aber der Versuch gemacht wird, sich das noch nicht als gegenwärtig Gegebene und nur unbestimmt Vorgezeichnete anschaulich zu vergegenwärtigen.

In der Tat zeigt der Blick auf die exemplarischen Analysen von *Erfahrung und Urteil* und *Analysen zur passiven Synthesis,* daß Husserl die Modalisierungen der offenen Besonderung auf die Struktur der Vergegenwärtigung als ihren Ursprung zurückführt. Der Hinweis auf die „zum allgemeinen Wesen jeder leeren Intention" gehörige „Explizierbarkeit in Gestalt von Vergegenwärtigungen" (AP 40; par. EU 106) markiert im § 10 der AP den Einsatz einer Analyse zum Unterschied von wirklicher *Erfüllung* und einer dem wirklichen Erfahrungsprozeß vorgreifenden bloß vergegenwärtigenden Füllung des mit Leerkomponenten durchsetzten Zukunftshorizontes mit anschaulichem Gehalt. Aus diesem Unterschied ist zu verstehen, in welchem Sinne Husserl das offene Möglichkeitsbewußtsein den modalisierten Bewußtseinsformen zurechnet, ohne den in diesen Analysen stets vorausgesetzten Modalisierungsbegriff, wonach Seinsmodalitäten Korrelat eines gehemmten Erfahrungsinteresses sind, preiszugeben.

Die Funktion der Vergegenwärtigung besteht eben darin, das nur umrißhaft Vorgezeichnete mit anschaulichem Gehalt zu „füllen", der in der Funktion zu dem wird, was Husserl auch „sinnliche Fülle" nennt. Eine anschauliche Vergegenwärtigung möglicher Besonderungen innerhalb des „Umfanges freier Variabilität", der den protentionalen Horizont der Erfahrung umreißt, vermag den vorgezeichneten gegenständlichen Sinn zwar zu klären, und mit dem Index der Anschaulichkeit zu versehen, aber nicht näher zu bestimmen. Wenn anders wirkliche Erfüllung immer auch Näherbestimmung des unbestimmt-bestimmbaren Sinnhorizontes ist, dann fehlt dem vorveranschaulichenden „Ausmalen" dessen, was den Horizont näher bestimmen könnte, der Charakter wirklicher Erfüllung. Man kann sich zwar ein Bild davon machen, was vermutlich künftig eintreten wird, aber: „Ein antizipierendes Bild einer Sache ist nicht die Sache selbst, bzw. ein bloß antizipierendes Anschauen nicht ein Selbstanschauen" (AP 81). Zwar deckt sich auch bei der illustrierenden, ausmalenden Vergegenwärtigung Leerintention und anschaulicher Gehalt synthetisch, aber: „bloße Füllung des Leeren ist noch nicht Erfüllung der Intention" (AP 79). Deshalb vermag eine Vorveranschaulichung nicht wie die wirklich erfüllende Wahrnehmung „das unbestimmt Allgemeine, das vorgezeichnet war, in einer näher bestimmenden Konkretion" präsent zu machen (AP 41). Der Versuch, diese Konkretion antizipierend zu erzwingen, gelingt nicht. Daraus versteht sich, „daß jede bloß veranschaulichende Vergegenwärtigung, vor der wirklichen Kenntnisnahme, hinsichtlich des quasi-bestimmenden Inhalts, einen modalisierten Gewißheitscharakter haben muß" (AP 41, par. EU 107). Das Interesse an Näherbestimmung, das auf Vergegenwärtigung des nicht Gegenwärtigen angewiesen bleibt, um sich befriedigen zu können, sieht sich demnach gehemmt. Hemmung des Erkenntnisinteresses und damit Modalisierung der Seinsgewißheit ist im offenen Horizontbewußtsein nur insofern gegeben, als dieses die Möglichkeit besitzt, in einem Akt der Vorveranschaulichung eine Quasi-Bestimmung des unbestimmten Horizontes herbeizuführen. Was sich hierbei modalisiert, ist nicht eigentlich das schlichte und ungehemmte Horizontbewußtsein selber sondern, wie der eben zitierte Text ausdrücklich sagt, die „bloß veranschaulichende Vergegenwärtigung".

Abschließend seien noch zwei Stellen angeführt, aus denen das

Verhältnis von offener und motivierter (problematischer) Möglichkeit hervorgeht. Die erste Stelle findet sich im § 21c von *Erfahrung und Urteil* und betont den Gegensatz beider Arten von Möglichkeit: „Bei der problematischen Möglichkeit liegen durch die Wahrnehmungslage motivierte, miteinander im Streit stehende Glaubensneigungen vor. Es ist eine Möglichkeit, für die etwas spricht, die jeweils ihr Gewicht hat. Bei der offenen Möglichkeit ist von einem Gewicht keine Rede. Es sind keine Alternativen da, sondern innerhalb des bestimmten Rahmens der Allgemeinheit sind alle möglichen Besonderungen in gleicher Weise offen" (EU 108). Der zweiten Stelle, aus dem § 13 der *Analysen zur passiven Synthesis,* kann man entnehmen, daß der Gegensatz, die „total verschiedene Art der Modalisierung" (EU 108), nicht absolut ist: „Wo immer wir Gewißheit haben, die sich auf Spielräume offener Möglichkeiten beziehen, sprechen wir von 'empirischen, primitiven Gewißheiten' – dahin gehören alle äußeren Wahrnehmungen. Jede führt in jedem Moment innerhalb der Gewißheit der allgemeinen Vorzeichnung einen Spielraum von Besonderungen mit sich, für die in ihrer Sonderheit nichts spricht. Wir können auch sagen: Für *alle* offenen Möglichkeiten eines Spielraumes *spricht dasselbe,* sie sind alle gleich möglich. Darin liegt: Nichts spricht für das eine, was gegen das andere spricht" (AP 47, Hervorh. v. Vf.). So gesehen wäre die offene Möglichkeit nur eine spezifische Form der motivierten, und das Phänomen der Vorzeichnung, der „Fürsprache" des Gegebenen für das noch nicht Gegebene, jenes, das beide Weisen von Möglichkeit einigt.

2. *Motivierte Möglichkeit als subjektive Vermöglichkeit im Horizont kinaisthetischer Freiheit*

Was wir bisher zum Begriff der motivierten Möglichkeit dargelegt haben, beansprucht nur, an das eigentliche Problem heranzuführen. Wir erörterten im vorigen Abschnitt Husserls Abgrenzung eines dreifachen Sinnes von Möglichkeit. Dabei zeigte sich, daß Husserl den mehrfachen Sinn von Möglichkeit nicht aus einem einheitlichen Gesichtspunkt entwickelt. Während das Problem der idealen Möglichkeit reiner Bedeutungen in die Bedeutungslehre der *Logischen Untersuchungen* gehört und in späteren Schriften mehr und mehr zurücktritt, gehört der Unterschied von offener und motivierter Möglichkeit in die Theorie der Seinsmodalitäten. Offene und motivierte

Möglichkeit gehören aber noch aus einem anderen Grunde eng zusammen: die Horizontintentionalität ist der gemeinsame Ursprung beider Sinne von Möglichkeit. Allerdings zeigte sich auch, daß Husserls Modalitätenlehre in *Erfahrung und Urteil* und den *Analysen zur passiven Synthesis* diesen gemeinsamen Ursprung mehr oder minder verwischt. Den dort durchgeführten Analysen zufolge soll nur der Sinn von offener Möglichkeit der Horizontstruktur entspringen, während der Sinn von motivierter Möglichkeit von Husserl auf einen Widerstreit von spezifischen Glaubensneigungen zurückgeführt wird, der sich als Gegeneinander von Sinn und Gegensinn, von „Fürsprache" und „Widersprache" auch außerhalb der Theorie der Horizontintentionalität deuten läßt. Für *diesen* Begriff von motivierter Möglichkeit sind zwei Momente konstitutiv: einmal ist das motiviert Mögliche stets ein Glied einer vollständig bestimmten Disjunktion gegenständlicher Sinne (Husserls Beispiel: „Mensch" oder „Puppe"?), zum anderen bedeutet „möglich" in diesem Zusammenhang so viel wie „vermutlich" oder „wahrscheinlich", d.h. eine Seinsgewißheit minderen Grades.

Es genügt aber nicht, den Begriff der motivierten Möglichkeit nur dort aufzusuchen, wo er von Husserl als noematisches Korrelat einer unentschieden zwischen disjunkten gegenständlichen Sinnen schwankenden Vermutungsnoese bestimmt wird. Um seine Bedeutung für den Ansatz und die Durchführung der transzendentalen Phänomenologie im ganzen würdigen zu können, darf er nicht nur als spezielles Thema innerhalb des Modalitätenproblems abgehandelt werden. Seine Tragweite wird man erst ermessen können, wenn man sich auf den gemeinsamen Ursprung von motivierter und offener Möglichkeit besinnt und Husserls tendentielle Einengung des motivierten Möglichkeitsbewußtseins auf Vermutungsnoesen innerhalb eines Streites von Glaubensneigungen aufhebt.

In der Tat spricht Husserl von motivierter Möglichkeit in Wendungen, die eine ganz andere Deutung des Begriffes nahelegen. Im § 140 des Ersten Buches der *Ideen* finden sich Formulierungen, die diesen anderen Sinn von motivierter Möglichkeit illustrativ belegen. Im Zusammenhang mit der Frage nach dem Vernunftwert von positionalen Setzungen des doxischen Bewußtseins heißt es dort: „Ist die Setzung nicht unvernünftig, so sind motivierte Möglichkeiten der Wahrnehmungslage dafür zu entnehmen, daß und wie sie in eine sie bewährende aktuelle Vernunftsetzung übergeführt werden *könne*"

(Id I 344, Hervorh. v. Vf.). Offensichtlich ist der Begriff Möglichkeit hier unmittelbar auf das theoretisch handelnde Subjekt der Vernunftsetzung und sein subjektives Können zurückbezogen. Möglichkeit ist hier nicht als gegenständliches Korrelat von modalisiertem Bewußtsein gedacht, sondern als Bewußtsein davon, *daß* und *wie* die Setzung und damit auch das Gesetzte vom setzenden Subjekt als vernünftig ausgewiesen werden *kann.* Nicht das Gesetzte steht als Mögliches da, sondern seine Ausweisung nach Regeln. Voraussetzung dafür ist, daß sich die Umstände der ausweisenden Erfahrung nach spezifischen Regeln der Explikation methodisch so ändern lassen, daß sich der gesetzte gegenständliche Sinn in seinem Vernunftcharakter anschaulich bestätigt und bewährt.

Dem entspricht die Weise, in der Husserl im selben Paragraphen das motiviert Mögliche vom leer Möglichen, d.h. vom bloß widerspruchslos Denkbaren, abhebt:

„Es ist noch zu beachten, daß sich die motivierte Möglichkeit, von der oben die Rede war, von der leeren Möglichkeit scharf unterscheidet: sie ist bestimmt motiviert durch das, was der [scil. noematische] Satz, so erfüllt wie er gegeben ist, in sich schließt. Eine leere Möglichkeit ist es, daß dieser Schreibtisch hier, auf der jetzt unsichtigen Unterseite zehn Füße hat, statt wie in Wirklichkeit deren vier. Eine motivierte Möglichkeit ist diese Vierzahl hingegen für die bestimmte Wahrnehmung, die ich gerade vollziehe. Motiviert ist es für jede Wahrnehmung überhaupt, daß die Wahrnehmungs-'Umstände' sich in gewissen Weisen verändern *können,* daß 'infolge' davon die Wahrnehmung in entsprechenden Weisen in Wahrnehmungsreihen übergehen *kann,* in bestimmt geartete, die durch den Sinn meiner Wahrnehmung vorgezeichnet [scil. und insofern motiviert] sind, und die sie erfüllen, ihre Setzung bestätigen" (Id I 344 f.).

Diesen Äußerungen ist zu entnehmen, daß der Begriff der motivierten Möglichkeit für ein Doppeltes aufzukommen hat: motiviert möglich sind unbestimmt vorgezeichnete Sinn- oder Was-Gehalte (z.B. die „Vierzahl"), und zugleich und in einem damit die „Wahrnehmungsreihen", durch die das unbestimmt Vorgezeichnete in aktuelle Gegenwart überführt werden *könnte,* wenn und sofern das erfahrende Subjekt den in der Wahrnehmungslage liegenden Motivationen nachgehen *würde;* [7] mit den zum selben Gegenstand gehörigen Wahrneh-

---

[7] Zu dem damit gestellten Problem der Kontrafaktizität irrealer Konditionalsätze s.u.S. 165 f.

mungsreihen aber ist nicht nur vorgezeichnet, *wie,* sondern auch, *daß überhaupt* das noch nicht als vernünftig Ausgewiesene auch als solches ausgewiesen werden *kann.*

Worin aber gründet jenes „kann", das in der zuletzt zitierten Äußerung von Husserl zweimal gesperrt und damit eigens betont wird? Die Antwort auf diese Frage bringt vor das entscheidende Problem, das mit dem phänomenologischen Möglichkeitsbegriff gestellt ist. Das geregelte System der Wahrnehmungsreihen, durch die ein und derselbe Gegenstand allseitig gegeben werden oder ein noch nicht gegebener Gegenstand zur Selbstgegebenheit gebracht werden kann, verweist intentional auf ein wahrnehmendes Ich, das sich selbst als ein „Ich kann" versteht. Im einleitenden Satz zum § 59 des Zweiten Buches der *Ideen* sagt Husserl: „Das Ich als Einheit ist ein System des *'Ich kann' "* (Id II 253). Das besagt in unserem Zusammenhang: Das Ich als Zentrum der Intentionalität kann die Möglichkeit der Selbstgebung und Näherbestimmung wahrnehmen, die das geregelte System der Erfahrung bietet. Der Begriff der Möglichkeit wandelt in dieser Sicht seinen Sinn. Möglich heißt jetzt nicht das, was vermutlich oder wahrscheinlich so ist wie ich es erfasse; möglich heißt jetzt vielmehr das, was *mir* als dem Subjekt der Erfahrung möglich ist, das heißt: was ich *vermag.* Wie in der Tradition der Metaphysik ist für die Phänomenologie Husserls das Mögliche primär jenes, dessen Verwirklichung noch aussteht. Anders aber als in dieser Tradition begründet Husserl die motivierte Möglichkeit als solche in der *Vermöglichkeit* der erfahrenden Subjektivität, in dem, was er in den *Cartesianischen Meditationen* die „Potentialität des intentionalen Lebens" nennt (CM 81). Möglich ist das, was in der Macht (potentia) der Subjektivität steht. In der Macht der Subjektivität aber steht nur das, was im jeweils faktisch Gegebenen in bestimmtem Stil vorgezeichnet, positiv motiviert ist. Dies „Vermögen" nämlich, so erklärt Husserl im Zweiten Buch der *Ideen,* „ist *kein leeres Können,* sondern eine *positive Potentialität,* die jeweils zur Aktualisierung kommt, immerfort in Bereitschaft ist in Tätigkeit überzugehen, in eine Tätigkeit die, wie sie erlebnismäßig ist, auf das zugehörige *subjektive Können,* das Vermögen, zurückweist. Die Motivation aber ist für das Bewußtsein etwas Offenes, Verständliches; die 'motivierte' Entscheidung [scil. in Tätigkeit überzugehen] ist als solche klar durch Art und Kraft der Motive" (Id II, 255, Hervorh. teilw. v. Vf.). Husserl spricht an derselben Stelle auch vom „Urvermögen des Subjekts". Es ist dessen Vermögen, nicht nur leer, d.h. in diesem Zusammenhang: nicht nur willkürlich dies oder jenes zu wollen, sondern sich von den Motivationen der Erfahrung *frei bestimmen zu lassen,* sich dem Stil anzupassen, den die perspektivisch geregelte Erfahrung für die Selbstgebung der 'Sachen selbst' vorschreibt.

Dies Ich ist als das geregelte System des „Ich kann" das transzendentale Ich der *kinaisthetischen Freiheit.*[8] Im Begriff der Freiheit als eines Vermögens der Kinaisthesis kulminiert Husserls Theorie vom Motivationszusammenhang der urdoxischen Erfahrung. Unter diesem Begriff versteht sich der Horizont der Zukunft als „Horizont der Freiheit" (AP 15). Freiheit denkt Husserl als Zusammenhang von kinaisthetischer Erfahrung und Vernunftmotivation; ich bin unfrei, sofern mich die habituell gewordenen Erfahrungen meiner Vergangenheit bestimmen, frei hingegen, sofern ich den Motiven der Vernunft folgen kann, die protentional *in* die offene Zukunft des kinaisthetisch geregelten Erfahrungsprozesses weisen, und zwar *auf* die Sache selbst. Im § 58 des Zweiten Buches der *Ideen:* „Das Ich als Subjekt der Vermögen", aus dem soeben schon zitiert wurde, bemerkt Husserl: „ich bin frei, sofern ich dem *Motive* folgen, der *Vernunft* in freier Enscheidung" (Id II 255, Hervorh. v. Vf.). Wenig später heißt es, Freiheit sei „Autonomie der Vernunft" (Id II 269). Wie in der Philosophie des Deutschen Idealismus wird Freiheit von Husserl als Selbstbestimmung unter der Idee der Vernunft gedacht; was aber Vernunft ist, erhält in der Phänomenologie Husserls seinen Sinn aus dem Verhältnis von Horizontintentionalität und der Idee der 'Sache selbst'. Dies Verhältnis ist gleichbedeutend mit dem Verhältnis von Kinaisthesis und Vernunftmotivation. Bevor wir fragen, was Husserl unter Vernunftmotivation versteht (s.u. S. 188 ff.), ist zunächst der phänomenologische Begriff der Kinaisthesis näher zu entwickeln.

In den *Analysen zur passiven Synthesis* kommt Husserl an den Kern seines Gedankens näher heran als in den §§ 58 ff. des Zweiten Buches der *Ideen,* die noch mit Überlegungen einer früheren Reflexionsstufe durchsetzt sind. Wir fragen: als was bestimmt sich der „Horizont der Freiheit", sofern er als ein *„praktischer* kinaisthetischer Horizont" (AP 15, Hervorh. v. Vf.) der *theoretischen* Erfahrung gedacht wird?

[8] Zum Begriff der Kinaisthesis vgl. U. Claesges, *Edmund Husserls Theorie der Raumkonstitution,* Den Haag 1964, insbes. S. 117 ff.

Ausgangspunkt der in den *Analysen zur passiven Synthesis* entwickelten Theorie der „kinaisthetischen Motivation" ist die deskriptiv gewonnene Einsicht Husserls, „daß die Erscheinungsabläufe [transzendenter] Gegenstände mit inscenierenden Bewegungen des Leibes Hand in Hand gehen" (AP 13). Die Einsicht in die damit gegebene *Leibgebundenheit* der sinnlichen Wahrnehmung und infolge davon auch der Erfahrung überhaupt bringt ein Moment im Prozeß der Wahrnehmung zur Geltung, das in den Wahrnehmungstheorien der philosophischen Tradition kaum Beachtung gefunden hat.[9] Ohne dies hier genauer darlegen zu können, beschränken wir uns auf die Erörterung der Grundzüge von Husserls Theorie. Was versteht Husserl unter Kinaisthesis? Kinaisthesis bedeutet ihm nicht, wie gelegentlich übersetzt, „Bewegungswahrnehmung" oder „Bewegungsempfindung". Kinaisthesis bedeutet vielmehr das für Gegenständliches konstitutive Zusammenspiel von Wahrnehmung (ἀισθησις) und Bewegung (κίνησις), derart, daß Bewegung immer räumliche Bewegung des als Wahrnehmungsorgan fungierenden Leibes in seinen sinnlichen Funktionen (Sehen, Hören, Tasten etc.) ist. Husserl bestimmt Wahrnehmung als System der freien Bewegungsmöglichkeiten des leiblich-seelischen Subjekts. Nicht die Wahrnehmung *von* Bewegung sondern die Wahrnehmung *als* Bewegung ist das Thema der Kinaisthesentheorie.

Der Verlauf der Wahrnehmung eines identischen Gegenstandes ist dadurch bestimmt, daß jeder Leibesbewegung eine Erscheinungsweise des Gegenstandes entspricht. Die noematische Reihe der Erscheinungsweisen und die subjektiv-noematische der leiblichen Bewegung laufen parallel. Aber die freien Bewegungsmöglichkeiten des wahrnehmenden Subjekts „sind nicht nur parallel mit den ablaufenden Erscheinungen da, sondern *bewußtseinsmäßig* sind die betreffenden kinaisthetischen Reihen und die Wahrnehmungserscheinungen *aufeinander bezogen*" (AP 14, Hervorh. v. Vf.). Das Subjekt hat außerdem *das Bewußtsein* seines Vermögens, bestimmte Erscheinungsreihen ablaufen lassen zu können, falls es die entsprechenden, zugehörigen Bewegungen faktisch vollzöge. Es versteht sich *als* Subjekt von diesem Können her. Im Bewußtsein dieses Könnens stellt sich die Kinaisthe-

---

[9] Vgl. auch L. Landgrebe, „Die Phänomenologie der Leiblichkeit und das Problem der Materie"; zuerst in: *Beispiele, Festschrift für Eigen Fink zum 60. Geburtstag*, 's-Gravenhage 1965, S. 291 ff.; jetzt in: *Phänomenologie und Geschichte*, Gütersloh (ohne Jahresangabe), S. 135 ff.

sis dar als „frei verfügbar", die damit ebenso „frei zu inhibieren" ist
(AP 14). Daher „ist das System der Leibesbewegungen bewußtseinsmäßig charakterisiert als ein subjektiv-freies System. Ich durchlaufe
es im Bewußtsein des freien 'Ich kann' " (AP 14). Ob dieses „sub-
jektiv-freie System" tatsächlich frei *ist,* das ist hier nicht zu entscheiden. Es handelt sich hier nur um das Selbstverständnis des kinaisthetischen Subjekts. Der Horizont des subjektiven „Ich kann" ist der
„praktische kinaisthetische Horizont", der dem theoretischen Interesse
des wahrnehmenden Subjekts an der Selbstgegebenheit des ihm Gegenständlichen vorgezeichnet ist und den Ablauf der gegenständlichen
Erscheinungen reguliert.

Husserl beschreibt die als kinaisthetisch begriffene Wahrnehmung
als „konstitutives Doppelspiel" (AP 15) einer abhängigen und einer
unabhängigen Variable. Das Ich des freien 'Ich kann' fungiert als
unabhängige, die zugehörigen Erscheinungsmöglichkeiten des Gegenstandes als abhängige Variable. Gleichwohl ist das Ich hinsichtlich
der material sich einstellenden Sinngehalte *nicht* frei. Seine Freiheit
reduziert sich – formal verstanden – auf das Vermögen, den Ablauf
der Erscheinungen willkürlich zu inszenieren. Die sinnlichen Inhalte
sind dem System der Kinaisthesen, das das Ich frei aktualisieren
kann, fest zugeordnet. Husserl charakterisiert die Theorie der kinaisthetischen Freiheit mit folgenden Worten: „Ich bin hinsichtlich der
Erscheinungen nicht frei: Wenn ich eine Linie im freien System des
'Ich bewege mich' realisiere, so sind im voraus die kommenden Erscheinungen vorgezeichnet. Die Erscheinungen bilden abhängige Systeme. Nur als Abhängige der Kinästhese können sie kontinuierlich
ineinander übergehen und Einheit eines Sinnes konstituieren. Nur in
solchen Verläufen entfalten sie ihre intentionalen Hinweise. Nur
durch dieses Zusammenspiel unabhängiger und abhängiger Variablen
konstituiert sich das Erscheinende als transzendenter Wahrnehmungs-
gegenstand, und zwar als ein Gegenstand, der mehr ist, als was wir
gerade wahrnehmen, als ein Gegenstand, der ganz und gar meiner
Wahrnehmung entschwunden und doch fortdauernd sein kann. Wir
können auch sagen, er konstituiert sich als solcher nur dadurch, daß
seine Erscheinungen kinästhetisch motivierte sind und ich es somit in
meiner Freiheit habe, gemäß meiner erworbenen Kenntnis, die Erscheinungen willkürlich als originale Erscheinungen in ihrem System
der Einstimmigkeit ablaufen zu lassen" (AP 14 f.).

Die formale Bestimmung der Freiheit als eines Vermögens der

Kinaisthesis muß zusammengedacht werden mit der Bestimmung des kinaisthetischen Raumes als eines Horizontes bestimmbarer Unbestimmtheit. Die Absicht der wissenschaftlichen Vernunft, Horizonte objektivierend zu bestimmen, setzt voraus, daß diese als grundsätzlich bestimmbar gedacht werden. Von dieser Idee der Vernunft aus erhält Husserls Freiheitsbegriff erst seinen materialen Gehalt. *Freiheit ist für Husserl, so kann in Kürze gesagt werden, das praktische Vermögen des kinaisthetischen Subjekts, sich selbst zur theoretischen Bestimmung des unbestimmten Horizontes perspektivischer Erfahrung zu bestimmen.*

Der Gedanke Husserls, daß die Freiheit des kinaisthetischen Subjekts kein „leeres Können" sondern die „positive Potentialität" der Bestimmung des unbestimmt bestimmbaren Horizont der Erfahrung ist, hat weitreichende Konsequenzen für den phänomenologischen *Realitätsbegriff.* Die Theorie der Kinaisthesenmotivation ermöglicht eine phänomenologische Klärung des Sinnes von Realität, die das negative Ergebnis der transzendentalen Reduktion: die Nicht-Absolutheit von Realität als solcher, positiv ergänzt. Real, so haben wir gesehen, ist vom Standpunkt der transzendentalen Reduktion aus das, was prinzipiell weder absolut ist noch als absolut gegeben werden kann (s.o. S. 118 ff.). Andererseits ist Reales immer solches, das prinzipiell *gegeben* werden kann, wenn auch nicht als absolut. Anders gesagt: Reales, wie immer es konkret bestimmt werden mag, ist als solches *erfahrbar.* „Die Erfahrbarkeit" eines „an sich seienden Gegenstandes" aber, sagt Husserl im § 47 des Ersten Buches der *Ideen,* „besagt *nie eine leere logische Möglichkeit,* sondern eine im Erfahrungszusammenhange *motivierte"* (Id I 112). Der Begriff eines Dinges, das nicht erfahren werden könnte und in *diesem* Sinne nicht „für uns" sondern „an sich" wäre, ist phänomenologisch widersinnig. Den § 43 des Ersten Buches der *Ideen* leitet Husserl mit dem bekannten Satz ein: „Es ist also ein prinzipieller Irrtum zu meinen, es komme die Wahrnehmung (und in ihrer Weise jede andersartige Dinganschauung) an das Ding selbst nicht heran. Dieses sei an sich und in seinem An-sichsein uns nicht gegeben" (Id I 98). Daß ein Ding grundsätzlich und immer für uns ist, bedeutet indes nicht, daß es in seinem Für-unssein aufginge. Sowohl seine Identität (als Selbiges im Wechsel der Meinungen über es) wie seine Evidenz (als Selbstgegebenes in sinnlicher Anschauung) transzendieren die aktuelle Subjektivität. Wenn auch der Gegenstand der selbstgebenden Wahrnehmung an sich stets mehr ist als je von ihm erfahren werden kann, so ist mit Husserl sofort einschränkend hinzuzufügen: „*an sich* in dem hier allein fraglichen und verständigen Sinne, welchen die Erfüllung der Wahrnehmungsintention realisieren würde" (LU II/2, 57).[10]

Die Differenz von absoluter Subjektivität und kontingent erfahrener Realität ist jedoch nicht allein von der Erfüllungsbeziehung her verständlich zu machen. Ohne den Begriff der motivierten Möglichkeit in dem eben entwickelten Sinne kann die prinzipielle Erfahrbarkeit alles dessen, von dem man sagt, es „sei", phänomenologisch nicht geklärt werden. Was heißt aber: die Erfahrbarkeit von real Seiendem sei keine leere sondern eine motivierte Möglichkeit?

Husserl bestreitet ebensowenig wie Kant das „Dasein der Gegenstände im Raum außer mir" (Kr.d.r.V. B 275). In der Kritik des Berkeleyschen Idealismus, der das Dasein der Dinge auf das Dasein subjektiver ·Vorstellungen und Vorstellungsverbindungen einschränkt, setzt Husserl die Kritik Kants und seiner Nachfolger fort. Das Dasein der Dinge wird nun aber von Husserl nicht, wie bei Kant, aus der Zeitbestimmtheit des eigenen Daseins deduziert, sondern vom Vermögen der Kinaisthesis aus deskriptiv ausgelegt. Dinge sind im Präsenzfeld des Bewußtseins gegeben. Vor mir sehe ich zum Beispiel ein Bild. Doch kann ich die Fixierung des Blickes auf dieses Bild lösen und meinen Blick wandern lassen: Ich sehe nun neben dem Bild ein Fenster und durch dieses einen Teil der Straße. Von diesen attentionalen Potentialitäten des Blickfeldes sagt Husserl, sie wären „wahrnehmungsbereit" gewesen, bevor sich der erfassende Ichblick auf sie gerichtet hat. Aber das durch attentionale Modifikation Wahrnehmbare erschöpft nicht den Umkreis dessen, was wahrnehmbar ist. Denn „das Hintergrundsfeld, verstanden als Feld schlichter Betrachtbarkeit, befaßt ja nur ein kleines Stück meiner Umwelt" (ebd.). Jenseits der Grenzen des Blickfeldes bilden Dinge den Kontext meiner Umwelt, ohne „daß ein Blick schlichter Beachtung sich darauf richten könnte" (ebd.). Jedoch sind auch diese prinzipiell wahrnehmbar. Etwas, zum Beispiel der von meinem Fenster aus unsichtige Teil der Straße, ist für mich, das konkrete ego, da auch dann, wenn es von meinem gegenwärtigen Standpunkt aus in mein Blickfeld faktisch nicht einrücken kann. „Es gehört dieser Welt auch an, ohne wahrgenommen zu sein,

---

[10] Vgl. Tugendhat, a.a.O. S. 58 f. Auf weitere Aspekte der Ansichseinsproblematik ist in späterem Zusammenhang noch einzugehen (s.u. S. 197 ff.).

es ist also *auch dann für das Ich da"* (ebd.). Die phänomenologische Reflexion kann sich nur die Aufgabe stellen, den *Sinn* der Meinungen zu *enthüllen,* die das natürlich Bewußtsein auf dem Standpunkt des Weltglaubens hat, nicht aber, wie das im transzendentalen Idealismus Kants und Fichtes noch möglich war, aus einem *Grunde* zu *erklären.* Die transzendentale Reflexion der Phänomenologie Husserls wird also den Redesinn auslegen müssen, den die alltägliche und scheinbar triviale Rede vom Dasein der Dinge außer uns (die sich in Sätzen artikuliert wie: es „existiert", es „gibt", es „ist da" etc.) hat.

Welchen Sinn verbinden wir nun in alltäglicher Sprechweise mit dem Wort „Dasein", wenn wir sagen, etwas sei da? Die Antwort Husserls zeigt, wie vom Gedanken der Kinaisthesenmotivation das sogenannte Außenweltproblem phänomenologisch destruiert wird. Husserl sagt: „Das 'es ist da' besagt . . ., es führen von aktuellen Wahrnehmungen mit dem wirklich erscheinenden Hintergrundsfeld *mögliche,* und zwar kontinuierlich-einstimmig *motivierte* Wahrnehmungsreihen mit immer neuen Dingfeldern (als unbeachteten Hintergründen) weiter bis zu denjenigen Wahrnehmungszusammenhängen, in denen eben das betreffende Ding zur Erscheinung und Erfassung *käme"* (Id I 104, letzte Hervorh. v. Vf.). Entscheidend an dieser Auskunft Husserls ist die Rückführung des noematischen Sinns „Dasein" auf subjektive Leistungen des kinaisthetischen Ich. Die Potentialität des Subjekts macht demnach erst den noematischen Sinn „Dasein der Dinge im Raum außer mir" verstehbar. Der Standpunkt des naiven Weltglaubens wird phänomenologisch ausgelegt als Korrelation von kinaisthetischer Vermöglichkeit und möglicher Präsenz. Was den Anspruch erhebt, nicht nur fingiert sondern wirklich „da" zu sein, steht nicht aus der Potentialität des Subjekts heraus. Anders gesagt: das Wort *Dasein* sagt in phänomenologischer Reflexion so viel wie *mögliche Präsenz.* Ein Dasein, das aus Wesensgründen nicht präsent sein *könnte,* das also nicht als Korrelat subjektiver Kinaisthesen gedacht wäre, widerspräche dem Sinn von Erfahrung überhaupt.[11]

Demnach lassen sich Existenzbehauptungen, wo sie bestritten werden, nicht anders legitimieren als durch Horizontexplikation. Diese fungiert im Zweifelsfalle als Verfahren zur Entscheidung der Frage,

---

[11] Husserl korrigiert durch diesen Versuch, Dasein auf mögliche Wahrnehmung zurückzuführen, den Berkeleyschen Grundsatz: „esse est percipi" auf genau die gleiche Weise wie später der phänomenalistische Empirismus, wie er

ob die Existenzbehauptung zu Recht besteht oder nicht. Es handelt sich hier um einen besonderen Fall dessen, was seit Bridgman *operationale Sinnklärung* genannt wird, nämlich um die Auffassung, „daß wir den Sinn eines Begriffs nicht kennen, wenn wir nicht die Operationen angeben können, die von uns oder anderen bei der Anwendung des Begriffs in einer konkreten Situation herangezogen werden" (P.W.

namentlich von Ayer vertreten worden ist. Ayer geht davon aus, „daß keine Aussage, die sich auf eine die Grenzen aller möglichen Sinneserfahrung transzendierende 'Realität' bezieht, wissenschaftliche Bedeutung haben kann" (*Sprache, Wahrheit und Logik*, übers. v. H. Herring, Stuttgart 1970, S. 42). Jede sinnvolle Existenzbehauptung kann in einen Satz übersetzt werden, der sich auf mögliche Wahrnehmung bezieht, wobei für Ayer genau wie für Husserl „Möglichsein – im Gegensatz zum Wirklichsein – nicht bedeutet, daß sie [Wahrnehmungen] jemals wirklich vorgekommen sind oder jemals vorkommen werden, sondern daß sie vorkommen würden, wenn gewisse angebbare Bedingungen erfüllt wären" (a.a.O., S. 85). Wer etwa behauptet, daß es auf der Rückseite des Mondes Berge gibt, behauptet damit nichts, was nicht innerhalb der Grenzen möglicher Sinneserfahrung und somit verifizierbar ist: „Bisher", schreibt Ayer 1936, „ist noch keine Rakete erfunden worden, die es mir ermöglichte, hinzugehen und die Rückseite des Mondes zu betrachten, so daß ich außerstande bin, diese Sache durch wirkliche Beobachtungen zu entscheiden. Ich weiß jedoch, welche Beobachtungen sie für mich entscheiden würden, wenn – was theoretisch denkbar ist – ich dereinst zu solchen Beobachtungen imstande wäre" (a.a.O., S. 45). Die Behauptung der Existenz eines nicht wahrgenommenen Dinges hat demnach die kontrafaktische Bedeutung, daß bestimmte Sinneswahrnehmungen sich einstellen *würden*, falls bestimmte Bedingungen erfüllt *wären*. Dem damit gestellten Problem allerdings, die Wahrheitsbedingungen irrealer Konditionalsätze einwandfrei zu formulieren, stehen erhebliche Schwierigkeiten entgegen, da solche Sätze nicht als Wahrheitsfunktionen interpretiert werden können; vgl. hierzu G. Goodman, „The Problem of Counterfaktual Conditionals," in: *Fact, Fiction and Forecast*, Indianapolis - New York - Kansas City 1965[2], S. 3-27; ferner W. Stegmüller, *Probleme und Resultate der Wissenschaftstheorie und Analytischen Philosophie*, Bd. 1, *Wissenschaftliche Erklärung und Begründung*, Berlin - Heidelberg - New York 1969, S. 283 ff. Ein kurzer Abriß der Geschichte dieses Versuchs, den Idealismus Berkeleys empiristisch umzudeuten, die schon mit Kant beginnt und über J. St. Mill zum Phänomenalismus führt, findet sich bei M. Schlick, *Allgemeine Erkenntnislehre*, Berlin 1925[2], S. 168 ff u.ö. Übrigens hat schon Berkeley selbst das Wirkliche durch das Mögliche kontrafaktisch definiert: Der Grundsatz „esse est percipi" kann, so heißt es an einer Stelle der *Prinzipien*, „von einem jeden anschaulich erkannt werden, der darauf achten will, was unter dem Ausdruck 'existieren' bei dessen Anwendung auf sinnliche Dinge zu verstehen ist. Sage ich: der Tisch, an dem ich schreibe, existiert, so heißt das: ich sehe und fühle ihn; wäre ich außerhalb meiner Studierstube, so könnte ich die Existenz desselben in dem Sinne aussagen, daß ich, wenn ich in meiner Studierstube *wäre*, denselben wahrnehmen könnte, oder daß irgend ein anderer Geist denselben gegenwärtig wahrnehme" (*Abhandlungen über die Prinzipien der menschlichen Erkenntnis*, übers. v. Ueberweg, Leipzig 1879[2], S. 22).

Bridgman, „Die Natur einiger unserer physikalischen Begriffe", in: *Erkenntnisprobleme der Naturwissenschaften,* hrsg. v. L. Krüger, 1970, S. 57). Allerdings ist das Entscheidungsverfahren durch die Operation der Horizonterschließung nur effektiv, wenn man unterstellt, das „es ist da" von Id I 104 sei lokativisch zu verstehen. In diesem Fall ist es grundsätzlich immer möglich, eine Behauptung von der Art „Am Ort B befindet sich ein Gegenstand A" dadurch zu überprüfen, daß man den Ort B aufsucht und nachsieht, ob A da ist.

Wenn aber, wie der Wortlaut und der Kontext der zitierten Stelle vermuten lassen, Husserl hier, wie schon in den *Logischen Untersuchungen* (s.o.S. 19), den abstrakten Gebrauch von „Existenz" oder „Dasein" als fraglos voraussetzt, dann versagt diese Methode der Überprüfung. Behauptungen der Art „Es gibt A" oder „Es gibt ein A" ohne Ortsangabe können durch Horizontexplikation in ihrem Wahrheitswert nur noch einseitig entschieden werden, und zwar darum, weil kein Horizont der letzte ist. Wenn *jeder* von einem kinaisthetischen Subjekt im Raum eingenommene Standpunkt seinen Horizont hat, dann gibt es keinen Standpunkt, der dazu berechtigte, das Dasein eines Dinges zu bestreiten. *Wenn* es existiert, könnte man zwar grundsätzlich immer in endlich vielen Schritten auf dem Weg des Standpunktwechsels feststellen, daß es existiert. Wenn es aber *nicht* existiert, dann kann man auf diesem Weg niemals definitiv feststellen, daß es nicht existiert. Empirische Behauptungen von der Art „Es gibt . . ." sind, wie häufig gesagt wird, prinzipiell nicht falsifizierbar. Da Husserl, wie wir später noch sehen werden, im Anschluß an Bolzano seiner Theorie der Horizontintentionalität eine platonistische Ontologie der „Wahrheit an sich" zugrundelegt, ist er gezwungen, die Voraussetzung dieser Argumentation: daß etwas an sich existiert oder nicht existiert, gleichgültig, ob wir darum wissen oder nicht, als sinnvoll zu akzeptieren.

Husserls Gleichsetzung von Realität mit Erfahrbarkeit, und sein Anspruch, mit dieser Bestimmung den Sinn der alltäglichen Rede vom Dasein der Dinge enthüllt zu haben, bleibt freilich an die Voraussetzung gebunden, daß die Intentionalität des Lebens, das sich in alltäglicher Rede artikuliert, tatsächlich Horizontstruktur hat. Husserl setzt in der Tat voraus, daß der Kontext gerade der alltäglichen, vorwissenschaftlichen Erfahrung ein offen endloser ist, der keine Schranke kennt, die für die Erfahrung prinzipiell unübersteigbar wäre. Wahrhaft oder wirklich seiend ist nur, was in den Kontext der *einen* Erfahrung einstimmig sich einfügen läßt. Die dogmatische Hypothese einer „völlig unbekannten Realität" (Id I 123) läßt sich phänomenologisch nicht halten. Reales ist erfahrbar, weil es als solches entweder aktuell erfahren ist oder aber dem Horizont angehört, der in Husserls Sicht gerade dadurch bestimmt ist, daß man ihn als das Unbestimmt-Bestimmbare der Erfahrung bestimmend erschließen kann: „Im Wesen liegt es, daß, was auch immer realiter ist, aber noch nicht aktuell erfahren wird, zur Gegebenheit kommen kann, und daß das dann besagt, es gehöre zum unbestimmten, aber bestimmbaren Horizont meiner jeweiligen Erfahrungsaktualität. Dieser Horizont aber ist das Korrelat der an den Dingerfahrungen selbst wesensmäßig hängenden Unbestimmtheitskomponenten, und diese lassen – immer wesensmäßig – Erfüllungsmöglichkeiten offen, die keineswegs beliebige, sondern nach ihrem Wesenstypus vorgezeichnete, motivierte sind. Alle aktuelle Erfahrung weist über sich hinaus auf mögliche Erfahrungen, die selbst wieder auf neue mögliche weisen, und so in infinitum" (Id I 112). Die Leere des Horizontes, die sich in typisch geregelter Weise erfüllen kann, impliziert einen wesentlich andersgearteten Begriff von Unbekanntheit als die metaphysische Voraussetzung von Grenzen, die der menschlichen Erfahrung unübersteigbar wären.

Wir fassen zusammen, was sich bisher für den Begriff der motivierten Möglichkeit ergeben hat:

1) Statt im Alternativbewußtsein des unentschiedenen Zweifels hat dieser Begriff seinen Ursprung in der *kinaisthetischen Freiheit der Subjektivität*. Möglich in diesem Sinn ist das, was die kinaisthetische Subjektivität *vermag*.

2) Die Subjektivität vermag die Erfahrung in typisch geregelter Weise *ablaufen* zu lassen, um das nur antizipativ Erfahrene zur anschaulichen Selbstgegenwart zu bringen. Sowohl die *Kontinuität* des Erfahrungsablaufes wie das *Dasein* des Gegenstandes sind *motivierte Vermöglichkeiten* der kinaisthetischen Freiheit.

3) Im Horizont der kinaisthetischen Vermöglichkeit verschwindet die agnostische Fassung der Differenz von Erscheinung und Ding an sich. Die phänomenologische Fassung der Differenz relativiert diese auf die erfahrende Subjektivität. Was da und insofern auch an sich ist, übersteigt die Subjektivität und bezieht sich zugleich auf sie: das An-sich-sein ist *erfahrbar*.

Nach der Erörterung des Zusammenhanges von motivierter Möglichkeit und kinaisthetischer Freiheit im Prozeß der theoretischen

Erfahrung ist nunmehr zu zeigen, daß Husserl von hier aus auch die Einheit von Theorie und Praxis phänomenologisch neu zu begründen vermag.

3. Intentionalität als Streben nach Näherbestimmung des unbestimmt-bestimmbaren Horizontes der Erfahrung

In seiner Spätphilosophie hat Husserl erkannt, daß Theorie eine Form von Praxis ist. Bereits in der *Formalen und transzendentalen Logik* räumt er ein, daß der Unterschied der rein theoretischen, von unmittelbarer Lebenspraxis abstrahierenden Einstellung und dieser Praxis selbst „insofern doch wieder ein relativer ist, als auch die rein theoretische Betätigung eben *Betätigung, also bei* naturgemäßer Weite des Begriffes eine *Praxis* ist, und als solche im universalen Zusammenhang praktischer Betätigungen überhaupt unter formalen Regeln der universalen praktischen Vernunft (den ethischen Prinzipien) steht, Regeln mit denen eine science pour science kaum verträglich sein wird" (FTL 28, Hervorh. v. Vf.). Husserl fährt fort: „Aber es bleibt dann der wesentliche Unterschied bestehen, daß alle Wissenschaften unter der *Idee* eines ins Unendliche sich auswirkenden *Interesses der theoretischen Vernunft* stehen" (ebd., letzte Hervorh. v. Vf.). Es stellt sich die Frage, *woran* theoretische Vernunft interessiert ist. Unterstellt man – worauf in späterem Zusammenhang noch näher einzugehen sein wird –, daß theoretische Vernunft an der perspektivenlosen Selbstgegebenheit der Sachen, d.h. an der „Sache selbst" interessiert ist, dann bleibt in wissenschafts-theoretischer Hinsicht der von Husserl konstatierte „wesentliche Unterschied" von Theorie und Praxis noch immer einbehalten in eine wesentliche Gemeinsamkeit: die Einheit von Theorie und Praxis ergibt sich daraus, daß das Interesse der reinen Theorie an der Sache selbst auf *praktische* Möglichkeiten seiner Befriedigung *angewiesen* bleibt – letztlich auf das Vermögen der Kinaisthesis. In seinem letzten Werk, der *Krisis der europäischen Wissenschaften und die transzendentale Phänomenologie,* hat Husserl den Zusammenhang von Theorie und Praxis zu einem Leitmotiv seiner Lebensweltanalysen gemacht. Es heißt dort im § 28: „Es gibt für den Menschen in seiner Umwelt vielerlei Weisen der Praxis, darunter diese eigenartige und historisch späte: die *theoretische Praxis.* Sie hat ihre eigenen berufsmäßigen Methoden, sie ist die Kunst der Theorien, der Auffindung und Sicherung von Wahrheiten eines gewissen neuen, dem vorwissenschaftlichen Leben fremden, idealen Sinnes, des einer gewissen ‚Endgültigkeit', Allgültigkeit" (K 113, Hervorh. v. Vf.). Objektive Wissenschaft ist eine Weise der πρᾶξις (ebd.). Für den späten Husserl ist die theoretische Vernunft, der sich die objektive Wissenschaft verdankt, nicht mehr, wie noch in den *Ideen* (vgl. Id I 343), eine apraktische Urform des Bewußtseins, in welchem die praktische wie die axiologische Vernunft *fundiert* ist, sondern umgekehrt die Praxis ein konstitutives Moment der theoretischen Vernunft selber (vgl. K 113, 120, 124, 132 ff., 329 B; ferner EU 23, 351). Damit ist von Husserl klar gesehen, daß Praxis der Theorie nicht nur *nachfolgt,* sofern nämlich theoretisch Fixiertes immer auch praktisch angewandt werden kann, sondern ihr notwendig *vorhergeht,* da ohne sie theoretische Vernunft nicht realisiert werden könnte.

Die Einsicht Husserls in die konstitutive Rolle der Praxis für die Ausbildung reiner Theorie weist zurück auf eine höchst bedeutsame *Wandlung im Begriff der Intentionalität.* Das erkenntnisleitende Interesse der theoretischen Vernunft ist das Bestreben der standortgebundenen Subjektivität, die Idee des wahrhaft seienden Gegenstandes im Prozeß der Erfahrung praktisch zu realisieren. Die Weise, in der eine derart bestimmte Erfahrung verläuft, kennzeichnet Husserl als *Streben,* und zwar als Streben nach *Bestimmung des (noch) Unbestimmten.* Weil aber das Unbestimmte der Erfahrung stets den Charakter eines Horizontes hat, der *als solcher* immer schon auf die bestimmende Subjektivität bezogen und in ihr zentriert ist, darum kann nur vermittels des Begriffes der *Horizontintentionalität* die Synthesis von Theorie und Praxis im Begriff des Strebens gedacht werden. Um diesen gegenüber dem bloßen Meinen anderen Sinn von Intentionalität zu verstehen, genügt es nicht, in der Horizontintentionalität eine Form der Intentionalität zu sehen, welche die *Aktintentionalität des bloßen Meinens von etwas* hinter sich gelassen hätte. Beide Weisen von Intentionalität sind nach Husserl vielmehr so aufeinander bezogen, daß die Intentionalität über das pure Meinen von etwas *hinausstrebt,* durch es auf das Etwas selbst gleichsam antizipativ hindurchgreift. Die Erfahrung könnte aber nicht über das leere Meinen hinausstreben, ohne daß etwas gemeint wäre. Anders gesagt: Der Horizont der Erfahrung ist immer Horizont von *etwas.* Die Bildung und Erschließung dieser Horizonte in den Akten des die Sache selbst erstrebenden Bewußtseins ist begründet im Motivationszusammenhang der perspektivischen Erfahrung, der in dieser Hinsicht nun genauer dargestellt werden soll.

In den *Analysen zur passiven Synthesis* hat Husserl den neuen Sinn von Intentionalität voll entfaltet. Im kontinuierlichen Fortgang der Wahrnehmung steht immerfort derselbe Gegenstand in welchselnden Ansichten vor Augen. Was jeweils von ihm ansichtig ist, hat einen anschaulichen Gehalt, der zugleich *Träger eines unanschaulichen Sinnes* ist. Es ist für Husserl klar, daß das, was beim Anblick eines Raumkörpers „die wirklich gesehene Seite *als* bloße Seite charakterisiert und es macht, daß sie nicht als das Ding genommen wird, . . . in einem unanschaulichen *Hinausweisen,* Indizieren besteht" (AP 4 f., Hervorh. v. Vf.). Die räumliche Wahrnehmung wird sich ihrer Perspektivität nur *bewußt* durch den aller Wahrnehmung inhärenten „Hinausweis" des aktuell Gegebenen über sich selbst. „In noematischer Hinsicht ist das Wahrgenommene derart abschattungsmäßig Gegebenes, daß die jeweilige gegebene Seite auf anderes Nichtgegebenes verweist, als nicht gegeben von demselben Gegenstand" (AP 5). In dem, was von dem Gegenstand gesehen ist, liegt der Verweis auf anderes, was vom dem Gegenstand zwar nicht gegeben *ist,* aber gegeben werden *könnte,* wenn man den „Hinweistendenzen", die zu den nicht gegebenen Erscheinungen forttreiben" (ebd.), nachgehen würde.

Perspektivische Verweise sind, Husserl zufolge, „Zeiger in eine Leere" (AP 5). Diese Leere ist der Horizont der Erfahrung. Die perspektivischen Verweise lassen das, vorauf sie verweisen, den Horizont der Erfahrung, unbestimmt allgemein: *allgemein,* weil der Horizont weder als gegenwärtig angenommen noch als nicht gegenwärtig vergegenwärtigt werden kann sondern nur signitiv gemeint und insofern nur gedacht werden kann; *unbestimmt,* weil er ohne anschauliche Fülle und deshalb leer an sinnlichem Gehalt ist. Der Horizont als solcher ist stets *Leerhorizont,* wenn auch nur, wie sich sogleich ergeben wird, in einem relativen Sinn. Husserl hat für das Phänomen des perspektivischen Verweises („Verweis" und „Hinweis" sind für Husserl gleichbedeutend) den Ausdruck „Vorzeichnung" geprägt, in dem sehr treffend der zeichenhafte, signifikative und unanschauliche Charakter dieser Art von Verweis angedeutet wird. Entscheidend für die Theorie Husserls ist, daß in der Perspektivität der Erfahrung nicht nur der Verweis von Etwas auf Anderes, sondern zugleich der Verweis von Etwas auf „etwas" liegt, das in strengem Sinn weder *Etwas* noch *Nichts* ist: es gilt ihm als ausgemacht, daß „alles eigentlich Erscheinende nur dadurch Dingerscheinendes ist, daß es umflochten und durchsetzt ist von einem intentionalen Leerhorizont, daß es umgeben ist von einem Hof erscheinungsmäßiger Leere. Es ist eine Leere, die nicht ein Nichts ist, sondern eine auszufüllende Leere, es ist eine bestimmbare Unbestimmtheit" (AP 6). Würde sie ausgefüllt, so entspränge jedoch „ein neuer Leerhorizont, ein neues System bestimmbarer Unbestimmtheit . . ." (ebd.). Aus dem Wesen perspektivischer Erfahrung folgt die Unmöglichkeit eines Horizontes, der nicht von Leerkomponenten bestimmbarer Unbestimmtheit durchsetzt wäre. Anders gesagt: Ohne die Möglichkeit des Standortwechsels wäre wohl ein Horizont, aber dieser Horizont wäre ein definitiv bestimmter ohne weitere Leermomente; allein dem Vermögen der Kinaisthesis ist es zuzuschreiben, daß sich *neue* Horizonte bilden können und somit *kein* Horizont dem wahrnehmenden Subjekt eine Grenze setzen kann, die nicht über sich hinauswiese.

Für den Leerhorizont sind demnach *zwei* Momente konstitutiv. Die „Leere, die nicht ein Nichts ist", ist erstens, wie Husserl sagt, „*auszufüllende* Leere", also doch wohl eine Leere, die von der bestimmenden Subjektivität ausgefüllt werden *muß*. Zweitens aber kann die Leere kein Nichts sein, und zwar darum nicht, weil sie stets *relative Fülle* ist. Wäre der Leerhorizont der Erfahrung totale Negation sinnlicher Fülle, so enthielte er auch keine partiell erfüllenden und auf weitere Erfüllungen der vorhergehenden Leerintentionen verweisenden Sinneseinzeichnungen. Daß dies nicht der Fall sein kann, *erweist* sich nach Husserl deskriptiv daran, daß der Horizont nicht *beliebig* ausgefüllt und insofern bestimmt werden kann, sondern nur in *vorherbestimmter* Weise, für welche die bestimmte Vorzeichnung des protentional Künftigen die Regel gibt. Das zweite Moment sei im folgenden zuerst betrachtet.

a) *Die unbestimmte Allgemeinheit des Horizontes und seine Näherbestimmung*

Um das zweite Moment in seiner Tragweite für eine durchgeführte Theorie der Horizontintentionalität als Motivationszusammenhang der Erfahrung zu ermessen, müssen wir in einer neuen Hinsicht noch einmal auf die Thematik der offenen Möglichkeit eingehen. Es sei daran erinnert, daß Husserl den Horizont einen „Spielraum offener Möglichkeiten" nennt (s.o. S. 154). Das jeweils aktuell *Wahrgenommene* zeichnet einen Spielraum des *Wahrnehmbaren* vor, so zwar, daß für nichts von diesem Wahrnehmbaren etwas spricht, so daß es zwar (offen) möglich, aber nicht positiv motiviert ist. Motiviert und vorgezeichnet its nur der *Spielraum selbst,* der von sich aus wiederum vorzeichnet, was ihn ausfüllen *könnte.* So ist zum Beispiel „die Farbe der dinglichen Rückseite nicht als eine ganz bestimmte Farbe vorgezeichnet, wenn das Ding uns noch unbekannt ist und wir es nicht schon von der anderen Seite genau angesehen haben; 'eine Farbe' ist aber doch vorgezeichnet, und eventuell noch mehr" (EU 105, par. AP 40). Da zum Beispiel Rot nicht minder wie Grün eine Farbe ist, hat die Leerintention „*Farbe überhaupt"* nicht nur *eine* mögliche Erfüllung, sondern einen Spielraum möglicher Erfüllungen, die sich jedoch zu diesem Spielraum selbst nicht so verhalten sollen wie letzte spezifische Differenzen zur übergeordneten Art.

Zwar gehört es zum Wesen dieses Spielraumes, ein *Allgemeines* zu sein, das sich *besondern* kann: Als „unbestimmte Allgemeinheit" (AP 40) ist der Horizont ein „Spielraum von Besonderungen" (AP 47). Aber den damit geltend gemachten Sinn von Allgemeinheit möchte Husserl nicht von der traditionell metaphysischen Bestimmung des Allgemeinen als einer Gattung, die sich zu Arten differenziert, aus verstanden wissen. Er bemerkt zu seiner Bestimmung des Horizontes als unbestimmter Allgemeinheit, die mit der auszufüllenden Leere der aktuellen und perspektivischen Erfahrung gleichzusetzen ist, in den *Analysen zur passiven Synthesis:* „Natürlich ist der Gebrauch dieser Rede von Allgemeinheit hier nur ein Notbehelf indirekter, auf die Phänomene selbst hindeutender Beschreibung. Denn an logische Begriffe, an klassifizierende oder generalisierende Allgemeinheiten ist hier nicht zu denken" (AP 40, par. EU 106). Das Allgemeine konstituiert sich als Horizont im leer auf das Künftige verweisenden Bewußtsein von etwas, ist mithin ein Modus der immanenten Zeitlichkeit des Bewußtseins. Das Allgemeine ist das Unbestimmte, das zwar bestimmbar aber *noch* nicht bestimmt ist: „Zum Wesen der leeren Vordeutung, die sozusagen eine Vorahnung des Kommenden ist, gehört, wie wir sagten, Unbestimmtheit, und wir sprachen von bestimmbarer Unbestimmtheit. *Unbestimmtheit ist eine Urform von Allgemeinheit, deren Wesen es ist, sich in der Sinnesdeckung nur durch 'Besonderung' zu erfüllen . . ."* (AP 8, Hervorh. v. Vf.). Nimmt man diese Sätze beim Wort, so wäre für Husserl die Besonderung des Allgemeinen die Erfüllung einer „Vorahnung des Kommenden". In der Tat läßt sich das Wesen der Besonderung vom Allgemeinen phänomenologisch nur von der Erfüllung einer Leerintention aus verstehen, die *als* Intention das leer Vermeinte antizipieren und seine anschauliche

Erfüllung damit in gewisser Weise vorwegnehmen muß. Die Antizipation des Bestimmten, die freilich *Vorgriff* und nicht bloß *Vorahnung*
ist, macht die unbestimmte, aber bestimmbare Leerintention allererst
zu einer Intention sensu stricto, d.h. zu einer gegenständlichen *Ausrichtung* auf die Bestimmung der bestimmbaren Unbestimmtheit.

Während es Husserl in den *Logischen Untersuchungen* noch ausdrücklich abgelehnt hatte, den protentionalen Vorgriff auf das *Künftige* für die Intentionalität als wesentlich anzusehen [12], gilt ihm in den
Analysen zur passiven Synthesis die protentionale Ausrichtung auf
das erfahrungsmäßig noch Ausstehende zum Wesen der Intentionalität
gehörig. Die apperzeptive Auffassung von etwas als etwas ist durchsetzt mit vorgreifenden Erwartungsintentionen, deren noematisches
Korrelat kein bestimmt umgrenzter gegenständlicher Sinn sondern
ein allgemeiner Horizont mit spezifischen, aber unbestimmten Sinnvorzeichnungen ist, die den Horizont, die auszufüllende Leere, zu
einem *Horizont der Zukunft* machen: „was schon konstituiert ist,
motiviert durch seinen eigenen Gehalt eine Vordeutung, es zeichnet
vor einen leeren, aber mit unbestimmt allgemeinem Sinn ausgestatteten
Zukunftshorizont (AP 231 f.). Im darauffolgenden Satz spricht Husserl vom „vorzeichnenden Erwartungshorizont", womit gesagt ist, daß
der vorgezeichnete Horizont weitere Vorzeichnungen enthält, mithin
kein absoluter sondern nur ein relativer Leerhorizont sein kann. Im
gegenwärtig Gegebenen ist unbestimmt vorgezeichnet, was in Zukunft
gegeben sein wird, derart, daß das unbestimmt Vorgezeichnete den
Charakter eines Leerhorizontes hat, der als Spielraum möglicher Erfüllung der Leerintention die Einheit von Allgemeinem und Besonderen herstellt.

Weniger der antizipative Grundzug selbst als vielmehr die unbestimmte Allgemeinheit der antizipativ gegebenen vorgreifenden Intention läßt den neuen Sinn von Intentionalität hervorkommen. Wenn
lie Leerintention als solche unbestimmt ist, dann ändert sich die *Funktion der Erfüllung*. Nach wie vor besteht Husserl freilich darauf, daß
im Verhältnis von Intentionalität und Erfüllung die Intention sowohl
der Sache wie der Zeit nach der Erfüllung vorangeht: „. . . wo kein
Horizont, wo keine Leerintention, da ist auch keine Erfüllung" (AP
67). Das Prius der bloßen Intention bleibt also gewahrt. Aber die
Funktion der erfüllenden Anschauung sieht Husserl in den *Analysen*

[12] Vgl. LU II/2, 40: *„Intention ist nicht Erwartung, es ist ihr nicht wesentlich,
auf künftiges Eintreten gerichtet zu sein"* (letzte Hervorh. v. Vf.).

zur passiven Synthesis nicht mehr, wie noch in den *Logischen Unter-suchungen,* unter der Alternative Bestätigung (Erfüllung sensu stricto) oder Widerlegung (Enttäuschung). Diese Alternative in der Funktion der selbstgebenden Wahrnehmung wird nur erzwungen, solange die Intention ihrem Wesen nach als eine bestimmte gedacht wird, das heißt als eine solche, in der sich ein fest umrissener, eindeutiger gegen-ständlicher Sinn konstituiert. Ist der Sinn schon in der Intention als solcher konstituiert, so kann die leibhaftige Selbstgegenwart des leer Intendierten zu diesem Sinn nichts weiter beitragen: die Funktion der Wahrnehmung reduziert sich darauf, das in der Leerintention be-stimmt Vorgedachte zu bestätigen oder zu widerlegen. Erkenntnis liegt unter diesem Gesichtspunkt nur dort vor, „wo ein Vermeinen im normalen Sinn des Glaubens [scil. an das Dasein des Vermeinten, so wie es vermeint ist] sich bekräftigt oder bestätigt" (LU II/2, 67). Die Rede vom „Bekräftigen" ist kein Einwand gegen das eben Gesagte. Denn die Bekräftigung der Intention ist eine quantitative Modifika-tion der Bestätigung: was sich schon bestätigt hat, kann noch weiter bekräftigt werden. Die Bekräftigung der Intention durch Steigerung der anschaulichen Fülle dient nur der Steigerung der Gewißheit, nicht aber der Bereicherung oder der Bestimmung des vorgemeinten Sin-nes. Demgegenüber sieht Husserl später, daß die Intention als solche unbestimmt allgemein ist. Ist aber die Intention *unbestimmt,* so wird sie von der erfüllenden Anschauung weder glatt bestätigt noch glatt widerlegt sondern (näher) *bestimmt.* Insofern die Intention als solche ein unbestimmtes Meinen ist, das bestimmbar ist, ist sie an ihr selbst Horizont. Was sich in den Synthesen der kinaisthetischen Wahrneh-mung erfüllt, ist der Horizont selbst, so zwar, daß seine Erfüllung seine Bestimmung ist.

Die Funktion der schlichten Wahrnehmung ist demnach die *Näher-bestimmung* von Leerintentionen, die nichts anderes sind als der Ho-rizont des Intendierten. Dies, daß die sinnliche Wahrnehmung als Bestimmung des noch Unbestimmten fungiert, ist das Hauptthema der Einleitung zu den *Analysen zur passiven Synthesis.* „Das Grund-verhältnis in diesem beweglichen Übergang [scil. von einer Kinaisthese zur anderen] ist das zwischen Intention und Erfüllung. Die leere Vor-weisung eignet sich die ihr entsprechende Fülle an. Sie entspricht der mehr oder minder reichen Vorzeichnung, bringt aber, da ihr Wesen bestimmbare Unbestimmtheit ist, in eins mit der *Erfüllung* auch *Nä-herbestimmung"* (AP 12, Hervorh. v. Vf.). Wenn aber im Verlauf der originär gebenden Wahrnehmung „*mit* der Erfüllung", wie Husserl hier sagt, „*auch* Näherbestimmung" erfolgt, dann ist damit offenbar vorausgesetzt, daß nicht jede Erfüllung einer Intention eo ipso auch schon Näherbestimmung des in ihr Vermeinten sein muß. In der Tat sieht Husserl jetzt, daß die partielle Erfüllung von Leerintentionen das leer Vermeinte nur dann näher bestimmt und bestimmen kann, wenn die Wahrnehmung zu einem „Prozeß der Aufnahme in die bleibende, *habituell* werdende Kenntnis" wird (AP 8, Hervorh. v. Vf.). Bedingung der Möglichkeit für die Habitualisierung des aktuellen Erfüllungsbewußtseins ist aber die *Zeitlichkeit,* d.h. das Zusammenspiel von Retention, Protention und Impression. Ohne Berücksichtung dieses Zusammenspiels könnte die kinaisthetische Wahrnehmung nur als ein Prozeß beschrieben werden, in dem „die Leere sich Fülle zueignet und die Fülle wieder zur Leere wird" (AP 7), als ein Prozeß also, in dem, wie Husserl in den *Logischen Untersuchungen* gesagt hatte, „Gewinn und Verlust . . . sich eben bei jedem Schritt die Wage halten" (LU II/2, 67; s.o. S. 28). Ohne retentionales Bewußtsein wäre Wahrnehmung bloßes Momentanbewußtsein und „die gesamte Vorstellungsreihe ohne fortschreitende Annäherung an ein Ziel" (ebd.). Wirkliche Erfahrung kann jedoch nur dann zustandekommen, wenn die kinaisthetische Wahrnehmung als „fortschreitende Annäherung an ein Ziel" verstanden wird, nämlich an das Ziel vollkommener Bestimmung des Unbestimmten. Ebensowenig wie eine bloße Gegenwärtigung von aktuell Gegebenen ist die Wahrnehmung eine Vergegenwärtigung von schon Bekanntem. Die bereits originär erfaßte, jetzt aber wieder unsichtig gewordene Seite eines Würfels zum Beispiel kann zwar jederzeit wieder vergegenwärtigt und anschaulich gemacht werden. Dann aber „findet bloß Veranschaulichung, und mit ihr erfüllende Bestätigung der leeren Intentionen statt, aber nicht mehr Näherbestimmung" (AP 10). Anschauliche Fülle als solche erfüllt keine Intention; was diese allein wahrhaft erfüllen kann, das ist ihre Bestimmung.[13]

Ist die Erfüllung von Leerintentionen nichts als deren Bestimmung, dann kann dies für den Begriff des *gegenständlichen Sinnes* nicht folgenlos bleiben. Maßgebend für diesen Begriff war in den *Logi-*

---

[13] Vgl. die bereits zitierte Stelle AP 79: „. . . bloße Füllung des Leeren ist noch nicht Erfüllung der Intention." Erfüllung jedoch, so hat sich gezeigt, darf nicht als bloße Bestätigung eines vorgemeinten Sinnes verstanden werden, wenn anders sie als Näherbestimmung gedacht werden soll.

schen Untersuchungen die Tatsache, daß sprachliche Bedeutungen auch ohne Rekurs auf erfüllende Anschauung verstanden werden können. Erfüllende Anschauung ist zur Nachträglichkeit verurteilt und kann zum Verständnis des sprachlich Gemeinten nichts beitragen. In der idealen Erkenntniseinheit von Intention und Erfüllung ist „zunächst . . . die Bedeutungsintention, und zwar für sich gegeben; dann erst tritt entsprechende Anschauung hinzu" (LU II/2, 33). Die Möglichkeit eines „rein symbolischen Wortverständnisses" (ebd.) fern von erfüllender Anschauung ist maßgebend für den Begriff des intentionalen Inhalts signitiver wie auch intuitiver Akte. Der „Gegenstand, *so wie* er intendiert ist" (LU II/1, 400), d.h. der „*Sinn* der gegenständlichen Auffassung" (LU II/1, 416). konstituiert sich in einem rein symbolischen Akt, in dem der „Gegenstand, *welcher* intendiert ist" (LU II/1, 400), signitiv bedeutet wird. Zum derart definierten Sinn kann eine intuitive Fülle nur äußerlich hinzutreten. Auch wenn dem vorgemeinten und vorverstandenen gegenständlichen Sinn in der originär gebenden Wahrnehmung fallweise ein *erfüllender* Sinn korrespondieren sollte, so trüge dieser doch zu jenem Material nichts bei. Denn als intuitiv erfüllenden Sinn läßt Husserl in den *Logischen Untersuchungen* nur gelten, was sich mit dem signitiv vorgemeinten Sinn zwar nicht funktional aber material *deckt* (vgl. LU II/2, 95 f.). Das Vorurteil, der Sinn als solcher sei im leeren, symbolisch vermitteln Meinen vollständig konstituiert und könne demnach nur bewährt oder durch einen anderen negiert werden, hat Husserl in den *Analysen zur passiven Synthesis* abgelegt. Dort erklärt er unumwunden: „In der Leervorstellung spielt sich eigentlich nichts ab, konstituiert sich eigentlich kein gegenständlicher Sinn" (AP 72). Er fügt hinzu: „Und doch sagen wir: Sie stellt das und das vor,[14] nämlich das und das ist mir bewußt" (ebd.). Leer vermeint ist etwas bestimmtes, aber im Modus der Unbestimmtheit. Leer ist eine Vorstellung also nicht allein deswegen, weil sie leer an *Anschauung,* sondern auch, weil sie leer an *Bestimmtheit* ist. Daher kann Husserl nun im Wahrnehmungsverlauf „unaufhörlich wechselnden Sinn" und „durchgeheden identischen Sinn" (AP 20) auseinanderhalten.

Die Funktion der erfüllenden Anschauung ist nunmehr die Konsti-

---

[14] Man achte auf den noetisch-noematischen Doppelsinn von „Vorstellung", der in diesen Worten liegt. Die Vorstellung stellt etwas vor, das heißt, die Vorstellung *von* etwas ist das, *was* etwas vorstellt, insofern es als dies oder jenes apperzipiert wird.

tution des gegenständlichen Sinnes selbst. Die Sinneskonstitution ist als *Prozeß* zu denken, eben weil die sinnliche Anschauung ein Prozeß ist, nämlich der Prozeß der Näherbestimmung des Leerhorizontes der Erfahrung. Indem die „Näherbestimmung ein bestimmtes Sinnesmoment neu beibringt", geht durch den Prozeß der Erfahrung in den unbestimmten Leerhorizont „*das Neue*" ein (AP 9). Näherbestimmung ist das, was Husserl auch „Enthüllung" von Horizonten nennt (vgl. AP 71 u. 248 ff.). Was Husserl in der Einleitung zu den *Analysen zur passiven Synthesis* über die Leistung der zwar originär aber inadäquat den Gegenstand gebenden Wahrnehmung schreibt, kann als indirekte Kritik an seiner eigenen Position zur Zeit der *Logischen Untersuchungen* und teilweise auch der *Ideen* gelesen werden: „Diese Leistung besteht nicht nur darin, immer Neues vom fest vorgegebenen Sinn anschaulich zu machen, als ob der Sinn von Anfang an schon fertig vorgezeichnet wäre, sondern im Wahrnehmen baut sich der Sinn selbst weiter aus und ist so eigentlich in beständigem Wandel und läßt immerfort neuen Wandel offen" (AP 20).

Leerintention und erfüllende Anschauung übersteigen sich demnach gegenseitig. *Einerseits* ist stets mehr intendiert als anschaulich gegeben ist: „In keiner Phase der Wahrnehmung ist der Gegenstand als gegeben zu denken ohne Leerhorizonte und, was dasselbe sagt, ohne apperzeptive Abschattung und mit der Abschattung zugleich Hinausdeutung über das sich eigentlich Darstellende" (AP 19). *Andererseits* aber ist stets mehr gegeben als intendiert ist: „Was hier [scil im Verlauf kinaisthetischer Wahrnehmung] über die Vorzeichnung, das bestimmt Erwartete hinaus eintritt, ist nicht bloß charakterisiert als Füllsel, sondern als Näherbestimmung. Diese aber hat als solche Erfüllungscharakter. Das erstlich als Deckung der Vorzeichnung Eintretende ist das primär Erfüllende; sekundär ist aber auch das Superplus, das die Anschauung beibringt, erfüllend, sofern es gegeben ist als zu dem Gegenstand selbst gehörig, der da intendiert ist und der nun als er selbst zur Anschauung kommt, die Intention eben erfüllend" (AP 79 f.). Wenn das „Superplus" der erfüllenden Anschauung kein „Füllsel" sein soll, so besagt dies: die Anschauung geht über die Intention hinaus, so zwar, daß sie nicht ein „ungedeckter Rest" (AP 79) in der Deckungseinheit von Intention und Erfüllung ist, sondern Bestimmung der unbestimmt-allgemeinen Intention selbst. Im Übergang von der „weit gespannten Allgemeinheit" des Leerhorizontes zur „sinnvoll gegliederten Besonderheit" der anschaulichen Fülle (AP 10) gründet die wechselseitige Transzendenz von Allgemeinem und Besonderem im phänomenologischen Verstande: weder erschöpft sich das Allgemeine im Besonderen, noch geht umgekehrt das Besondere in dem auf, was allgemein vorgemeint war.

b) Intentionalität als gerichtetes Streben

War bisher der *erste* Grundzug der Horizontintentionalität, die unbestimmte Allgemeinheit des Leerhorizontes und seine Besonderung im Prozeß der Näherbestimmung, erörtert worden, so gilt es nun auch ihren *zweiten* Grundzug, dies, daß der Horizont der Erfahrung eine „auszufüllende Leere" und damit zur Ausfüllung bestimmt ist, interpretierend darzulegen (s.o. S. 172). Statt noematisch kann dieser zweite Grundzug auch noetisch als *Streben* nach Bestimmung formuliert werden, und die Intentionalität dann darin gesehen werden, daß sie die Bestimmung der erfahrenden Subjektivität zur Bestimmung des unbestimmt-bestimmbaren Leerhorizontes der Erfahrung ist (s.o.S. 163). Was oben nur angedeutet wurde, ist nun genauer auszuführen.

Die genetische Urform des aktiven Erkenntnisstrebens und zugleich dasjenige deskriptive Faktum, das Husserl vermutlich überhaupt erst dazu gebracht hat, Intentionalität als „Streben" oder „Tendenz" zu denken, ist die den protentionalen Weisen des Bewußtseins eigentümliche *Ausrichtung auf etwas*. Im offenen Horizont des Zukunft ist das leere Vorstellen „nicht bloß überhaupt vorstellendes Bewußtsein *von* seinem Gegenstand, sondern in sich selbst *auf* seinen Gegenstand gerichtet" (AP 76, Hervorh. v. Vf.). Mit Nachdruck hebt Husserl hervor, daß die gegenständliche Ausrichtung nicht dem Leerhorizont als solchem eignet sondern nur jenen Leervorstellungen, die *protentional* auf Künftiges vorausdeuten. Nur protentionale Leervorstellungen, nicht aber Leervorstellungen überhaupt, sind gerichtet. Es handelt sich für Husserl darum, „eine Klasse von Leervorstellungen scharf abzugrenzen als 'intendierend', auf ihre Gegenstände in der Weise der Intention gerichtet" (ebd.). Im schlichten Gewahren sind wir auf das gegenwärtig Erscheinende gerichtet und zugleich „durch es hindurch weiter auf das Kommende" (AP 74). Im kontinuierlichen Retinieren des soeben gegenwärtig Gewesenen entspringt ein *retentionaler Horizont,* dem diese spezifische Ausrichtung auf den Gegenstand fehlt, die dem *protentionalen Horizont* als solchem eignet.

Den Grund für die einseitige Ausrichtung des passiven Wahrnehmungsbewußtseins auf den Horizont der Zukunft und durch diesen hindurch auf das Zukünftige selbst erblickt Husserl in der *Synthesis assoziativer Weckung von Protentionen* durch die urimpressionale Gegenwart. Husserl zeigt, daß Zukünftiges mit Gegenwärtigem wesentlich anders geeinigt ist als Vergangenes. Während retentional Behaltenes in die Vergangenheit absinkt und jeden lebendigen Bezug zur Gegenwart einbüßt, sind die protentionalen Horizonte ohne diesen Bezug gar nicht denkbar. Protentionen werden, wie Husserl sagt, von den Stücken der dinglichen Umwelt, die jeweils zu aktueller Gegebenheit kommen, assoziativ „geweckt" oder „erregt". Diesen von der Gegenwart in die Zukunft ausstrahlenden assoziativen Weckungen von Leervorstellungen verdanken diese die eigentümliche Richtungsbestimmtheit, durch die sie sich aus der Klasse der reinen Leervorstellungen *von etwas* (als etwas) in typischer Weise als eine besondere Art herausheben: differentia spezifica ist die Vorausbestimmung des Zukünftigen durch das Gegenwärtige. Das hier uns jetzt anschaulich Erscheinende entfaltet seine weckende Kraft notwendig in der Linie der protentionalen Kontinuitäten, die assoziativ geweckt werden, und durch die hindurch etwas leer vorstellig wird: „Ein Richtungsstrahl entspringt in der Wahrnehmung selbst und geht durch die gewickte Leervorstellung hindurch auf ihr Vorgestelltes" (AP 75). Der protentionale Leerhorizont fungiert als das vermittelnde Allgemeine „einer *Richtungssynthese,* in der die eine Vorstellung 'hinrichtend' ist und die Gegenvorstellung demgemäß in sich gerichtet ist, oder in der das eine Vorgestellte charakterisiert ist als *terminus a quo,* das andere als *terminus ad quem*" (AP 75 f., Hervorh. v. Vf.). Als terminus ad quem ist das leer Vorstellige des protentionalen Horizontes das, worin die aktuelle Gegenwart als intentionale „terminiert", d.h. jenes, worauf sie als Bewußtsein kinaisthetischen Könnens letztlich „hinauswill" (AP 83). Der protentionale Horizont wird dank der ihn weckenden Urimpressionen, die jeweils den terminus a quo fixieren, *zweiseitig gerichtet.* Der Horizont der Zukunft fungiert gleichsam als das Gelenk zwischen terminus a quo und terminus ad quem der Erfahrung: die ihn konstituierende Leervorstellung richtet sich *auf* ein als künftig Vorgestelltes und *nach* dem als gegenwärtig Gegebenen. Denn im Unterschied zur retentionalen Leervorstellung, dem noch Präsentsein des soeben gegenwärtig Gewesenen, richtet sich die protentionale hinsichtlich ihres sachlichen Gehaltes immer nach dem, was als wecken-

de Urimpression hier und jetzt fungiert. Eine im Blickfeld auftauchende Tür zum Beispiel führt unanschauliche Leervorstellungen
des von ihr abgeschlossenen Raumes bewußtseinsmäßig mit sich
(vgl. AP 75). *Diese* Form von Synthesis des anschaulich Gegebenen
mit bloß Vermeintem, nennt Husserl, wie eben zitiert, „Richtungssynthese" und unterscheidet sie damit auch terminologisch von den
Synthesen der Erfüllung und der identifizierenden Deckung.

Nach Husserl umgrenzt jedoch die Protentionalität des Bewußtseins nicht allein die deskriptive Klasse gerichteter Leervorstellungen sondern zugleich das, was Intentionalität *eigentlich* ist. Husserl
gelangt in den *Analysen zur passiven Synthesis* zu der Einsicht, „daß
ein Gerichtet-sein, herstammend aus einer Weckung [scil. von Er-
wartungsintentionen], zu aller eigentlichen Intentionalität gehört"
(AP 83). Wird vorausgesetzt, daß Vorstellungen im weitesten Sinne
immer Bewußtsein von etwas (als etwas) sind, ohne darum schon auf
dieses Etwas gerichtet zu sein, so folgt aus diesem eigentlichen Sinne
von Intentionalität, „daß nicht alle Vorstellungen gegenständlich
intendierende sind" (AP 77). Das macht den entscheidenden Unterschied zur Retentionalität des inneren Zeitbewußtseins aus. „Re-
tentionen", so erklärt Husserl, „haben keinen intentionalen Charakter" (ebd.), das heißt: sie intendieren nichts. Zwar *kann,* führt
Husserl im Anschluß an die zitierte Stelle aus, auch Retiniertes nachträglich zum Gegenstand einer passiven oder auch aktiven Intention
werden, *als* Retiniertes jedoch ist es nicht gegenständlich intendiert,
und darum auch ohne Bezug zum Bewußtsein von Gegenwärtigem
im Vollzug des erfahrenden Lebens.[15] In die Gegenwart reicht das

---

[15] Für die Phänomenologie des inneren Zeitbewußtseins ist es bedeutsam, daß
Husserl dem retentionalen Vergangenheitshorizont jede Richtungsbestimmtheit
abspricht. Was Husserl vom protentionalen Zukunftshorizont sagt: „Ein Richtungsstrahl entspringt in der Wahrnehmung selbst und geht durch die Leervorstellung hindurch auf ihr Vorgestelltes" (AP 45), kann nur von *dem* Vergangenheitshorizont gesagt werden, der nicht retentional ist, sondern als reproduktive
Sekundärbildung durch aktive wie passive Wiedererinnerung aus dem primären,
retentionalen Vergangenheitshorizont selektiv hervorkommt. Daß dem in der
Wiedererinnerung erschlossenen Horizont der Charakter einer intentionalen
Sekundärbildung eignet, hat Husserl schon früh gesehen und daraus die
deskriptive Unterscheidung von Retention und Reproduktion gerechtfertigt (vgl.
ZBW 45 f.). Was in die Vergangenheit versinkt, wird retentional festgehalten,
sedimentiert und für die (reproduktive) Erinnerung aufbewahrt, aber in diesem
Festhalten nicht gegenständlich intendiert. Wäre das erinnerungslos in die Ver-
gangenheit Absinkende gänzlich verloren, so könnte es in einem nachträglichen
Akt auch nicht erinnert werden; da es aber erinnert werden kann, ist es in
seiner Vergessenheit noch irgendwie behalten. In der Erinnerung nun wird der

Retinierte als solches nur als Sediment vergangener Intentionen. Zwar kann von der Gegenwart aus der retentionale Horizont der Vergangenheit jederzeit erschlossen werden, aber nur *entgegen* der „Richtung in der Wahrnehmung selbst" (AP 74). Diese einseitig auf Künftiges vorweisende „Richtung in der Wahrnehmung selbst", die durch assoziative Weckung von Leerhorizonten entspringt und indifferent gegen die Blickrichtung des erfassenden Ich ist, legt den neuen, den „eigentlichen" Sinn von Intentionalität fest.

Entscheidend daran ist, daß Intentionalität nun von Husserl so wenig auf das bloße Bewußtsein von etwas, das pure Meinen, reduziert wird, daß sie zu diesem als ein Anderes äußerlich *hinzutreten*

retentionale Horizont gerichtet. Diese sekundäre Richtungsstruktur erwächst *einmal* „in jedem Fall, wo das Ich auf ein Retentionales seinen Ich-Blick richtet," *zum anderen* aber auch schon ohne eine aktive Blickwendung nach rückwärts „durch eine hinterher nachkommende Assoziation" (AP 77) – man denke an das bekannte Phänomen der affekt- und situationsgebundenen Erinnerung, in der etwas (Gegenwärtiges) „an" etwas anderes (Vergangenes), erinnert", und zwar unwillkürlich, ohne und manchmal gegeben den Willen des erinnernden Ich. In *beiden* Fällen geht die Intention der lebendigen Gegenwart durch die gleichsam stumme retentionale Leervorstellung hindurch auf ein Vergangenes und richtet dessen Horizont auf die Gegenwart aus. Die ursprüngliche Richtungslosigkeit des retentionalen Horizontes gründet letztlich – worauf Husserl allerdings nicht ausdrücklich hinweist – darin, daß für den retentionalen Horizont im Unterschied zum protentionalen nicht das Gegenwärtige sondern allein und ausschließlich das gegenwärtig Gewesene konstitutiv ist. Denn die selektive und insofern auch konstitutive Funktion der Gegenwart für die Vergangenheit erstreckt sich nur auf die Bildungen der aktiven und passiven Erinnerung, nicht jedoch auf die starr an die Gegenwart anschließenden passiven Synthesen der retentionalen Kontinuität. Demgegenüber ist die Gegenwart für die Zukunft ursprünglich konstitutiv: der protentionale Horizont ist für Husserl nichts als die „auszufüllende Leere" der Gegenwart. Die Intentionalität, das heißt nun: die Ausrichtung des Gegenwärtigen auf das Zukünftige im Horizont der kinaisthetischen Freiheit verhindert, daß der Horizont der Zukunft wie der der Vergangenheit in einen primären und einen sekundären auseinanderfällt; „Protention", „Erwartung" und „Erwartungsintention" sind für Husserl gleichbedeutende Ausdrücke. Es sei noch angemerkt, daß Husserls Phänomenologie des inneren Zeitbewußtseins zu einer phänomenologischen Tiefenpsychologie ausgebaut werden kann (Ansätze dazu bei Henri Ey, Maurice Merleau-Ponty u.a.), und es auch umgekehrt ermöglicht, die tiefenpsychologische Theoriebildung Freuds kritisch zu überprüfen. Was bei Freud Ich-Zensur heißt, steht durchaus im Einklang mit Husserls Theorie der selektiven Modifikation des retentionalen Leerhorizontes in der bewußten Wiedererinnerung. Gegen Freuds tendentielle Abspaltung des Unbewußten als des Verdrängten vom verdrängenden und zensierenden Ich muß jedoch phänomenologisch eingewandt werden, daß die Verdrängung das retentionale Behalten des Verdrängten in der Einheit des inneren Zeitbewußtseins so wenig verhindern kann, daß sie es vielmehr voraussetzt; vgl. hierzu M. Merleau-Ponty, a.a.O. S. 192 ff.

muß. Der die Sache selbst antizipierende Vorgriff auf etwas, als der Intentionalität nun gedacht werden muß, ist als Durchgriff durch das pure Bewußtsein von etwas zu verstehen, derart, daß die solchermaßen gedachte Intention auf etwas nicht einmal mehr unter eine übergeordnete Erlebnisklasse „Bewußtsein von etwas" subsumiert werden kann. Im Blick auf das die Sache selbst terminierende Verweisungsganze der durch kinaisthetische Motivation geregelten Erfahrung tritt für Husserl „der Unterscheid hervor zwischen dem *intentionalen Strahl* und der *Anschauung,* in die er eingeht, und dann überhaupt zwischen dem jeweiligen *Bewußtsein-von,* selbst wenn es ein Leerbewußtsein ist, und der *intentio,* die abzielend oder erzielend durch dieses Bewußtsein hindurchgeht" (AP 93, Hervorh. v. Vf.). Das sagt: Bewußtsein von etwas ist als solches noch keine intentio, „selbst wenn es ein Leerbewußtsein ist", d.h. selbst wenn es die Bedingung erfüllt, die von Husserl zeitweilig für das Wesen von Intentionalität als konstitutiv angesehen worden war, nämlich anschauungsleere Signifikation zu sein.

Von dem aus, was bisher zur passiven Richtungsbestimmtheit allein des protentionalen Horizontes dargelegt worden ist, muß die wohl bedeutsamste Erweiterung des Begriffes der Intentionalität interpretiert werden, die Husserl seit den *Logischen Untersuchungen* vorgenommen hat: Intentionalität bestimmt sich in seinen späteren Arbeiten, zumal in den *Analysen zur passiven Synthesis* und deren Überarbeitung in *Erfahrung und Urteil,* auf der Stufe der Spontaneität des erfahrenden Ich als „*Erkenntnisstreben*" (AP 87, EU 341), und als solches ist sie ihrem Wesen nach „gerichtet auf *Wahrheit*" (EU 341). Dieser neue Ansatz erlaubt es Husserl, die Einheit von Theorie und Praxis, von der oben die Rede war, noch ein Stück weiter zu durchdenken als es vom Begriff der Kinaisthesis aus zunächst möglich ist, und deren Einheit jetzt so zu bestimmen, daß Theorie eine Aufgabe der Praxis ist, und die Praxis geleitet ist vom *Willen* zur Wahrheit: „Die Intention ist auf ihren Gegenstand gerichtet, sie will nicht ein bloß leeres Hinmeinen auf ihn sein, sie will zu ihm selbst hin – zu ihm selbst, das ist zu einer Anschauung, die ihn selbst gibt, die in sich Bewußtsein der Selbsthabe ist" (AP 83). Die Intention des kinaisthetischen Ich, die durch das Leerbewußtsein hindurchgeht und es auf den Gegenstand ausrichtet, ist *als* Intention auf Erfüllung *angelegt,* ist „Intention *auf* Erfüllung", und das heißt nun: sie ist „Intention *auf* Selbstgebung" (AP 83). Damit ist Intentionalität kein bloßes Bewußtsein von etwas in einem noch radikaleren Sinne als es die Richtungsbestimmtheit durch assoziative Weckung von Erwartungsintentionen verlangt.

Den thematischen Übergang von der genetischen Urform des Erkenntnisstrebens zu diesem selbst kennzeichnet Husserl mit den folgenden Worten: „Nicht bloß hat sich gezeigt, daß ein Gerichtet-sein, herstammend aus einer Weckung, zu aller eigentlichen Intention und somit zu eigentlich erfüllend bewahrheitender Synthesis gehört. Sondern jetzt tritt auch dies hervor, als zu einer bewahrheitenden Intention [16] gehörig, daß dieses Gerichtet-sein tendenziös ist und von vornherein als Tendenz, als ein Streben auf eine Befriedigung 'hinauswill', die nur in einer veranschaulichenden Synthese besonderer Art möglich ist, einer Synthesis, die das vorstellige Gegenständliche zur Selbstgegebenheit bringt" (AP 83). Intentionalität hat nun „die Form eines vom Ich ausgehenden Strebens", das „das Seiende selbst" erstrebt (AP 85). Nicht jedes Bewußtsein erstrebt etwas, das hat sich am retentionalen Bewußtsein gezeigt, das bloß passive, dem aktiven Ichblick entglittene Bewußthabe von etwas ist. Aber es ist, Husserl zufolge, eine „generelle Wesensmöglichkeit, daß jedes Bewußtsein durch irgendwelche Motivation, wir nannten in der passiven Sphäre die assoziative Weckung, Richtung und in Zusammenhang damit meinende Hin-richtung auf das Seiende im Selbst annehme", „zuhöchst" aber die Form des „Erkenntnisstrebens" (AP 85).

Schon in den *Logischen Untersuchungen* hat Husserl erwogen, Intentionalität dynamisch als eine Spannung aufzufassen, die sich in der anschaulichen Erfüllung entspannt und insofern auf sie hindrängt. Im § 13 der fünften Untersuchung heißt es: „Der Ausdruck *Intention* stellt die Eigenheit der Akte unter dem Bilde [!] des Ab-

---

[16] Orientiert man sich an Husserls früherem Begriff der Intentionalität, der noch zur Zeit der *Ideen* dominiert, so würde man im Hinblick auf das Verhältnis von Intention und Erfüllung erwarten, daß Husserl hier nur von einer bewahrheitenden *Erfüllung,* nicht aber von einer bewahrheitenden *Intention* sprechen müßte: die bewahrheitende Erfüllung wäre Erfüllung einer *zu* bewahrheitenden Intention. Aber abgesehen davon, daß sich das Verhältnis von Intention und Erfüllung in der Theorie der Horizontintentionalität relativiert, stimmt der Ausdruck „bewahrheitende Intention" überraschend gut zum neuen Intentionalitätsbegriff: das Streben nach Wahrheit kann nicht selbst als wahr ausgewiesen werden. Was als wahr ausgewiesen werden kann und muß, das ist allein und ausschließlich das leere Meinen von etwas als etwas, das also, was bei Husserl „Leervorstellungen" heißt. Die Intention als solche steht in der neuen Theorie Husserls von vornherein in Wahrheitsfunktion .

zielens vor und paßt daher sehr gut auf die mannigfaltigen Akte, die sich ungezwungen und allgemeinverständlich als theoretisches und praktisches Abzielen bezeichnen lassen. Dieses Bild paßt aber nicht auf alle Akte gleich gut, und achten wir auf die im § 10 zusammengestellten Beispiele genauer, so kann uns nicht entgehen, daß ein engerer und ein weiterer Begriff von Intention unterschieden werden muß. Im Bilde entspricht der Tätigkeit des Abzielens als Korrelat diejenige des Erzielens (das Abschießen und das Treffen). Genau ebenso entsprechen gewissen Akten als 'Intentionen' (z.B. Urteils-, Begehrungsintentionen) andere Akte als 'Erzielungen' oder 'Erfüllungen'. Und darum eignet sich das Bild für die ersteren Akte so vollkommen; aber die Erfüllungen sind ja auch Akte, also auch 'Intentionen', obschon sie (wenigstens im allgemeinen) nicht abermals Intentionen in jenem engeren Sinne sind, der auf eine entsprechende Erfüllung hinweist" (LU II/1, 378 f.). Obgleich das, was Husserl hier als Intention „im engeren Sinne" bezeichnet, unter dem Bilde des Abzielens dem recht nahe zu kommen scheint, was er in den *Analysen zur passiven Synthesis* unter Intentionalität im „eigentlichen" Sinne versteht, sind die Unterschiede unverkennbar. *Einmal* nämlich kennt die Theorie der Horizontintentionalität keine intuitiven Intentionen mehr, die nicht noch weiter erfüllungsbedürftig wären, so daß die Differenzierung in einen engeren und einen weiteren Begriff der Intention überhaupt entfällt: auch die erfüllenden Akte einer Bewahrheitungssynthese sind, mit den Worten der eben zitierten Stelle, „abermals Intentionen in jenem engeren Sinne, der auf die entsprechende Erfüllung hinweist". Anders gesagt: es gibt für Husserl seit den *Ideen* keine intuitiven Erfüllungen mehr ohne signifikative Leermomente. Ebensowenig läßt sich die Differenzierung zwischen einem engeren und einem weiteren Intentionalitätsbegriff aufrechterhalten, wenn man die Relativierung im Verhältnis von Intention und Erfüllung von der Intention aus reflektiert: es ist in der Theorie der Horizontintentionalität keine Intention mehr denkbar, die nicht schon an ihr selbst Erfüllung einer anderen wäre. *Zum anderen* soll nach den *Logischen Untersuchungen* bei der Rede von intendierenden Akten auch im engeren Sinne, die Husserl als abzielende bezeichnet, generell „der Gedanke der Betätigung... schlechterdings ausgeschlossen bleiben", also gerade jenes Moment, das es erlaubt, die Intentionalität der Erfahrung als kinaisthetisches

Tun zu verstehen, dessen Wahrheitsbezug es zum Erkenntnisstreben macht.[17]

Trotzdem verbleibt auch die Auffassung der Intentionalität als Streben im traditionellen Unterschied von theoretischem Vehalten und praktischem Tun, nur versucht Husserl, diesen Unterschied neu zu bestimmen. „Erkenntnisstreben", so zeigt schon der Titel des § 21 der *Analysen zur passiven Synthesis* an, ist kein „Verwirklichungsstreben" (AP 87). Die Gewißheit des vorgreifenden Erwartungsglaubens im Horizont kinaisthetischer Vermöglichkeit, das das bestimmt Erwartete *an sich* schon sei, wenn auch *für uns* die Bewahrheitung des als gewiß Vermeinten noch aussteht, begründet den Unterschied zwischen theoretischem Erkennen dessen, was ist, und dem herstellenden Handeln dessen, was noch nicht ist – weder an sich noch für uns [18] –, aber werden kann. Die Seinsgewißheit des Weltglaubens läßt nach Husserl für eine Verwischung dieser Grenze keinen Raum: „Da wir im lebendigen Wahrnehmen im voraus eines Kommenden gewiß sind, ist für ein Wünschen, daß es sei, oder gar für ein realisierendes Wollen, daß es durch unser Handeln werden soll, gar kein Raum" (AP 87 f.). Das Streben, das auf das Seiende selbst „hinauswill", ist nicht an der Wirklichkeit eines noch Unwirklichen interessiert, sondern nur an der Wahrheit einer Intention, die etwas Wirkliches zu meinen prätendiert. Darin liegt „der Wesensunterschied" des im doxischen Meinen „waltenden Strebens" von „jedem anderen auf Grund inhaltlich gleicher Vorstellungen möglichen Streben" (AP 89). „Andererseits", so fährt Husserl fort, „können wir von unserer phänomenologisch geschöpften Beschreibung, daß jedes erkennende intendierende Meinen eben ein Hintendieren, ein Streben sei, nicht abgehen" (ebd.). Doch ist das Erkenntnisstreben nicht auf „das Sein" eines Nichtseienden gerichtet, sondern darauf, daß das „als gewiß seiend Gemeinte" auch „wirklich sei", was sich

[17] In einer Anmerkung zu LU II/1, 379 zitiert Husserl zustimmend den gegen die zeitgenössische Aktpsychologie gerichteten Satz Natorps: „Nur weil Bewußtsein oft und immer von Streben begleitet ist, erscheint es als ein Tun und sein Subjekt als ein Täter" (P. Natorp, *Einleitung in die Psychologie,* Leipzig 1888, S. 21). Man vgl. auch Husserls in den *Logischen Untersuchungen* erhobene Forderung, daß „der Gedanke der Betätigung" aus dem Begriff des intentionalen Aktes „schlechterdings ausgeschlossen bleiben muß," mit der Auffassung Husserls in der *Formalen und transzendentalen Logik,* daß auch die rein theoretische Betätigung eben Betätigung, also bei naturgemäßer Weite des Begriffes eine Praxis ist" (FTL 28, s.o.S. 169).
[18] Zur Ansichseinsproblematik vgl. den folgenden Abschnitt.

erst in der „erfahrenden Selbsterschauung des für seiend Gehaltenen" erweisen kann (ebd.). Der Unterschied aber gegenüber Husserls
früherer Auffassung bleibt bestehen, dies nämlich, daß das Leerbewußtsein als solches indifferent gegen Strebungen überhaupt ist und
daß darum zu ihm ein Erkenntnisstreben hinzutreten muß, wenn
theoretische Erfahrung möglich sein soll.

Es ist bedeutsam, daß Husserl mit der Bestimmung der Intentionalität als Streben nach Wahrheit, dessen Bedingung der Möglichkeit die kinaisthetische Freiheit des erfahrenden Subjekts ist, das von
Aristoteles erstmals gedachte Verhältnis von νοῦς und ὄρεξις, das
in der Philosophie des Deutschen Idealismus als Verhältnis von
theoretischer und praktischer Vernunft erscheint, neu zu durchdenken versucht hat.[19] Voll wirkt sich das erst in seiner Spätphilosophie aus, deren Grundthema das Verhältnis von Lebenswelt und
wissenschaftlicher Vernunft ist.[20] Aber bereits in seiner mittleren
Periode hat Husserl sich die Frage vorgelegt, ob Intentionalität nicht
schon als solche auf Vernunft, und das heißt korrelativ: auf Wahrheit ursprünglich bezogen ist. Im folgenden Abschnitt ist zu zeigen,
wie sich Husserl dies Problem anfänglich gestellt hat und in welcher
Beziehung es zu dem der kinaisthetischen Motivation steht.

4) Vernunftmotivation und Wahrheit an sich

Husserl hat in den *Analysen zur passiven Synthesis* die deskriptiven Fundamente für die Theorie der Horizontintentionalität tiefer
gelegt als in den *Ideen*. Wir orientierten deshalb unsere Darstellung dieser Theorie im letzten Abschnitt vorwiegend an diesen Analysen. Intentionalität als Horizontintentionalität ist, so hat sich gezeigt, definiert als Streben nach Bestimmung der unbestimmt-be-

[19] Neben der von Platon übernommenen Dreiteilung der meschlichen Seelen-
vermögen findet sich bei Aristoteles erstmals die Zweiteilung in νοῦς und
ὀρεχτική , de anima 432b-437a, auf die sich übrigens auch Brentano bei seinem
Klassifikationsversuch im Zweiten Band seiner *Psychologie vom empirischen
Standpunkt* beruft, einer Schrift, die auch für Husserl wichtig geworden ist.
Das Bewegende im begehrenden Wollen ist nach Aristoteles die ὀρεχτική, wobei
Bewegung von Aristoteles als Ortsveränderung aufgefaßt wird, also als das, was
bei Husserl Kinaisthesis heißt. Es kann noch darauf hingewiesen werden, daß in
Fichtes *Wissenschaftslehre* von 1794 das unendliche Streben des Ich, sich das
Nicht-Ich gleich zu machen, eine Forderung der praktischen Vernunft ist, die
theoretische erst möglich macht.
[20] Vgl. W. Marx, „Vernunft und Lebenswelt", in: *Hermeneutik und Dialektik,, H.-G. Gadamer zum 70. Geburtstag*, Aufsätze I, Tübingen 1970, S. 217-231.

stimmbaren Horizonte perspektivischer Erfahrung. Was in den *Analysen zur passiven Synthesis* jedoch unbeachtet bleibt, ist der Zusammenhang, der zwischen der Theorie der Horizontintentionalität und der Phänomenologie der Vernunft besteht, die Husserl zum ersten Male in den *Ideen* konzipiert hat. Der Zusammenhang von Kinaisthesenmotivation und Vernunftmotivation muß notwendig dunkel bleiben solange, wie das in den *Analysen zur passiven Synthesis* weitgehend geschieht, der Begriff der motivierten Möglichkeit nur eine Seinsmodalität und nicht das subjektive Können des kinaistethetischen Ich bezeichnen soll.

Der Begriff der motivierten Möglichkeit ist wieder in den thematischen Zusammenhang zurückzustellen, in dem der § 47 des Ersten Buches der *Ideen* ihn eingeführt hatte. Andererseits wird man den deskriptiven Sinn des phänomenologischen Horizontbegriffes und die durch ihn mögliche Deutung der Intentionalität als wahrheitsbezogenes Streben von den *Analysen zur passiven Synthesis* aus verstehen müssen. Wir haben uns daher in diesem Abschnitt zu fragen, in welchem Zusammenhang die Idee einer Wahrheit an sich, von der sich das Streben nach Wahrheit leiten läßt, mit Kinaisthesenmotivation und Vernunftmotivation steht.

Zunächst ist zu klären, inwiefern die allgemeine Phänomenologie der Intentionalität in einer besonderen „Phänomenologie der Vernunft" kulminiert und was Vernunft phänomenologisch überhaupt besagt.[21]

a) *Phänomenologie der Vernunft und die Idee der Selbstgegebenheit*

Husserl hat die Thematik einer Phänomenologie der Vernunft zweimal umrissen: im Zweiten Kapitel des Vierten Abschnittes des Ersten Buches der *Ideen* und in der Dritten Meditation der *Cartesianischen Meditationen*. Die Aufgabe, die sich die Phänomenologie der Vernunft stellt, ergibt sich aus dem, was die allgemeine Phänomenologie der Intentionalität, verstanden als transzendental-eideti-

---

[21] Unsere Interpretation beschränkt sich auf den Sinn von Vernunft der sich aus Husserls Konzeption der „Phänomenologie der Vernunft" in den *Ideen I* und den *Cartesianischen Meditationen* ergibt; die in Husserls Spätphilosophie den Sinn von Vernunft bestimmende Idee der transzendentalen Phänomenologie als „Leben ... aus absoluter Selbstverantwortung" (EP 197 A) bleibt unberücksichtigt; vgl. dazu außer W. Marx (a.a.O.) noch L. Landgrebe, „Husserls Abschied vom Cartesianismus", *Phil. Rundschau* 9 (1961), S. 133 ff. sowie E. Tugendhat, a.a.O. S. 186 ff.

sche Theorie des Bewußtseins überhaupt, ausläßt: „Der Problemtitel, der die ganze Phänomenologie umspannt, heißt Intentionalität. Er drückt eben die Grundeigenschaft des Bewußtseins aus, alle phänomenologischen Probleme, selbst die hyletischen, ordnen sich ihm ein. Somit beginnt die Phänomenologie mit Problemen der Intentionalität; aber zunächst in Allgemeinheit und ohne die Fragen des Wirklich-(Wahrhaft-)seins des im Bewußtsein Bewußten in ihren Kreis zu ziehen" (Id I 357). Thema der Phänomenologie der Vernunft ist aber nicht das „Bewußtsein überhaupt" sondern das spezifische „Vernunftbewußtsein" (Id I 353). Dessen Kategorien sind Gültigkeit, Wirklichkeit und Wahrheit, die nach Husserl *dasselbe* bedeuten, wenn auch in verschiedener Hinsicht. Die Phänomenologie der Vernunft hat daher die Aufgabe, die „Möglichkeit vernünftiger Ausweisung" (Id I 333) des Vermeinten als gültig, wirklich oder wahr aufzuzeigen, und zwar für jede sachhaltige Region von Gegenständlichem gesondert: die Möglichkeit der Ausweisung wird durch Angabe der Regeln aufgezeigt, nach denen sie geschieht; diese Regeln folgen aus dem Wesen der verschiedenen Gegenstandsregionen, von denen jedoch die Region der Raumdinglichkeit urdoxischer Erfahrung für Husserl einen unbedingten Vorrang besitzt.

Indessen ist zu fragen, worin sich die Unterscheidung des Vermeintseins als solchen vom „Wahrhaft-(Wirklich-)sein" (Id I 353), mit der die Phänomenologie der Vernunft einsetzt, legitimiert. Die Antwort ist, daß sie *voraussetzt,* daß das Vermeinte nicht schon als solches auch gültig, wahr oder wirklich ist. Diese Differenz ist vielmehr eine des intentionalen Lebens selber. Durch die phänomenologische Reduktion auf das Vermeintsein als solches, d.h. durch die in der epoché geübte „Enthaltung der Entscheidung für Sein und Nichtsein der Welt" ist diese Differenz nicht etwa „außer Frage gestellt" (CM 91). Der Unterschied des wahrhaft seienden und des „bloß" vermeinten Gegenstandes „ist vielmehr unter den weitgefaßten Titeln Vernunft und Unvernunft als Korrelattiteln für Sein und Nicht-sein ein Universalthema der Phänomenologie. Durch die ἐποχή reduzieren wir pure Meinung (cogito) und Vermeintes rein als Vermeintes. Auf letzteres – als nicht auf Gegenstände schlechthin, sondern auf gegenständlichen Sinn – beziehen sich die Prädikate Sein und Nichtsein und ihre modalen Abwandlungen; auf ersteres, auf das jeweilige Meinen, die Prädikate Wahrheit (Richtigkeit) und Falschheit, obschon in einem allerweitesten Sinn" (CM 91 f.). Das Verhältnis von

epoché und natürlichem Erkenntnisstreben gestaltet sich demnach
so: die transzendentale Phänomenologie der Vernunft setzt mit dem
natürlichen Erkenntnisstreben die Differenz von Vermeintheit und
Wirklichkeit als rechtmäßig voraus, und ihre Aufgabe besteht, ganz
allgemein gefaßt, darin, diese Differenz, die in natürlicher Einstellung
als selbstverständlich außer Frage gestellt ist, zum Thema der Reflexion zu machen.

Das transzendental unreflektierte Erkenntnisstreben des intentionalen Lebens muß sich jedoch schon auf sich selbst zurückge-
wandt, sich bereits mundan reflektiert haben, um sich die phänom-
nologische Differenz als selbstverständlich und fraglos voraussetzen
zu können. Nach *Erfahrung und Urteil* liegt der *genetische Ursprung*
der Differenz zwischen Vermeintheit und Wirklichkeit in der *Selbst-
kritik der prädikativen Erfahrung*: „In der Einstellung der Kritik,
die motiviert ist durch das Erlebnis des leeren Urteilens, von Urteils-
vermeintheiten, die nicht zu erfüllender Bewährung zu bringen sind
in der Selbstgegebenheit der zugrundeliegenden Substratgegenständ-
lichkeiten, scheidet sich der vermeinte Sachverhalt als solcher vom
wirklichen Sachverhalt" (EU 342, vgl. 344). Nimmt man diese Aussage ernst, so wäre die natürliche Reflexion geradezu die Voraussetzung der transzendentalen. Unabhängig von dieser Frage belegt aber
diese Stelle noch einmal ausdrücklich, daß für Husserl der Gedanke
des Vermeintsein als solchen bereits in der vortranszendentalen Reflexion entspringt und die transzendentale Phänomenologie der Vernunft die Differenz von Vermeintheit und Wirklichkeit *vorfindet*.

Als „wirklich" ist ein Sachverhalt, so geht aus dem Kontext der
zitierten Stelle weiter hervor, vor der Erkenntniskritik des natürlichen Erkenntnisstrebens erst dann ausgewiesen, wenn er „vollkommen erfüllt" ist (ebd.). Husserl bezieht sich in diesem Zusammenhang
auf einen Sinn von Wahrheit, den er schon in den *Logischen Untersuchungen* als einen möglichen anerkannt hatte: Wahrheit meint
nicht nur das ideale Korrelat einer Identifizierungssynthese von
Leerintention und erfüllender Anschauung sondern auch die Sache
selbst im Unterschied zu den vorläufigen und korrigiblen Meinungen
über sie (vgl. LU II/2, 122 f.). Wahr in diesem zweiten Sinn (innerhalb des vierfachen Sinnes von Wahrheit von Husserl LU/II/2, 122 f.
als der dritte aufgeführt) ist nicht eigentlich die Meinung, sondern
das in ihr Vermeinte, sofern es nicht *nur* vermeint sondern *auch*
wirklich ist, d.h. den in der Meinung vorausgesetzten gegenständ-

lichen Sinn vollkommen erfüllt. Die Sache selbst wird von Husserl deshalb gelegentlich auch das „wahre Selbst" genannt (AP 85). In diesem Ausdruck ist schon angedeutet, was das Kriterium der Wahrheit im zweitgenannten Sinn ist: die Selbstgegebenheit des Vermeinten. Diese ist es, die Husserl im Auge hat, wenn er von der „Idee das vollkommen erfüllten Sachverhaltssinnes" (EU 342) spricht. Daß aber die Sache oder der Sachverhalt selbst nichts anderes sei, als die „*Idee* des vollkommen erfüllten Sachverhaltssinnes", ist eine Behauptung, die sich nur verstehen läßt, wenn man die formale Differenz zwischen Vermeintheit und Wirklichkeit, von der bisher die Rede war, ihrer Formalität entkleidet und danach fragt, welchen konkreten Sinn sie in der Theorie der Horizontintentionalität allein erhalten kann.

Die Phänomenologie der Vernunft will zeigen, daß auf diese Frage nur eine Antwort möglich ist: Wirklichkeit bedeutet Selbstgegebenheit, diese aber ist zufolge der Horizontstruktur der Erfahrung nur als eine Idee der Vernunft möglich.

Husserl nimmt in der Phänomenologie der Vernunft den Begriff der Motivation wieder ausdrücklich auf, indem er fragt, ob und unter welchen Bedingungen die Prätention des Bewußtseins, sein Vermeintes wirklich zu setzen, oder, was als dasselbe gilt, als wahr zu behaupten, *vernünftig motiviert* ist. Der Gedankengang des § 136 („Die erste Grundform des Vernunftbewußtseins: das originär gebende Sehen") der *Ideen I*, der diese Frage ausarbeitet, geht davon aus, daß seinsetzende Akte ohne intuitive Erfüllung „blind" sind (Id I 335). Zwar können Setzungen signifikativ oder symbolisch vollzogen und insofern auch verstanden werden, die Einsicht in die Wahrheit ihrer Setzungen ist aber nur möglich, insofern sie aufgrund originärer Gegebenheit intuitiv vollzogen werden. Husserl bestreitet zwar nicht, daß auch ohne originäre Gegebenheit den seinsetzenden Akten des Bewußtseins wahre Sachverhalte entsprechen können. Die Nichterfüllung des Sachverhaltssinnes ist nicht schon ein Beweis dafür, daß dieser Sachverhalt nicht besteht. Aber *vernünftig* ist das seinsetzende Bewußtsein nur, wenn das von ihm als seiend Gesetzte auch als wahr *ausgewiesen* ist. Als wahr ausgewiesen ist ein Sachverhalt aber nur aufgrund originärer Gegebenheit in erfüllender Anschauung: „Zum Beispiel: Zu jedem Leibhaft-Erscheinen eines Dinges *gehört* die Setzung [scil. als seiend], sie ist nicht nur überhaupt mit diesem Erscheinen eins ..., sie ist mit ihm eigenartig

eins, sie ist durch es *'motiviert'*, und doch wieder nicht bloß überhaupt, sondern *'vernünftig motiviert'*. Dasselbe besagt: Die Setzung
hat in der originären Gegebenheit ihren *ursprünglichen Rechtsgrund"*
(Id I 335). Eine Setzung ist als rechtmäßig ausgewiesen, wenn sie
vernünftig motiviert ist; das Vernunftmotiv einer Setzung ist die
leibhafte Selbstgegenwart des als seiend und insofern als wahr zu
Setzenden. Ausgewiesene Wahrheit ist mithin das noematische Korrelat des Vernunftbewußtseins.

Unter Evidenz ist in diesem Problemzusammenhang nicht die
Selbstgegebenheit allein zu verstehen, sondern deren Einheit mit dem
Bewußtsein, daß die Setzung des Gegebenen als seiend aufgrund
seiner Selbstgegenwart vernünftig ist: „Einsicht, überhaupt *Evidenz* [22],
ist also ein ganz ausgezeichnetes Vorkommnis; dem 'Kerne' nach ist
es die *Einheit der Vernunftsetzung mit dem sie wesensmäßig Motivierenden* [scil. nämlich der Selbstgegebenheit], wobei diese ganze
Sachlage noetisch, aber auch noematisch verstanden werden kann"
(Id I 336). Husserl fügt hinzu: „Vorzüglich paßt die Rede von Motivation auf die Beziehung zwischen dem (noetischen) Setzen und
dem noematischen Satz *in seiner Weise der Erfülltheit"* (ebd.). Der
noematische Satz „in seiner Weise der Erfülltheit" ist die Einheit
von Sinn, Sein und Selbstgegebenheit, die so zu denken ist, daß nur
Selbstgegebenheit die Setzung von Sinn als seiend vernünftig motiviert.

Adäquate Selbstgegebenheit aber kann faktisch nicht realisiert
werden, da kein Horizont der letzte ist, das heißt: die Näherbestimmung des Horizontes mit dem Ziel der adaequatio von Leermeinung
und selbstgebender Wahrnehmung nicht möglich ist, ohne daß ein
neuer Horizont sich bildet, der seinerseits näher zu bestimmen wäre
und so weiter. Obgleich dies so ist, ist die adäquate Selbstgegebenheit im Stil der perspektivischen Erfahrung „vorgezeichnet", und
zwar als „absolut bestimmtes System endloser Prozesse kontinuierlichen Erscheinens" (Id I 351). Das „absolut bestimmte" System von
Horizonten nennt Husserl eine „Idee im Kantischen Sinne" (Id I 350,
vgl. 351). Auf dieses System hin muß Erfahrung das Gegebene
überschreiten, soll sie vernünftig sein. Weil die Antizipation des
abgeschlossenen und vollständig bestimmten Systems der Erfahrung
in ihrem Verlauf faktisch nicht eingeholt wird und auch nicht ein-

---

[22] Husserl übersetzt hier „Evidenz" wörtlich mit „Einsicht" (evidentia), während er sonst unter Evidenz vorwiegend die Selbstgegebenheit versteht.

geholt werden kann, erweist sich das, was die natürlich eingestellte Vernunft als wahrhaft seiend setzt: die Sache selbst, in transzendentaler Reflexion als eine Idee der Vernunft. Dementsprechend meinen die Ausdrücke „wahrhaft seiender Gegenstand" und „vernünftig zu setzender" dasselbe (Id I 349).

Husserls Berufung auf Kant erfolgt in gewissem Sinne zu recht. Nach Kant ist eine transzendentale Idee ein Begriff der Vernunft, d.h. ein Begriff, der die Grenze möglicher Erfahrung übersteigt; die Kritik der reinen Vernunft versteht „unter der Idee einen notwendigen Vernunftbegriff, dem kein kongruierender Gegenstand in den Sinnen gegeben werden kann" (A 328). Da das „absolut bestimmte System endloser Prozesse kontinuierlichen Erscheinens", von dem Husserl spricht, die als vollständig gedachte Reihe der auf ein- und dasselbe Ding bezogenen Erscheinungen ist, die als Regel der Erscheinungen nicht selbst erscheinen kann, hat Husserl recht, sie als „Idee in Kantischen Sinne" auszulegen.

Anders jedoch als Kant findet Husserl die „abgeschlossene Einheit der Durchlaufung" der endlosen Reihe von Erscheinungen ein und desselben Seienden „nicht denkbar" (Id I 351). Zur Undenkbarkeit der Totalität der Erfahrung äußert Husserl sich zwar in einer Beilage zum Haupttext weniger entschieden; aber auch hier ist es immer noch „ein Problem, ob das wirklich *denkbar* ist" (Id I 418 B). Der Gedanke „einer Wahrnehmung, die den Gegenstand vollbestimmt meint, über das hinaus, was von ihm eigentlich wahrgenommen ist" (ebd.) impliziert den Gedanken eines Bewußtseins von Raumdinglichem, das nicht mehr antizipierend ist. Daß ein solches Bewußtsein undenkbar ist, bedeutet für Husserl wahrscheinlich nur, daß es wider den Sinn raumdinglicher Erfahrung und insofern „widersinnig" ist. Dann freilich bleibt zu fragen, was die Idee des „absolut bestimmten Systems endloser Prozesse" meint, wenn nicht die „abgeschlossene Einheit der Durchlaufung"? Ist das absolute System des endlosen Fortgangs der Erfahrung selber als endlos zu denken? Und was mag es bedeuten, daß etwas, das undenkbar ist, dennoch im Stil der Erfahrung positiv vorgezeichnet und insofern motiviert sein soll?

Wir verzichten hier auf eine eigehendere Interpretation der Husserlschen Ideenlehre und beschränken uns auf die Heraushebung dessen, worauf es Husserl im § 143, der den Begriff der Idee einführt, wesentlich ankommt: er akzentuiert die prinzipielle Grenzenlosigkeit der Erfahrung gegen die Metaphysik des intuitus originarius. Husserl hat erkannt, daß für eine solche in einer konsequent gedachten Perspektivtheorie der Erfahrung kein Raum ist. Gegen die Metaphysik einer „göttlichen Anschauung" von einem Ding an sich „ohne jede Vermittlung durch 'Erscheinungen' " (Id I 98) waren schon die enleitenden Sätze des § 43 der Phänomenologischen Fundamentalbetrachtung gerichtet (s.o.S. 104 Anm.). Das Entzugsmoment des Horizontes, dies, daß im Prozeß der perspektivischen Erfahrung die zu erfahrende Sache selbst immer weiter zurückweicht und nie eingeholt werden kann [23], darf weder so gedeutet werden, daß nur *wir,* die endlichen Menschen, diese Erfahrung machten, während eine andere, eine göttliche Erfahrung die Sachen selbst hätte, noch so, daß wir *nur* perspektivische Erscheinungen erfahren könnten, nicht aber die Sache an sich selbst. Vielmehr ist die Sache an sich selbst kein Verborgenes hinter ihrer perspektivischen Erscheinung sondern diese selbst, gedacht als vollständig bestimmt. Sie ist, wie sich noch genauer zeigen wird, die absolute und durchgängige Bestimmung des unbestimmt-bestimmbaren Horizontes und sonst nichts. So gesehen ist die Sache selbst einerseits zwar weniger als eine von sinnlicher Anschauung abgesonderte metaphysische Wesenheit, andererseits aber mehr als bloß ein Identisches mannigfaltiger Perspektiven, das an ihm selbst unbestimmt und also leer an Inhalt wäre, d.h. bloßer Bezugspol der perspektivischen Anblicke. Weil aber die durchgängige Bestimmung für Husserl eine unendliche Aufgabe der Vernunft bleibt, ist sie „Idee im Kantischen Sinne".

In einer weiteren Beilage zum Text des § 143 des Ersten Buches der *Ideen* stellt Husserl die Grenzenlosigkeit der perspektivischen Erfahrung noch auf eine andere Weise heraus. „Ideen", so bemerkt Husserl, „zerfallen in solche: 1) die ideale Grenzen sind, denen sich evident gebende Akte, obschon inadäquate, in infinitum annähern können – finite Ideen –, 2) in Ideen, die keine solche Grenzen sind, bei denen also keine solche 'Annäherung' möglich ist, 'infinite Ideen' " (Id I 419 B). Nur für das perspektivenlose Sein immanenter Objekte, den gehörten Ton oder die gesehene Farbschattierung zum Beispiel, ist „adäquate Gegebenheit . . . eine Idee, die den Charakter

[23] Vgl. K 287 A: „Denn Vollkommenheitsunterschieden [scil. der Klarheit] gehören korrelativ zu freie Könnensmöglichkeiten der Annäherung an das freilich *immerzu zurückweichende* absolut Vollkommene, das *wahre Selbst*" (Sperr. v. Vf.).

einer Grenze hat, der man sich beliebig annähern kann" (ebd.). Während eine Idee in diesem Sinne ein Ziel anzeigt, das prinzipiell, wenn auch faktisch nur approximativ, erreichbar ist, ist das bei der Idee der adäquaten Selbstgegebenheit von Seiendem nicht der Fall. Bezieht man die Beilage auf den Haupttext, so muß gesagt werden: die Idee des Infiniten ist selber infinit. Verbindet man dies damit, daß unendlich nur Horizonte sein können, so folgt aus dem Satz, daß die Idee der Unendlichkeit (qua endlosem Fortgang) selber unendlich ist (qua ungegenständlich), der andere, daß die Idee der adäquaten Selbstgegebenheit oder des wahrhaft Seienden der Horizont der perspektivischen Erfahrung ist. Die schrittweise Näherbestimmung dieses Horizontes hebt den prinzipiellen Überschuß des wahrhaft seienden Gegenstandes über jede seiner Gegebenheitsweisen nicht auf.

Trotz des Einwandes, daß man sich der unendlichen Idee der adäquaten Selbstgegebenheit strenggenommen nicht nähern kann, hält die Phänomenologie der Vernunft daran fest, daß in dieser Idee ein idealer *terminus ad quem* gedacht wird, in dem perspektivische Erfahrung terminieren würde, wenn man den in ihr liegenden Motivationen nachginge. In dieser Idee, die den Horizont der Erfahrung bildet, ist, auch wenn Husserl dies nicht ausdrücklich macht, die perspektivische Umwelt des kinaisthetischen Ich tendentiell *entperspektiviert*. In der Idee adäquater Selbstgebung von Transzendentem wird die Adäquation von Intention und Erfüllung als vollständig gedacht, wenn auch ohne die Hypothese eines göttlichen Intellekts, für den Intention und Erfüllung so eins wären, daß die Intention als solche, ohne daß sinnliche Anschauung hinzutreten müßte, ihre eigene Erfüllung mit sich bringen würde. Vollständige Adäquation verlangt aber, daß die erfüllende Anschauung keine Leerintention mehr enthält, die weiterer Erfüllung bedürfte. Das sagt: In der Idee adäquater Selbstgegebenheit von transzendent Seiendem ist eine Anschauung gedacht, die perspektivenlos in dem Sinne ist, daß sie alle Perspektiven des zuvor leer Intendierten in sich enthält. Die Idee des wahrhaft seienden Gegenstandes, des „Seienden selbst" (AP 85), ist für Husserl die Idee der realisierten Vernunft.

Weil diese Idee in der wirklichen Erfahrung prinzipiell nicht realisiert werden kann und doch für sie leitend ist, drängt sich die Frage auf, wie das Verhältnis der wirklichen Erfahrung zur Vernunftidee des wahrhaft Seienden bestimmt werden kann. Während Husserl in der erwähnten Beilage implizit den Gedanken einer schrittweisen Annäherung an das Ziel adäquater Selbstgegebenheit von Transzendentem für widersinnig hält, bestimmt er in § 138 das Verhältnis zwischen faktischer Erfahrung und der Idee der Vernunft rein *quantitativ*: die Vernunft in der Erfahrung hat ein „Gewicht", das „steigerungs- und minderungsfähig" ist (Id I 341). Die Vernünftigkeit einer Setzung kann im Verlauf der Erfahrung bekräftigt oder entkräftigt werden, ein noematischer Satz kann, wie es wenig später heißt, „ohne 'selbst' vernünftig zu *sein, an* der Vernunft doch *Anteil* haben" (Id I 341, Hervorh. v. Vf.).[24] Daß diese Anteilhabe des wirklich Gegebenen an der Vernunftidee des Seienden selbst quantitativ zu denken ist, spricht Husserl im § 138 recht deutlich aus; die Phänomenologie der Vernunft hat unter anderem klar zu machen, „wie ... ein Fortgang der Erfahrungen möglich und immerfort durch die kontinuierlich voranliegenden Vernunftsetzungen vernünftig motiviert ist: eben der Erfahrungsgang, in welchem die Leerstellen der vorangegangenen Erscheinungen sich ausfüllen, die Unbestimmtheiten sich näher bestimmen, und so immerfort in der Weise *durchgängig einstimmiger Erfüllung mit ihrer stetig sich steigernden Vernunftkraft"* (Id I 339).

Fassen wir das bisher Gesagte zusammen, so ergibt sich: Nach Husserl ist es die Absicht der erfahrungslogischen Vernunft[25], die Standortgebundenheit der kinaisthetisch geregelten Erfahrung der Idee nach ständig zu überspringen. Vernunft eignet der erfahrenden Subjektivität, insofern diese unter der Leitidee des wahrhaft Seienden *in* der Perspektivität ihrer Erfahrung über alle Perspektivität hinaus-

[24] Die Textstelle bezieht sich scheinbar nur auf das Verhältnis der doxischen Modalitäten zur Urdoxa: auf diese weisen alle zurück und insofern haben die doxischen Modalitäten „Anteil" an der urdoxischen Vernunft. Sieht man genauer zu, so zeigt sich indes, daß das Verhältnis der doxischen Modalitäten zur Urdoxa nach Meinung des Textes nur ein Beispiel dafür ist, daß der zitierte Satz stimmt. Er kann, ohne daß etwas zwingend dagegen spricht, auch auf das Verhältnis von adäquater und inadäquater Selbstgegebenheit, von dem der vorangegangene Paragraph gehandelt hat (§ 138), bezogen werden: das inadäquat selbst Gegebene hat an der Idee der adäquaten Selbstgegebenheit „teil", d.h. an der Vernunft im erläuterten Sinn. Er wäre für die Interpretation Husserls sicherlich lohnend, das Verhältnis von αὐτό, ταυτό und μέθεξις bei Platon mit dem Verhältnis von Selbstgegebenheit, Selbigkeit (Idealität des Vermeinten) und graduell steigerungsfähiger Teilhabe des Inadäquaten an der Idee der Adäquation bei Husserl zu untersuchen (für das Begriffspaar αὐτό und ταυτό vgl. den Hinweis Tugendhats, a.a.O. S. 59 Anm.).

[25] Es handelt sich hierbei, wie nochmals betont sei, um Vernunft als Thema, nicht als Vollzugsform der transzendentalen Phänomenologie (s.o.S. 188 Anm.).

strebt. Vernunft setzt, so kann auch gesagt werden, den subjektiven Umwelten des kinaisthetischen Ich die *eine* Welt engegen, die sich als objektiv wahre Welt in diesen subjektiven Umwelten nur je anders perspektiviert (s.o.S. 56 ff.).

b) *Die Idee der Wahrheit an sich und das Problem der*
   Endgültigkeit der Erfahrung

Bisher wurde nur aus der Intention auf Selbstgebung gefolgert, daß die erfahrungslogische Vernunft die Perspektivität der Erfahrung ideell transzendiert. Noch radikaler gestaltet sich die Entperspektivierung der Welt, wenn wir eine *zweite* Weise berücksichtigen, in der nach Husserl die Standortgebundenheit der Erfahrung der Idee nach übersprungen wird; sie ist mit der ersten verschränkt, ohne mit ihr zusammenzufallen. Die Vernunft erstrebt in der Erfahrung nämlich nicht nur die adäquate Selbstgegebenheit des Intendierten, welche allein die Intention als wahr (qua richtig) ausweisen kann, sondern auch die Endgültigkeit der in der Selbstgegebenheit als wahr ausgewiesenen Intention. Weil nicht nur jeder Perspektive die Sache selbst entgegengestellt werden kann, sondern auch der durch Selbstgebung sich ausweisenden wahren Aussage ihre immerwährende Geltung, genügt die Idee der Selbstgegebenheit allein noch nicht, um den Sinn von Wahrheit, in dem die Vernunft als Streben nach Wahrheit sich hält, zu konstituieren. Im § 23 der *Analysen zur passiven Synthesis,* der für das hier auftauchende Problem aufschlußreicher ist als die entsprechenden Texte aus der später entstandenen *Formalen und transzendentalen Logik,* fragt Husserl: „Gibt Evidenz, gibt die unmittelbar geschaute adaequatio schon Wahrheit im vollen Sinn? Wahrheit ist doch Endgültigkeit. Aber Selbsthabe, Erfahrung kann mit Erfahrung in Streit kommen, es kann Modalisierung eintreten. Kann das nicht in infinitum fortgehen, also niemals eine Endgültigkeit erreicht werden?" (AP 102). Husserl gibt auf die erste der beiden Fragen eine verneinende, auf die zweite eine bejahende Antwort. Um diese beiden Antworten zu verstehen ist es notwendig zu klären, was Husserl in diesem Problemzusammenhang unter „adaequatio" und unter „Endgültigkeit" versteht. Husserl verschärft den ersten Wahrheitsbegriff der *Logischen Untersuchungen* hier nicht durch eine Forderung, daß Wahrheit beansprucht, endgültig zu sein, sondern dadurch, daß Endgültigkeit nun in einem Sinne verstanden wird, der über die bloße Idealität des Vermeinten als solchen hinausgeht. Wahrheit als Endgültigkeit bedeutet in den *Logischen Untersuchungen*: die adaequatio von vorgreifender Meinung und erfüllender Anschauung ist ein Sachverhalt, der noematisches Korrelat eines identifizierenden Aktes ist, und als solcher eine ideale Geltungseinheit, die sich in wiederholbaren Akten der Identifizierung konstituiert. Auf sie kann man immer wieder zurückkommen, indem man die Identifizierung erneut vollzieht. Sie ist endgültig insofern als sie eine Identität ist. Einmal konstituiert, hält sich diese Identität, die „volle Übereinstimmung zwischen Gemeintem und Gegebenem als solchem" (LU II/2, 122), durch alle auf sie wieder zurückkommenden Akte kontinuierlich durch. Evidenz fungiert hierbei als „Erlebnis" der Wahrheit, als das, was Husserl an der zu interpretierenden Textstelle AP 102 die „unmittelbar geschaude adaequatio" nennt; erst in einem nachträglichen Akt der Reflexion kann das, was im Evidenzerlebnis *Korrelat* des subjektiven Aktes war, zum *Gegenstand* gemacht werden. Die Übereinstimmung zwischen Akt und Gegenstand (noematisch: zwischen Gegebenem und Gemeintem) kann selber zum Gegenstand der Reflexion werden, und zwar zu einem, der den Index des „ein für alle Mal" und des „für jedermann" trägt.

Diesen Sinn von Endgültigkeit hat Husserl nie in Frage gestellt. Was aber im § 23 der *Analysen zur passiven Synthesis* neu hinzukommt, ist ein *anderer* Sinn von Endgültigkeit, der auf die Formel gebracht werden kann: durchgängige Bestimmtheit des Seienden, trotz Unabschließbarkeit des Prozesses der Bestimmung des unbestimmt-bestimmbaren Horizontes der Erfahrung. Es ist im voraus und a priori entschieden, ob eine Sachverhaltsmeinung wahr oder falsch ist, das heißt: ob sie gilt oder nicht. Im Bereich der Prädikation bedeutet dies: „Jedes Urteil, meinen wir, hat seine Norm an einer an sich gültigen Wahrheit, ob wir sie nun schon kennen und je erreichen werden oder nicht" (AP 103). Wahr in diesem Sinne kann auch eine Sachverhaltsmeinung sein, die nicht bewahrheitet ist. Vorausgesetzt wird nur, daß sie, wenn sie wahr ist, bewahrheitet werden *kann*. Die Möglichkeit freilich, daß auch ein als wahr Angenommenes durch den Verlauf der faktischen Erfahrung „entwährt" werden kann, ist jederzeit offen und a priori nicht auszuschließen. Was a priori auszuschließen ist, das ist nur die Möglichkeit, daß eine prädikative oder vorprädikative Meinung weder wahr noch falsch, das heißt nun: weder bewährbar noch entwährbar ist. Sie ist immer eines von beiden, tertium non datur.[26] Darüberhinaus nehmen wir in natürlicher, erfahrungslogi-

---

[26] Das ist Husserls Interpretation des Satzes vom ausgeschlossenen Dritten; zur Frage nach seiner Reichweite s.u. S. 201.

scher Einstellung an, was von beiden alternativen Möglichkeiten zu-
trifft, sei schon a priori vorherbestimmt. In einem mathematischen
Urteil zum Beispiel ist vorausgesetzt, es sei „an sich entschieden, im
voraus und damit für alle wirkliche und mögliche Bewußtseinszukunft
entschieden, ob das Urteil bewährbar ist oder ob es entwährbar ist"
(AP 104). Endgültig ist Wahrheit im Gegensatz zu präsumptiven
Horizontgeltungen nun in dem Sinne, daß vor aller Entscheidung
schon darüber entschieden ist, was gültig ist und was nicht: Endgültigkeit meint den immerwährenden Bestand einer „Wahrheit an sich"
(AP 105) [27], und die „adaequatio rei et intellectus" (AP 102) die in
aller Erfahrung vorgängige Übereinstimmung von wahrer Gegen-
standsmeinung mit dem „Gegenstand an sich" (AP 105).[28] Diese

[27] Die Rede von einer „Wahrheit an sich" war Husserl aus der *Wissenschaftslehre* Bolzanos, Sulzbach 1837, geläufig, die er genau kannte und deren
Einfluß auf sein Denken sich an den *Logischen Untersuchungen* besonders
gut belegen läßt.

[28] Für die Diskussion dieses Begriffes ist zu beachten, daß sich bei Husserl
ein vierfacher Sinn von Ansichsein belegen läßt. Ansichsein bedeutet 1) Idealität, 2) Wirklichkeit, 3) (adäquate) Selbstgegebenheit und 4) Endgültigkeit.
ad 1) Von der Differenz zwischen dem Vermeinten als solchem und dem aktuellen Meinen aus gesehen ist der Gegenstand an sich das Identische der
meinenden Akte, auch wenn er für uns nur in einem einzelnen meinendem Akt
gegeben ist. Als „Geltungseinheit an sich" „ist" ein Sachverhalt, „was er ist",
„ob wir seine Geltung behaupten oder nicht" (LU II/1, 43 f.). Allgemein ist
„jedes Seiende" „in einem weitesten Sinne 'an sich' " gegenüber dem „zufälligen
Fürmich der einzelnen Akte" (CM 96). Die Identität des Gegenstandes (bzw.
Sachverhaltes) schließt für Husserl also Sachhaltigkeit mit ein, und es handelt
sich dabei um mehr als um die formale Selbigkeit des Vermeinten als solchem,
auch wenn dieser formale Aspekt den Vorrang hat. Aus der Identität begründet
sich die „Idealität" *aller* Arten von Gegenständlichkeiten gegenüber dem konstituierenden Bewußtsein" (FTL 148, Hervorh. v. Vf.): auch ein Reales, ein
„physischer" Gegenstand ist in diesem Sinne ideal (ebd.).
ad 2 u. 3) Aus der Differenz vom Vermeintsein als solchem und dem Wirklichsein versteht sich ein anderer Sinn von Ansichsein, der nicht mit der Idealität
des Vermeinten zusammenfällt, obgleich er diese voraussetzt; diese Differenz
fällt unter den Bedingungen der Horizontintentionalität – aber auch nur unter
diesen – mit der Differenz von Perspektive und Sache selbst zusammen; allgemeiner gefaßt meint sie die Differenz von Leerbewußtsein (Begriff) und Selbstgegebenheit (Anschauung). Von dieser Differenz aus ist Gegenständliches „an
sich in dem hier allein fraglichen Sinne, welchen die Erfüllung der Wahrnehmungsintention realisieren würde" (LU II/2, 57; vgl. Id I 98). Der Gegenstand
ist an sich ein anschauliches Selbst, obgleich er für uns nur in Perspektiven und
somit als ein unanschaulich (signitiv) Antizipiertes gegeben sein kann.
ad 4) Von der Differenz zwischen der Präsumptivität aller Horizontgeltungen
und dem im Sinn von Wahrheit liegenden Anspruch auf Endgültigkeit aus gesehen gilt der Gegenstand an sich als bestimmt, auch wenn er für uns noch nicht
endgültig bestimmt ist. Er tritt uns daher im Horizont der kinaisthetischen

Wahrheit an sich ist die „Wahrheit im vollen Sinn", von der Husserl an der interpretierten Textstelle spricht, die damit auch nicht die „unmittelbar geschaute" sondern nur die vorgängig und an sich bestehende adaequatio von Bewußtsein und Gegenstand bedeuten kann.

In zwei verschiedenen Hinsichten überspringt demnach die erfahrungslogische Vernunft [29] nach § 23 der *Analysen zur passiven Synthesis* den Prozeß perspektivischer Erfahrung. Erstens setzt sie voraus, daß jede Sachverhaltsmeinung entweder wahr oder falsch sein muß, zweitens aber, daß unabhängig vom Fortgang der Erfahrung schon feststeht, was von beidem der Fall ist. Die erste Voraussetzung ist die der absoluten *Bestimmbarkeit*, die zweite die der absoluten *Bestimmtheit* des Seienden, wobei unter Bestimmbarkeit die Entscheidbarkeit nach wahr oder falsch, unter Bestimmtheit dagegen die Vorausbestimmung dessen verstanden werden muß, was in die Erfahrung künftig als wahr oder falsch eintreten wird. Die erfahrungslogisch eingestellte Vernunft geht also davon aus, daß der Horizont, in dem perspektivische Erfahrung steht, eine bestimmbare Unbestimmtheit ist, deren (Näher)-Bestimmung ein Prozeß der Angleichung an die an sich bestehende Bestimmtheit des Seienden ist.

Die Idee einer Wahrheit an sich, deren Zusammenhang mit dem Begriff des Horizontes als bestimmbarer Unbestimmtheit von Husserl mehr angedeutet als aufgezeigt wird, verfällt nun aber im § 23 der *Analysen zur passiven Synthesis* einer phänomenologischen Kritik, ohne daß sie gänzlich in ihrer Rechtmäßigkeit bestritten würde. Man gewinnt den Eindruck, daß für Husserl einerseits die Idee der End-

Freiheit als ein Unbestimmtes entgegen, das bestimmbar ist (vgl. auch EU 39, wo die Vorgegebenheit des Seienden als „prinzipiell wissenschaftlich bestimmbar" in einer historischen Reflexion auf die Voraussetzung der neuzeitlichen Wissenschaft, die Allheit des Seienden sei rational, zurückgeführt wird). — Allerdings stehen diese vier Aspekte nicht isoliert nebeneinander sondern verschränken sich bei Husserl auf eine schwer durchschaubare Weise. Den einheitlichen Sinn von „Ansich", der sich aus dieser Verschränkung möglicherweise ergibt, herauszuarbeiten, wäre Aufgabe einer gesonderten Untersuchung. Es kann auch noch angemerkt werden, daß die Interpretation Tugendhats nicht ausreicht, da sie nur den ersten und dritten Sinn von Ansichsein auseinanderlegt, den zweiten, vor allem aber den vierten Sinn unberücksichtigt gelassen hat (vgl. insbes. a.a.O. S. 59) Zum Problem des Ansichseins vgl. auch die nach Fertigstellung des Manuskripts erschienene Arbeit von K. Schuhmann, *Die Fundamentalbetrachtung der Phänomenologie. Zum Weltproblem der Philosophie Edmund Husserls,* Den Haag 1971, S. 81 ff.

[29] Vernunft gemäß der „Phänomenologie der Vernunft" als Bewußtsein verstanden, das in natürlicher Reflexion zwischen Vermeintem als solchem und dem wahrhaft seienden Gegenstand unterscheidet.

gültigkeit in der dargelegten Bedeutung zur Wahrheit „im vollen Sinn" gehört, daß er aber andererseits von der Theorie der Horizontintentionalität her nicht zugeben kann, daß Endgültigkeit in der dargelegten Bedeutung mit der Horizontstruktur der Erfahrung vereinbar ist. So hat es im interpretierten Paragraphen den Anschein, daß Husserl diesem Dilemma dadurch zu entgehen sucht, daß er die Idee der Wahrheit an sich auf den Bereich mathematischer Sachverhalte regional beschränkt sehen möchte.[30] Die zweite der beiden Fragen, von denen Husserls Überlegungen ausgehen und die wir oben zitiert haben (s.o.S. 197), beantwortet der Gedankengang des § 23 nur für die nicht-mathematischen Sachverhalte negativ, nun aber so, daß Endgültigkeit in der dargelegten Bedeutung nicht nur faktisch und prinzipiell in der Erfahrung von Raumdinglichem unerreichbar sein sondern überdies auch dem Wesen perspektivischer Erfahrung widersprechen soll. Die Frage: „Ist es ein aus dem Wesen der Intentionalität der Erfahrung zu schöpfendes und wirklich einsehbares Wesensgesetz, daß jeder Glaube, der wie immer im Bewußtseinsstrom und dessen Motivationen entspringt, im voraus nach Möglichkeiten der Bewährung oder Entwährung entschieden ist?" (AP 104 f.), muß für den Bereich des Nichtmathematischen verneint werden, weil ein solches Wesensgesetz dem Wesen der Horizontintentionalität, ein *offenendloser* Fortgang zu immer Neuem zu sein (s.o.S. 178), anscheinend widerspricht. Der Glaube, daß der endlos strömende Fortgang der Erfahrung nur Bewährung oder Entwährung von an sich bestimmten Leerintentionen bringen kann, und zudem schon von Ewigkeit her entschieden ist, welches von beiden künftig der Fall sein wird, verkennt, daß das Dritte neben der Bestätigung und der Widerlegung einer an sich bestimmten Intention, das er mit dem Satz vom ausgeschlossenen Dritten auszuschließen meint, die Bestimmung des an sich unbestimmten und niemals endgültig zu bestimmenden Zukunftshorizontes der Erfahrung ist. *A fortiori* ist damit natürlich auch für empirische Sachverhalte der Gedanke unbewährbarer Wahrheiten an

---

[30] Husserl setzt mit Frege und Bolzano für das Mathematische den logischen Grundsatz vom ausgeschlossenen Dritten voraus (zur verwandten Problemstellung Freges und des frühen Husserl vgl. L. Eley, *Metakritik der formalen Logik,* Den Haag 1969). Aber er bezweifelt, daß dieser Satz auch für empirische Sachverhalte gilt. Dort votiert er sozusagen für einen empirischen Intuitionismus. Die Diskussion dieser Ansicht würde davon auszugehen haben, daß Husserl unter dem Satz vom ausgeschlossenen Dritten den Satz versteht: alles gegenständlich Gesetzte ist entweder verifizierbar (bewährbar) oder falsifizierbar (entwährbar) – tertium non datur.

sich abgelehnt.[31] Die Gleichsetzung der „mathematischen und sonstigen Wesenswahrheiten" (AP 105) mit den „Erfahrungswahrheiten" (ebd.) der natürlichen Welterfahrung ist daher unberechtigt. Abgesehen davon, daß der totale Abbruch der kontinuierlich einstimmig fortströmenden Erfahrung a priori niemals auszuschließen ist,[33] gibt auch das *Faktum der Einstimmigkeit,* das den Stil der perspektivischen Erfahrung ausmacht, diesem Glauben kein Argument an die Hand. Die „Wahrheit dieses Faktums" einmal zugestanden, „so wäre damit nur gesagt, daß für dieses Ich [scil. der kinaisthetischen Abläufe] immerfort sich in sich bestätigenden Urteilsmeinungen die Einheit einer wahren Welt durchhalten wird. Nicht gesagt ist aber, daß diese Welt über die aktuelle Erfahrenheit hinaus eine im voraus bestimmte, eine an sich bestimmte sei..." (AP 108). Der Glaube an

[31] Ein instruktives Beispiel für die von Husserl hier und auch sonst bekämpfte Ansicht bietet die gängige Interpretation der Heisenbergschen Unschärferelation, nach der die subatomaren Teilchen zwar „an sich" wie die Massenpunkte der klassischen Mechanik zu jeder Zeit einen bestimmten Ort und einen bestimmten Impuls haben, beide aber prinzipiell nicht zugleich mit absoluter Genauigkeit bestimmt werden können.

[32] Das „Weiterspinnen bereits gebildeter Motivationen" im kinaisthetisch geregelten Ablauf der Erscheinungen, „hängt wesentlich ab vom *wirklichen* Ablauf der Empfindungen. Dieser ist jederzeit als ein ganz anderer *denkbar,* und als ein völlig regelloser" (AP 108, Hervorh. v. Vf.), auch wenn der faktische Stil der perspektivischen Erfahrung nicht dafür spricht, die Regellosigkeit der Erscheinungen also nicht positiv motiviert ist. Dies Argument, mit dem Husserl der Idealisierung des motivationalen Gefüges der kinaisthetisch vermittelten Erfahrung zur Idee des empirischen Ansich zu begegnen sucht, ist jenes, das schon in den *Ideen* (vgl. § 49) und in den Vorlesungen *Erste Philosophie* (vgl. 36. Vorlesung) die Weltunabhängigkeit das absoluten Bewußtseins erweisen sollte: Es läßt sich in fast allen Schriften Husserls belegen, aber sein systematischer Stellenwert ist jeweils ein anderer. Hier, im § 23 der *Analysen zur passiven Synthesis* soll es zeigen, daß durch die Denkbarkeit der Unstimmigkeit die Idee der Endgültigkeit nicht gesichert ist.

[33] Das „Weiterspinnen bereits gebildeter Motivationen" im kinaisthetisch geregelten Ablauf der Erscheinungen, „hängt wesentlich ab vom *wirklichen* Ablauf der Empfindungen. Dieser ist jederzeit als ein ganz anderer *denkbar,* und als ein völlig regelloser" (AP 108, Hervorh. v. Vf.), auch wenn der faktische Stil der perspektivischen Erfahrung nicht dafür spricht, die Regellosigkeit der Erscheinungen also nicht positiv motiviert ist. Dies Argument, mit dem Husserl der Idealisierung des motivationalen Gefüges der kinaisthetisch vermittelten Erfahrung zur Idee des empirischen Ansich zu begenen sucht, ist jenes, das schon in den *Ideen* (vgl. § 49) und in den Vorlesungen *Erste Philosophie* (vgl. 36. Vorlesung) die Weltunabhängigkeit des absoluten Bewußtseins erweisen sollte. Es läßt sich in fast allen Schriften Husserls belegen, aber sein systematischer Stellenwert ist jeweils ein anderer. Hier, im § 23 der *Analysen zur passiven Synthesis,* soll es zeigen, daß durch die Denkbarkeit der Unstimmigkeit die Idee der Endgültigkeit nicht gesichert ist.

die Vorherbestimmtheit der „Weltordnung" (AP 106), daran also, daß der Prozeß der Erfahrung unabhängig van den jeweiligen präsumptiven Horizontgeltungen von Ewigkeit her ideell vorweggenommen ist, ist nun, so erklärt Husserl in einer historischen Reflexion, auf die wir im nächsten Kapitel noch zurückzukommen haben, kennzeichnend für die Weltauffassung der Neuzeit. Sie ist es, die nach dem Vorbild von Mathematik und mathematischer Physik mit dem Gedanken an eine „jedes Weltgeschehen gesetzlich absolut bestimmende Kausalität" die Idee der apriorischen Vorherbestimmtheit alles wahrhaft Seienden in die Erfahrung der Perspektivität einzuarbeiten versucht hat (AP 108 f.).

Da die Idee einer standpunktunabhängigen Wahrheit an sich durch die Erfahrung der Standortgebundenheit der erfahrenden Subjektivität hindurchgegangen sein muß, weist das Problem der Endgültigkeit der Erfahrung auf das der *kinaisthetischen Freiheit* und das der *motivierten Möglichkeit* zurück. Das hervorzuheben ist umso wichtiger als Husserl es unterlassen hat, das Freiheitsproblem in das der Endgültigkeit der Erfahrung ausdrücklich einzubeziehen.[33] Kinaisthetische Freiheit ist das Bewußtsein davon, den Standpunkt der Erfahrung wechseln zu können. Eingeschränkt ist sie dadurch, daß Erfahrung trotz dieses Bewußtseins sich immer auf einen Standpunkt verwiesen findet. Beides zusammen legt den Sinn von Wahrheit an sich fest: eine der wirklichen Erfahrung vorgreifende Leermeinung ist wahr an sich, wenn sie in wirklicher Erfahrung bewährbar ist; der Gedanke der prinzipiellen Bewährbarkeit einer wahren Intention impliziert den Gedanken eines Standpunktes, von dem aus sie bewährt werden würde, auch wenn dieser ideale Standpunkt nicht eingenommen werden kann. Die subjektiven Leistungen, als deren Korrelat alles, was wahrhaft seiend ist, gedacht werden muß, sind Leistungen der Kinaisthesis. „Wahrhaft Seiendes", so heißt es in den *Pariser Vorträgen,* „ob Reales oder Ideales, hat also Bedeutung nur als ein besonderes Korrelat meiner eigenen Intentionalität, der aktuellen und der potentiell vorgezeichneten" (CM 23). Die Korrelativität von Bewußtsein und Gegenstand an sich ist nicht Thema der formalen Ontologie vom

---

[33] Ebenso fehlt es in der „Phänomenologie der Vernunft." Es ist aber klar, daß kinaisthetische Freiheit als transzendentale Bedingung der Möglichkeit für die Realisierung von Vernunft gedacht werden muß, wenn man mit Husserls „Phänomenologie der Vernunft" unter Vernunftmotivation das Streben nach Bestimmung des Horizontes unter der Leitidee der adäquaten Selbstgegebenheit (und in weiterem Sinne auch der Wahrheit an sich) versteht.

Gegenstand überhaupt, sondern eines der konstitutiven Phänomenologie, die das Geleistete auf die Leistung zurückführt, der es seine objektive Geltung verdankt: Die Wahrnehmung „selbst und ihr Gegenstand im Wie der intentionalen Gegebenheit verweist mich vermöge des präsumptiven Horizontes auf ein endlos offenes System *möglicher* Wahrnehmungen als solcher, die nicht erfunden, sondern in meinem intentionalen Leben *motiviert* sind und ihre präsumptive Geltung erst verlieren können, wenn widerstreitende Erfahrung sie aufhebt, und notwendig mit vorausgesetzt sind als *meine* Möglichkeiten, die ich, wenn ich nicht gehemmt bin, im Hingehen, Herumschauen etc. herstellen könnte" (CM 23 f.; mittl. Hervorh. v. Vf.). Wie man sieht, ist die subjektive Leistung des leistenden Bewußtseins hier ganz konkret gefaßt als „Hingehen, Herumschauen etc.", d.h. als Kinaisthesis. Wenn an sich wahre Intentionen durch mögliche Bewährung ausgezeichnet sein sollen, dann nur im Horizont kinaisthetischer Freiheit.

Durch die Ausrichtung des Erkenntnisstrebens auf Selbstgebung und Wahrheit an sich ist die erkennende Subjektivität *teleologisch* strukturiert, und in diesem Telos, das die Bedeutung eines idealen terminus ad quem hat, erblickt Husserl deren *Anlage zur Vernunft*. Was sich schon aus der Phänomenologie der Vernunft in den *Ideen I* erschließen läßt, bestätigt nun auch ein Blick auf die *Formale und transzendentale Logik*. „So ist", bemerkt Husserl im § 60, „Evidenz eine universale, auf das gesamte Bewußtseinsleben bezogene Weise der Intentionalität, durch sie hat es eine universale teleologische Struktur, ein Angelegtsein auf 'Vernunft' und sogar eine durchgehende Tendenz dahin, also auf Ausweisung der Richtigkeit (und dann zugleich auf habituellen Erwerb derselben) und auf Durchstreichung der Unrichtigkeiten (womit sie aufhören als erworbener Besitz zu gelten)" (FTL 143). Ganz dasselbe sagt Husserls im § 6 gegebene Bestimmung der Vernunft als apriorischer, allen sachhaltigen Begriffen transzendental vorhergehender „Formbegriff" (FTL 25). Die Apriorität der Vernunft ist die Vorgängigkeit des Telos dem gegenüber, was von diesem Telos bestimmt wird. Die Teleologie der Erfahrung ist freilich nicht metaphysisch sondern transzendental-phänomenologisch zu verstehen: Vernunft ist „rein von aller Empirie" (ebd.), aber nur insofern als das, was die Erfahrung leitet, nämlich die Idee der Selbstgegebenheit und der Wahrheit an sich, nicht aus der Erfahrung abgeleitet werden kann. Sachhaltige Begriffe sind nun zwar auch, wie Husserl einschränkend hinzufügt, „in gewissem Sinne" rein von aller Empirie (ebd.). Die Idee der Selbstgegebenheit und der Wahrheit an sich aber, so darf man Husserls Gedanken interpretieren, legt den Gang der Erfahrung sachlich nicht fest, und deshalb ist Vernunft kein sachhaltiges Apriori (wie z.B. das Eidos „Ton" gegenüber dem wirklich vernommenen Ton) sondern ein Apriori der Form. Husserl hat es unterlassen zu fragen, ob nicht letztlich die Vernunftidee der Selbstgegebenheit und der Wahrheit an sich im Stil der perspektivischen Weltauffassung motiviert ist, obgleich sie diesen tendentiell zu überspringen versucht. Ist der Widerspruch von standortgebundener Erfahrung, die um ihre Standortgebundenheit weiß, und der Idee einer standortunabhängigen Wahrheit vielleicht nur scheinbar? Ist nicht das Wissen der erkennendstrebenden Subjektivität darum, daß sie es ist, die die Perspektiven entwirft und zugleich faktisch sich auf Perspektiven verwiesen findet, der Beweggrund für die tendenziöse Bewegung von Perspektive zu Perspektive auf ein ideales Ziel hin, in dem das Erkenntnisstreben terminieren, die Intention auf Selbstgebung und damit das „Angelegtsein auf Vernunft" sich verwirklichen würde? Die Selbstgegebenheit der Dinge sollte doch, wie Husserl selber im § 143 der *Ideen I* gesagt hat, „vorgezeichnet" sein (Id I 351); worin aber könnte sie vorgezeichnet sein, wenn nicht im Horizont der Erfahrung? Ist also die Entdeckung der Perspektivität transzendentale Bedingung für die Idee einer Wahrheit an sich?

Diese Fragen können hier nur gestellt, aber nicht beantwortet werden. Sie gehen über das hinaus, was Husserl thematisch ins Auge gefaßt hat. Auch eine bejahende Antwort hätte aber dem Umstand Rechnung zu tragen, daß für eine durchgeführte Theorie der Horizontintentionalität die Idee der Selbstgegebenheit und der Wahrheit an sich als Vernunftmotiv für das Streben nach Näherbestimmung des Leerhorizontes fungiert. Berücksichtigt man dies, so würde folgen, daß perspektivisches Welterfahren notwendig *zirkulär* ist: die reine Vernunftidee der Wahrheit an sich ist der Beweggrund für die Bewegung von Perspektive zu Perspektive, diese Bewegung aber ist der genetische Ursprung für die reine Vernunftidee.[34] Das Vermittelnde beider ist die sich als kinaisthetisch verstehende Subjektivität.

[34] Darum vermag der ganzheitspsychologische Versuch C. F. Graumanns, das tendentiöse Fortstreben von Gegebenheitsweise zu Gegebenheitsweise zu erklären, nicht zu genügen. Nach Graumann ist es „das *prinzipielle Ungenügen* des einzelnen Blickes, das – im eigentlichen Sinne des Wortes – den nächsten *motiviert,* dieser einen weiteren usf. Die Aufeinanderfolge einzelner Wahrneh-

Fassen wir das Resultat dieses Kapitels unserer Untersuchung zusammen, so ergibt sich:

1) Horizontintentionalität muß vom Begriff der motivierten Möglichkeit her verstanden werden. Husserl aber beläßt diesen Begriff in einer Zweideutigkeit, die seine zentrale Bedeutung verstellt: in der Theorie der Seinsmodalitäten als Abwandlungen der urdoxischen Glaubensgewißheit bezeichnet der Begriff den Widerstreit definitiv bestimmter Glaubensneigungen im Bewußtsein des Zweifels.

2) Die andere, für das Wesen der Horizontintentionalität entscheidende Bedeutung des Begriffs der motivierten Möglichkeit wird erst in der Theorie der Kinaisthesenmotivation sichtbar. Möglichkeiten haben den Charakter der Je-meinigkeit und der Vermöglichkeit in einem subjektiven System des „Ich kann", als das Husserl das freie Ich der Kinaisthesen versteht.

3) Aus diesem Grunde muß Theorie als eine Form von Praxis verstanden werden und die urdoxische Intentionalität als gerichtetes Streben nach Bestimmung des Horizontes der kinaisthetischen Freiheit.

4) Der Motivationszusammenhang der horizontintentionalen Erfahrung ist auf Wahrheit bezogen. Dieser Wahrheitsbezug äußert sich in der Intention auf Selbstgegebenheit und Endgültigkeit, in der Husserl das Wesen der Vernunft erblickt (Vernunftmotivation). Die Vernunft intendiert die Entperspektivierung der Welt. In der Phänomenologie der Vernunft hat er gezeigt, daß beides, Selbstgegebenheit wie Endgültigkeit, unter den Bedingungen der Horizontintentionalität nur als Idee möglich ist, ohne jedoch dem genetischen Ursprung dieser Idee weiter nachzufragen.

mungen, die wir als Wahrnehmungs*verlauf* zu bezeichnen pflegen, ist demnach nie eine bloß 'temporale' Abfolge von Einzelblicken, sondern die im wesenhaften Ungenügen jeder Einzelwahrnehmung einer Sache begründete und damit sachlich motivierte Gerichtetheit unseres Wahrnehmens auf sinnvolle Ganzheiten" (a.a.O., S. 71). Daß der Hinweis auf das „prinzipielle Ungenügen" des einzelnen Blickes für das zu Erklärende nicht ausreicht, sieht zwar Graumann selbst: daß der einzelne Blick als ungenügend und mangelhaft empfunden wird, ist seinerseits erklärungsbedürftig. Aber nicht durch das Streben nach „sinnvollen Ganzheiten" sondern nur unter der Leitidee einer endgültigen Wahrheit an sich, so ist mit Husserl Graumann zu antworten, formiert sich die perspektivische Erfahrung zu einem Streben nach Näherbestimmung des Horizontes. Dies hat Husserl in der Phänomenologie der Vernunft einsichtig gemacht. Aber er hat nicht gezeigt, ob und wie die Idee der Wahrheit an sich im Wesen perspektivischer Erfahrung gründet, sondern nur, daß Wahrheit an sich unter den Voraussetzungen perspektivischer Erfahrung nur als Idee möglich ist.

FÜNFTES KAPITEL

PHÄNOMENOLOGISCHE
WISSENSCHAFTSTHEORIE

Bisher haben wir nur die eine Seite des Problems von Kausalität und Motivation zum Gegenstand der Untersuchung gemacht, den Motivationszusammenhang der urdoxischen Erfahrung, der interpretiert wurde als Zusammengehörigkeit von Horizontintentionalität, kinaisthetischer Vermöglichkeit und der Vernunftidee einer jenseits der horizontintentionalen Perspektivierung an sich bestehenden, wahrhaft seienden Welt. Die andere Seite des Problems, die naturwissenschaftliche Voraussetzung eines Kausalzusammenhanges der objektiven Realität von Raum und Zeit, ist bisher nur in der Gestalt der Naturalismuskritik zur Sprache gekommen, die Husserl in der Abhandlung *Philosophie als strenge Wissenschaft* mit dem Blick auf zeitgenössische Wissenschaftstheorien geführt hat. Es wird nun zeigen sein, daß und wie Husserl von den für den Motivationszusammenhang perspektivischer Erfahrung konstitutiven Begriffen der Horizontintentionalität und der Vernunftmotivation aus die phänomenologische Wissenschaftskritik von *Philosophie als strenge Wissenschaft* vertieft und zu einer phänomenologischen Wissenschaftstheorie ausgebaut hat.

Für die konstitutive Klärung des von der Naturwissenschaft gesetzten Gegensatzes zwischen sinnendinglicher und objektiv wahrer Natur erscheint uns der § 52 des Ersten Buches der *Ideen* relevanter als die Konstitutionsanalysen der materiellen Natur im Zweiten Buch. Wir wählen deshalb den § 52 des Ersten Buches zusammen mit dem thematisch verwandten § 40 zum Leitfaden der nachfolgenden Interpretation. Es wird sich zeigen, daß er repräsentativ ist nicht nur für die systematische Problemstellung der konstitutiven Phänomenologie der Natur sondern auch für Husserls indirekte Auseinandersetzung mit zeitgenössischen Wissenschaftstheorien, die wiederum für die Absicht und den Grundgedanken der phänomenologischen Wissenschaftskritik Husserls aufschlußreich ist.

Ausgeklammert bleibt in diesem Kapitel, wie in der vorliegenden Untersuchung überhaupt, Husserls Infragestellung des neuzeitlichen Gegensatzes von objektiver Wissenschaft und subjektiver Lebenswelt in seinem Spätwerk, der *Krisis,* dessen Methode die geschichtlich-genetische Rückfrage in den Ursprung der als historisch geworden verstandenen naturwissenschaftlichen Weltauslegung ist und ihres Anspruches, sich vom Subjektiv-Relativen der Lebenswelt methodisch befreit zu haben. Wenn gelegentlich auf die *Krisis* Bezug genommen wird, dann nur, um den Gedankengang der *Ideen* zu verdeutlichen. Als Ursprung der Wissenschaft gilt vom Standpunkt der konstitutiven Phänomenologie aus nicht die Totalitätstypik der Lebenswelt, nicht das Universum sedimentierter Sinnstiftungen, als das sie sich der phänomenologischen Reflexion darstellt, sondern ausschließlich der invariante Stil der raumzeitlichen Erfahrung. Dieser Stil umreißt das, was bei Husserl in einem ausgezeichneten Sinne „Natur" heißt.[1] Um zu dieser Natur in der Reflexion zu gelangen, ist eine zweifache Reduktion zu vollziehen: erstens sind die sedimentierten Sinnstiftungen der kulturellen Lebenswelt, die von Husserl so genannten „irreellen Kultursinne", auszuschalten. Dieser erste Reduktionsschritt führt zur Natur aus wissenschaftlich vermittelter Erfahrung,

---

[1] L. Landgrebe weist darauf hin, daß mit Husserl „eigentlich in einem *dreifachen Sinne von Natur* zu sprechen ist, einerseits der Natur der objektivierenden exakten Naturwissenschaft, die prinzipiell unanschaulich und nur in mathematisch-symbolischen Denkbestimmungen bestimmbar ist als ein 'Produkt der Methode' und damit als personale Leistung der Naturwissenschaft treibenden Intersubjektivität, andererseits die anschaulich lebensweltliche Natur der äußeren sinnlichen Wahrnehmung, deren Vorstellung als der eines Geschehens gemäß strenger, nur in der Methode exakter Erkenntnis erkennbarer kausaler Gesetzlichkeit nur *eine* bestimmte Vorstellungsweise der unmittelbar sinnlich wahrnehmend erfahrenen Natur ist, und drittens das, was die konstitutive Bedingung für die Möglichkeit der Erfahrung von Natur überhaupt ist, nämlich der in der Leiblichkeit sich bekundende 'Untergrund von Natur' als ein passives Strukturmoment der konstituierenden transzendentalen Subjektivität selbst, die 'Naturseite' der Subjektivität, die, wie Husserl später bemerkt, eigentlich gar nicht den Namen 'Natur' verdient" (L. Landgrebe, „Die Phänomenologie der Leiblichkeit und das Problem der Materie", in: *Beispiele, Festschrift für Eugen Fink zum 60. Geburtstag,* Den Haag 1965, S. 301). Es kann noch hinzugefügt werden, daß Husserl im Anschluß an Dilthey eine Zeitlang Natur aus dem Gegensatz zum Geist gedacht hat, Geist aber als das transzendental Absolute, als transzendentales Ursprungsfeld für den Sinn von Natur, die insofern *als* Natur relativ zum Absoluten des Geistes ist (s.o.S. 136 f.). Als Dokumente seiner Auseinandersetzung mit Dilthey können vor allem das Zweite Buch der *Ideen* und die Vorlesungen zur *Phänomenologischen Psychologie* angesehen werden.

zum „Reich der durch die abstraktive Einstellung des Natur-
forschers strukturell vereinfachten raum-zeitlichen Welt, als Welt der
puren res extensae . . ." (pp 133); diese ist dann transzendentaler
Leitfaden für den zweiten Schritt, die Reduktion der objektiv wahren
Natur auf die Natur aus unvermittelter sinnlicher Wahrnehmung eines
kinaisthetisch sich frei im Raum bewegenden Subjekts, auf die „um-
weltliche Natur" (K 117), die für die naturwissenschaftlich substruier-
te Natur „an sich" – wie zu zeigen sein wird – in einem zweifachen
Sinne Bezugspol bleibt.

1. Die Bestimmung der Naturwissenschaft: sinnendingliche und physikalische Natur

Wissenschaft ist nach Husserl nichts anderes als die Radikalform
des Weltglaubens der natürlichen Einstellung. Sie erwächst aus dem
radikalisierten Glauben an *eine* und durch alle konkreten Erfahrungen hindurch als *dieselbe* geltende, ichunabhängige Welt *an sich*.
In diesem Glauben wurzelt die Idee der Vernunft, dem perspektivischen Sein des anschaulich Erfahrenen ein „bleibendes", und das
heißt: ein „wahres" Sein ohne alle Perspektivität unterzulegen. In
dieser Substruktion eines bleibenden, obgleich unanschaulichen Seins
für das anschauliche der sinnendinglichen Erfahrung erblickt Husserl
das Wesen der positiven Wissenschaft, die er in der Regel mit der
Naturwissenschaft der Neuzeit gleichsetzt. Es gilt ihm als ausgemacht,
daß diese nur vollzieht, wozu der faktische Still der schlichten vorwissenschaftlichen Erfahrung von Raum und Zeit auffordert. Zwar findet
es Husserl, wie schon zitiert, „denkbar, daß unsere anschauliche Welt
die letzte wäre, 'hinter' des es eine physikalische überhaupt nicht gäbe,
d.h. daß die Wahrnehmungsdinge mathematischer, physikalischer
Bestimmbarkeit entbehrten . . ." (Id I 110). Aber der „tatsächliche
Gang unserer menschlichen Erfahrungen ist ein solcher, daß er unsere
Vernunft zwingt, über die anschaulich gegebenen Dinge . . . hinauszugehen und ihnen eine 'physikalische Wahrheit' unterzulegen" (ebd.),
das heißt: das Naturgesetz. Dieser Satz darf nicht als phänomenologische Rechtfertigung einer Ontologie metaphysischer „Hinterwelten"
mißverstanden werden. Es handelt sich auch nicht um eine Dialektik
von Wesen und Erscheinung. Wie aber ist dann der Hinausgang über
die anschauliche Welt der „sinnlichen imaginatio" – das Recht dieser
Bestimmung von Naturwissenschaft einmal zugestanden – in die unanschauliche der „physikalischen intellectio" (Id I 127) phänomenologisch zu interpretieren ?

Husserl geht in den *Ideen* transzendentalphilosophisch wie Kant vom *Faktum* der Naturwissenschaft aus, vom „tatsächlichen Gang" unserer Erfahrung, der die Setzung physikalischer Wahrheit vernünftig motiviert. Die für Naturwissenschaft „methodisch notwendige Substruktion" einer „wahren Natur" (Id II 230), die „theoretisch-logische Substruktion" eines Universums prinzipieller Unanschaulichkeit (K 130),[2] in der Husserl das Wesen naturwissenschaftlichen Denkens sieht, muß auf der Stufe der konstitutiven Phänomenologie zum transzendentalen Leitfaden für die Frage nach den Bedingungen der Möglichkeit dieser „Substruktion" gemacht werden.[3]

Innerhalb des Ersten Buches der *Ideen* berührt Husserl das vorliegende Problem zum ersten Mal im § 40. Er knüpft dort an die aus der sensualistischen Erkenntnistheorie „bekannte Unterscheidung zwischen sekundären und primären Qualitäten" an, „wonach die spezi-

---

[2] Aufklärung über den Terminus „Substruktion" erhält man über den Zusammenhang mit dem Terminus „Idealisierung," der in die letzte Phase von Husserls Denken gehört. Als Beleg für den Zusammenhang beider Termini kann K 37 angeführt werden: „Die extensive und intensive Unendlichkeit, die mit der Idealisierung der sinnlichen Erscheinungen diesen substruiert war...". Husserls Ansicht läßt sich kurz so zusammenfassen: Die Wissenschaft idealisiert lebensweltliche Erfahrungen und substruiert sie (die idealisierten) sich selbst (den nicht-idealisierten) als das Wahre, dessen Erscheinung sie(die nicht-idealisierten) sein sollen.

[3] Husserls Auffassung, daß die wissenschaftliche Begriffsbildung die Lebenswelt, das „Universum prinzipieller Anschaubarkeit" (K 130), grundsätzlich übersteigt, weist in eine Richtung, die auch in der Wissenschaftstheorie des logischen Empirismus zunehmend an Bedeutung gewonnen hat. Während der logische Empirismus anfänglich die Übersetzbarkeit wissenschaftlicher Begriffssysteme in die direkter Verifizierbarkeit von Sätzen zugängliche Sprache der sinnlichen Wahrnehmung zum methodischen Programm sinnvoller Begriffsbildung erhoben hatte, gelangte er mit Carnaps Abhandlung *The Methodological Character of Theoretical Concepts* von 1956 zu der Einsicht, daß dieses Programm undurchführbar und durch eine Zweistufenkonzeption der Wissenschaftssprache zu ersetzen sei: Die wissenschaftliche Gesamtsprache gliedert sich in eine vollständig empirisch zu deutende Beobachtungssprache und in eine theoretische Sprache, die durch geeignete Zuordnungsregeln mit der Beobachtungssprache verknüpft und nur partiell empirisch interpretierbar ist. Untersuchungen von Braithwaite scheinen darauf hinzudeuten, daß die nur partielle Interpretierbarkeit einer Theorie Bedingung für ihre prognostische Relevanz, in der Husserl die lebensdienliche Leistung der Wissenschaft erblickt (s.u. S. 228), in einem verschärften Sinne ist. Vgl. hierzu W. Stegmüller, *Probleme und Resultate der Wissenschaftstheorie und analytischen Philosophie, Bd. II, Theorie und Erfahrung*, Berlin-Heidelberg-New York 1970, S. 213 ff. Eine eingehende Erörterung der wissenschaftstheoretischen Aspekte der Husserlschen Phänomelogie im Hinblick auf Fragestellungen und Ergebnisse der gegenwärtigen Wissenschaftstheorie steht leider noch aus.

fischen Sinnesqualitäten 'bloß subjektiv' und nur die geometrisch-
physikalischen Qualitäten 'objektiv' sein sollen" (Id I 89), um zu fragen, was diese Unterscheidung eigentlich *meint*. Falls durch sie die
objektiven Beschaffenheiten von Dingen als etwas gedacht werden
sollen, das „nach Abzug" der subjektiven Beschaffenheiten – wie
Geruch, Farbe u. dgl. – noch übrigbleibt – wie z.B. räumliche Ausdehnung –, dann behält nach Husserls Ansicht ihr gegenüber schon
Berkeley recht. Denn aus einer solchen Residualtheorie der wahren
Dingbeschaffenheiten würde folgen, daß sich primäre Qualitäten auch
ohne sekundäre denken lassen. Demgegenüber habe schon Berkeley
zeigen können, daß z.B. „die Ausdehnung, dieser Wesenskern der
Körperlichkeit und aller primären Qualitäten, undenkbar sei ohne
sekundäre" (Id I 90).

Die seit Locke im Empirismus tradierte Auszeichnung räumlicher
Strukturen als primäre Qualitäten, d.h. als objektive Beschaffenheiten
der Dinge (esse) unabhängig von ihrem Wahrgenommen-werden (percipi), verliert in Husserls Phänomenologie tatsächlich ihren Sinn.
Wenn nämlich die räumliche Wahrnehmung Horizontstruktur hat,
dann ist klar, daß die anschauliche Raumgestalt eines Dinges relativ
zu einem wahrnehmenden Subjekt ist, und zwar dergestalt, daß hier
das esse im percipi vollständig aufgeht. Die Subjektivität der Sinnesqualitäten erstreckt sich somit, entgegen der Auffassung Lockes, auch
auf die sogenannten primären Qualitäten der räumlichen Anschauung.
Es ist daher völlig konsequent, daß Husserl, in seltsamer Koinzidenz
übrigens mit dem Immanenzpositivismus von Mach und Avenarius,
sich in der Frage nach dem ontologischen Status der res extensa auf
Berkeley beruft.

Wenn nun, so überlegt Husserl im § 40 weiter, die Voraussetzung
der Theorie Lockes entfällt, räumliche Ausdehnung sei im Gegensatz
zu den Qualitäten der nicht-visuellen Sinnesfelder eine objektive Be-
schaffenheit der Dinge an sich, dann kann der berechtigte Kern der
Lockeschen Lehre, das Anschauliche der Sinneswahrnehmungen von
den unanschaulichen Setzungen der Naturwissenschaft abzuheben, nur
durch einen doppelten Raumbegriff zur Geltung gebracht werden.
Husserl führt in diesem Zusammenhang den Begriff des „physikalischen Raumes" (Id I 91) ein, der definiert wird als eine „nur symbolisch 4 vorstellbare Euklidische Mannigfaltigkeit von drei Dimensio-

---

4 In Husserls Wortgebrauch heißt „symbolisch" so viel wie „signifikativ"
oder „nicht anschaulich." Eine „Euklidische Mannigfaltigkeit von drei Dimen-

nen" (Id I 91). Im Unterschied hiervon ist, wie Husserl allerdings nicht eigens hervorhebt, der „Wahrnehmungsraum" (Id I 91) oder „natürliche Sinnenraum" (Id I 90) – wiederum im Unterschied zum zweidimensionalen Sehfeld – zwar dreidimensional, aber nicht euklidisch.⁵ Daß es die Physik mit einem „leeren x, das zum Träger mathematischer Bestimmungen und zugehöriger mathematischer Formeln wird" (Id I 91) zu tun hat und nicht mit dem Wahrnehmungsgegebenen selbst, können wir dann so verstehen, daß die unanschaulichen Substruktionen der Physik sich im unmittelbar Gegebenen der sinnlichen Wahrnehmung anschaulich bekunden: „der ganze Wesensgehalt des wahrgenommenen Dinges, also das ganze in Leibhaftigkeit dastehende mit allen seinen Qualitäten", die sogenannten „primären" selbstverständlich eingeschlossen, ist „in der hier leitenden Auffassung 'bloße Erscheinung', und das 'wahre Ding' ist das der physikalischen Wissenschaft" (Id I 90). Allerdings kann man dann, so unterstreicht Husserl mit Nachdruck, „ein Ding in Wahrheit nicht einmal als im natürlichen Sinnenraum liegendes meinen" (ebd.), sondern, wie erläuternd hinzugefügt werden darf, allenfalls als Klasse von Punkten im euklidischen Raum.⁶

sionen" ist schon deshalb unanschaulich, weil sie durch ein Axiomensystem charakterisiert ist, das auch arithmetisch interpretiert werden kann (jeder „Punkt" als geordnetes Zahlentripel).
⁵ Im Anschauungsraum ist infolge seiner Perspektivität das Parallelenaxiom nicht erfüllt.
⁶ Husserl nähert sich hier dem Standpunkt Schlicks. Schlick hat die immanenzpositivistische Reduktion des Wirklichen auf das unmittelbar Gegebene einer scharfsinnigen Kritik unterzogen und dabei eine Position entwickelt, die Erkenntnis als Erschließen von Nichtgegebenem aus Gegebenem begreift. Kants Begriff des Dinges an sich wird bewußt wieder aufgenommen, jedoch so umgedeutet, daß der Bereich des Erkennbaren mit dem der Dinge an sich zusammenfällt. Dinge sind für Schlick als solche an sich, d.h. prinzipielle Transzendenzen, die nur erkannt, nicht aber gegeben sein können. Der Dingbegriff kann sinnvoll und in Bezug auf den euklidischen Raum eingeführt werden, der ein reines Koordinatenschema und daher unanschaulich ist. Auch und gerade die „identischen Gegenstände, auf welche Worte und Begriffe der miteinander verkehrenden Menschen sich beziehen" (a.a.O. 242) bilden nach Schlick hier keine Ausnahme. Schlick weiß wohl, daß eine phänomenologische Deskription der unreflektierten Sinneswahrnehmung diese nicht als ein „Schließen" beschreiben kann, da für das naive Wahrnehmen nicht Sinnesqualitäten sondern die Dinge selbst gegeben sind (vgl. a.a.O. 162). Aber dieser deskriptive Befund ist für ihn, im Unterschied zu Husserl, kein Beweis dafür, daß das schlichte Wahrnehmen, anders als das naturwissenschaftliche Erkennen, kein Schlußprozeß ist (vgl. a.a.O. 200). Was dagegen nicht erschlossen sondern einfach gegeben ist, sind die Sinnesqualitäten, und zwar einschließlich der Qualitäten der räumlichen Extension, die als Prämissen im Schlußprozeß des Erkennens fungieren. Es sei er-

Wohl in der Absicht, die skizzierte Transzendenz physikalischer Objekte näher zu erläutern, verweist Husserl hier, wie auch später im § 52, auf mikrophysikalische Entitäten wie „Atom" und „Ion" (Id I 90). Es ist jedoch unnötig und auch unzweckmäßig, das Verhältnis physikalischer Naturerkenntnis zur unmittelbaren Sinneswahrnehmung am Beispiel höchstens indirekt beobachtbarer Partikeln der Mikrophysik zu erläutern. Unzweckmäßig ist dies vor allem deshalb, weil das Wesentliche der an dieser Stelle erörterten Theorie des Naturerkennens durch die damit verbundene Komplizierung der Problemstellung leicht verwischt wird. Ist nicht das hier erörterte Problem z.B. schon dadurch gestellt, daß die Mondphasen Gegenstand der sinnlichen Wahrnehmung und der Himmelsmechanik zugleich sind? Es handelt sich im § 40 ganz allgemein darum, eine phänomenologisch befriedigende Antwort auf die Frage vorzubereiten, welche Rolle die sinnliche Wahrnehmung für die Physik spielt, wenn man zugesteht, daß Lockes Qualitätenlehre durch die Aufspaltung des dreidimensionalen Raumes in den Wahrnehmungsraum und den euklidischen Raum der klassischen Mechanik zu ersetzen ist.

Die Auszeichnung des euklidischen Raumes als Wesen, das im orientierten Raum bloß erscheint und diesen zum „Zeichen" von jenem macht, bleibt für den Dingbegriff nicht ohne Folgen. Husserl sieht sich im letzten Absatz des besprochenen Paragraphen genötigt, hinsichtlich der Dingfrage eine Position einzunehmen, die mit seiner Theorie der Wahrnehmung als Selbstgegebenheit des Dinges nur schwer in Einklang zu bringen sein dürfte. „Nehmen wir", so schreibt Husserl nach seiner Darlegung der eben skizzierten Theorie von der Subjektivität sämtlicher Qualitäten, „das also hin. Es sei, wie da gelehrt wird, das leibhaft Gegebene aller Wahrnehmung 'bloße Erscheinung' " (Id I 91). Zu fragen ist dann, was daraus für das Verhältnis von physikalischer und Wahrnehmungswelt folgt. Darauf gibt Husserl die folgende Antwort: „Immerfort gilt zwar der gesamte sinnliche Gehalt des Wahrnehmungsgegebenen selbst als anderes denn das an sich seiende wahre Ding, aber immerfort gilt doch das *Substrat,* der Träger (das leere x) der wahrgenommenen Bestimmtheiten als das, was durch die exakte Methode in physikalischen Prädikaten bestimmt wird" (ebd.). Wenn wirklich, wie Husserl hier behauptet, das Substrat der wahrgenommenen Bestimmtheiten zugleich das „leere x"

wähnt, daß Schlick neben diesem Erkenntnisbegriff noch einen anderen hat, der Erkennen als Zuordnen von Elementen isomorpher Strukturen begreift.

geometrisch-physikalischer Bestimmtheiten ist, dann folgt daraus, daß
der Terminus „wahrgenommener Gegenstand" strenggenommen zur
contradictio in adiecto wird. Es wäre also, entgegen der These von
§ 43, doch kein „prinzipieller Irrtum zu meinen, es komme die Wahrnehmung . . . an das Ding selbst nicht heran" (Id I 98), und die Meinung, dieses „sei an sich und in seinem An-sich-sein uns nicht gegeben" (ebd.) entspräche einem phänomenologisch auszuweisenden
Sachverhalt.

Husserls Antwort ist deshalb unbefriedigend, weil man nicht umhin
kann, den Träger der wahrgenommenen Eigenschaften mit dem Ding
selbst zu identifizieren, das diese Eigenschaften hat. Der Träger der
wahrgenommenen Bestimmtheiten soll zugleich das unbestimmte „x"
der physikalischen Bestimmung sein. Von diesem „x" aber wird im
2. Absatz von § 40 ausdrücklich gesagt, es sei nicht im Wahrnehmungsraum. Wenn die Gegenstände der Wahrnehmung in den euklidischen Raum und ihre wahrgenommenen Bestimmtheiten in den
Anschauungsraum gehören, dann hat das weiterhin zur Folge, daß
Sinnesqualitäten keine Bestimmungen der Dinge selbst sondern nur
Bestimmungen des wahrnehmenden Bewußtseins sind, was der Auffassung Schlicks genau entspricht, Husserl aber doch schon darum
nicht akzeptieren könnte, weil er nicht von dem Bewußtseinsbegriff
ausgeht, aufgrund dessen Schlick allein zu der eben genannten Auffassung gelangt. An einem Beispiel sei kurz erläutert, wie eine Theorie
der Sinneswahrnehmung aussähe, wenn man die Prämissen des § 40
zugrunde legte. Die perspektivische Raumgestalt des Ziegelsteins dort
drüben verschwindet, wenn niemand diesen sieht. Der Ziegelstein
selbst aber bleibt, auch wenn niemand ihn sieht. Denn er gehört nicht
in einen Raum, der als orientierter nur da ist, wenn ein Sehender da
ist, der seinen Mittelpunkt bildet. Ausdehnung ist demnach keine Eigenschaft des Ziegelsteins, wenn vorausgesetzt werden darf, daß Eigenschaften im strengen Sinn des Wortes den Dingen eigen sind,
gleichgültig ob sie wahrgenommen werden oder nicht. Ebensowenig
sind das Rot des Ziegelsteins, seine Härte etc. seine Eigenschaften
sensu stricto. Wären sie das, so müßte dem Ziegelstein z.B. das Prädikat „rot" auch dann zugeschrieben werden, wenn keiner ihn wahrnimmt. Aber zu fragen, ob der Ziegelstein auch rot ist, wenn keiner
ihn wahrnimmt, wäre, einer Bemerkung Schlicks zufolge, gleichbedeutend mit der sinnlosen Frage: Wie sieht ein Ding aus, wenn niemand es sieht?

Es ist jedoch sehr unwahrscheinlich, daß dies Husserls Auffassung im § 40 gewesen sein sollte. Er wäre dann nämlich gezwungen, den natürlichen Sprachgebrauch, z.B. Sätze wie: „Der Ziegelstein ist rot" oder: „Ich sehe dort drüben einen Ziegelstein", als irreführend zu verwerfen und gegen ihn einen wissenschaftlich gereinigten zu stellen, in dem solche Sätze nicht mehr vorkommen und der allein die phänomenologische Sachlage angemessen wiedergibt. Das widerspräche Husserls Ansatz vollkommen.[7] Außerdem belegt Husserls eigener Sprachgebrauch von „Ding", daß mit „Ding" etwas gekenzeichnet wird, das nicht in der „Euklidischen Mannigfaltigkeit von drei Dimensionen" liegt, sondern im „Wahrnehmungsraum" (z.B. K 22: „Dinge der anschaulichen Umwelt"). Dies ist ja gerade der Angelpunkt der Husserlschen Wahrnehmungstheorie, nach der in jeder aktuellen Wahrnehmung, sofern keine Sinnestäuschung vorliegt, ein Ding oder eine Dinggruppe leibhaft und originär, d.h. „selbst" gegeben ist.

Wie aber ist dann § 40 zu verstehen? Dem ganzen Duktus des Paragraphen nach zu urteilen, liegt es nahe, die Schwierigkeit mit der Behauptung zu beheben, Husserl referiere hier nur eine Lehre, die er selbst nicht billige. Bei genauerem Zusehen widerspricht dem aber der Textbefund: Husserl macht der referierten Lehre gegenüber zwar große Vorbehalte, akzeptiert sie jedoch für den weiteren Gang der Phänomenologischen Fundamentalbetrachtung in dem Sinn, den wir oben dargelegt haben. Wir werden sehen, daß er für § 52 die Ergebnisse von § 40 voraussetzt. Es bleibt demnach nur die Möglichkeit einer anderen Interpretation der Grundbegriffe. Ein Vorblick auf die *Krisis* legt die Vermutung nahe, daß die Rede von der „Euklidischen Mannigfaltigkeit von drei Dimensionen" einer doppelten Inter-

---

[7] Vgl. K 27 Anm.: „Es ist eine schlimme Erbschaft der psychologischen Tradition seit Lockes Zeiten, den *sinnlichen Qualitäten* der in der alltäglich anschaulichen Umwelt *wirklich erfahrenen* Körper – den Farben, den Tastqualitäten, den Gerüchen, den Wärmen, den Schweren usw., die an *den Körpern selbst wargenommen* werden, eben als ihre *Eigenschaften* – unterschoben werden die *'sinnlichen Daten,'* 'Empfindungsdaten', die ungeschieden ebenfalls sinnliche Qualitäten heißen und, im allgemeinen wenigstens, gar nicht von ihnen unterschieden werden. ... Wir sprechen hier und überall, getreu die wirkliche Erfahrung zur Aussprache bringend [!], von *Qualitäten*, von *Eigenschaften* der wirklich in diesen Eigenschaften wahrgenommenen Körper. Und wenn wir sie als *Füllen* von Gestalten bezeichnen, so nehmen wir auch diese Gestalten als 'Qualitäten' der Körper selbst, und auch als sinnliche, nur daß sie als αἰσθητὰ κοινά nicht die Bezogenheit auf inhen allein zugehörige Sinnesorgane haben, wie die αισθηιαίδια." Vgl. hierzu Aristoteles, *De anima* 418a 7–25.

pretation fähig ist. Husserl führt dort im § 9 den Überschritt von den „Dingen der anschaulichen Umwelt" (K 22), der „konkreten Körperwelt", wie es an anderer Stelle heißt (K 37), zu den „Limes-Gestalten" (K 23) der reinen Geometrie, den Husserl als entscheidendes Charakteristikum der Galileischen Konzeption von Naturwissenschaft ansieht, auf eine Idealisierung der lebenspraktischen „Methodik des ausmessenden und überhaupt messenden Bestimmens" zurück, die, so ist ergänzend zu Husserls explizitem Gedankengang hinzuzufügen, als „Meßkunst" (K 25) den Überschritt von der perspektivischen Raumerfahrung des egologischen Subjekts zur euklidischen Raumerfahrung im Prinzip bereits vollzogen hat.[8] *Dieser* Überschritt kann nun nicht selbst wiederum als Idealisierung begriffen werden, jedenfalls nicht als solche von derselben Art.[9] Ein derart idealisierter perspektivischer Raum wäre nicht euklidisch, sondern wiederum perspektivisch. Wenn man, um an unser obiges Beispiel anzuknüpfen, einen Ziegelstein als unvollkommene Realisierung des idealen Quaders der euklidischen Geometrie auffaßt, dann nur deshalb, weil in der Herstellungsvorschrift mit den, wie immer vagen, Begriffen der Orthogonalität und Parallelität von Seiten und Kanten eine nicht-

---

[8] Wir setzen hier eine konstitutive Schichtung in systematischer Absicht als gültig voraus. Historisch gesehen verhält es sich bekanntlich genau umgekehrt: Die perspektivische Raumerfahrung ist eine Entdeckung der Renaissance und daher zeitlich später als die euklidische der alten „Feldmeßkunst" (K25) oder der griechischen Geometrie.

[9] Am Rande sei vermerkt, daß sehr verschiedenartige methodische Hilfsmittel der Wissenschaften durch den Begriff der *Idealisierung* erfaßt werden können. Husserl erwähnt an der Stelle der *Krisis,* an der er diesen Begriff einführt (K 23), die Idealisierungen der Geometrie und die geometrischen Veranschaulichungen physikalischer Sachverhalte. Im einen Fall artikuliert der Begriff der Idealisierung die *Abweichung von einer idealen Norm,* im anderen die Abbildung eines konkreten Ereignisses in Raum und Zeit in ein abstraktes Koordinatenschema, nach einer Vorschrift, die eine *Isomorphierelation* zwischen dem konkreten Ereignis und seinem Bild verlangt. Um zu sehen, daß noch andersartige Idealisierungen die Methode der Wissenschaft charakterisieren, genügt es, an die Definition der Momentangeschwindigkeit eines bewegten Körpers in der klassischen Mechanik zu erinnern: das Verhältnis eines Differenzenquotienten aus Weglänge und Zeitintervall zu seinem idealen Grenzwert, dem Differentialquotienten an einer Argumentstelle der Bewegungsfunktion, ist weder als Isomorphismus noch als das Verhältnis einer idealen Norm zu ihrer materiellen Realisierung durch Konstruktion oder Produktion zu begreifen. Vgl. auch die Beispiele bei Stegmüller, a.a.O., Bd. II, S. 251 ff. Eine phänomenologische Wissenschaftstheorie hätte sich u.a. die Aufgabe zu stellen, den wissenschaftsmethodischen Begriff der Idealisierung lebensweltlicher Bezüge zu präzisieren, zu spezifizieren, seinen Stellenwert im Gefüge des wissenschaftlichen Erkenntnisprozesses zu bestimmen und die Grenzen seiner Anwendbarkeit aufzuzeigen.

perspektivische und insofern euklidische Raumstruktur schon vorausgesetzt ist. Nicht die Standpunktabhängigkeit der Aspekte, die ein realer Körper dem betrachtenden Auge bietet, führt zur Abweichung seiner extensionalen Struktur von einer idealen Norm, sondern entweder die standpunktunabhängigen materiellen Produktionsbedingungen von Artefakten, oder die ebenfalls standpunktunabhängigen faktischen Bedingungen in den Hervorbringungen der Natur.

Husserl nimmt das Thema des § 40 der *Ideen I*, der bisher – mit Ausnahme der beiden letzten Sätze, die einen Gedanken zum Ausdruck bringen, den wir an späterer Stelle zu erörtern haben – Gegenstand unserer Interpretation war, im § 52 desselben Werkes wieder auf und entfaltet es weiter. Der § 52, dem Husserl die Überschrift gibt: „Ergänzungen. Das physikalische Ding und die 'unbekannte Ursache der Erscheinungen' ", ergänzt die Erwägungen der vorangegangenen Paragraphen der „Phänomenologischen Fundamentalbetrachtung" dadurch, daß er die einseitige Orientierung am Problem sinnlicher Wahrnehmung aufhebt und wissenschaftstheoretische Aspekte der neuzeitlichen Naturwissenschaft nun auch ausdrücklich in den Gang der Fundamentalbetrachtung aufnimmt.

Wie schon im § 40 so erörtert Husserl auch im § 52 das Problem einer konstitutiven Phänomenologie der wissenschaftlich vermittelten Natur in Form einer indirekten Kritik. Husserl vermeidet allerdings die namentliche Auseinandersetzung und spricht nur allgemein von der „Meinung der Naturforscher" (Id I 122), genauer: von der naturalistischen „Interpretation der physikalischen Natur-Auffassung" (Id I 126). Was Husserl zum Gegenstand seiner Kritik macht, ist eine Theorie, die sinnlich Erscheinendes und wahrhaft Seiendes einander so zuordnet, daß das sinnlich Erscheinende zum „Bild" oder auch zum „Zeichen" des wahrhaft Seienden, dieses aber zur „Ursache" des sinnlich Erscheinenden gestempelt wird, das heißt zu jenem, das die sinnendingliche Natur hervorbringt, ohne selbst in Erscheinung zu treten.[10] Die Kritik dieser Theorie besteht darin, sie auf ihren phänome-

---

[10] Husserl führt im § 52 die Kritik der sogenannten Bildertheorie des Bewußtseins, deren Grundzüge wir eingangs dargelegt haben (s.o.S. 20 f.), unter veränderter Fragestellung weiter. Nach Husserl brauchen wir „gegen jene Interpretation der physikalischen Auffassung nicht ernstlich zu streiten. Wir müssen sie nur richtig verstehen. Keineswegs dürfen wir in die prinzipiell verkehrten Bilder- und Zeichentheorien verfallen, die wir früher, ohne besondere Rücksichtnahme auf das physikalische Ding, erwogen und gleich in radikaler Allgemeinheit widerlegt haben" (Id I 126).

nologischen Gehalt hin zu überprüfen und nur das zurückzuweisenen, was diesem Gehalt widerspricht. Obwohl Husserl in seiner Auseinandersetzung mit zeitgenössischen Wissenschaftstheorien sensualistischer und neukantianischer Herkunft keine Namen nennt, bezieht er sich hier offenkundig – zustimmend wie auch ablehnend – auf Brentano, Lipps und Natorp. Nicht nur um dies nachzuweisen, sondern auch um Husserls eigene Intentionen deutlicher hervortreten zu lassen, ist es unumgänglich, auf die Standpunkte Brentanos, Natorps und Lipps im folgenden vergleichsweise einzugehen.

Lipps hat der Frage nach den Voraussetzungen naturwissenschaftlichen Denkens eine eigene Abhandlung gewidmet, die 1907 unter dem Titel „Die Erscheinungen" in dem von ihm herausgegebenen Ersten Band der *Psychologischen Untersuchungen* publiziert worden ist. Lipps, der sich ursprünglich, in den *Grundtatsachen des Seelenlebens* von 1883, zum sensualistischen Positivismus J. St. Mills bekannt hatte, schloß sich seit Erscheinen der *Logischen Untersuchungen* von 1900/01 in vielem Husserl an, und übernahm insbesondere dessen Trennung von Bewußtseinsinhalt und Bewußtseinsgegenstand.[11] Er deutet den Unterschied *funktional*: ein und derselbe Sachverhalt kann sowohl als Inhalt wie als Gegenstand fungieren. Von dieser Basis aus bestimmt er den Sinn der naturwissenschaftlichen Methode. Was für die sinnliche Anschauung Gegenstand ist (z.B. die gesehene Bläue des Himmels), das fungiert im naturwissenschaftlichen Denken als Inhalt, aus dem ein neuer Gegenstand „herausgeblickt"[12] wird. Zum Beispiel könnte aus der Bläue des Himmels ein spezifischer Fall von Lichtstreuung „herausgeblickt" werden. Was Inhalt und was Gegenstand ist, bestimmt sich nicht an sich sondern aus dem funktionellen Unterschied von „Haben" (eines Inhaltes) und „Denken" (eines Gegenstandes). Einen Gegenstand, so erklärt Lipps, kann man gar nicht sinnlich sehen sondern nur *denken*. Das in der Wahrnehmung als Objekt Gedachte wird in der Naturwissenschaft *umgedacht,* nämlich zu einem als *subjektiv* geltenden

---

[11] Das zeigt sich besonders deutlich in den beiden Abhandlungen „Inhalt und Gegenstand; Psychologie und Logik" (*Sitzungsberichte d. bayr. Akademie d. Wissenschaften,* 1905, Heft 4) und „Bewußtsein und Gegenstände" (*Psych. Unters.,* I. Band, 1. Heft). Zur Bedeutung der Unterscheidung von reellem und intentionalem Inhalt (Inhalt und Gegenstand) für den Standpunkt der *Logischen Untersuchungen* vgl. o. S. 25 ff.

[12] Zur Redeweise vom „Herausblicken" eines Gegenstandes aus einem Inhalt vgl. *Psych. Unters.* S. 541.

Inhalt, durch den hindurch das wahrhaft Objektive zur gegenständlichen Erscheinung kommt.[13] Die im Gegenstand prätendierte Subjektunabhängigkeit ist nicht gegeben sondern gedacht; grundsätzlich aber kann jeder Inhalt Gegenstand werden, der mit diesem Anspruch subjekt-unabhängiger Objektivität auftritt.

Von dieser Grundposition aus muß verstanden werden, welchen Sinn Lipps mit der auch von ihm aus der zeitgenössischen Wissenschaftstheorie nur aufgegriffenen These verbindet, naturwissenschaftliche Erkenntnis beziehe sich auf *Erscheinungen*. Es gibt nach Lipps einen legitimen Gebrauch des Begriffs der Erscheinung in wissenschaftlicher Hinsicht, wenn man sich an den natürlichen Sprachgebrauch hält und in diesen Begriff keinen falschen Subjektivismus hineinträgt: „Man redet", so führt er an einem Beispiel aus, „von der Erscheinung des Blitzes oder des Donners, und meint damit nicht die Erscheinung, welche dieser, und die Erscheinung, welche jener, und die Erscheinung, welche ein Dritter jetzt von dem Blitz oder Donner zufällig hat. Sondern man meint die eine und sich selbst gleiche 'Erscheinung des Blitzes oder Donners' " (*Psych. Unters.* S. 545 f.). Es handelt sich für Lipps um das, was man in gewöhnlichen Sprachgebrauch „Naturerscheinungen" (S. 546) nennt: um ein objektiv beobachtbares und intersubjektiv kontrollierbares Faktum, das erstens mit dem Anspruch der Allgemeingültigkeit auftritt, zu dessen Wesen es aber zweitens gehört, *sinnlich* wahrgenommen werden zu können.

Was die objektive Naturerscheinung aus den wechselnden und von Fall zu Fall verschiedenen subjektiven „Erscheinungen" – die Lipps auch „individuelle Erscheinungen" im Gegensatz zu den „objektiven" nennt (S. 544 u. 548) – heraushebt, das ist demnach ihre *qualitative* und *numerische* Identität (man spricht zum Beispiel von *der* Bläue des Himmels als Folge athmosphärischer Lichtstreuung). Trotzdem bleibt sie „ein eindeutig bestimmtes Etwas von bestimmter Farbe, bestimmten Geruch, Geschmack, bestimmter Größe, bestimmter Gestalt usw." (S. 550). Den Doppelcharakter der Naturerscheinungen, dem Subjekt sinnlich wahrnehmbar zu erscheinen und doch kein Subjektives zu sein, „erkennen wir" nach Lipps „ausdrücklich an, indem wir ... nicht sagen: sie sind nur Erscheinungen des objektiv Wirkliches; dies sind auch die individuellen Erscheinungen; sondern: Sie sind *das* objektiv Wirkliche, nur eben *so wie* es erscheint" (S. 551).

---

[13] Zum Gebrauch der termini „Haben," „Denken" und „Umdenken" vgl. *Psych. Unters.* S. 542 u. 558.

Demnach ist die Naturerscheinung die sinnliche Gegebenheitsweise des Naturgesetzes. Die Auffassung von Lipps, die unanschauliche Natur der mathematischen Physik sei erscheinend, teilt auch Husserl. Es sei an sein Verständnis der „physikalisch-exakten Natur" in der Abhandlung *Philosophie als strenge Wissenschaft* erinnert: „Die sinnlich faßbaren Unveränderungen, Veränderungen und Änderungsabhängigkeiten geben überall der Erkenntnis [scil. der Naturwissenschaft] die Leitung, und fungieren für sie gleichsam als 'vages' Medium, in dem sich die wahre, objektive, physikalisch-exakte Natur darstellt und durch das hindurch das Denken (als wissenschaftliches Erfahrungsdenken) das Wahre herausbestimmt, herauskonstruiert" (PW 34, s.o.S. 108, Anm. 2). Darin, daß das anschaulich Gegebene, das als Raum-Zeitliches den Erlebnisstrom des Bewußtseins transzendiert, in welchem es anschaulich erscheint, seinerseits als subjektives Medium für die Erscheinung des physikalisch Objektiven fungiert, besteht die „höhere Transzendenz des physikalischen Dinges", die nach dem Zeugnis des § 52 der *Ideen I* dennoch „kein Hinausreichen über die Welt für das Bewußtsein" bedeuten soll (Id I 127).

Entschiedener als Lipps behauptet Husserl die im Verfahren naturwissenschaftlicher Forschung selbst vorausgesetzte *Einheit* von Natur aus mathematisch-quantitativer Bestimmung und von Natur aus unmittelbarer Erfahrung. Diese Einheit, die das Verfahren voraussetzen muß und faktisch auch voraussetzt, wird zerstört, wenn es gleichsam als Filter verstanden wird, in dem die subjektiven Qualitäten der Naturerfahrung als auszuscheidender Niederschlag zurückbleiben. Es ist „eine schlechte Theorie für ihr gutes Verfahren", heißt es in der programmatischen Frühschrift, Subjektivität und Objektivität, Qualitatives und Quantifizierbares so gegeneinander zu verselbständigen, daß die naturwissenschaftliche Methode als „Ausschaltung der sekundären Qualitäten" oder als „Ausschaltung des bloß Subjektiven an der Erscheinung" definiert werden kann (PW 35).

Es sind vornehmlich zwei Gesichtspunkte, von denen aus Husserl seine Einwände gegen den in der Ausschaltungstheorie der naturwissenschaftlichen Methodik angelegten Dualismus zweier Welten, der anschaulichen Wahrnehmungswelt und der unanschaulichen Welt des „mathematischen Formelsinnes", im § 52 des Ersten Buches der *Ideen* vorgetragen hat.

Erstens nämlich ist zu fragen, was unter Subjektivität verstanden ist, wenn man den Objektivismus der Naturwissenschaft als „Ausschaltung des bloß Subjektiven an der Erscheinung" beschreibt. Zwar kann angenommen worden, sinnlich Qualitatives sei in einem gewissen Sinne bloß subjektiv; dann aber ist zu fordern, so bemerkt Husserl in den einleitenden Sätzen des § 52, daß „diese bloße Subjektivität nicht . . . verwechselt werden darf mit einer Erlebnissubjektivität, als ob die wahrgenommenen Dinge in ihren Wahrnehmungsqualitäten und als ob diese selbst Erlebnisse wären" (Id I 122). Auch wenn das methodische Vorgehen der Naturwissenschaft Ausschaltung des „bloß Subjektiven" sein sollte, die sinnlich Qualitatives konstituierende transzendentale Erlebnissubjektivität könnte nicht ausgeschaltet werden, da sie als ausschaltendes Tun zum „bloß Subjektiven" immer hinzugedacht werden muß.

Der Sinn dieser Überlegung Husserls verdeutlicht sich durch einen Vergleich mit dem Standpunkt Natorps, so wie ihn dieser in seiner ein Jahr vor dem Ersten Buch der *Ideen* erschienenen *Allgemeinen Psychologie nach kritischer Methode* vertreten hat.[14] Auch für Natorp handelt es sich beim Problem der Subjektivität der sinnlichen Qualitäten darum, den gegenüber der reinen Erlebnissubjektivität anderen Sinn dieser Art von Subjektivität herauszustellen. Subjektivität ist für die Theorie der Ausschaltung des „bloß" Subjektiven an der Erscheinung lediglich die negative Kehrseite dessen, was in der Wissenschaft bereits als objektiv gilt. Im fortschreitenden Prozeß der wissenschaftlichen Erfahrung wird nach Meinung dieser Theorie als subjektiv ausgefiltert, was nicht mehr als objektiv gelten kann, obgleich es lange Zeit hindurch als objektiv gegolten hatte. In ihrer Sicht ist das Subjektive, weil es als das *nicht mehr* Objektive verstanden wird, etwas das beiseite gelegt werden kann. Demgegenüber stellt sich die transzendentale Psychologie Natorps im Anschluß an Diltheys Lebensphilosophie die Aufgabe, „daß jene erste, unvollkommene Auffassung der Subjektivität als der bloß niederen Stufe der Erkenntnis überwunden und der Vollsinn des Subjektiven erkannt wird in der konkreten *Totalität des Erlebten*" (a.a.O., S. 70). Die Aufgabe einer transzendental „rekonstruktiven Psychologie" (a.a.O., S. 198) besteht, positiv gefaßt, in der Rekonstruktion dieser Totalität, von der aus und durch die hindurch wissenschaftliche Objekterkenntnis allein möglich ist, und sie besteht weiter im Nachweis, daß die von der Ausschaltungstheorie behauptete Ablösbarkeit des Objektiven von dieser Totalität nur prä-

---

[14] Eine eingehende Darstellung von Husserls Stellung zum Neukantianismus Natorps findet man bei J. Kern, a.a.O., S. 321-373.

tendiert ist. Was für die positivistische Wissenschaftstheorie sich als
eine „bloß niedere Stufe der Erkenntnis" darstellt, als jenes, das sich
wissenschaftlicher Bestimmung naturgemäß entzieht und schon darum
ausgeschaltet werden soll, ist in Wahrheit sowohl der Ausgangspunkt
wie auch das Ziel der wissenschaftlichen Vernunft: die Totalität des
Erlebten ist, Natorp zufolge, „nur als Aufgabe das voraus, aller objektivierenden Erkenntnis schon zugrunde Liegende; der Erkenntnis
nach vielmehr das Letzte und Höchste" (a.a.O., S. 70). Für den Neukantianismus Natorps bleibt die Subjektivität „Aufgabe" auch gerade
der objektiven Wissenschaft, und diese Subjektivität des unmittelbar
Erlebten ist ihrem „Vollsinne" nach sehr viel mehr als nur das, was
vor der wissenschaftlichen Erkenntnis nicht mehr als objektiv bestehen kann.

Mit diesem Gedanken Natorps haben wir nun schon dem zweiten
Einwand vorgegriffen, den Husserl im § 52 der *Ideen* gegen die Lehre
von der Ausschaltung der Sinnesqualitäten aus dem naturwissenschaftlichen Erkenntnisprozeß geltend macht.[15] Nicht nur verkehrt
diese den wahren Sinn von Subjektivität, sondern darüberhinaus erweist sich, daß mit dem Begriff der Ausschaltung das Verfahren der
Wissenschaft nicht korrekt beschrieben werden kann. Abgesehen
davon, daß die den Sinn von Objektivität konstituierende Subjektivität ohnehin nicht ausgeschaltet werden kann, ist auch die naturwissenschaftliche Forschungspraxis weit davon entfernt, das, was in der
philosophischen Tradition des Empirismus Sinnesqualität heißt, aus-
schalten zu wollen. Unterstellt man mit der zur Diskussion stehenden

---

[15] Aus Husserls Polemik lassen sich die Konturen der kritisierten Lehre nur
undeutlich rekonstruieren. Es ist, von Brentano einmal abgesehen (s.u.S. 234),
anzunehmen, daß Husserl im § 52, in Anknüpfung an Natorp und Lipps, eher
eine allgemeine Tendenz als eine bestimmte Wissenschaftsphilosophie seiner
Zeit angreift, zumal er immer nur unbestimmt auf die „Meinung der Naturforscher" (Id I 122) oder die „gemeinüblichen Reden der Physiker" (Id I 125)
Bezug nimmt. Die Tendenz der Wissenschaftsphilosophie des frühen „Neopositi-
vismus" illustriert gut ein Satz Schlicks, a.a.O., S. 258: „Der Eliminationsprozeß
der Qualitäten ist der Kern aller Erkenntnisfortschritte der erklärenden Wissenschaften." Schlick schränkt jedoch ein: „Man darf aber nicht glauben, daß die
Wissenschaft durch diese Resultate nun alle Qualitäten überhaupt eliminiert
hätte. Das ist durchaus nicht der Fall. Denn jene Lichtschwingungen, welche
den Farben entsprechen, sind ja bekanntlich elektromagnetischer Natur, d.h. sie
bestehen in periodischen Änderungen jener Qualitäten, welche die Physik als
elektrische und magnetische Feldstärke bezeichnet, diese selbst aber behalten
ihren qualitativen Charakter bei, wenn sie auch zugleich extensive Größen sind,
also teilbar, als Summe von Einheiten aufzufassen und damit dem Zahlbegriff
unterworfen" (a.a.O., S. 256 f.).

Theorie selber als den Sinn von Subjektivität die Nichtobjektivität, so erweist sich, daß der methodische Sinn der positiven Wissenschaft nicht die *Ausschaltung* sondern die *objektive Bestimmung* des Nicht-Objektiven sein muß. Hierauf legt Husserl den größten Nachdruck. Es ist, erklärt er im § 52, eine „leicht nachzuprüfende Feststellung, daß in der physikalischen Methode das wahrgenommene Ding selbst, immer und prinzipiell, genau das Ding ist, das der Physiker erforscht und wissenschaftlich bestimmt" (Id I 125). Diese überraschende Feststellung, in der Husserls Ansicht von der Basisfunktion der Erfahrung für naturwissenschaftliche Theorien formelhaft zusammengezogen ist, bedarf einer eingehenden Erläuterung. Ob sie „leicht nachzuprüfen" ist, hängt davon ab, wie man sie versteht. Bei der Beurteilung dieser Feststellung geht man am besten davon aus, daß sie im Kontext von § 52 von Husserl als Argument gegen die so genannten „gemein-üblichen Reden der Physiker" (Id I 125, Zeile 29 f.) von der prinzi-piellen Transzendenz der „wahren Naturobjekte" gegenüber den „bloß subjektiven Gebilden" der „Sinnendinge" (ebd., Zeile 17 f.) vorgebracht wird. Das Argument, für die Identität von Sinnending und Naturobjekt, mit dem Husserl seinen transzendental-phänomeno-logischen Monismus deskriptiv abstützen möchte, soll der Auffassung den Boden entziehen, das „bloß Subjektive an der Erscheinung" (PW 35) sei etwas, von dem Wissenschaft sich loszumachen hätte, um zu objektiver Erkenntnis zu gelangen. Die Identität von Sinnen-ding und Naturobjekt wird freilich nicht abstrakt behauptet sondern vermittelt über den Begriff der *wissenschaftlichen Bestimmung*. Es empfiehlt sich deshalb, diesen Begriff in den Mittelpunkt der Interpre-tation zu rücken.

Das zieht allerdings die Frage nach sich, was Husserl unter dem zu Bestimmenden der wissenschaftlichen Bestimmung nun eigentlich genau versteht. Das bleibt ungeklärt, solange die Frage nach dem legitimen Gegenstand der Wahrnehmung nicht beantwortet ist. Daß der Terminus „wahrgenommenes Ding" problematisch ist, haben wir bei der Interpretation von § 40 gesehen. Husserl macht sich im 7. Absatz von § 52, der an die oben zitierte Feststellung (6. Absatz) un-mittelbar anschließt, einen Einwand, der sich auf das im § 40 Gesagte stützt. Die Feststellung, lautet der Einwand, daß Physik Wahr-genommenes zum thematischen Gegenstand ihrer Forschung habe, scheine dem im § 40 entwickelten Dingbegriff zu widersprechen. In der Tat: Wenn das „leere x" der physikalischen Bestimmung dem

Wahrnehmungsraum gar nicht angehört, wie kann dann ohne Widerspruch behauptet werden, die Gegenstände der physikalischen Bestimmung seinen die wahrgenommenen Dinge selbst? „Indessen", so glaubt Husserl den selbst gemachten Einwand entkräften zu können, „vertragen sich die beiden Darstellungen sehr wohl und wir brauchen gegen jene Auffassung nicht ernstlich zu streiten. Wir müssen sie nur richtig verstehen" (Id I 126).

Die Überlegungen jedoch, die Husserl im 8. Absatz von § 52 anstellt, um das richtige Verständnis der beiden Darstellungen von dem, was Gegenstand naturwissenschatlicher Forschung ist, zu sichern, treffen nicht den Kern der Sache. „Keineswegs", schreibt Husserl weiter, „dürfen wir in die prinzipiell verkehrten Bilder- und Zeichentheorien verfallen, die wir früher [Husserl verweist in einer Fußnote auf § 43], ohne besondere Rücksichtnahme auf das physikalische Ding, erwogen und gleich in radikaler Allgemeinheit widerlegt haben" (Id I 126). Husserl setzt in dem hierauf folgenden Argument voraus, daß die physikalischen Bestimmungen des „leeren x" mit seinen sinnlich wahrnehmbaren Bestimmungen in der Weise zusammenhängen, daß sie sich in ihnen „bekunden". Da nun, das ist Husserls zweite Prämisse, ein „Zeichen" oder ein „Bild" in seinem „Selbst" nicht das bezeichnete oder abgebildete „Selbst" wirklich „bekundet", so folge, daß sinnlich Wahrnehmbares weder Bild noch Zeichen des physikalisch Wahren sei. Es ist klar, daß damit der Widerspruch, daß die Einsetzungsinstanzen für das „x" der physikalischen Prädikation nach § 40 nicht wahrnehmbar und nach § 52 doch wahrnehmbar sein sollen, nicht ausgeräumt ist.

Der Widerspruch verschwindet erst, wenn, mit der schon zitierten Wendung aus K 27, zwischen den αἰσθητὰ κοινά und den αἰσθητα ἴδια klar unterschieden wird. Faßt man den Begriff der Wahrnehmung so weit, daß er auch Dinge und Ereignisse, die nicht im perspektivischen Raum eines solipsistischen Wahrnehmungssubjekts lokalisierbar sind, als wahrnehmbar zu bezeichnen gestattet, dann besteht die Möglichkeit, die wahrgenommenen Dinge, die Gegenstand der physikalischen Prädikationen und Erklärungen sein sollen, mit den αἰσθητὰ κοινά zu identifizieren.[16] Nur unter dieser Voraussetzung

[16] Es ist zu bedauern, daß Husserl die am Anfang seiner Phänomenologie konzipierte Theorie der Sinneswahrnehmung von der später entworfenen Theorie der Intersubjektivität her nicht revidiert hat. Diese Unterlassung hat zur Folge, daß noch in der *Krisis* Analysen der Sinneswahrnehmung die Stufe prim-

„vertragen sich die beiden Darstellungen sehr wohl", und der aufgezeigte Widerspruch läßt sich dadurch beseitigen, daß man den „Wahrnehmungsraum", von dem im § 40 die Rede ist, als Raum der αἰσθητὰ κοινά versteht.¹⁷

Diese Überlegungen zum Wahrnehmungsbegriff werden bedeutsam für die Frage nach dem Sinn von Husserls Begriff der *wissenschaftlichen Bestimmung*. Die „leicht nachzuprüfende" Feststellung des 6. Absatzes von § 52, die wahrgenommenen Dinge selbst würden von der Physik wissenschaftlich bestimmt, verliert den Anschein des Paradoxen, wenn man 1. als Ergebnis des bisher Dargelegten voraussetzt, Husserl spreche hier von αἰσθητὰ κοινά, und 2. für die weitere Interpretation unter „Bestimmung" ¹⁸ einen zusammenfassenden Ausdruck für das versteht, was heute in der Wissenschaftstheorie mit den Begriffen *„Erklärung"* und *„Voraussage"* weiter differenziert wird.

Wir wenden uns zunächst der Frage zu, ob Husserl die These des 6. Absatzes durch die erklärende Funktion der Wissenschaft begründet.

Die eine der beiden Prämissen, aus denen Husserl zu Beginn des 8. Absatzes den Schluß zieht, sinnlich Wahrgenommenes könne unmöglich „Bild" oder „Zeichen" der physikalischen Sachverhalte sein, for

ordialer Raumkonstitution nicht überschreiten, was dann zu Schwierigkeiten der geschilderten Art führt.

¹⁷ Abgesehen davon, daß durch diese Interpretation § 40 und § 52 miteinander verträglich werden, sprechen auch sachliche Gründe für sie. Sofern die Physik Erklärungen für sinnlich wahrnehmbare Phänomene sucht, sind mit diesen Phänomenen stets αἰσθητὰ κοινά, d.h. hier: Naturerscheinungen im Sinne Lipps, gemeint, z.B. das Nordlicht, der Regenbogen, die Abweichung der Kompaßnadel, der Wechsel von Tag und Nacht, die Jahreszeiten, Ebbe und Flut, die Mondphasen, die scheinbare Bewegung der Sonne, der freie Fall. Was hier durch Gesetzesannahmen erklärt wird, sind nicht die individuell nuancierten Wahrnehmungen, die der Einzelne von diesen Phänomenen hat, sondern die Phänomene selbst, verstanden als Tatsachen, die als solche erst einmal intersubjektiv verifiziert sein müssen, bevor es sinnvoll ist, sie zum Gegenstand wissenschaftlicher Erklärungen zu machen. Außerdem setzt man in der Physik die Euklidische Struktur der „Apparatewelt" voraus, betrachtet sie also als αἰσθητὰ κοινά und zwar bekanntlich auch da, wo der Raum-Zeit-Metrik eine nicht-euklidische Geometrie zugrundegelegt wird, wie in der Relativitätstheorie Einsteins.

¹⁸ Stellenweise verwendet Husserl das Wort „Bestimmung" auch einfach im Sinn von „Eigenschaft". So etwa, wenn er sagt, die „physikalischen Bestimmungen" eines Dinges „bekundeten" sich in seinen „sinnlichen Bestimmungen" (Id I 126). In der Regel steht „Bestimmung," wie wir im vorigen Kapitel gesehen haben, für „Horizonterschließung."

muliert den *Zusammenhang von beobachtbarem Naturverlauf und Naturgesetz.* Sie lautet, vollständig angeschrieben: „Das physikalische Ding aber ist kein dem sinnlich-leibhaft Erscheinenden Fremdes, sondern sich in ihm, und zwar a priori (aus unaufhebbaren Wesensgründen) *nur* in ihm originär Bekundendes. Dabei ist auch der sinnliche Bestimmungsgehalt des x, das als Träger der physikalischen Bestimmungen fungiert, keine diesen letzteren fremde und sie verhüllende Umkleidung: vielmehr, nur insoweit das x Subjekt der sinnlichen Bestimmungen ist, ist es auch Subjekt der physikalischen, die sich ihrerseits 'in' den sinnlichen bekunden" (Id I 126). Um diese Sätze Husserls an einem Beispiel zu erläutern: Die scheinbare Bewegung der Sonne am Fixternhimmel ist ein Phänomen der sinnlichen Wahrnehmung, das in allen Phasen seines Ablaufes sich aus den Keplerschen Gesetzen der klassischen Himmelsmechanik erklärt. Ferner hantiert man in jedem Experiment mit lebensweltlich zuhandenen Dingen, die zugleich zum Subjekt singulärer Kausalsätze als Basis für allgemeine Gesetzesannahmen werden: „Das Ding, das er [scil. der Physiker] beobachtet, mit dem er experimentiert, das er beständig sieht, zur Hand nimmt, auf die Wagschale legt, in den Schmelzofen bringt: dieses und kein anderes Ding wird zum Subjekt der physikalischen Prädikate, als da sind Gewicht, Temperatur, elektrischer Widerstand usw." (ebd.). Für methodologische Erwägungen im Rahmen einer Theorie der erfahrungswissenschaftlichen Erkenntnis sind Überlegungen dieser Art gewiß unzureichend, weil zu wenig differenziert. Aber methodologische Analysen liegen Husserl fern. Er insistiert allein darauf, daß Lebenswelt und Wissenschaft stärker verklammert sind als die, wie Husserl etwas vage formuliert, „gemeinüblichen Reden der Physiker" (Id I 125) vermuten lassen. Seine Kritik richtet sich gegen eine Auslegung der naturwissenschaftlichen Methodik seitens einer Wissenschaftstheorie, die mit der Fundamentierung der objektiven Wissenschaft in der subjektiven Lebenswelt nicht vereinbar ist. Der an den zitierten Text unmittelbar anschließende Satz zeigt noch einmal sehr deutlich, worauf es Husserl in seiner Kritik ankommt: „Ebenso sind es die wahrgenommenen Vorgänge und Zusammenhänge selbst, die durch Begriffe, wie Kraft, Beschleunigung, Energie, Atom, Ion usw. bestimmt werden" (Id I 126 f.). Man sieht, daß Husserl sinnliche Wahrnehmung und mathematischen Naturentwurf viel enger miteinander verknüpft als sich dies vom Gedanken der einseitigen Fundierung her rechtfertigen läßt. Das sinnlich Erscheinende fundiert zwar als solches auch die wissenschaftliche Gesetzeshypothese. Denn diese könnte ohne experimentelle Veranstaltungen in der anschaulich gegebenen Wahrnehmungswelt nicht formuliert werden (z.B. ist die sinnliche und experimentell geregelte Wahrnehmung frei fallender Körper in der klassischen Naturwissenschaft Galileis die sinnlich-qualitative Voraussetzung für die mathematischquantitative Hypothese des Fallgesetzes). Aber Husserl erkennt, daß das Naturgesetz noch in anderer Weise auf das Subjektiv-Relative der anschaulichen Wahrnehmungswelt zurückbezogen ist: Naturgesetze sind Hypothesen oder Funktionen, die primär sinnlich Wahrnehmbares erklären sollen und nicht etwas rein Signifikatives (z.B. das Fallgesetz das experimentell beobachtbare Phänomen des freien Falles).[19] Das naturwissenschaftliche Verfahren, wie immer es im einzelnen definiert werden muß, ist „die erfahrungslogische Bestimmung der schlicht-anschaulich gegebenen Natur" (Id I 128). In etwas überspitzter Formulierung kann gesagt werden: das Subjektiv-Relative ist das alleinige Thema der objektiven Wissenschaft. Statt diese nur (einseitig) zu fundieren, ist die anschauliche Natur das, was zu erklären ist, und in diesem Sinn nicht nur Voraussetzung sondern auch Ziel naturwissenschaftlicher Weltauslegung.

Das eigentlich Bemerkenswerte an Husserls Überlegungen zum Sinn erfahrungswissenschaftlicher Erkenntnis scheint uns zu sein, daß Husserl schon in den *Ideen* eine entscheidende Leistung der Naturwissenschaft in ihrer *prognostischen Relevanz* sieht. Die prognostische Funktion naturwissenschaftlicher Theorien ist für Husserl – darin nimmt er eine Entwicklung vorweg, die erst in der Wissenschaftstheorie des logischen Empirismus voll zum Zuge gekommen ist – nur die Kehrseite ihrer erklärenden Funktion.[20] Wenn nämlich im sinn-

[19] Die Kennzeichnung dieser Gesetzesfunktion als „primärer" ist deshalb notwendig, weil Naturgesetze auch als Ableitungsprämisse für Gesetze geringerer Allgemeinheitsstufe fungieren können, wie z.B. die Ableitung des Galileischen Fallgesetzes und der Keplerschen Planetengesetze aus dem allgemeinen Gravitationsgesetz Newtons zeigt.
[20] Den physikalischen Erklärungsbegriff hat erstmals Popper 1934 in seiner *Logik der Forschung* präzisiert und als logisch äquivalent mit dem Begriff der *bedingten Prognose* nachzuweisen versucht. Popper bricht mit der auf Kant und Hume zurückgehenden Vorstellung, daß die kausale Verknüpfung von Tatsachen in einer wissenschaftlichen Erklärung ein *synthetisches Urteil* darstelle. Eine vollständige kausale Erklärung ist nach Popper vielmehr ein *logischer Schluß*. Aus Gesetzen allein können jedoch keine Tatsachen logisch erschlossen werden, ebensowenig aus Tatsachen allein andere Tatsachen. Die Erklärung einer Tatsache (Explanandum) erfolgt vielmehr durch Deduktion der

endinglich Gegebenen Naturgesetzlichkeiten sich „bekunden" und damit der Ablauf der Erscheinungsmannigfaltigkeiten durch sie „bestimmt" und insofern „erklärt" wird, dann gewährt physikalische Gesetzeserkenntnis notwendig *Einblick in den künftigen Lauf der Natur*: „In umgekehrter Richtung dient demnach jede physikalische Erkenntnis als Index für den Lauf möglicher Erfahrungen mit den in ihnen vorfindlichen Sinnendingen und sinnendinglichen Vorkommnissen" (Id I 91). Wissenschaft, so heißt es unmittelbar darauf, „dient also zur Orientierung in der Welt der aktuellen Erfahrung, in der wir alle leben und handeln" (ebd.).

Der zuletzt zitierte Satz aus den *Ideen* ist eine überraschend klare Vorwegnahme dessen, was Husserl in seinem letzten Werk, der *Krisis,* auf umfassenderer Grundlage bis ins einzelne auszuarbeiten versucht hat. An die Stelle des in den *Ideen* dominierenden Gedankens, daß die in der Naturwissenschaft stets vorausgesetzte Identität von unmittelbarer und wissenschaflich vermittelter Natur die prognostische Funktion der Wissenschaft für die Lebenswelt allererst ermöglicht, tritt in der *Krisis* jedoch der Versuch einer *Ableitung der prognostischen Relevanz der Wissenschaft aus der Struktur des Lebens.* Hier setzt sich eine pragmatische Wissenschaftskonzeption durch, für die die lebenspraktische Funktion der Wissenschaft ausschlaggebend ist. Husserls Kritik am sogenannten Objektivismus der neuzeitlichen Naturwissenschaft ist von der Überzeugung getragen, daß der *Zweck* der Wissenschaft im Leben selbst liegt (K 50). Fragt man, was dieser Zweck sei, so erhält man zur Antwort: die *Voraussage des Künftigen.* Das „Problem des naturwissenschaftlichen 'Formel'-Sinnes" (K 42) wird mit genau dieser Antwort gelöst: „Ist man einmal bei den *Formeln,* so besitzt man damit im voraus schon die praktisch erwünschte *Voraussicht* des in empirischer Gewißheit, in der anschau-

---

Tatsache aus einem Gesetz (Prämisse 1 des Explanans) und einer anderen Tatsache (sog. Anfangsbedingung als Prämisse 2 des Explanans). Wünscht jemand eine Erklärung für die (1) Beobachtung, daß ein Stück Holz auf Wasser schwimmt, so kann man ihm antworten, daß (2) alle Stoffe, deren spezifisches Gewicht kleiner als 1 gr/cm³ ist, auf Wasser schwimmen, und daß (3) das beobachtete Stück Holz ein Stoff ist, dessen spezifisches Gewicht kleiner als 1 gr/cm³ ist. Diese Antwort hat die Form eines deduktiven Argumentes, da man aus (2) und (3) mit Hilfe zweier Ableitungsregeln der formalen Logik (Allspezialisierung und *modus ponens)* einen Satz ableiten kann, der die Beobachtung (1) wiedergibt. Umgekehrt kann man, wenn (2) und (3) bekannt sind, das Eintreten von (1) voraussagen, noch bevor das Stück Holz ins Wasser gegeben wurde. Die in der Nachfolge Poppers behauptete strukturelle Koinzidenz von Erklärung und Voraussage ist jedoch nicht unbestritten geblieben, vgl. hierzu W. Stegmüller, a.a.O., Bd. I, S. 153 ff., ferner A. Pap, a.a.O. S. 155 ff.

lichen Welt des konkret wirklichen Lebens, in welcher des Mathematische nur eine spezielle Praxis ist, zu Erwartenden. Die für das Leben entscheidende Leistung ist also die Mathematisierung mit ihren erzielten Formeln" (K 43, vgl. K 31). Husserl geht jedoch noch einen Schritt weiter. Er wird mit einem Begriff des Lebens begründet, der sich ersichtlich aus der antizipativen Struktur schon der vorwissenschaftlichen Erfahrung herleitet: „Was leisten wir durch sie [die Physik] wirklich? Eben eine ins Unendliche erweiterte *Voraussicht*. Auf Voraussicht, wir können dafür sagen, auf Induktion beruht alles Leben" (K 51). Da sich die „Induktion nach wissenschaftlicher Methode" (K 50) von der „alltäglichen Induktion" (ebd.) nur durch ihre größere Effektivität unterscheidet, wird in der Sicht des späten Husserl Naturwissenschaft zur Fortsetzung des Lebens mit mathematischen Mitteln.[21]

Allerdings wäre Husserls Intention in der *Krisis* mißverstanden, wenn man die Horizontstruktur der Erfahrung, d.h. ihre „Induktivität", dem Lebensbegriff allein zugrundelegt. Vielmehr bilden Leben, Vernunft und Wissenschaft in Husserls Spätwerk eine, wenn auch nicht unproblematische Einheit[22], die aber vorbereitet ist durch die von uns im vorigen Kapitel dargelegte wechselseitige Verschränkung der Theorie der Horizontintentionalität und der Phänomenologie der Vernunft.

Als Zwischenresultat der Interpretation von § 52 des Ersten Buches der *Ideen* ergibt sich: Husserl kritisiert ein dualistisches Verständnis

[21] Die Idee der Letztbegründung verleitet Husserl an einer Stelle der *Krisis* dazu, nicht nur die strukturelle Gleichartigkeit von „Erklärung" und „Voraussage" pauschal abzulehnen, sondern auch den Naturwissenschaften im Namen der transzendentalen Phänomenologie jeden Erklärungswert überhaupt abzusprechen: „Man muß endlich einsehen, daß keine noch so exakt objektive Wissenschaft irgend etwas ernstlich erklärt oder je erklären kann. Deduzieren ist nicht Erklären. Voraussagen oder objektive Aufbauformen physikalischer oder chemischer Körper erkennen und danach voraussagen – das alles erklärt nichts, sondern bedarf der Erklärung. Das einzig wirkliche Erklären ist: transzendental verständlich machen" (K 193). Wenn Husserl hier meint, daß Naturwissenschaft keine „wirklich erklärende" Erkenntnis von der Natur gibt, „weil sie überhaupt nicht Natur in dem absoluten Zusammenhang, in dem ihr wirkliches und eigentliches Sein seinen Seinssinn enthüllt, erforscht" (ebd.), dann jedenfalls aufgrund eines Vorbegriffs von Erklärung, der mit dem, was man in einer deskriptiven Phänomenologie unter Erklärung verstehen könnte, unverträglich ist.
[22] Hierzu sei nochmals verwiesen auf W. Marx, „Vernunft und Lebenswelt," jetzt wieder erschienen in : W. Marx, *Vernunft und Welt. Zwischen Tradition und anderem Anfang*, Den Haag 1970, S. 45-62.

von Wissenschaft, das die Objektivität erfahrungswissenschaftlicher Gesetzeserkenntnis (1) allgemein durch die Ausschaltung alles Subjektiven überhaupt und (2) speziell durch die Ausschaltung der Sinnesqualitäten der anschaulichen Wahrnehmungswelt zu sichern glaubt. Gegen (1) wendet er ein, daß der Sinn von Objektivität nur aus der reinen Erlebnissubjektivität verständlich gemacht werden kann. Gegen (2) macht er geltend, daß eine solche Auffassung der Wissenschaft mit deren doppelseitiger Fundierung in der Lebenswelt unvereinbar ist, weil (a) die lebensweltliche Basis in der naturwissenschaftlichen Forschungspraxis nicht abzustreifen ist, was sich unter anderem (aa) darin äußert, daß ein- und dasselbe Objekt von der „sinnlichen imaginatio" und der „physikalischen intellectio" zugleich erfaßt wird, und weil (b) die anschaulichen Phänomene der sinnlichen Wahrnehmung von der Naturwissenschaft nicht ausgeschaltet sondern bestimmt werden. Im Hinblick auf (b) ergibt sich, daß es sich (aa) empfiehlt, den Wahrnehmungsbegriff von § 52 intersubjektiv zu interpretieren, und zwar aus hermeneutischen (Diskrepanz von § 40 und § 52), historischen (möglicher Einfluß von Lipps und Natorp) und sachlichen Gründen, ferner, daß (bb) das spezifisch wissenschaftliche Bestimmen des unbestimmt-bestimmbaren Wahrnehmungshorizontes (aaa) sich als Erklären und Voraussagen in einem vollzieht und (bbb) im Dienst des menschlichen Lebens steht.

Wir führen jetzt den Vergleich der phänomenologischen Wissenschafttheorie Husserls zur Zeit der *Ideen* mit der neukantianischen Wissenschaftsphilosophie Natorps weiter, und zwar im Hinblick auf Punkt (a) (aa) und (b) unseres Zwischenresultates. Vor allem die Überzeugung, daß die Phänomene der anschaulichen Naturerfahrung, wenn auch durch das wissenschaftliche Experiment vermittelt, nicht allein Bedingung der Möglichkeit der naturwissenschaftlichen Objektivierung sind sondern zugleich deren einziges Thema, verbindet Husserls konstitutive Phänomenologie der Natur mit dem transzendental-psychologischen Erkenntnismonismus Natorps. Oben wurde schon auf den zweifachen Sinn von Subjektivität hingewiesen, auf den Natorp wie Husserl aufmerksam machen. Für den Standpunkt Natorps nicht minder wie für den Husserls in den *Ideen* ist ein Text aus der *Allgemeinen Psychologie nach kritischer Methode* aufschlußreich, der deshalb hier zitiert sei. Im § 9 des V. Abschnittes beschreibt Natorp das Verhältnis von anschaulich Gegebenem und wissenschaftlicher Naturerkenntnis folgendermaßen:

„Ich verstehe unter 'Erscheinung' (φαινόμενον) weder das Erlebnis, daß etwas mir erscheint (das φαίνεσται, von dem öfter gesagt worden ist, daß es selbst – trotz Hobbes – kein Phänomen ist) noch das Objekt, welches erscheint, an sich aber und abgesehen von dieser Erscheinung 'sein' und dasein soll; sondern genau das, *als was* das Objekt sich dem jedesmaligen Subjekt darstellt, den Erscheinungsinhalt, die Erscheinung des Gegenstandes gerade im Unterschied von seinem gedachten Ansichsein. Z.B. die Dinge erscheinen uns farbig oder tönend, der Mond erscheint dem Beobachter auf der Erde als flache, kreis- oder sichelförmige Scheibe; die Sonne zeigt sich für den Beobachter auf der Erde in 24 Stunden um diese kreisend. Diesem Faktum, daß das Objekt sich dem Subjekt so und so darstellt, gebe ich einerseits, indem ich es in den Zusammenhang des vom Subjekt Erlebten einreihe (z.B. die Folge der Stellungen des Mondes am Himmel, wie ich sie sukzessiv beobachtet habe, als Folge meiner 'Wahrnehmungen' der Mondstellung zu der und der Zeit gleichsam summiere), die Beziehung auf mich als, in diesem Fall wahrnehmendes, diese bestimmte Erscheinung während dieser bestimmten Zeit beobachtendes Subjekt; demselben Erscheinungsinhalt gebe ich andererseits die Beziehung auf das darin, Andern ebensowohl wie mir, oder einem idealen, seinen Standpunkt in absoluter Freiheit wechselnden Beobachter für jeden dieser Standpunkte übereinstimmend sich darstellende Objekt, indem ich alle solche möglichen Ansichten aus verschiedenen Standpunkten oder unter wechselnden sonstigen Bedingungen zur Einheit bringe, zur Einheit nämlich einer Regel, eines Gesetzes, welches das Objekt, nach dem die Frage ist, z.B. die gegenseitige Stellung von Erde und Sonne, für jeden gegebenen Moment und unter jeder gegebenen sonstigen Bedingung bestimmbar macht. So ist die Einordnung in beiden Fällen ganz verschieden; das aber, was eingeordnet wird, das in der einzelnen Erscheinung allemal so und so sich darstellende Verhalten (z.B. die erscheinenden Lageverhältnisse von Erde und Sonne zu der und der Zeit usw.), ist beidemal nicht etwa bloß gleicher Art, sondern numerisch dasselbe" (a.a.O., S. 109).

Mit dieser konkreten Erläuterung seiner Wissenschaftstheorie sucht Natorp zugleich einen Einwand zu entkräften, den Husserl gegen ihren Grundgedanken, Subjektives und Objektives auf zwei verschiedene Auslegungen eines identisch Zugrundeliegenden (d.h. des φαινόμενον) zurückzuführen, in den *Logischen Untersuchungen* erhoben hat. Gegen diese Theorie, die Natorp schon vor Erscheinen der *Logischen Untersuchungen* ansatzweise entwickelt hatte, wendet Husserl, ohne allerdings Natorp ausdrücklich zu nennen, ein: „Die Behauptung: der Unterschied zwischen dem in der Wahrnehmung bewußten Inhalt und dem *in ihr* wahrgenommenen . . . äußeren Gegenstand sei ein bloßer Unterschied der Betrachtungsweise, welche *dieselbe Erscheinung* einmal im subjektiven Zusammenhange (im Zusammenhang der auf das Ich bezogenen Erscheinungen) und das andere Mal im objektiven Zusammenhang (im Zusammenhang der Sachen selbst) betrachte, ist phänomenologisch falsch. Die Äquivokation, welche es gestattet, als *Erscheinung* nicht nur das *Erlebnis, in dem das Erscheinen des Objektes* besteht . . ., sondern auch *das erscheinende Objekt als solches* zu bezeichnen, kann nicht scharf genug betont werden" (LU II/1, 349). Zu Recht behauptet Natorp, daß Husserl ihn hier wohl mißverstanden habe, da seine eigene Auffassung dieser Äquivokation durchaus nicht erliegt (a.a.O., S. 108). Das φαινόμενον Natorps ist weder das Objekt, welches, noch das Erlebnis, wodurch dieses erscheint. Was „einmal im subjektiven Zusammenhang (im Zusammenhang der auf das Ich bezogenen Erscheinungen) und das andere Mal im objektiven Zusammenhang (im Zusammenhang der Sachen selbst)" betrachtet und in sie eingeordnet wird, ist nicht das Erlebnis selbst (in der Terminologie der LU die „Erscheinung") sondern, wie Natorp in den oben zitierten Sätzen sagt, allein und ausschließlich „das, *als was* das Objekt . . . sich darstellt", das mithin, was Husserl den gegenständlichen Sinn nennt.

Eine unvoreingenommene Prüfung zeigt aber, das Husserl später Natorp im entscheidenden Punkt sachlich gefolgt ist. Die Rückführung des Unterschiedes zwischen einem objektiven Zusammenhang der Sachen selbst (Kausalzusammenhang der Natur) und einem subjektiven, auf das erlebende Ich bezogenen Zusammenhang der Erscheinungen (Motivationszusammenhang der kinaisthetischen Perspektiven) auf einen Unterschied der Betrachtungsweise, die die *Logischen Untersuchungen* noch nicht kennen und bei Natorp verkennen, hat Husserl in den *Ideen* zum Kardinalthema der konstitutiven Phänomenologie gemacht. Nur nennt er „Einstellung", was bei Natorp „Betrachtungsweise" oder „Bezugsrichtung" heißt. Es sei an Husserls Unterscheidung einer natural-naturalistischen von einer personal-personalistischen Einstellung im Zweiten Buch der *Ideen* und der Vorlesungen *Phänomenologische Psychologie* erinnert (s.o.S.

66 ff.), sowie daran, daß man nach Husserl auch zu natürlichen Dingen in Raum und Zeit „personal", das heißt so eingestellt sein kann, daß ihr gegenständlicher Sinn das Verhalten zu ihnen motiviert (s.o.S. 131 ff.). Es bedarf einer „Umänderung der Einstellung", um das Motivationsverhältnis zwischen Subjekten und Dingen der Natur als kausales aufzufassen (Id II § 56 f.). Die Identität des je anders Gemeinten soll die Einheit von unmittelbarer und wissenschaflich vermittelter Naturerfahrung gewährleisten. Dieser Gedanke aber, dessen Ausprägung im Ersten Buch der *Ideen* wir hier verfolgt haben, wird in deren Zweitem Buch eher verdunkelt als erhellt, wie auch das, was dort Einstellung genannt wird, die fragliche Differenz umso weniger erklärt als dort von Husserl kein Versuch gemacht worden ist, die transzendentale Genesis dieser Einstellungen phänomenologisch aufzuklären. Ist die Zweiheit der Einstellungen ein irreduktibles Faktum, das nicht mehr hinterfragt werden kann? Bevor wir das Problem noch einmal aufgreifen, das wir in einer bestimmten Hinsicht bei der Erörterung der Idee der Wahrheit an sich und des in ihr liegenden Anspruches auf Endgültigkeit der Erkenntnis im letzten Kapitel schon berührt haben, und konkret fragen, ob sich der genetische Ursprung der kausalen Weltauffassung der Naturwissenschaft im kinaisthetischen Motivationszusammenhang perspektivischer Welterfahrung einsichtig machen läßt, haben wir noch ein drittes und letztes Moment der phänomenologischen Wissenschaftskritik der *Ideen* zu berücksichtigen.

2) *Die „unbekannte Ursache der Erscheinungen" und die Frage nach dem Motivationsfundament des Kausalbegriffes*

Der kritische Einwand Husserls, den wir in unserer Interpretation des § 52 des Ersten Buches der *Ideen* bisher ausgelassen haben, richtet sich gegen eine realistische Spielart der zeitgenössischen Wissenschaftstheorie. Ihm verdankt der ganze Paragraph seine Überschrift: „Ergänzungen. Das physikalische Ding und die 'unbekannte Ursache der Erscheinungen' ". Kann man, fragt Husserl, „im Sinne des so sehr verbreiteten *'Realismus'* sagen: Das wirklich Wahrgenommene (und im ersten Sinne Erscheinende) sei einerseits als Erscheinung, bzw. als instinktive Substruktion eines Anderen, ihm innerlich Fremden und wenn nicht das, so jedenfalls von ihm Getrennten anzusehen? Theoretisch betrachtet habe dieses letztere zu gelten als eine zu Zwecken der Erklärung des Laufes der Erscheinungserlebnisse hypothetisch anzunehmende und völlig unbekannte Realität, als eine verborgene, nur indirekt und analogisch durch mathematische Begriffe zu charakterisierende *Ursache* dieser Erscheinungen?" (Id I 122f.). Diese Frage, die die Leitfrage des § 52 genannt werden kann, zerfällt in zwei Teilfragen: a) Ist die realistische Annahme einer ursächlich auf unsere Erscheinungswelt wirkenden transzendenten Realität vom phänomenologischen Standpunkt aus sinnvoll oder widersinnig? b) Man könnte einen ursächlichen Zusammenhang von objektiv Wahrem und erscheinungsmäßig Gegebenem zugeben, und dennoch fragen, ob das ursächlich Wirkende eine „unbekannte Welt von Dingrealitäten an sich" sei? Beide Teilfragen geben die Richtung an, in der sich Husserls Kritik einer realistischen Erkenntnistheorie auf dem Standpunkt einer Phänomenologie der Horizontintentionalität bewegt.

Husserl spielt mit seiner Frage und deren kritischer Destruktion vermutlich auf die Wissenschaftstheorie Brentanos an. Erhärten läßt sich dies nur indirekt, da Husserl Brentano nicht nennt. Zum Beleg sei eine Äußerung Brentanos angeführt, die seine Auffassung vom Wesen der Naturwissenschaft zusammenfassend wiedergibt. Sie findet sich im § 3 des Ersten Kapitels des Ersten Buches der *Psychologie vom empirischen Standpunkt*:

„Wir haben gesehen, von welcher Art die Erkenntnis ist, welche der Naturforscher zu erringen vermag. Die Phänomene des Lichtes, des Schalles, des Ortes und der örtlichen Bewegung, von welchen er handelt, sind nicht Dinge, die wahrhaft und wirklich bestehen. Sie sind *Zeichen* von etwas Wirklichem, was durch seine *Ein*wirkung ihre Vorstellung *erzeugt*. Aber sie sind deshalb kein entsprechendes *Bild* dieses Wirklichen, und geben von ihm nur in sehr unvollkommenem Sinne Kenntnis. Wir können sagen, es sei etwas vorhanden, was unter diesen und jenen Bedingungen *Ursache* dieser und jener Empfindung werde; wir können auch wohl nachweisen, daß ähnliche Verhältnisse wie die, welche die räumlichen Erscheinungen zeigen, darin vorkommen müssen. An und für sich tritt das, was wahrhaft ist, nicht in Erscheinung, und das, was erscheint, ist nicht wahrhaft. Die Wahrheit der physischen Phänomene ist, wie man sich ausdrückt, eine bloß relative Wahrheit" (a.a.O., S. 28, Hervorh. v. Vf., vgl. auch S. 138).

Hier wird klar, was es damit auf sich hat, daß Husserl im § 52 so energisch gegen die „prinzipiell verkehrten Bilder- und Zeichentheorien" (Id I 126) des Wahrnehmungsbewußtseins polemisiert und sie mit der realistischen Hypothese einer ursächlich wirkenden Realität an sich zusammenstellt. Das Problem der Ansichseins reduziert sich bei Brentano auf den dogmatischen Schluß von dem Sein der Vorstellung auf ein Ding an sich, das unsere Vorstellungen von dinglich Seiendem hervorruft oder erzeugt. Mit Bezug auf H. Spencers *Principles of Psychology* unterscheidet Brentano „physische Erscheinungen" von einer „in sich selbst unbekannten Ursache dieser Erscheinungen" (a.a.O., S. 134). Andererseits soll diese unbekannte Ursache wiederum so weit bekannt sein, daß sich von ihr sagen läßt, sie sei eine „raumähnlich ausgebreitete Welt" (a.a.O., S. 151). Zwei Momente sind es demnach, die für Brentano das Verhältnis von Sein und Erscheinung bestimmen: einmal gilt das räumlich Erscheinende (das „physische" Phänomen) als Bild oder Zeichen für ein ihm Fremdes, weshalb dieses, obgleich nicht räumlich, so doch raumähnlich oder raumanalog genannt wird; zum anderen soll diese „raumähnlich ausgebreitete Welt" in ursächlicher Funktion zu den physischen Phänomenen stehen.

Husserl beginnt die Widerlegung dieser Theorie Brentanos mit einer Überlegung, die vom Gedanken der Horizontintentionalität ausgeht und es zudem erlaubt, die Kritik des zeitgenössischen Naturalismus tiefer zu begründen als es von der neukantianischen Position Natorps aus möglich ist. Es ist, so heißt es im 3. Absatz von § 52, „leicht einzusehen, daß wenn die unbekannte angeblich mögliche Ursache überhaupt *ist,* sie prinzipiell wahrnehmbar sein müßte, wenn nicht für mich, so für andere besser und weiter schauende Iche" (Id I 123). Im Horizont der Erfahrung muß alles, was mit dem Anspruch auftritt zu sein, auch wahrnehmbar sein, „wenn nicht für mich, so für andere besser und weiter schauende Iche". Weil Wahrnehmung von Husserl mit Selbstgebung gleichgesetzt wird, ist mit prinzipieller Wahrnehmbarkeit auch die Möglichkeit der Selbstgebung gegeben, das heißt: die Möglichkeit der Ausweisung der leer vorgemeinten „unbekannten Ursache der Erscheinungen" als wahrhaft seiend. Husserl fährt deshalb fort: „Die Richtigkeit des Existenzialurteils besagt Möglichkeit der Anpassung der Ursache-Meinung als Bedeutung an die Ursache selbst, als originale Selbstgebung dem Urteilenden entgegentretend. Ein mögliches Ich gehört also zur Möglichkeit der Wahrheit, bzw. eines wahrhaft Seienden . . ." (ebd.). Da aber, so ist der Gedankengang Husserls zu ergänzen, die Möglichkeit eines die unbekannte Ursache der Erscheinungen wahrnehmenden Ich von Brentano grundsätzlich bestritten wird, ist dessen Auffassung „widersinnig im strengsten Verstande" (ebd.), d.h. wider den Sinn der Dingwahrnehmung selbst.

Für das Verständnis dieses Einwandes gegen Brentano wie auch für die Stoßrichtung der phänomenologischen Naturalismuskritik im ganzen ist es unerläßlich, sich die ontologischen Voraussetzungen zu vergegenwärtigen, die Husserls Argumentation zugrunde liegen. „Sein" bedeutet für Husserl so viel wie „Dasein" oder „Existenz" von Gegenständen in Raum und Zeit; Dasein (qua Existenz) aber muß in der Theorie der Horizontintentionalität gedacht werden als *potentielle Präsenz:* die Möglichkeit, das protentional Antizipierte kinaisthetisch in die aktuelle Gegenwart einer Urimpression zu überführen, konstituiert für Husserl den Sinn von Sein überhaupt. Wir erinnern an seine Bestimmung dessen, was das prädikative Existenzurteil: „etwas ist da" („existiert") allein meinen kann: „Das 'es ist da' besagt . . ., es führen von aktuellen Wahrnehmungen mit dem wirklich erscheinenden Hintergrundsfeld *mögliche,* und zwar kontinuierlich-einstimmig *motivierte* Wahrnehmungsreihen mit immer neuen Dingfeldern . . . weiter bis zu denjenigen Wahrnehmungszusammenhängen, in denen eben das betreffende Ding zur Erscheinung und Erfassung käme" (Id I 104, s.o.S. 165f.). Von dieser Aussage des § 45 aus muß Husserls Einwand gegen die Theorie der „unbekannten Ursache der Erscheinungen" im § 52 verstanden werden. Die Richtigkeit des Existentialurteils: „Die unbekannte Ursache 'ist' ", hängt zunächst davon ab, ob es mit dem, was das „es ist da" allein meinen kann, überhaupt verträglich ist. Trifft dies nicht zu, dann ist über seine Unrichtigkeit im vorhinein, vor aller wirklichen Erfahrung, entschieden. Da Husserl davon überzeugt ist, daß das Subjekt eines solchen Urteils in der fraglichen Theorie „ein Verborgenes" bedeutet, „das nur bei besserer intellektueller Organisation [scil. als uns Menschen möglich ist] zu schlichter sinnlicher Anschauung zu bringen wäre" (Id I 129), so ist hier dem Subjekt des Urteils ein Sein zugesprochen, dem die potentielle Präsenz, das Kriterium für die Richtigkeit eines Existentialurteils, fehlt. Husserls Argument ist schlüssig, wenn man annimmt, daß eine realistische Erkenntnistheorie als affizierende Ursache unserer Vorstellungen von Dinglichem etwas voraussetzt, das selber dinglich ist und insofern in Husserls Argumentation nicht anders behandelt zu werden braucht wie gegenständliches Dasein sonst.[23]

[23] Vgl. zum Sinn von Sein in Husserls Phänomenologie außer L. Eley vor allem G. Boehm, *Studien zur Perspektivität,* Heidelberg 1969, der nachweisen

Mit dem Hinweis auf den aus dem Wesen von Horizontintentionalität folgenden Sinn von Sein ist jedoch erst die eine der beiden Teilfragen, in die sich die Frage nach dem Recht einer kausalen Verknüpfung von sinnendinglicher und objektiv wahrer Natur zerlegt hatte, beantwortet. Auch auf die andere Teilfrage gibt der § 52 eine negative Antwort. Was als objektiv wahres Sein der erscheinenden Natur gegenübergestellt wird, läßt sich weder als prinzipiell *unbekannte* Ursache (3. u. 4. Absatz) noch als *Ursache* (12. u. 13. Absatz) des sinnlich Erscheinenden verstehen. „Widersinnigerweise", so erklärt Husserl im Hinblick auf den Realismus der naturalistisch-sensualistischen Wissenschaftstheorie (der „gewöhnliche Realismus", wie Husserl im § 52 mehrfach sagt), „verknüpft man . . . Sinnendinge und physikalische Dinge durch *Kausalität*," und macht diese damit „zu einem mythischen Bande zwischen dem 'objektiven' physikalischen Sein und dem 'subjektiven', in der unmittelbaren Erfahrung erscheinenden Sein . . ." (Id I 128).

Die Erwägung nun, mit der Husserl die Widersinnigkeit dieses „mythischen Bandes" zwischen unmittelbarer und wissenschaftlich vermittelter Natur dartun will und die außerdem einen zweiten, den ersten ergänzenden Einwand gegen die Theorie Brentanos liefern soll, führt zurück zum Problem der Vernunftmotivation (voriges Kapitel) und der Frage nach der Aufgabe von Naturwissenschaft (voriger Abschnitt). Indem Naturwissenschaft das Subjektiv-Relative der perspektivischen Wahrnehmungswelt objektiv bestimmt, folgt sie Motiven der Vernunft: „Die Sachlage ist, allgemein angedeutet, die, daß sich auf dem Untergrunde des natürlichen Erfahrens . . . das physikalische Denken etabliert, welches *den Vernunftmotiven folgend,* die ihm die Zusammenhänge der Erfahrung darbieten, *genötigt* ist, gewisse Auffassungsweisen, gewisse intentionale Konstruktionen als vernünftig geforderte zu vollziehen, und sie zu vollziehen zur *theoretischen Bestimmung* der *sinnlich* erfahrenen Dinge. Eben dadurch entspringt der Gegensatz zwischen dem Ding der schlichten sinnlichen imaginatio und dem Ding der physikalischen intellectio, und für die letztere Seite erwachsen all die ideellen ontologischen Denkgebilde, die sich in den physikalischen Begriffen ausdrücken und ihren Sinn

möchte, daß „Präsenz als Seinssinn des perspektivischen Bewußtseins" (S. 108) die Genese der neuzeitlichen Metaphysik bestimmt, die als Geschichte des „Verfalles von 'Welt' " (S. 87) in Husserl kulminiere und von Heidegger kritisch destruiert werde.

ausschließlich aus der naturwissenschaftliche Methode [!] schöpfen und schöpfen dürfen" (Id I 127; zweite und vierte Hervorh. v. Vf.). Auf diese positive Bestimmung des Sinnes von Naturwissenschaft folgt im 12. Absatz die Kritik einer falschen Selbstauslegung: „Arbeitet so die erfahrungslogische Vernunft unter dem Titel Physik ein intentionales Korrelat höherer Stufe heraus – *aus* der schlicht erscheinenden Natur die physikalische Natur – so heißt es Mythologie treiben, wenn man diese *einsichtige* Vernunftsgegebenheit, die doch nichts weiter ist, als die *erfahrungslogische Bestimmung* der schlicht anschaulich gegebenen Natur, wie eine *unbekannte* Welt von Dingrealitäten an sich hinstellt, die hypothetisch substruiert sei zu Zwecken der *kausalen* Erklärung der Erscheinungen" (Id I 128).

Bevor wir das Leitprinzip angeben, das Husserls Erwägungen im 11., 12. und 13. Absatz zugrundeliegt, ist einem möglichen Mißverständnis vorzubeugen. Der zuletzt zitierte Satz aus dem 12. Absatz könnte dazu verleiten, in den Überlegungen der drei Absätze eine Kritik des kausalen Denkens überhaupt zu vermuten. Das widerspräche jedoch nicht nur dem Ansatz der Husserlschen Phänomenologie im allgemeinen, sondern auch der Intention von § 52 im besonderen gründlich. Entgegen dem Wortlaut dieses Satzes erblickt Husserl gerade in der „*kausalen* Erklärung der Erscheinungen" die spezifische Aufgabe der Naturwissenschaft. Mehr noch: Husserl müßte zugeben, daß die abstrakten Begriffe der theoretischen Physik ausschließlich durch ihre kausale Erklärungskraft gerechtfertigt sind. Bei den von Husserl angeführten „Begriffen, wie Kraft, Beschleunigung, Energie, Atom, Ion usw." (Id I 127), handelt es sich um hypothetische „Substruktionen" „zu Zwecken der kausalen Erklärung der Erscheinungen", um Begriffe demnach, die für sich genommen nichts sinnlich Wahrnehmbares zum Inhalt haben und ihre Bedeutung allein innerhalb des theoretischen Kontexts erhalten, in dem über sie gesprochen wird, und deren einziger Zweck, mit Husserls eigenen Worten, darin besteht, daß es „die wahrgenommenen Vorgänge und Zusammenhänge selbst" sind, die durch sie „bestimmt", d.h. erklärt werden.

Das Prinzip, das Husserls Kritik an der These von der ursächlichen Verknüpfung des an sich Wahren mit dem sinnlich Erscheinenden zugrundeliegt, besteht in der schon zitierten Bemerkung, mit der Husserl den 11. Absatz abschließt: daß nämlich „all die ideellen ontologischen Denkgebilde, die sich in den physikalischen Begriffen ausdrücken[,] ... ihren Sinn ausschließlich aus der naturwissenschaftlichen Methode schöpfen und schöpfen dürfen" (Id I 127). Von diesem Prinzip aus organisiert sich Husserls Gedankengang in den drei genannten Absätzen.

a) Der Sinn des metatheoretischen Begriffs der Kausalität ist diesem Prinzip zufolge aus der „theoretischen Bestimmung der *sinnlich erfahrenen Dinge*" (ebd., Hervorh. v. Vf.) zu schöpfen, woraus folgt, daß der Begriff der Kausalität auf nichts anwendbar ist, was nicht sinnlich erscheint, insbesondere also nicht, wie Brentano annimmt, auf „eine unbekannte Welt von Dingrealitäten an sich" (Id I 128).[24]

b) Aus demselben Grund ist es sinnlos, Begriffe, die „zu Zwecken der kausalen Erklärung der Erscheinungen" konstruiert werden, zu „Dingrealitäten an sich" zu hypostasieren und diese dann als „Ursache" der Erscheinungen anzusehen. Wissenschaftliche Vernunft, sagt Husserl wohl mit Recht, verkehrt sich in Mythologie, sobald die unanschaulichen Substruktionen der *intellectio* zur Ursache der Erscheinungen der sinnlichen *imaginatio* erklärt werden. Eine erfahrungslogische Bestimmung zur transzendenten Ursache des von ihr Bestimmten zu hypotasieren, hieße, die Methode zur Ursache ihres Gegenstandes machen.

Wenn man annehmen darf, daß die „theoretische Bestimmung der sinnlich erfahrenen Dinge" eine Leistung bereits des vorwissenschaftlichen Lebens ist und in der Wissenschaft nur seine methodisch gesicherte Ausbildung erfährt (s.o.S. 229), dann ist der Motivationszusammenhang der kinaisthetischen Erfahrung, dessen Struktur wir im vorigen Kapitel geschildert haben, diejenige Schicht der Erfahrung,

---

[24] Es ist zu beachten, daß ohne das von Husserl im 11. Absatz formulierte Sinnkriterium für naturwissenschaftliche Begriffe der Hauptsatz des 13. Absatzes nur teilweise begründet wäre: „Die Kausalität, die prinzipiell in den Zusammenhang der konstituierten intentionalen Welt hineingehört und nur in ihr einen Sinn hat, macht man nun nicht bloß zu einem mythischen Bande zwischen dem 'objektiven' physikalischen Sein und dem 'subjektiven,' in der unmittelbaren Erfahrung erscheinenden Sein – dem 'bloß subjektiven' Sinnendinge mit den 'sekundären Qualitäten' – sondern durch den unberechtigten Übergang von dem letzteren zu dem es konstituierenden Bewußtsein macht man Kausalität zu einem Band zwischen dem physikalischen Sein und dem absoluten Bewußtsein, und speziell den reinen Erlebnissen des Erfahrens" (Id I 128). Vom Standpunkt der transzendentalen Reduktion allein, ohne das oben genannte Sinnkriterium, ist nur die kausale Verknüpfung zwischen absolutem Bewußtsein und Natur als sinnlos nachzuweisen (s. unsere diesbezüglichen Ausführungen im 3. Kapitel), nicht aber die kausale Verknüpfung hypostasierter physikalischer Konstrukte mit den erscheinenden Dingen.

von der eine konstitutive Phänomenologie der materiellen Natur auszugehen hat. Zu rekonstruieren ist in dieser, welche Motive an die
Vernunft des Menschen appellieren, den Perspektivismus der primordialen Wahrnehmung durch Bestimmung von deren unbestimmt-bestimmbaren Horizonten zu brechen und die sinnlich vorfindlichen
Dinge aus dem Zusammenhang der kinaisthetischen Motivation
herauszunehmen und in einen kausalen einzuordnen. Wenn wir weiter
annehmen dürfen, daß „Vernunftmotivation" und „theoretische Bestimmung der sinnlich erfahrenen Dinge" die Schlüsselworte zum
Verständnis von § 52 sind, dann gehört unseres Erachtens die Wissenschaftsphilosophie dieses Paragraphen in die „Phänomenologie der
Vernunft", die Husserl im ersten, nicht jedoch im zweiten Buch der
Ideen im Ansatz vorführt und die wir ebenfalls im vorigen Kapitel
eingehend erörtert haben. Indem wir die Richtigkeit dieser Annah-
men unterstellen, fassen wir das Resultat unserer Interpretation von
§ 52 der Ideen I wie folgt zusammen:

1) Was Naturwissenschaft als intentionales Korrelat höherer Stufe
   aus der anschaulich gegebenen Natur herausarbeitet, ist diese selbst
   im Modus durchgängiger Bestimmtheit. Ihr Verfahren ist nicht
   Ausschaltung sondern objektive Bestimmung des Subjektiv-Relativen. Daraus folgt, daß anschauliche und unanschauliche Natur,
   Wahrnehmungswelt und objektiv wahre Welt, sich nicht zueinander verhalten wie Etwas und ein Anderes, sondern wie zwei
   Gegebenheitsweisen Desselben.

2) Die objektive Bestimmung des Subjektiv-Relativen vollzieht nur,
   wozu dieses von sich aus auffordert. Die erfahrungslogische Vernunft ist „genötigt", der anschaulichen Natur eine unanschauliche
   zu unterlegen. Das Nötigende sind Vernunftmotive im Erfahrungsstil der vorwissenschaftlichen Erfahrung. Daraus folgt, daß
   das Verhältnis vom Kausalzusammenhang der Natur, der ein
   durchgängiger Zusammenhang der Sachen selbst ist, zum Motivationszusammenhang der auf das kinaisthetische Ich bezogenen
   Erscheinungen selber ein Verhältnis der Motivation ist, so daß
   nur vom Motivationszusammenhang der Erscheinungen aus der
   Kausalzusammenhang der Natur konstitutiv verständlich gemacht
   werden kann.

Abschließend versuchen wir noch eine Antwort auf die Frage zu
geben, die sich Husserl in den Ideen, und, soviel wir sehen, auch
später nicht gestellt hat: inwiefern denn ist die erfahrungslogische

Vernunft „genötigt", der anschaulich gegebenen Welt eine unanschauliche zu unterlegen? Daß eine Nötigung hier vorliegt, behauptet Husserl auch sonst; wir erinnern an die Formulierung des § 47: „Der tatsächliche Gang unserer menschlichen Erfahrungen ist ein solcher, daß er unsere Vernunft zwingt, über die anschaulich gegebenen Dinge . . . hinauszugehen und ihnen eine 'physikalische Wahrheit' unterzulegen", obwohl, wie es wenige Zeilen später heißt, es „denkbar" ist, „daß unsere anschauliche Welt die letzte wäre, 'hinter' der es eine physikalische überhaupt nicht gäbe . . ." (Id I 110). Gewiß ist die Nötigung und der Zwang, von denen hier die Rede ist, nicht als Determination der Vernunft durch eine Tatsache, sondern allein als Aufforderung zu denken, die vom Erfahrungsstil der Welt an die erfahrende Subjektivität ergeht, und der sie Folge leisten kann aber nicht muß; diese Form des Zwanges und der Nötigung eignet keiner Ursache sondern einem Motiv, von dem sich das kinaisthetische Ich in Freiheit bestimmen läßt oder auch nicht. Aber damit ist noch nicht erklärt, wodurch diese Aufforderung zustandekommt. Wie muß der „tatsächliche Gang" der vorwissenschaftlichen Erfahrung beschaffen sein, daß von ihm aus eine solche Forderung erhoben werden kann? Eine Antwort auf diese Frage kann von Husserls Horizontbegriff aus gegeben werden.

Wir sahen, daß Husserl den Horizont der vorwissenschaftlichen Erfahrung von der Idee der bestimmbaren Unbestimmtheit aus denkt. Ja man kann sagen, daß Horizont für Husserl nur der Name für das Unbestimmt-Bestimmbare der Erfahrung ist, so daß die Rede vom „Horizont bestimmbarer Unbestimmtheit" (Id I 101) nicht meinen kann, es gebe noch andere Horizonte als solche bestimmbarer Unbestimmtheit.[25] Husserl setzt also voraus, daß Seiendes sich von vornherein als Horizont bestimmbarer Unbestimmtheit darbietet, d.h. nicht als ein Nichts sondern als ein noch unbestimmtes, wenngleich bestimmbares Etwas. Andererseits ist es die Idee absoluter und durchgängiger Bestimmtheit, die das kausalanalytische Denken der Naturwissenschaft zum Leitsatz nimmt. „Sehr spät", so endet der § 23 der

---

[25] Es muß auffallen, daß Husserl andere Aspekte des Horizontphänomens gar nicht in Erwägung zieht. Das ist um so erstaunlicher als Husserls Orientierung an der Wahrnehmungswelt es eigentlich nahegelegt hätte, den Horizont vom perspektivischen Sehen räumlicher Dinge aus zu denken. Unter diesem Gesichtspunkt ist der Horizont der Gesichtskreis, in dem Parallelen sich erscheinungsmäßig schneiden, und zugleich und in einem damit die durch die Augenhöhe des Betrachters festgelegte Grenze zwischen „oben" und „unten"; vgl. hierzu auch C. F. Graumann, a.a.O., S. 25.

Analysen zur passiven Synthesis „brach sich . . . die Überzeugung
von einer alles und jedes Weltgeschehen gesetzlich absolut bestimmenden Kausalität Bahn, und der Sinn dieser Überzeugung ist kein anderer als der, daß alles und jedes zeitliche Sein – und in der natürlichen
Einstellung sagt das, alles Seiende in der Welt – an sich bestimmt ist,
bestimmt in Wahrheiten an sich. Es ist im voraus nichts offen, um
erst darauf warten zu müssen, wie die Schicksalsgöttinnen sich entscheiden" (AP 109; s.u.S. 203; vgl. K 26 ff.).[26] Was zu dieser Überzeugung nötigt, was uns dazu zwingt, über die anschauliche Natur
hinauszugehen und ihr eine unanschauliche Natur an sich zu unterlegen, deren Gesetz die „absolut bestimmende Kausalität" ist, ist
demnach nichts anderes als der Horizont der vorwissenschaftlichen
Erfahrung selber, vorausgesetzt, Horizont bedeutet bestimmbare Unbestimmtheit.[27] Der Leerhorizont der perspektivischen Erfahrung ist
das *noch* nicht für uns Bestimmte, das als solches das Bestimmbare
und das zu Bestimmende zumal ist, das heißt: die protentionale Zu-
künftigkeit muß als die Aufgabe verstanden werden, die Wissenschaft
als erfahrungslogische Bestimmung des anschaulich Gegebenen sich
stellt. So gesehen ist der mathematische Naturentwurf der positiven
Wissenschaft nicht ein Fremdes, das gleichsam von außen in die natürliche Welterfahrung einbräche, sondern lediglich der Vollzug dessen, wozu der Erfahrungsstil der Horizontintentionalität die bestimmende Subjektivität von sich aus auffordert, und das sagt: Aktualisierung eines im Horizontphänomen schon potentialiter Angelegten.
Nimmt man hinzu, was im vergangenen Kapitel zum Problem der
kinaisthetischen Freiheit und der Vernunftmotivation dargelegt worden ist, dann erweist sich die Paradoxie der menschlichen Subjektivi-

[26] Diese deterministische Wendung des Kausalprinzips entspricht dem naturwissenschaftlichen Funktionalismus weit besser als die seit Hume und Kant ge-
läufige Auffassung der Kausalität als einer zweistelligen Relation zwischen
Ursache und Wirkung. Allerdings ist für den Determinismus der klassischen
Dynamik bis hin zu Newton nicht nur die Zukunft durch die Gegenwart
sondern (mit gewissen Einschränkungen) auch umgekehrt die Gegenwart durch
die Zukunft bestimmt; vgl. hierzu A. Pap, a.a.O., S. 125 ff., ferner M. Schlick,
„Causality in Everyday Life and Recent Science", zuletzt in dtsch. Übers. erschienen in: *Erkenntnisprobleme der Naturwissenschaften. Texte zur Einführung in die Philosophie der Wissenschaft*, Köln-Berlin 1970, hrsg. v. L. Krüger, S. 135-155.
[27] Nimmt man die Behauptung von EU 39, die Auffassung des Seienden als
„prinzipiell wissenschaftlich bestimmbar" sei eine Folge des idealisierenden
Tuns der neuzeitlichen Wissenschaft, beim Wort, dann ließe sich fragen, ob
nicht auch der Horizontbegriff Husserls eine Folge dieser Idealisierung sei.

tät, von der die *Krisis* spricht und die wir im zweiten Kapitel erörtert haben, als Paradoxie des Horizonts: Das Ich, das sich im System des 'Ich kann' als die Freiheit versteht, seinen Standort wählen zu können, folgt nur dem Anspruch des Horizonts bestimmbarer Unbestimmtheit, wenn es sich selbst unter der Idee einer standpunktlosen Wahrheit an sich als durchgängig bestimmt in den Kausalzusammenhang des Objektiven mit einreiht. Ob allerdings die hermeneutische Basis für diesen Versuch, das Paradoxieproblem mit dem Horizontbegriff zusammenzudenken, sich ausreichend sichern läßt, kann in vorliegender Untersuchung nicht mehr entschieden werden. Unterstellt man, daß Husserls Begriff des Lebens in der *Krisis* vom Horizontphänomen her entworfen ist (s.o.S. 227 ff), dann erweist sich vielleicht die paradoxe Einheit von Vernunft und Lebenswelt in Husserls Spätphilosophie letztlich als Paradoxie des Horizonts.

SCHRIFTENVERZEICHNIS

(a) Schriften von Husserl

Husserl, *Gesammelte Werke,* auf Grund des Nachlasses veröffentlicht vom Husserl-Archiv (Louvain) unter Leitung von H. L. van Breda (Husserliana), Den Haag 1950 ff, Bd. I – XII.

—, *Logische Untersuchungen,* zweite, teilweise umgearbeitete Auflage, Halle 1913 u. 1921 (1968).

—, *Philosophie als strenge Wissenschaft,* hrg. v. W. Szilasi, Frankfurt 1965.

—, *Formale und transzendentale Logik,* Halle 1928.

—, *Erfahrung und Urteil,* red. u. hrsg. von L. Landgrebe, Hamburg 1954.

Zitiert wird mit Angabe der Seitenzahl unter Verwendung folgender Abkürzungen:

AP   *Analysen zur passiven Synthesis* (Husserliana Bd. XI).

CM   *Cartesianische Meditationen* (Husserliana Bd. I).

FTL   *Formale und transzendentale Logik.*

EU   *Erfahrung und Urteil.*

EP II   *Erste Philosophie, Zweiter Teil* (Husserliana Bd. VIII).

Id I   *Ideen zu einer reinen Phänomenologie und phänomenologischen Philosophie,* Erstes Buch (Husserliana Bd. III).

Id II   dto., Zweites Buch (Husserliana Bd. IV).

IP   *Die Idee der Phänomenologie* (Husserliana Bd. II).

K   Die Krisis der europäischen Wissenschaften und die transzendentale Phänomenologie (Husserliana Bd. VI).

LU II/1 *Logische Untersuchungen,* Zweiter Band, Erster Teil.

LU II/2 dto., Zweiter Band, Zweiter Teil.

PP   *Phänomenologische Psychologie* (Husserliana Bd. IX).

Zur Zitierweise:

Hervorhebungen von Husserl wurden nicht immer in den Text übernommen; vom Verfasser zusätzlich vorgenommene Hervorhebungen wurden mit „Hervorh. v. Vf." gekennzeichnet.

b) Weitere Schriften

Verzeichnet sind nur Schriften, auf die im Text oder in Fußnoten Bezug genommen ist. Bei Büchern ist nur die benutzte Ausgabe, bei Zeitschriftenaufsätzen immer auch der Ort der Ersterscheinung angegeben.

Aristoteles, *de anima,* ed. W. D. Ross, Oxford 1956

Asemissen, H. U., *Strukturanalytische Probleme der Wahrnehmung in der Phänomenologie Husserls,* Köln 1957

Ayer, A. I. A., *Sprache, Wahrheit und Logik,* übers. v. H. Herring, Stuttgart 1970

Berkeley, G., *Abhandlungen über die Prinzipien der menschlichen Erkenntnis,* übers. v. Ueberweg, Leipzig 1879[2]

Biemel, W., „Husserls Encyclopaedia Britannica Artikel und Heideggers Anmerkungen dazu", in: *Tijdschr. voor Philos.* 1950, S. 246 ff.

Boehm, R., „Das Absolute und die Realität", in: *Vom Gesichtspunkt der Phänomenologie, Husserl-Studien,* Den Haag 1968, S. 73-105 (zuerst unter dem Titel „Zum Begriff des ‚Absoluten' bei Husserl" erschienen in: *Zeitschrift f. phil. Forschung,* 13 (1959), S. 214-242)

—, „Immanenz und Transzendenz", in: *Vom Gesichtspunkt der Phänomenologie, Husserl-Studien,* Den Haag 1968, S. 73-105 (zuerst unter dem Titel „Les ambiguités des concepts husserliens ‚d'immanence' et de ‚transcendence' ", erschienen in: *Revue philosophique de la France et le l'Etranger,* 84 (1959), S. 481-526)

Boehm, G., *Studien zur Perspektivität, Philosophie und Kunst in der frühen Neuzeit,* Heidelberg 1969

Bolzano, B., *Wissenschaftslehre,* Sulzbach 1837

Brentano, F., *Psychologie vom empirischen Standpunkt,* Erster Band, Leipzig 1924[2]

Bridgman, P. W., „Die Natur einiger unserer physikalischen Begriffe", in: *Erkenntnisprobleme der Naturwissenschaften. Texte zur Einführung in die Philosophie der Wissenschaft,* hrsg. v. L. Krüger, Köln - Berlin 1970, S. 57-70 (zuerst unter dem Titel: The Nature of Some of Our Physical Concepts I, erschienen in: The British Journal for the Philosophy of Science 1 (1950/51), S. 257 - 272)

Claesges, U., *Edmund Husserls Theorie der Raumkonstitution,* Den Haag 1964

Descartes, Op., ed. Adam u. Tannery, VII, Paris 1904

Diemer, A., *Edmund Husserl. Versuch einer systematischen Darstellung seiner Phänomenologie,* Meisenheim am Glan 1965

Eley, L., *Metakritik der formalen Logik. Sinnliche Gewißheit als Horizont der Aussagenlogik und elementaren Prädikatenlogik,* Den Haag 1969

Fichte, J. G., *Grundlage der gesamten Wissenschaftslehre,* hrsg. v. F. Medicus, Hamburg 1961

Fink, E., „Vergegenwärtigung und Bild. Beiträge zur Phänomenologie der Unwirklichkeit", in: *Studien zur Phänomenologie 1930-1939,* Den Haag 1966, S. 1-78 (zuerst erschienen in: *Jahrbuch für Philosophie und phänomenologische Forschung,* XI (1930), S. 239-309.)

—, „Die phänomenologische Philosophie Edmund Husserls in der gegenwärtigen Kritik", in: *Studien zur Phänomenologie 1930-1939,* Den Haag 1966, S. 79-156 (zuerst erschienen in: *Kant-Studien,* XXXVIII (1933) S. 321-383)

—, „Das Problem der Phänomenologie", in: *Studien zur Phänomenologie 1930-1939,* Den Haag 1966 (zuerst erschienen in: *Revue internationale de philosophie,* I (1939), S. 226-270)

Frege, G., „Über Sinn und Bedeutung", in: *Funktion, Begriff, Bedeutung. Fünf logische Studien,* hrsg. v. G. Patzig, Göttingen 1969³, S. 40-65 (zuerst erschienen in: *Ztschr. f. Philos. u. philos. Kritik,* NF 100 (1892), S. 25-50)

—, *Grundgesetze der Arithmetik,* I. Band, Darmstadt 1962² (Fotomech. Abdr. d. Aufl. Jena 1893)

Goodman, G., „The Problem of Counterfactual Conditionals", in: *Fact, Fiction and Forecast,* Indianapolis - New York - Kansas City 1965², S. 3-27 (zuerst erschienen in: *The Journal of Philosophy* 44 (1947), S. 113-128)

Graumann, C. F., *Grundlagen einer Phänomenologie und Psychologie der Perspektivität,* Berlin 1960

Habermas, J., *Erkenntnis und Interesse,* Frankfurt 1968

Heidegger, M., *Sein und Zeit,* Tübingen 1967¹¹

Hoeres, W., *Kritik der transzendentalphilosophischen Erkenntnistheorie,* Stuttgart-Berlin-Köln-Mainz 1969

Kant, I., *Kritik der reinen Vernunft,* hrsg. v. R. Schmidt, Hamburg 1956

Kern, J., *Husserl und Kant, Eine Untersuchung über Husserls Verhältnis zu Kant und zum Neukantianismus,* Den Haag 1964

Landgrebe, L., „Husserls Phänomenologie und die Motive zu ihrer Umbildung", in: *Der Weg der Phänomenologie. Das Problem einer ursprünglichen Erfahrung,* Gütersloh 1963, S. 9-39 (zuerst erschienen in: *Revue internationale de philosophie,* II (1939))

—, „Die Phänomenologie der Leiblichkeit und das Problem der Materie", in: *Phänomenologie und Geschichte,* Gütersloh (o.J.), S. 135-147 (zuerst erschienen in: *Beispiele, Festschrift für Eugen Fink zum 60. Geburtstag,* Den Haag 1965, S. 291-305)

—, „Husserls Abschied vom Cartesianismus", in: *Der Weg der Phänomenologie. Das Problem einer ursprünglichen Erfahrung,* Gütersloh 1963, S. 163-206 (zuerst erschienen in: *Phil. Rundschau* 9 (1961), S. 133-177)

Lipps, Th., *Grundtatsachen des Seelenlebens,* Bonn 1883

—, *Inhalt und Gegenstand. Psychologie und Logik, Sitzungsbericht d. Bayr. Akademie d. Wissenschaften,* 1905, Heft 4

—, „Die Erscheinungen", in: *Psychologische Untersuchungen,* hrsg. v. Th. Lipps, Erster Band, Leipzig 1907, S. 523-559

—, „Bewußtsein und Gegenstände", in: *Psychologische Untersuchungen,* hrsg. v. Th. Lipps, Leipzig 1907, S. 1-203

Locke, J., *Über den menschlichen Verstand,* übers. v. C. Winckler, Hamburg 1962

Mach, E., *Erkenntnis und Irrtum. Skizzen zur Psychologie der Forschung*, Leipzig 1905

Marten, R., *Existieren, Wahrsein und Verstehen*, Berlin-New York 1972

Marx, W. „Vernunft und Lebenswelt", in: *Vernunft und Welt. Zwischen Tradition und anderem Anfang*, Den Haag 1970, S. 45-62 (zuerst erschienen in: *Hermeneutik und Dialektik, H.-G. Gadamer zum 70. Geburtstag*, Aufsätze I, Tübingen 1970, S. 217-231)

Merleau-Ponty, M., *Phänomenologie der Wahrnehmung*, übers. v. R. Boehm, Berlin 1966

Natorp, P., *Einleitung in die Psychologie*, Leipzig 1888

—, *Allgemeine Psychologie nach kritischer Methode*, Tübingen 1912

Pap, A., *Analytische Erkenntnistheorie. Kritische Übersicht über die neueste Entwicklung in USA und England*, Wien 1955

Popper, K. R., *Logik der Forschung*, Tübingen 1969[3]

Quine, O., *Grundzüge der Logik*, übers v. D. Siefkes, Frankfurt 1969

Russel, B., „On Denoting", in: *Logic and Knowledge*, London 1956, S. 41-56 (zuerst erschienen in: *Mind* 14 (1905), S. 479 ff.)

Sartre, J.-P., „Über die Einbildungskraft", übers. v. A. Christaller, in: *Die Transzendenz des Ego. Drei Essays*, Hamburg 1964

Schlick, M., *Allgemeine Erkenntnislehre*, Berlin 1925[2]

—, „Kausalität im täglichen Leben und in der neueren Naturwissenschaft", in: *Erkenntnisprobleme der Naturwissenschaften. Texte zur Einführung in die Philosophie der Wissenschaft*, hrsg. v. L. Krüger, Köln-Berlin 1970, S. 135-155 (zuerst unter dem Titel: „Causality in Everyday Life and Recent Science" erschienen in: *University of Califoria Publications in Philosophy* 15 (1932))

Schumann, K., *Die Fundamentalbetrachtung der Phänomenologie. Zum Weltproblem der Philosophie Edmund Husserls*, Den Haag 1971

Searle, I. R., *Sprechakte. Ein sprachphilosophischer Essay*, übers. v. R. u. R. Wiggershaus, Frankfurt 1971

Stegmüller, W., *Der Phänomenalismus und seine Schwierigkeiten*, Darmstadt 1969 (zuerst erschienen in: *Archiv für Philosophie* 8, S. 36-100)

—, *Metaphysik, Skepsis, Wissenschaft*, Berlin-Heidelberg-New York 1969[2]

—, *Probleme und Resultate der Wissenschaftstheorie und analytischen Philosophie*, 2. Bd., Berlin-Heidelberg-New York 1970

Szilasi, W., *Einführung in die Phänomenologie Edmund Husserls*, Tübingen 1959

Theunissen, M., *Der Andere, Studien zur Sozialontologie der Gegenwart*, Berlin 1965

Tugendhat, E., *Der Wahrheitsbegriff bei Husserl und Heidegger*, Berlin 1967

—, Phänomenologie und Sprachanalyse, in: *Hermeneutik und Dialektik, H.-G. Gadamer zum 70. Geburtstag*, Aufsätze II, Tübingen 1970

Twardowsky, K., *Zur Lehre von Inhalt und Gegenstand der Vorstellungen*, Wien 1894

Weingartner, P., „Der Begriff der Existenz in Russels Theorie der Deskription", in: *Deskription, Analytizität und Existenz,* hrsg. v. P. Weingarner, Salzburg-München 1966

Whitehead, A. N., *Wissenschaft und moderne Welt,* übers. v. G. Tschiedel u. F. Bondy, Zürich 1949